高等学校创新性数智化应用型经济管理规划教材（智能会计系列）

总主编 / 李雪　　主审 / 徐国君

# 管理信息系统

蔡素兰 ◎ 主编

图书在版编目(CIP)数据

管理信息系统 / 蔡素兰主编. --上海：立信会计出版社，2025.4. --("十四五"高等学校创新性数智化应用型经济管理规划教材). -- ISBN 978-7-5429-7857-8

Ⅰ．C931.6

中国国家版本馆 CIP 数据核字第 202534E7Y0 号

策划编辑　　方士华
责任编辑　　孙　勇
助理编辑　　裴　灿
美术编辑　　吴博闻

## 管理信息系统
GUANLI XINXI XITONG

| | | |
|---|---|---|
| 出版发行 | 立信会计出版社 | |
| 地　　址 | 上海市中山西路 2230 号　　邮政编码　200235 | |
| 电　　话 | (021)64411389　　传　　真　(021)64411325 | |
| 网　　址 | www.lixinaph.com　　电子邮箱　lixinaph2019@126.com | |
| 网上书店 | http://lixin.jd.com　　http://lxkjcbs.tmall.com | |
| 经　　销 | 各地新华书店 | |
| 印　　刷 | 上海华业装潢印刷有限公司 | |
| 开　　本 | 787 毫米×1092 毫米　　1/16 | |
| 印　　张 | 15.5 | |
| 字　　数 | 378 千字 | |
| 版　　次 | 2025 年 4 月第 1 版 | |
| 印　　次 | 2025 年 4 月第 1 次 | |
| 书　　号 | ISBN 978-7-5429-7857-8/C | |
| 定　　价 | 48.00 元 | |

如有印订差错，请与本社联系调换

# 总 序

  教材是高校实现人才培养目标的重要载体,教材及教材建设对高校发展具有举足轻重的作用。与培养模式相对应的教材是培养合格人才的基本保证,是实现培养目标的重要工具。由于历史的原因,在财经类教材的出版方面,相关出版社出版研究型本科或者高职高专、中等职业等层次的教材较多,应用型本科教材较少。虽然近年来一些应用型本科教材也陆续出版,但总体而言,这些教材还是缺乏权威性、普适性、实用性、创新性。造成这种状况的原因主要在于:出版社对财经类应用型本科教材的出版还不够重视,没有进行有效的组织;财经类应用型本科院校多为新建院校,教材建设相对滞后,主观上也较愿意使用研究型本科教材;在教材使用中存在比较严重的混用现象,教材目标读者群不明确,如不少教材既适用于研究型本科院校又适用于应用型本科院校,或者既适用于本科院校又适用于高职高专院校。

  由于目前财经类应用型本科教材种类和数量匮乏或质量欠佳,财经类应用型本科院校不得不沿用传统研究型教材。这些教材本身的质量很好、级别很高,但是并不适用于应用型本科院校的教学,教师和学生普遍反映不好用。即使在全国范围看,也还没有相对成套、成熟的适合财经类应用型本科院校的教材。现有教材存在的主要问题包括:①教材的定位和要求过高;②教材的内容偏多、难度偏大;③教材着重于理论解释,相关案例、实训等内容较少,缺乏普适性、实用性。

  与此同时,信息技术的快速发展使学生的学习习惯和阅读习惯发生了改变,不断朝个性化、自主学习的方向发展,传统的单一纸质教材已经无法适应这种变化。翻转课堂、慕课、微课等网络课程的兴起,混合式教学的不断推进,也对立体化教材建设提出了新的要求。教材作为一种课堂上的教学工具、一种传播媒介,理应顺势而为,随课堂形式、学生学习方式的改变而改变,朝着数字化、立体化、可视化的方向发展。因此,需要编写适应学生水平、便于学生接受的立体化财经类应用型本科教材。

  我们组织具有多年应用型人才培养经验的优秀教师和实务界专家编写了这套"高等学校创新性数智化应用型经济管理规划教材"。本系列教材有《会计基本技能》《出纳实务》《基础会计》《中级财务会计》《成本会计》《管理会计》《会计信息系统》《财务管理》《审计学》《高级财务会计》《商业分析》《税法》《经济法》《金融学》等品种。为了保证教材的质量,本系列教材聘请了知名高校的专家教授进行专门指导和审核。每本教材至少有一名本学科的知名专家或学科带头人提出审核指导意见,至少有一名高等院校教学一线的高级职称教师组织编写,至少有一名行业协会、实务界专家或教学研究机构人员提出编写建议。

  本系列教材的特色如下。

1. 应用性

  应用型本科的教材建设应坚持培养应用型本科人才的定位,充分吸收和借鉴传统的普通本科教材与高职高专类教材建设的优点和经验,以就业为导向,做到理论上高于高职高专类教材、动手能力的培养上高于传统的本科院校教材。本系列教材体现了应用型本科的定位，体现了素质教育和"以学生发展为本"的教育理念，遵循了高等教育教学基本规律，重视知识、能力和素质的协调发展，根据应用型人才培养模式对学生的创新精神、实践能力和适应能力的要求，在内容选材、教学方法、学习方法、实验和实训配套等方面突出了应用性特征。

2．针对性

本系列教材的编写符合会计学、财务管理和审计学等专业的培养目标、培养需求、业务规格和教学大纲的基本要求，与各专业的课程结构和课程设置相对应，与课程平台和课程模块相对应。教材在结构纵横的布局、内容重点的选取、示例习题的设计等方面符合教改目标和教学大纲的要求，把教师的备课、试讲、授课、辅导答疑等教学环节有机地结合起来。

3．立体化

本系列教材为立体化教材，实现了由传统纸质教材向"纸质教材＋数字资源"的转变，通过技术手段将晦涩难懂的理论知识转变为直观的具体知识，以立体化、数字化的方式呈现，包括图文、动画、音频、视频等多种形式，生动、有趣且易懂，不仅可以激发学生的学习兴趣，还有利于教学效果的提升。

4．趣味性

本系列教材注重趣味性，使用了大量的例题和案例，每章都加入了"思政育人""相关思考""延伸阅读"等内容，使读者能够更加深理解，便于掌握相关内容。在案例、例题等的设计选用上重点突出趣味性，易于引发读者的共鸣。

5．先进性

本系列教材反映了应用型会计人才教育教学改革的内容，能够反映学科领域的新发展。教材的整体规划、每一种教材的内容构建等均体现了创新性。教材还强调了系列配套，包括了教材、学习参考书、教学课件等。立体化教材在内容修订上更具有明显优势，线上资源可以随时根据政策法规、理论知识或工作实务等的变化进行调整，更有利于保持教材内容的先进性。

6．基础性

本系列教材将打破传统教材自身知识框架的封闭性，尝试多方面知识的融会贯通，注重知识层次的递进，体现每一门科目的基本内容，同时在具体内容上突出实际运用能力，做到"教师易教，学生乐学，技能实用"。

7．易于自学

自学能力是大学生的一项基本能力。学生只有具备了自主学习的能力，才能最终建立起终身学习的保障体系，这也是应用型本科人才培养的客观要求。应用技术型高校的生源素质与普通高校相比存在一定的差距，除了一部分学生是高考发挥失误的，还有一部分学生在学习习惯、基础知识等方面存在一定的欠缺，这就要求教材能够调动这部分学生的学习积极性，在理论方面尽量通俗易懂，在实践方面尽量采用案例式教学。为了有利于学生课后自主学习，本系列教材配套了学习指导书和教学课件。

因此，本系列教材的定位准确，特色明显，适用于应用型本科院校教学，容易得到学生和市场的认可，便于学生的自学和教师的教学。

"十四五"本系列教材凝聚了众多领导、教授和专家多年来的经验和心血。当然，由于我们的经验和人力有限,本系列教材难免存在不足,我们期待着各位同行、专家和读者的批评指正。我们将伴随着经济发展和会计环境的变迁不断修订教材,以便及时反映学科的最新发展和人才培养的最新变化。

本系列教材自2014年出版后,得到市场的认可,深受广大高校师生的欢迎。为了更好地回馈读者,本系列教材从2017年起启动第二版的修订工作,2019年启动第三版的修订工作,2021年启动第四版的修订工作。各种教材的修订版将陆续出版。我们会一如既往地做好教材修订和相关服务工作,希望广大读者对本套系列教材继续给予支持。

李　雪<br>
2024年1月

# 前言

在信息化与数字化浪潮席卷全球的今天,管理信息系统(management information system,MIS)作为连接技术与管理的桥梁,其重要性日益凸显。《国家信息化发展战略纲要》明确提出要"加速信息化与实体经济深度融合,构建现代化经济体系",而管理信息系统正是这一融合过程中的关键工具。随着大数据、云计算、人工智能等新兴技术的迅猛发展,管理信息系统的内涵与外延也在不断扩展,对相关人才的培养提出了新的要求。这不仅要求相关专业人才具备扎实的理论基础,而且要求他们掌握现代信息技术,能够设计、实施并优化管理信息系统,以支持企业的战略决策与运营管理。

## 一、本书写作思路及内容安排

本书以管理信息系统的全生命周期为主线,从理论概述到技术基础,再到主要应用领域及开发过程,系统而全面地介绍了管理信息系统的相关知识。每章都配备了丰富案例,力求使读者能够深入理解并掌握管理信息系统的相关知识。同时,本书每章都加入了"内容提要""重点难点""学习目标""知识框架""思政育人""延伸阅读""相关思考""本章小结""本章重要概念""本章练习"等模块,以培养学生的系统思维能力以及分析和解决信息管理问题的能力。

本书从"管理角度"出发,围绕"是什么、靠什么、有什么、怎么来的、怎么发展"展开,内容包括管理信息系统理论基础、技术、应用和开发四个方面,共分10章详细阐述。其中,理论基础包括管理信息系统的基本概念及其与组织的关系;技术包括计算机技术、数据管理技术、区块链与人工智能等前沿技术;应用包括企业资源计划、供应链管理系统、客户关系管理系统、电子商务系统、决策支持与商务智能等;开发包括管理信息系统开发方法和开发过程。

## 二、本书的编写特点

本书从应用型本科院校人才培养的角度,用通俗易懂的语言深入浅出地介绍了管理信息系统的相关知识。本书特色如下:

(1) 着重突出应用性、实用性。本书重点论述管理信息系统的应用,弱化管理信息系统开发的技术,体现应用性、实用性。

(2) 采用"理论驱动+案例教学"方式编写。本书在介绍理论的同时,融入丰富案例和图示,通过案例及理论讲解将企业案例和系统知识结合在一起,帮助读者理解,避免管理信息系统过于抽象。

(3) 配套资料丰富,具有立体化特色。本书提供配套的PPT、教案及课后习题答案,同时专门针对教学内容配备了丰富的立体化资料,包括相关视频和知识扩展等。

(4)融入思政元素。本书在传授专业知识的同时,深入挖掘管理信息系统课程中的思政元素,通过"思政育人"模块实现知识传授与价值引领的有机结合,重在培养数智化时代德才兼备的人才。

本书由蔡素兰主编,张灿灿、姜林为副主编。本书的具体分工如下:赵园园编写第一章管理信息系统概述,张灿灿编写第二章管理信息系统技术基础,蔡素兰、张灿灿编写第三章管理信息系统前沿技术,杜瑞编写第四章企业资源计划,蔡素兰编写第五章供应链管理系统和第六章客户关系管理系统,姜林编写第七章电子商务系统和第八章决策支持与商务智能,张灿灿编写第九章管理信息系统开发方法,蔡素兰编写第十章管理信息系统开发过程。

编者在编写本书的过程中参考了大量相关教材和论著,在此向有关作者致以深深的谢意!

本书的编写力求内容编排合理、避免错误,但本书难免有疏漏之处,敬请读者批评指正。
联系邮箱:sulan.cai@qdc.edu.cn

编者

2025 年 5 月

# 目 录

第一章 管理信息系统概述 ······················································································ 1
    第一节 信息与系统 ························································································· 2
    第二节 信息系统 ····························································································· 7
    第三节 管理信息系统 ····················································································· 10
    第四节 信息系统与组织管理 ·········································································· 14

第二章 管理信息系统技术基础 ············································································· 18
    第一节 信息系统的基础设施 ·········································································· 20
    第二节 计算机网络 ························································································ 27
    第三节 数据库技术 ························································································ 35
    第四节 数据仓库与数据挖掘 ·········································································· 42

第三章 管理信息系统前沿技术 ············································································· 50
    第一节 大数据 ······························································································· 53
    第二节 云计算 ······························································································· 57
    第三节 区块链 ······························································································· 61
    第四节 人工智能 ··························································································· 64

第四章 企业资源计划 ··························································································· 70
    第一节 企业资源计划的发展历程和核心思想 ················································ 72
    第二节 企业资源计划系统的基本结构 ··························································· 79
    第三节 企业资源计划系统的新发展 ······························································ 85
    第四节 企业资源计划系统的实施与应用 ······················································· 87

第五章 供应链管理系统 ······················································································· 91
    第一节 供应链和供应链管理概述 ·································································· 93
    第二节 供应链管理系统概述 ········································································· 100

## 第六章　客户关系管理系统 ·································· 108
### 第一节　客户关系管理概述 ································ 109
### 第二节　客户关系管理系统概述 ···························· 113

## 第七章　电子商务系统 ······································ 123
### 第一节　电子商务概述 ···································· 125
### 第二节　电子商务的商业模式 ······························ 128
### 第三节　电子商务系统的应用框架 ·························· 137
### 第四节　电子商务系统的发展趋势 ·························· 142

## 第八章　决策支持与商务智能 ································ 150
### 第一节　决策与信息系统 ·································· 151
### 第二节　商务智能 ········································ 156
### 第三节　商务智能与决策支持系统 ·························· 166

## 第九章　管理信息系统开发方法 ······························ 172
### 第一节　管理信息系统开发概述 ···························· 173
### 第二节　管理信息系统开发方法概述 ························ 179

## 第十章　管理信息系统开发过程 ······························ 191
### 第一节　管理信息系统规划 ································ 193
### 第二节　管理信息系统分析 ································ 202
### 第三节　管理信息系统设计 ································ 213
### 第四节　管理信息系统实施 ································ 225
### 第五节　管理信息系统运行与维护 ·························· 229

## 参考文献 ·················································· 236

# 第一章　管理信息系统概述

- 内容提要
- 重点难点
- 学习目标
- 知识框架
- 思政育人
- 第一节　信息与系统
- 第二节　信息系统
- 第三节　管理信息系统
- 第四节　信息系统与组织管理
- 本章小结
- 本章重要概念
- 本章练习

**内容提要**

本章主要介绍信息与系统的概念；信息系统的概念、发展和类型；管理信息系统的概念、特点、功能和发展趋势；信息系统与组织管理。

**重点难点**

本章重点为信息与系统的概念，信息系统的概念和类型，管理信息系统的特点和发展趋势；难点为信息系统与组织管理的关系。

**学习目标**

通过本章的学习，学生应了解信息与系统的概念，信息系统的概念、发展；理解管理信息系统的特点、功能和发展趋势，信息系统与组织管理的关系；掌握信息系统的类型、管理信息系统的概念。

**知识框架**

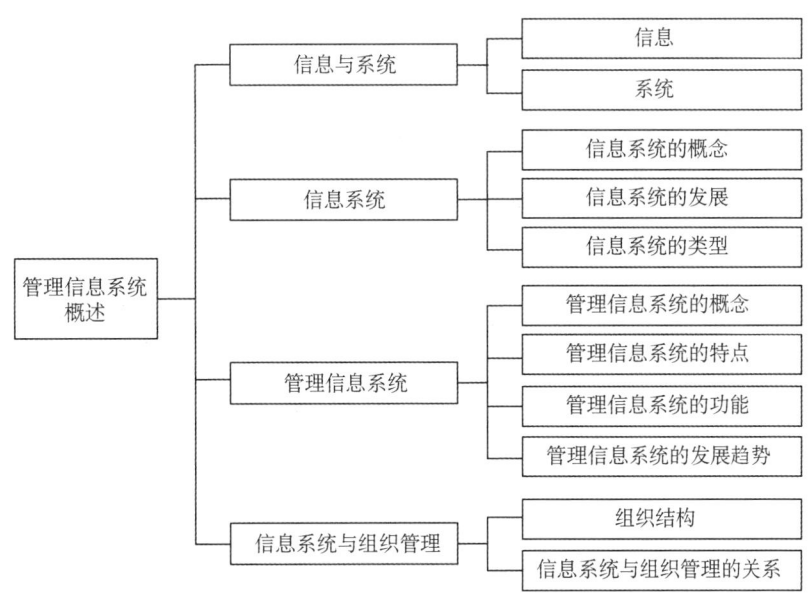

**思政育人　华为三折叠屏一机难求　头部手机厂商摩拳擦掌**

日前,中国证券报记者调研发现,华为三折叠屏手机 Mate XT 供不应求,需预订购买。华为正在增加产能,呼呼不加价。目前 Mate XT 溢价缩水但仍偏贵。小米、荣耀、传音等厂商已储备相关技术,未来或有更多厂商加入。随着产能提高和良率(合格品数量和总产出数量的比率)提升,Mate XT 售价有望下降。

1. 正在增加产能

深圳南山华为旗舰店不支持 Mate XT 预约购买,坂田店可预约但名额有限。Mate XT 预订量超 600 万台,余承东称热销超预期,正在增加产能。中信建投证券称,三折叠屏手机体验新颖,定位高端商务。交银国际称,华为率先量产三折叠屏,有望提振出货量及份额。Counterpoint 数据显示,华为三折叠屏手机在 2023 年中国折叠屏市场位居首位,2024 年第一季度全球出货量超越三星。

2. 折叠屏手机市场快速增长

2024 年以来,多款折叠屏手机推出,推动全球折叠屏市场增长。2024 年第二季度,全球折叠屏手机出货量同比增长 48%,中国市场占比超一半,销量同比增长 125%。上半年,中国市场销量增至 498 万台,同比增长 121%。华为 Mate XT 作为全球首款三折叠屏手机,市场行情火爆。首创证券认为,三折叠屏手机屏幕尺寸大,可替代部分平板和笔记本功能。Counterpoint 预计,2025 年全球折叠屏手机出货量将达 5 500 万台,2027 年将超 1 亿台,显示其长期市场前景。

3. 多家厂商储备三折叠屏技术

除华为外,传音、小米、荣耀等也在研发三折叠屏技术,传音已发布概念机,小米和荣耀获专利授权。荣耀 CEO 称三折叠屏手机无技术难度,但高昂价格限制用户群体,未来价格有望下降。苹果也有技术储备,暂未进入市场或因规模小且策略求稳。全球折叠屏手机市场渗透率低,但处于快速增长阶段。中信建投证券指出,若苹果加入,手机市场将会有更明显变化。这表明三折叠屏手机市场潜力大,未来或有更多厂商加入竞争。

4. 三折叠屏手机背后的信息系统

华为管理信息系统融合了云计算、大数据、人工智能等技术,全面整合、智能分析企业数据,覆盖财务、人力资源、供应链管理及生产运营等领域。该系统基于华为云平台,利用云计算优势降低 IT 成本,提高系统可用性和稳定性。通过人工智能技术,系统能自动分析数据、预测趋势、发现问题,并提供智能化决策建议。此外,系统实现各业务模块无缝集成,打破信息孤岛,提升企业内部协同效率和响应速度,为管理层提供全面、准确、及时的信息支持。

【思政寄语】

党的二十大报告提出,到 2035 年我国将基本实现信息化,建成科技强国,要求掌握信息化和智能化技术。华为管理信息系统作为强大、高效的信息系统,能够提升企业管理效率、优化决策、降低成本并增强竞争力。随着技术创新,该系统持续为企业注入新活力。华为的成功有助于构建新一代信息技术,推动战略性新兴产业融合集群发展,助力实现国家发展目标。通过该系统,企业能更好地适应信息化和智能化时代需求,促进产业升级和经济发展。

资料来源:张兴旺.华为三折叠屏一机难求　头部手机厂商摩拳擦掌[EB/OL].(2024-10-10)[2024-10-15].https://www.cs.com.cn/ssgs/gsxw/202410/t20241010_6444797.html.

# 第一节 信息与系统

## 一、信息

信息作为与物质、能源并列的人类社会发展的三大资源之一,在多维学科视角下展现出丰富的内涵。本书将信息界定为数据经精心加工后衍生的新形态,此形态的数据深刻影响其接收者的行为决策。销售领域的数据如销售量、市场份额,在经过人们深入分析后,则转化为指导企业未来销售策略的智慧信息。此外,信息的定义还广泛涵盖数据加工的产物、决策辅助的知识、客观世界的认知减熵工具,以及以符号为载体的世界影像,这些元素共同构建了一个多元、深刻且动态的信息观念体系。

### (一) 信息的概念

从哲学视角来看,信息作为自然界、人类社会及人类思维活动中不可或缺的元素,其本质是一种普遍存在的物质与事物属性。信息的这一属性在多个学科领域中展现出多样化的面貌与深刻内涵。信息论的奠基人香农·韦弗曾精辟地指出,信息具备消除不确定性的独特功能,这一观点深刻揭示了信息在认知与决策过程中的核心价值。在实际应用中,"数据"与"信息"这两个概念紧密相关,常常被混淆。数据作为对客观事物进行精准记录并可识别的符号集合,其表现形式远不止于数字本身,更涵盖了语言、文字、图形乃至复杂模型等多维度内容。这些数据,如同未经雕琢的璞玉,蕴含着丰富的潜在价值,但仍需经过加工与提炼,才能转化为对接收者行为产生实质性影响的信息。从数据到信息的转换过程如图 1-1 所示。

二维码 1-1
数据与信息

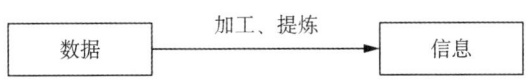

**图 1-1　从数据到信息的转换过程**

本书所阐述的信息观,正是基于这一数据到信息的转化过程,强调信息是数据经过人们深思熟虑的加工处理后所得到的产物,这种产物以其独特的形态对接收者的决策与行动产生深远影响。以驾驶场景为例,车速与路况的原始数据,在驾驶员的敏锐判断与经验分析下,迅速转化为"加速"或"减速"的决策信息,这一转化过程不仅体现了信息的时效性与动态性,而且彰显了其在复杂环境中指导行动的关键作用。综上所述,信息不仅是自然界与人类社会的普遍属性,而且是数据与认知、决策之间的桥梁与纽带。在信息爆炸的时代背景下,深刻理解信息的本质与特征,对提升人们的数据处理能力、提高决策质量以及推动社会进步与发展具有不可估量的价值。

### (二) 信息的特征

**1. 客观性**

信息的首要特性是客观性,这是其价值的基石。真实反映事物特征和变化的信息,才是有价值的;反之,失实的信息则无价值甚至有害。人们在信息收集过程中,确保信息的真实性、准确性和精确性至关重要,这是维护信息可信性的关键。信息不仅是事物特征和变化的客观映射,还承载着知识、经验和智慧,是推动社会进步的重要力量。在信息泛滥的时代,保持信息的客观性,提高信息的质量,对于个人决策、组织管理和社会发展都具有深远意义。因此,人们应始终坚守信息的客观性原则,不断提升信息处理能力,以更好地服务于人类社会的发展和进步。

**2. 可共享性**

信息具有可共享性,这是其与物质和能量的关键区别。信息能够同时被多个接收者享有,其传递和共享不减少其量和价值。在信息传播中,多个接收者之间可共同拥有和利用信息，促进价值的倍增。这种非排他性的共享特征，使传播信息成为高效、广泛传播和应用的资源。信息的可共享性，确保了知识、文化和价值观的快速，推动了社会进步和发展。

3. 可传输性

信息是无形资源，其流动性与可传输性是其核心价值所在。借助现代通信技术，如5G、物联网、大数据与云计算，信息能够超越地域与时间的限制，在全球范围内迅速流动。从报纸、广播到互联网，人为的传播手段使信息意识化地流通；而候鸟迁徙、潮汐等现象则自然承载着信息的无意识传递。信息传播速度与信息效用成正比，中心密度高、梯度大的信息源，能更快地向外辐射，这便解释了耸人听闻的消息为何能够快速蔓延。互联网的发展更使信息传递成本降低、形式多样化，促进了资源的全球共享与交流。高效的信息传递，是现代社会的基石，推动知识与资讯的无界流动。

4. 时效性

信息的时效性至关重要，其价值在于信息产生至触达接收者的时间间隔及利用效率。时间越短，时效性越强；反之，则越弱。信息是事实的记录，其使用价值随时间推移递减，直至消失。组织需追求信息时效性，力图快速获取与利用信息，以把握市场先机，实现高效决策与管理。

5. 不完全性

信息的获取受到认知与成本的双重限制。因人类认知有限，无法穷尽客观事实；且人类收集信息需权衡成本，无法一味追求全面。故信息收集应聚焦于合理成本内的可获得信息，运用既有知识与分析判断，筛选并舍弃冗余信息，以确保信息的有效利用。

6. 价值性

信息作为加工后影响生产经营的资源，其价值不言而喻。经济情报费用和数据库查阅成本直观体现了其价值。信息源自劳动消耗，其使用价值通过影响人的决策、行为等得以显现。人们使用信息后优化行为结果与信息缺失的差值，即对信息价值的量化。信息集资源性、价值性、使用价值于一体，满足多元需求，促进决策优化，其价值由劳动量与效用共同决定，而其使用价值则需通过转化才能充分释放。

7. 层次性

信息的层次性与企业管理者的层次紧密相关，信息分为高层、中层、低层三个层次。各层次信息在内容、来源、精度、加工、使用频率、寿命及保密程度上各有差异。高层次信息对应战略决策，中层次信息对应战术规划，低层次信息则对应具体操作执行。这种分层体现了管理系统的等级性，确保各级管理者能够基于其职责和决策需求获取合适的信息。信息的层次性如图1-2所示。

(三) 信息的作用

信息具有多重关键作用。作为一种至关重要的战略资源，其地位可与物质、能源和资金相媲美，甚至更为关键。在组织活动中，信息流犹如神经脉络，引导并优化着组织流程，组织有效地运用信息能显著节省资源。信息可部分替代资本的作用，组织可通过充分利用信息重组组织，挖掘潜力，从而大幅节省资金成本。与物质和能量的消耗性不同，信息具备自增值特性，使用越多，积累越丰富，其利用价值也就越大。

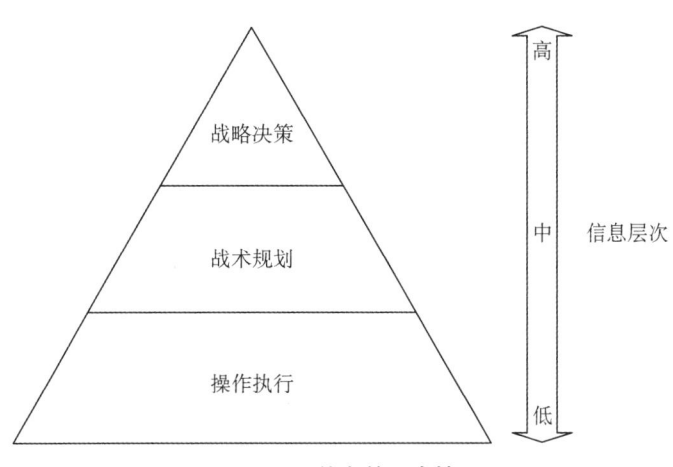

图 1-2　信息的层次性

## 二、系统

### (一) 系统的定义

系统是由若干相互联系、相互制约的要素所组成的有机整体,具有一定的结构和功能。系统的组成内容是相互依存、相互影响的。在理解和应用系统的过程中,人们需要充分考虑以下特征,以实现对系统的全面把握和有效管理。

系统作为一个复杂而广泛的概念,其本质在于由多个相互关联、相互作用的要素(或称为部分)所组成,具有层级性。这些要素可以是单个的个体、元件、零件,甚至要素本身就是一个复杂的系统,即子系统。例如,计算机的硬件系统便是由运算器、控制器、存储器以及输入输出设备等多个要素组合而成,而这些硬件系统又进一步构成了计算机系统的子系统。这种层级性不仅体现了系统的复杂性和多样性,也体现了系统内部各要素之间的紧密连接和相互依赖。

系统具有一定的结构。这种结构是指系统内各要素之间相对稳定、有序的联系方式和组织秩序,它决定了系统的整体性能和功能。系统中的各个要素并非孤立存在,而是通过特定结构和关系相互连接、相互作用,形成一个整体。例如,在企业管理系统中,各个职能部门(如生产、销售、财务等)就是系统的要素,而它们之间的组织结构、职责划分以及沟通机制等则构成了系统的结构,确保了整个企业能够高效、有序地运行。

系统的最终目的是实现某种特定的功能或目标。这种功能或目标是由系统内各要素的结构和相互作用决定的。系统通过整合和协调各要素的资源和能力,达到整体优化和效益最大化。例如,在信息系统中,系统通过收集、处理、存储和传输信息,为用户提供有价值的数据支持和服务,从而辅助用户决策、优化资源配置和提高工作效率。这种特定功能的实现,使系统在生产、管理、科研等各个领域发挥着不可替代的作用。

### (二) 系统的组成

系统通常被解构为输入、输出、处理、反馈与控制五个核心组成部分。输入是系统获得外部要素的过程,包括原材料、能源、数据及人的努力等要素,这些要素需经过有序组织和固定化处理,便于系统有效进行后续处理。输出为系统处理结果,涉及将转化生成的元素传达给接收者,如将产品、服务或管理信息传递给用户。处理是对输入信息进行有序加工的过程,即通过特定方式将其转换为所需的输出结果,如生产制造、生物呼吸及数学运算等。反馈是系统与外部环境间的互动机制。系统接收外部环境输入,经处理后输出,影响外部环境,外部环境再将影响结果反馈至系统。系统据此来调整未来行为,确保目标达成。反馈数据揭示系统行为特征,如将销售业绩反馈给销售主管,助力其决策优化。控制是系统运行的关键环节,确保系统朝目标前进。组织通过监控和评价反馈数据,调整系统输入与处理,确保正确输出,如销售主管根据业绩反馈调整销售策略,派人员到新区域,实现销售控制,优化运营效果。系统的组成如图1-3所示。

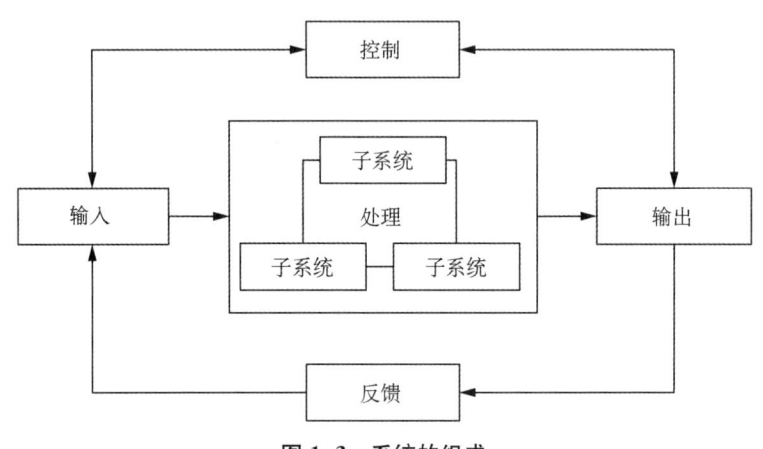

图1-3 系统的组成

**(三) 系统的特性**

1. 整体性

系统的整体性强调各要素组合后可产生超越单个要素的新功能。集成信息系统优于独立子系统,因为系统至少由两个可区分要素组成,其功能远超各要素简单相加。系统整体功能展现出全新特性,超越各子系统的简单总和,体现了整体大于部分的原理。

2. 层次性

系统的层次性揭示了要素间差异导致的等级秩序,信息系统具有严格的层次。系统组织从上至下形成金字塔结构,子系统通过嵌套逐层细化。组织通过结构化方法,利用系统的层次性,从抽象至具体逐步求精,深入研究系统,确保各层级有序衔接,功能逐层优化,整体性能显著提升。

3. 目的性

系统的目的性驱动系统向预定状态发展,以信息处理支持管理活动是信息系统的目标,人造系统目标明确,其中的各要素围绕总目标协作,子系统实现分目标从而保障总目标达成。

4. 稳定性

系统的稳定性指开放系统在外界作用下能自我调节,保持并恢复原有状态、结构和功能。设计良好的信息系统能应对多变环境,展现一定的自我稳定能力。这种稳定是发展中的相对状态,确保系统在面对挑战时维持有序运作。

5. 环境适应性

系统的环境适应性指其随环境变化调整内部要素与结构,以维持生存与延长生命周期的特性。开放系统需通过调整要素比例、关系乃至组成,克服"刚性",从而灵活应对环境变化。信息系统与环境紧密互动,通过物质、能量与信息交换适应环境,缺乏适应性的系统将失去生命力。

6. 相关性

系统的相关性即系统内部各要素相互作用、相互联系,包括结构、功能、因果等方面的联系,它们共同决定了系统运行机制。任一要素发生变化,组织都需调整其他关联要素,以维持系统整体处于最佳状态,分析这些联系是构建系统的基础。

## 第二节 信息系统

### 一、信息系统的概念

信息系统是一个复杂而关键的人造系统,其构建基础包括人、硬件、软件以及数据资源。这一系统的核心目标在于确保信息能够被及时、准确地收集、加工、存储、传递和提供,从而帮助组织实现对组织中各项活动的有效管理、调节和控制。在组织的日常运营中,物流、资金流和信息流是三大核心流动要素。物流涉及物资的实际流动过程,如产品的采购、加工、运输和销售等;资金流则是指伴随物流发生的资金流动;而信息流是对这些流动过程的描述、表现以及控制手段,是指导和管理其他流动过程的软资源。

信息系统可以广泛应用于企业的各个层面,如生产、供应、销售、库存、计划、管理、预测和控制,几乎涵盖了企业运营的所有环节。同时,信息系统也扮演着重要角色,如事务处理、战略规划、管理决策和信息服务等。从功能上来看,信息系统主要包括信息处理和信息传输两大系统。信息处理系统通过对数据进行处理,使其获得新的结构与形态或产生新的数据,如计算机系统就是典型的信息处理系统。而信息传输系统则专注于将信息从一处传递到另一处,不改变信息本身的内容,但其作用在于确保信息的广泛交流和充分利用。随着通信技术的不断进步,信息系统的发展也迎来了新的机遇。广义的信息系统概念已经逐渐与通信系统相融合,信息的作用在更广泛的交流中得到了充分发挥。这种融合不仅提升了信息系统的效率和功能,还为企业和组织带来了更多的发展可能。

### 二、信息系统的发展

信息系统作为现代社会的基石之一,其发展历程见证了人类科技进步的足迹。从人工信息系统到人机信息系统,再到更加智能化、网络化、集成化的信息系统,信息系统的每一次变革都带来了信息处理模式的巨大飞跃,为人类社会的发展注入了新的动力。

二维码 1-2 基于诺兰模型的信息系统发展阶段

信息系统作为人造系统的核心,经历了从人工到人机结合的演变过程。在计算机技术尚未普及的时代,人工信息系统如烽火台、驿站和电报系统等,依靠人力作为信息传递的主体,确保了信息的传递与接收。这些系统虽然基础,但在当时的社会背景下发挥了重要作用。随着计算机技术的迅猛发展,人机信息系统应运而生。人们开始利用计算机作为辅助工具,结合硬件、软件和数据资源,构建起更为高效的信息系统。这类系统不仅提升了信息处理的速度与准确性,还极大地扩展了信息的应用范围。人机信息系统的出现,标志着信息系统进入了一个全新的发展阶段。

展望未来，信息系统将继续向智能化、网络化、集成化方向发展。传感器技术、大数据、人工智能等前沿技术的不断突破，将为信息系统提供更加丰富的信息获取与处理手段。同时，随着云计算、物联网等技术的广泛应用，信息系统的服务范围将进一步扩大，实现跨领域、跨行业的信息共享与协作。在管理领域，信息系统更是发挥着不可替代的作用。MIS作为信息系统的重要分支，通过对组织内外部信息的全面收集、加工、存储、传递和提供，支持企业的日常运营、管理决策及战略规划。随着信息技术的不断进步，管理信息系统将不断升级与完善，为企业的发展提供更加坚实的支撑。

### 三、信息系统的类型

组织可以划分为操作层系统、知识层系统、管理层系统和战略层系统，不同的组织层次对应不同的信息系统。信息系统的类型如图1-4所示。

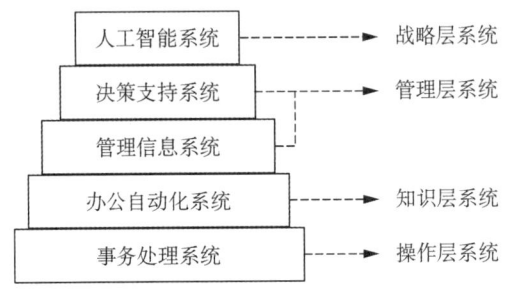

图1-4 信息系统的类型

#### （一）事务处理系统

事务处理系统（transaction processing system，TPS）是组织内部不可或缺且极为关键的信息系统之一，它专门负责记录、处理并报告组织中高度重复性、日常性的业务活动。这些活动包括但不限于财务部门的月度工资结算、销售部门的订单登记、仓库管理中的物料出入库登记，以及销售完成后的发票开具等。这些活动共同构成了组织的基本业务活动，也被称为事务活动。

TPS作为组织中最基本且常用的信息系统，负责处理企业日常大量重复性的信息处理工作。它确保各项基本业务如工资结算、订单登记、仓库材料出入库等得以高效、准确完成。TPS在企业运营中发挥着核心作用，确保财务部门每月按时完成工资结算，销售部门每天进行订单登记，仓库管理人员对材料的进出进行详细出入库登记。这些任务的处理对于维持企业日常运营的顺畅至关重要。

TPS的应用不仅限于单一部门，而是贯穿整个企业的多个环节。从财务管理到销售管理，再到库存控制，TPS都是不可或缺的组成部分。它通过自动化处理流程，提高了数据处理的速度和准确性，降低了人为错误发生的风险。总的来说，事务处理系统是组织实现高效、精确业务运营的重要基石。通过记录、处理和报告这些关键性业务活动，TPS为企业的决策提供坚实的数据支持，确保企业在竞争激烈的市场环境中保持竞争优势。

#### （二）办公自动化系统

办公自动化系统（office automation system，OAS）是专为支持简单脑力劳动者，如秘书、办事员等设计的系统。这些工作人员的主要工作不是创造信息，而是处理和管理数据。OAS通过结合现代化办公与计算机技术，实现了工作流的高效管理，以计算机为中心，运用一系列现代化的办公设备和先进的通信技术，广泛、全面、迅速地收集整理、加工、存储和使用信息。

随着信息时代的到来，企业中的知识层逐渐崛起，由知识员工和数据员工两大群体构成。知识员工（如工程师、程序员、科学家及高级管理人员等）是信息和技术的创新者，他们不仅创造新知识，还将其应用于管理和经营中，推动企业的持续发展。知识管理系统作为关键工具，整合了企业内外的知识资源，促进了知识的共享与应用。数据员工（如秘书等）构成了知识层的另一重要部分。他们专注于信息的使用、处理和传播，而非信息的创造。这些员工通过高效的数据管理，支持企业的日常运营。OAS为此类员工提供了强大的支持，它结合了现代化办公设备和通信技术，以计算机为中心，实现了工作流程的自动化和对信息的快速处理，极大地提升了工作效率。

### （三）管理信息系统

管理信息系统为组织的中层管理者提供了全面的数据支持。当管理者需要了解某类产品的市场占有率、哪些商品畅销等市场情况时，MIS可以迅速整合和分析市场数据，以直观的图表和报告形式呈现给管理者，帮助他们快速把握市场动态。同样，在财务管理方面，MIS能够实时追踪企业的收支情况，与前一年度或前一季度进行对比分析，为管理者提供精确的财务数据支持。

MIS通过自动化和智能化的处理流程，大幅提高了中层管理者的工作效率。在订单管理和员工管理方面，MIS能够自动跟踪订单进度、生成各类报表，并实时更新员工信息库，使管理者能够轻松掌握订单的完成情况以及企业员工的年龄结构分布等关键信息。这不仅节省了管理者的大量时间和精力，还提高了决策的准确性和及时性。MIS的引入推动了企业管理的现代化和规范化。通过应用MIS，企业可以实现对各项运营活动的统一管理和实时监控，避免了传统管理方式中的人为错误和主观性。同时，MIS还为企业提供了强大的数据分析工具，帮助管理者深入挖掘数据背后的价值，发现潜在的问题和机遇，为企业的持续发展提供有力保障。

### （四）决策支持系统

组织在运营过程中常面临诸多复杂的决策问题，如选择供应商、确定合理库存量、选择最佳运输路径以及确定连锁门店位置等。这些决策问题往往涉及多个变量和不确定性因素，组织仅依靠传统的管理信息系统提供的简单分类、汇总和计算信息，往往难以作出准确有效的决策。因此，决策支持系统（decision support system，DSS）应运而生，成为支持管理者解决复杂决策问题的关键工具。

决策支持系统是一个集计算机技术、信息技术、人工智能、管理科学、决策科学、心理学、组织行为学等多学科技术于一体的技术集成系统。它旨在提高决策的效能（effectiveness），而非仅仅提升决策的效率（efficiency）。与传统的信息系统不同，决策支持系统更加注重对复杂决策问题的支持和优化，通过数据分析、模型模拟、知识推理等手段，为决策者提供更为精准、全面的决策支持。决策支持系统作为现代化管理的重要工具，在组织运作中发挥着越来越重要的作用。它不仅能够提高决策的准确性和科学性，还能够降低决策的风险和成本，为企业创造更大的价值。随着信息技术的不断发展和创新，决策支持系统的功能和性能也将不断得到提升和完善,为组织的持续发展提供更为强大的支持。

**(五) 人工智能系统**

人工智能(artificial intelligence,AI)是一门研究、开发用于模拟、延伸和扩展人的智能的理论、方法、技术及应用系统的新技术科学。根据智能水平的不同,人工智能可以分为弱人工智能和强人工智能。弱人工智能是指能够执行特定任务的智能系统,如图像识别、语音识别等;而强人工智能则是指具有与人类相似智能水平的智能系统,能够进行复杂的思考、学习和创新。

## 第三节 管理信息系统

### 一、管理信息系统的概念

管理信息系统是一个复杂而综合的学科领域,其定义和内涵随着信息技术的发展和管理实践的深入而不断丰富和拓展。以下内容将从系统、管理者、功能和发展趋势等多个角度来进行分析,管理信息系统都是企业实现信息化、智能化管理的重要工具。

**(一) 系统角度**

从系统角度来看,管理信息系统是一个高度集成的人机系统,其核心在于通过信息技术手段实现信息的有效管理和利用。这个系统由多个关键要素组成,包括人、硬件、软件、数据资源以及网络通信等。这些要素相互协作,共同支持系统中信息的收集、加工、存储、输出和传输等各个环节。人作为系统的使用者和管理者,负责提供决策思路、制定管理策略,并监控系统的运行。硬件包括计算机、服务器、存储设备等,为系统提供物理基础。软件包括操作系统、数据库管理系统、应用软件等,用于实现数据的处理、分析和展示。数据资源是系统的核心,包括各种结构化、半结构化和非结构化的数据,这些数据是决策的基础。网络通信确保系统中各个部分之间的信息能够顺畅流通。

**(二) 管理者角度**

从管理者角度来看,管理信息系统是一套基于计算机的解决方案,旨在帮助企业管理者应对环境挑战,提升管理效率和决策质量。这个解决方案不仅仅是技术的堆砌,更是管理、组织和技术的深度融合。管理信息系统可以为企业中三个层次的人员提供管理和决策支持,管理信息系统的一般结构如图1-5所示。

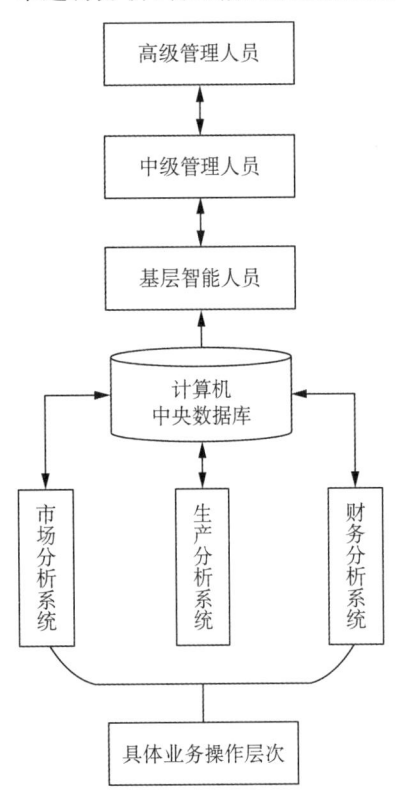

图1-5 管理信息系统的一般结构

**(三) 功能角度**

管理信息系统还具备多种功能,这些功能共同支持企业的日常运营和决策过程。①数据处理功能,即对收集到的数据进行清洗、转换、整合等操作,确保数据的准确性和一致性。②事务处理功能,即自动化处理企业的日常事务,如订单处理、库存管理、财务管理等,提高工作效率。③计划与控制功能,即根据企业的战略目标和业务需求,制订详细的计划和预算,并通过系统监控计划的执行情况,及时调整和优化。④决策支持功能,即提供综合信息和预测信息,帮助管理者作出更加科学、合理的决策。

### (四) 发展趋势

随着信息技术的不断发展和企业管理实践的深入,管理信息系统也在不断演进和升级。当前,管理信息系统的发展趋势主要包括以下几个方面:①系统集成化,即将不同部门、不同系统的数据进行整合和共享,打破信息孤岛,实现数据的全面管理和利用。②智能化,即利用人工智能、机器学习等技术,提升系统的自动化水平和智能化程度,使系统能够更加精准地预测和响应企业的需求。③云化,即将系统部署在云端,实现资源的灵活配置和按需使用,降低企业的IT成本和维护难度。④加强系统的安全防护措施,即确保数据的安全性和隐私性,防止信息泄露和非法访问。

## 二、管理信息系统的特点

### (一) 管理决策支持

MIS作为管理学与决策理论的重要发展,集成了管理思想、方法及技术手段,支持管理、调节与控制。它利用量化分析、预测与优化计划,按需提供信息,助力决策。MIS融合现代管理与IT技术,不仅管理、决策,还能够预测未来,促进组织结构优化与业务流程再造。开发MIS时,开发者需精通信息技术,并融入管理新理念,提升信息管理效率与经营成效,全面服务管理决策,实现管理现代化与高效化。

### (二) 人机系统

管理信息系统是一个典型的人机系统,在系统中,人和计算机各展所长,共同协作完成对企业信息的处理与利用。组织在开发MIS的过程中,需要明确人机定位,确保各方协同工作,以实现系统的整体优化。在企业实际运营中,人机系统有效提升了企业的信息管理水平和决策效率,为企业的持续发展提供有力保障。

在管理信息系统中,虽然机器很重要,但人始终是系统建设的主体和关键组成部分。人机系统强调正确界定人和计算机在系统中的地位和作用,以充分发挥各自的长处,达到系统整体性能最优。各级管理人员不仅是系统的使用者,还直接参与系统的构建与运行,是不可或缺的一部分。信息加工和计算任务主要由计算机承担,但决策方式、方法和最终执行仍需人的判断与操作。管理信息系统通过提供信息支持,辅助人类进行决策,实现了人机之间的有效互补。在MIS的开发过程中,确保人机协作的顺畅,是成功的关键。

在开发初期,组织就需明确人机在系统中的作用与职责,以指导后续的开发与实施。管理信息系统涉及多个领域的人员,包括技术人员、管理人员等,需确保各方协同工作。组织通过合理的人机分工与合作,可以实现管理信息系统的整体性能优化,提升企业信息管理效率。在企业实际运营中,管理信息系统通过人机结合,实现了对企业信息资源的有效整合与利用。人机系统提高了企业决策的准确性和及时性,为企业发展提供了有力的信息支持,随着企业环境的变化和技术的进步,管理信息系统需要不断优化与改进,以适应新的需求与挑战。

### (三) 动态系统

管理信息系统是动态演进的软件产品,组织需随内外环境变化对其实施持续维护,以延长其生命力。当其生命周期终了,需在新条件下开发新一代系统,确保管理支持不断迭代更新,满足组织发展需求,形成持续优化的管理信息系统生命周期循环。

### 三、管理信息系统的功能

#### (一) 组织架构重构

随着信息技术的飞速发展,数据治理能力已成为企业竞争力的核心要素。传统企业正逐步向互联网企业转型,其组织结构由层级制、中心化、金字塔结构向扁平化、去中心化、倒金字塔结构演变。在这一过程中,企业不仅要关注"人""财""物"的管理,更要重视"数"的治理,即数据的有效收集、处理、分析和利用,以驱动决策优化和业务流程创新,实现企业的持续发展和竞争优势。

#### (二) 数据处理功能

随着社会生态系统的日益复杂化、开放化、非结构化及人性化,商业生态系统也呈现出数据化、品牌化、虚拟化的趋势。在这一背景下,数据处理功能显得尤为重要。它不仅仅是简单的收集、输入、传输、存储,更涵盖了数据的深度加工处理与智能输出。通过高效地分类、整理与保存,数据处理为企业提供了丰富、有序的原始数据资源。同时,借助强大的统计和综合处理能力,企业能够迅速生成各种既定格式的信息报告,为决策制定与战略调整提供有力支持。

#### (三) 预测功能

预测功能作为管理信息系统的核心功能之一,其重要性不言而喻。该功能运用先进的数学、统计和模拟方法,深入挖掘并解析海量历史数据,以此为基础构建精准的预测模型。通过对数据的细致加工与智能分析,预测功能能够生成具有高度前瞻性的信息,为企业描绘未来的发展趋势与潜在挑战。这不仅有助于企业提前布局、规避风险,还能为企业战略决策提供坚实的数据支撑,引领企业在复杂多变的市场环境中稳健前行。

#### (四) 控制功能

控制功能是管理信息系统的关键一环,负责全程监督与检查计划的执行情况。它通过对比分析实际执行与计划之间的差异,精准定位问题根源,并据此为管理人员提供决策支持。控制功能能够实现对每个岗位及整体计划的全面监测,及时发现偏差并提供科学的修正方案,确保企业运营能够沿着既定轨道稳步前行,最终达成预期目标。这一功能对企业的精细化管理与持续优化具有重要意义。

### 四、管理信息系统的发展趋势

二维码1-3
管理信息系统的发展趋势——财务无人化办公

#### (一) 管理思想信息化融合

随着敏捷制造、虚拟制造、精益生产、客户关系管理、供应商关系管理、大规模定制、电子商务、商业智能等新型管理模式的不断涌现,MIS不再仅仅是技术工具,而是管理思想的信息化载体。MIS通过融合这些先进管理思想,实现了从面向企业功能(如办公自动化OA)、到面向企业过程[如制造资源计划(manufacture resource plan,MRP-Ⅱ)]、再到面向产品生命周期[如供应链管理(supply chain management,SCM)]的全面覆盖。未来,MIS将进一步发展成为集SCM、CRM、BI、EC、DSS等功能于一体的综合系统,以支持企业实现资源共享、数据共享及高度柔性的管理。

#### (二) 系统应用网络化

在全球经济一体化的背景下,MIS的网络化不仅提升了企业全球运作的能力,还促进了跨国公司的建立及其对全球市场的参与。通过网络化管理,企业能够实时跟踪订单、物流、结算等关键环节,确保全球供应链的顺畅运行。同时,MIS的网络化还为企业营销方式的创新提供了可能,如电子商务、电子政务、供应链信息系统等新型业态的兴起,极大地拓宽了企业的市场边界。此外,网络化还加强了企业间、企业与客户间的沟通与协作,推动了供应链管理向更高层次发展。

### (三) 开发平台标准化

随着计算机技术的不断进步,封闭的专有系统逐渐被淘汰,开放、标准化的开发平台成为主流。基于浏览器/服务器(browser/server,B/S)架构,支持标准网络通信协议、数据库访问及可扩展标记语言(extensible markup language,XML)异构系统互联的MIS系统,实现了跨平台、跨系统的无缝集成。这种标准化不仅提高了系统的开放性、集成性和可扩展性,还降低了系统开发与维护的成本,为企业的信息化建设提供了有力支持。

### (四) 业务流程自动化

传统的企业资源计划(enterprise resource planning,ERP)系统虽提供了丰富的业务处理功能,但对业务流程的管理与控制存在不足。工作流管理技术的引入,使MIS能够实现对业务流程的全面管理、控制与自动化处理。这不仅提高了业务处理的效率与准确性,还为企业领导与业务系统的深度集成提供了可能,支持企业根据市场变化快速调整业务流程,实现动态重构。

### (五) 应用系统集成化

企业信息化涉及多个方面,包括技术系统信息化、管理信息化及生产制造过程自动化等。不同系统之间存在着大量的共享信息与交换需求。因此,实现各系统之间的集成,以最大化应用效果成为MIS未来发展的必然趋势。通过系统集成,企业能够打破信息孤岛,实现数据共享与业务协同,提升整体运营效率与竞争力。

### (六) 系统运行智能化

随着人工智能、大数据等技术的不断发展,MIS正逐步向智能化方向迈进。智能化的MIS不仅具备高度的自学习、自组织与进化能力,还能在决策中发挥主导作用,成为企业行动的向导。通过运用数据挖掘、机器学习等技术手段,MIS能够深入挖掘数据价值,为企业提供更加精准、高效的决策支持服务。

MIS尽管发展前景广阔,但仍面临诸多挑战。从社会层面看,如何提升科学管理水平、促进信息技术与企业管理深度融合、加强企业文化建设等成为亟待解决的问题。从企业内部看,战略性商业挑战、全球化挑战、信息系统投资回报评估及技术创新应对等也是不容忽视的难题。从技术层面看,数据转换、系统集成、网络安全及系统适应性等问题仍需不断探索与解决。

 延伸阅读

**大连钢铁集团的企业网络管理系统**

在2000年这个我国企业开始逐步上网的年份,大连钢铁集团(简称"大钢")紧跟时代步伐,迈出了企业信息化建设的第一步。企业网站已成为企业对外信息发布与交流的窗口,建设自己的企业网站对于大钢来说至关重要。这一举措旨在有效降低内部周转时间,增加市场竞争力,并改善与客户的联系。

大钢采用了诚高科技公司的解决方案。该公司在对大钢进行深入细致的分析后,参照了国内外计算机系统集成的先进经验,并结合我国钢铁行业的发展趋势及大钢生产经营的实际状况,确定了以实用、先进、

安全、信息集成度高为总体设计思想。大钢制定了系统实施的三个目标,分别是:

一期工程(2000年):实现财务、销售、物资供应等部门的联网,重点在年内完成财务电算化,销售及物资供应等系统逐步开发完成,统一规划,分步实施。

二期工程(2001年):实现生产、质量、技术等部门的联网,逐步实现生产、管理、控制自动化。

三期工程(2002年):实现其他各个业务部门联网,企业MIS系统初具规模,网上电子商务开始发挥重要作用,企业信息化建设上一个新台阶,现代化的企业管理模式初步形成。

大钢建立了以信息中心为企业网络交换中心,以财务、销售、物资供应等各部门为节点的二级交换结构网络。各部门到信息中心的传输速率为1 000 Mbps,部门内部100 Mbps交换到桌面。出于全盘考虑,大钢网络系统建设优先选择高性能、规模扩展性强的产品,整个系统的设计以实现技术的标准化、可靠性和技术的先进性为原则。

基于该网络管理系统的功能,大钢将各种服务器集中放置于信息中心,充分发挥了高速骨干网的优势。在其他各个联网部门,采用Cisco Catalyst 3 524或3 548千兆网交换机作为交换平台,具有高性能和可扩展性。大钢网络系统采用了多种安全防范措施,如划分多个VLAN、访问控制、防火墙技术等,确保系统运行万无一失。系统选用了APC Smart系列智能UPS,对计算中心服务器、交换机、路由器等设备进行电源保护。在突发事故出现时,APC UPS会将计算机立即切换至紧急电池备用电源,保证系统长时间稳定运行。系统以投入产出信息为基础,把企业经营和生产过程中的各个环节,包括市场信息、产品设计、物资供应、仓储、生产、销售过程中的物流信息、财务资金运转中的资金流信息与管理控制信息等集成起来,实现了信息的全面整合。

大钢网络系统建成后,可使集团生产经营过程中的人、技术和经营管理形成一个有机的整体。通过以成本为中心对经营决策、经营活动、生产过程等进行全方位控制,系统显著提高了产品产量与质量,增强了企业的市场应变能力和整个企业的运行效率和效益。大连钢铁集团的企业网络管理系统是其信息化建设的重要里程碑。该系统不仅提升了企业的运营效率和管理水平,还为企业的发展奠定了坚实的基础。

张旭军.按步建网络:大连钢铁集团企业网络管理方案[J].中国计算机用户,2001,(23):72.

## 第四节 信息系统与组织管理

### 一、组织结构

#### (一)组织结构的定义

组织结构是组织内部对工作任务的分工、分组及协调合作的一套系统化安排。它不仅仅关乎如何将工作分配给不同的部门和个人,还涉及确立明确的等级制度、职务划分以及权力关系。这一形式化的制度系统详细阐明了每项工作的具体分配方式、个体或部门间的责任归属,以及内部如何有效协调与沟通,从而确保组织能够高效、有序地运转,实现既定目标。通过合理的组织结构设置,组织能够充分发挥成员间的协同作用,提升整体绩效。

#### (二)组织结构的类型

常见的组织结构类型有简单结构、官僚层级结构、事业部结构、矩阵结构。简单结构(创业型结构)适用于小企业,在该结构下,创业者或少数伙伴共同制定和执行战略,特点为简单易行、反应敏捷、费用低廉、责任明确。官僚层级结构以标准化作为核心要点,实行职务专门化,制定大量规章制度,细分职能部门,采取集权式的决策方式,控制手段较为严格。事业部结构将组织划分为多个相对独立的事业部,每个事业部有自身的产品线、市场和客户群,实行高度自治和分权管理。矩阵结构结合职能式和项目式组织的优点,既有按职能划分的纵向管理系统,又有按项目划分的横向管理系统,增强了组织的灵活性和适应性。

### (三)组织结构的转变

随着企业规模的不断扩大和业务复杂性的日益增加,原有的简单组织结构往往难以有效应对日益繁重的管理挑战,因此组织结构需要向更为复杂和高效的组织结构转变,如官僚层级结构或矩阵结构等。这一转变过程往往伴随着组织结构的深度调整,包括部门重组、职责重新划分、权力再分配等关键环节。同时,为确保新的组织结构能够顺利运行,还需要建立和完善相应的规章制度,明确各级管理人员的职责权限和沟通机制。这种组织结构的转变往往能够带来显著的管理效益,如提高管理效率、增强组织灵活性、优化资源配置等。然而,值得注意的是,转变过程中组织也可能面临员工抵触情绪、沟通障碍增加等挑战。因此,在推动组织结构调整时,企业应充分考虑员工的意见和需求,制定科学合理的实施方案,并加强沟通与培训工作,以确保变革的顺利进行。

### (四)组织结构的未来趋势

随着科技日新月异的进步与市场环境的变化,组织结构的优化趋势愈发明朗。在数字化浪潮席卷下,网络化与智能化技术将成为组织重塑的关键驱动力。这些先进技术不仅简化了信息流通环节,而且提升了组织的决策效率与响应速度,推动着组织结构向扁平化、去中心化方向迈进,扁平化组织结构如图1-6所示。未来,我们有望见证更加灵活多变、跨界融合的组织形态。

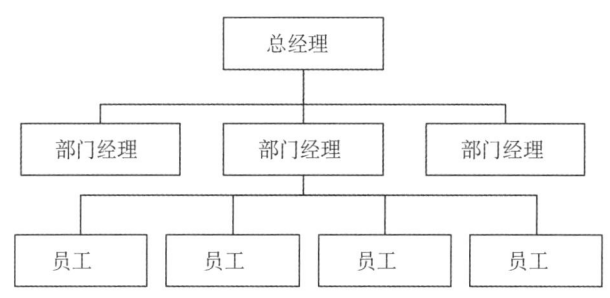

图1-6 扁平化组织结构

## 二、信息系统与组织管理的关系

在管理实践中,组织常被细分为多个职能部门,每个部门均承担特定的职责。为优化管理效能,管理信息系统的架构设计依照这些部门的职能划分进行,从而构建起职能分明的系统结构。以生产制造类企业为例,管理信息系统可被精准划分为多个子系统,如生产子系统、市场销售子系统、财会子系统、人事子系统及人力资源子系统等,每一子系统均紧密对接对应职能部门的业务需求,确保信息流通的高效与精准。

### (一)生产子系统

生产子系统涵盖产品全生命周期管理,从设计优化到质量控制,确保生产高效运行。战略层评估生产方案,优选高效工作方法;管理控制层监控成本、工时及物资消耗,及时分析调整;运行控制层比对进度计划,解决瓶颈问题。生产子系统平衡需求与产能,制订长短期生产计划,调配资源,通过数据收集与分析,确保生产任务得以精准执行。

**(二) 市场销售子系统**

市场销售子系统全面覆盖企业销售活动,从战略到执行,确保市场响应迅速且精准。战略层依托人口、购买力等宏观因素,结合客户与竞争者分析,制定前瞻市场战略。管理控制层则基于实时市场数据,评估销售绩效,调整策略以保证计划达成。运行控制层负责日常销售调度与区域、产品、客户维度的销售分析,确保运营高效。市场销售子系统涵盖市场开拓、营销策略、销售管理等多维度,通过训练销售团队、市场调研、促销活动等手段,提升市场竞争力。同时,它还利用综合信息与专项分析,为战略决策提供有力支持,实现市场资源的优化配置与新市场的有效开拓。

**(三) 财会子系统**

财会子系统在企业运营中扮演着至关重要的角色。财务侧重预测、决策、计划与控制,确保资金高效运用和管理;会计则关注核算与监督,精准反映资金流动。战略层负责制订财务计划、筹措资金与编制预算,确保企业长远目标实现。管理控制层关注预算执行情况、会计数据处理成本及差错率,提升运营效率。运行控制层则负责日常单据分类汇总,及时报告差错与异常,确保财务信息准确无误。该子系统综合运用财务分析、成本控制等工具,优化财务决策,提升企业财务管理水平。

**(四) 人事子系统与人力资源子系统**

人事子系统与人力资源子系统共同支撑企业的人才管理。前者聚焦于聘用、培训、考核、薪酬及解聘等日常管理,确保人员流动与激励机制顺畅运行。后者则更为宽泛,涵盖从人力资源规划到员工全生命周期管理,注重战略性人力配置与效能提升。在运行控制层面,两者均强调实时数据处理与情况分析,确保人员管理的精准高效。管理控制层通过对比计划与实况,及时调整策略,优化人力资源配置。在战略计划层面,两者共同分析人力资源现状,制订长远规划,以应对市场变化,确保企业持续竞争力。

### 相关思考

二维码1-4
信息系统在
华为组织变
革中的作用

**信息系统对组织管理的影响**

当前,信息技术的发展日新月异,企业之间的竞争也更加激烈,企业在新形势下如何通过信息系统全面提升的管理水平?

1. 建立企业信息化集成管理系统

企业信息化集成管理系统包括人力资源管理系统、财务管理系统、供应链管理系统等,通过集成各个管理系统的数据和信息,实现信息共享和流程协同,提高管理效率和决策的准确性。例如,中国十五冶金建设集团有限公司通过建设企业经营管理系统,实现了工程项目管理的全方位、全过程精细化监督管理,为决策层提供了智慧决策的依据。

2. 运用大数据和人工智能技术

信息系统运用大数据技术对企业内外部数据进行分析,挖掘关键业务信息和趋势,帮助企业管理者作出更明智的决策,优化业务流程和资源配置。通过人工智能和机器学习技术,实现数据自动分析、智能决策和预测,提升企业的管理智能化水平。

3. 推广云计算和SaaS应用

信息系统利用云计算和软件即服务(software-as-a-service,SaaS)应用,使企业能够更加灵活地使用各种管理软件,降低IT成本,提高管理系统的可扩展性和可定制性,提升管理效率。

4. 引入物联网技术

信息系统运用物联网技术,实现设备和传感器的互联互通,实时监控生产过程和设备状态,提高生产效率,降低生产成本,改善产品质量。

5. 加强信息安全管理

信息系统建立健全的信息安全管理体系,保护企业重要数据和信息的安全,防范各类网络安全威胁,确保企业数据的安全性和合规性。

## 本章小结

本章主要学习了管理信息系统的基础知识。通过本章的学习,学生应了解信息与系统的概念,信息系统的概念和发展;理解信息系统的类型以及管理信息系统的特点;掌握组织结构以及信息系统和组织管理之间的关系。

## 本章重要概念

信息　数据　系统　信息系统　管理信息系统　事务处理系统　办公自动化系统　决策支持系统　人工智能系统　组织结构　组织管理

## 本章练习

二维码1-5
本章练习

二维码1-6
本章练习
参考答案

# 第二章　管理信息系统技术基础

- ➢ 内容提要
- ➢ 重点难点
- ➢ 学习目标
- ➢ 知识框架
- ➢ 思政育人
- ➢ 第一节　信息系统的基础设施
- ➢ 第二节　计算机网络
- ➢ 第三节　数据库技术
- ➢ 第四节　数据仓库与数据挖掘
- ➢ 本章小结
- ➢ 本章重要概念
- ➢ 本章练习

## 内容提要

本章主要介绍信息系统的基础设施中计算机硬件的构成及发展趋势,计算机软件的分类及发展趋势;计算机网络的定义、组成、分类及体系架构,互联网的发展、特点、地址及应用;数据库的相关概念、模型的分类、关系型数据库的相关概念及大数据时代数据库的发展;数据仓库的定义、特征及技术架构,数据挖掘的定义、功能、常用方法及应用,数据仓库与数据挖掘的关系。

## 重点难点

本章重点为计算机网络的分类、关系型数据库的相关概念、数据仓库的定义及特征、数据挖掘的定义及功能;难点为计算机网络的体系架构、模型的分类及数据挖掘的常用方法。

## 学习目标

通过本章的学习,学生应了解信息系统的基础设施中计算机硬件的构成及发展趋势,计算机软件的分类及发展趋势,大数据时代数据库的发展,数据仓库的技术架构;理解计算机网络的定义、组成及体系架构,互联网的发展、特点、地址及应用,数据库的相关概念、模型的分类,数据挖掘的常用方法及应用;掌握计算机网络的分类,关系型数据库的相关概念,数据仓库的定义及特征,数据挖掘的定义及功能。

**知识框架**

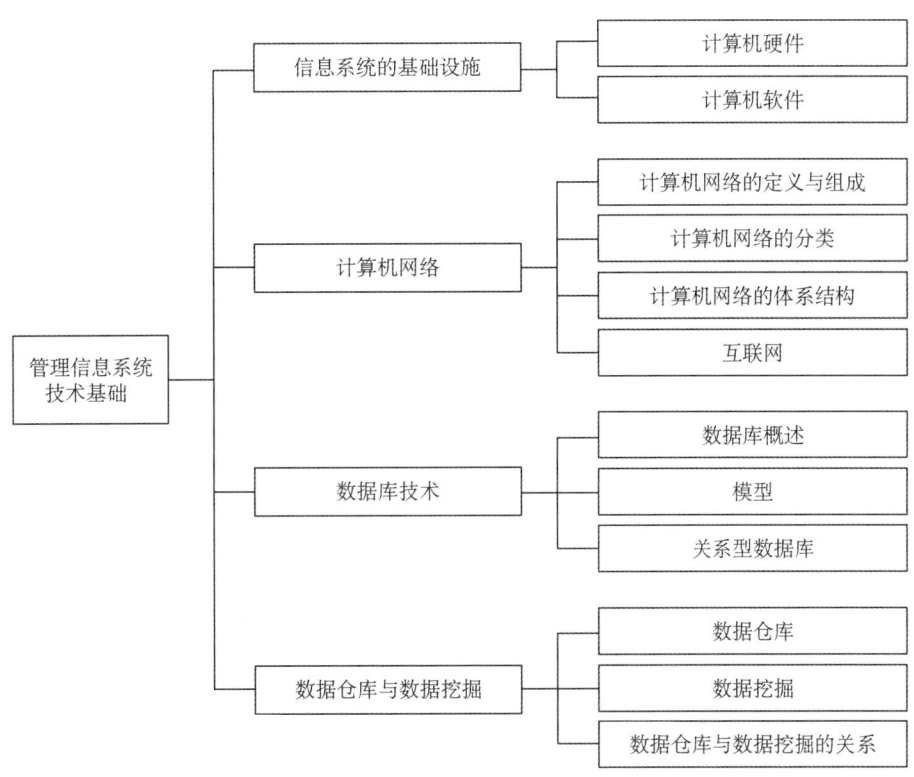

## 思政育人　科学技术要打头阵

脑控神经康复训练机器人、垂直起降飞行器、全球首款无辐式超级氢能摩托车……在2024年中国国际服务贸易交易会上，一批中国科技创新成果亮相。根据世界知识产权组织日前发布的《2024年全球创新指数报告》，中国在全球的创新力排名较去年上升1位，排在第11位，是排名前30的经济体中唯一的中等收入经济体，也是10年来创新力上升最快的经济体之一。

科技兴则民族兴，科技强则国家强。习近平总书记在安徽考察时强调："推进中国式现代化，科学技术要打头阵，科技创新是必由之路。"从世界现代化历程看，一些国家正是抓住了科技革命的机遇，才进入现代化国家行列。中国式现代化要靠科技现代化作支撑，实现高质量发展要靠科技创新培育新动能。

迈向高水平科技自立自强的中国，必将始终把发展的主动权牢牢掌握在自己手中。不久前，华为公司开发的原生鸿蒙操作系统开启公测，不少手机用户争相"尝鲜"，感慨"终于用上真正的国产操作系统"。操作系统和基础软件，是数字经济、智能制造的"地基"，对科技创新的重要性不言而喻。实践证明，关键核心技术是要不来、买不来、讨不来的，必须靠自力更生。

创新之道，唯在得人。当越来越多领域进入创新"无人区"，只有充分激发科研工作者的积极性、主动性、创造性，才能实现更多"从0到1"的创新突破。新中国成立75周年时，国家勋章和国家荣誉称号获得者中，好几位是科学家，足见对科学的尊崇，对创新者的礼遇。"看不得病人痛苦"的王振义，立志"让中国人吃饱饭、吃好饭"的李振声，60多年潜心研究高温超导的赵忠贤……他们的科研成果光芒万丈，他们身上"人生能有几回搏"的精神更令人感佩，激励更多人放开手脚创新创造，为建设科技强国贡献才智。

激发创新活力，离不开制度的作用、改革的力量。江苏苏州发布关键技术全球"揭榜挂帅"需求榜单，旨在更好汇聚创新力量协同攻关。复旦大学相辉研究院为"反常识、高风险、颠覆性"研究提供10年以上长周期支持,让科研人员厚积薄发、潜心攻关。在中国科学院青藏高原研究所,差旅费"包干制"解决了经常深入偏远地区的科研工作者常遇到的"找票""贴票"问题。构建支持全面创新体制机制,就要作好改革的"加减法",减的是烦琐、累赘、障碍,加的是创新创造的奔涌活力、勇往直前的探索热情。

"科技创新是核心,抓住了科技创新就抓住了牵动我国发展全局的'牛鼻子'。"继续发扬科学精神,遵循人才成长和科技发展规律,为科研工作者排忧解难、松绑减负、加油鼓劲,必将激活科技创新的"一池春水",为强国建设、民族复兴注入源源不断的强大动能。

【思政寄语】
科技创新已成为推动国家发展、实现民族复兴的关键力量。青年要铭记"科技兴则民族兴,科技强则国家强"的深刻内涵,将个人的理想追求融入国家发展的伟大事业中。青年要敢于探索未知,勇于攀登科技高峰,不断在科研道路上推陈出新,为实现高水平科技自立自强贡献青春力量。同时,青年要要学习科学家们"人生能有几回搏"的奋斗精神,坚定信念,执着追求,以饱满的热情和昂扬的斗志投身科技创新实践。

资料来源:佚名."科学技术要打头阵"[EB/OL].(2024-10-21)[2025-01-10]. https://www.sohu.com/a/818498464_114731.

# 第一节 信息系统的基础设施

计算机硬件和软件是管理信息系统开发、运行和维护中不可或缺的基础设施,组织只有通过它们才能把技术和管理有效地集成起来,使管理信息系统真正发挥作用。

## 一、计算机硬件

计算机硬件是计算机物理装置的总称,它是计算机工作的基础,通常指电子的、机械的、磁性的或光的元器件或装置。

二维码2-1
计算机硬件

### (一)计算机硬件的构成

计算机有很多种,不同的计算机生产厂商也各有其独具特色的产品,它们的体系结构不尽相同,但从基本原理和基本结构看,每一个计算机系统的硬件结构基本上都是由中央处理器(central processing unit,CPU)、主板与总线、存储器、输入设备、输出设备等构成。

1. 中央处理器

中央处理器是计算机的核心,是最重要的计算机硬件,它在很大程度上决定了计算机系统的性能。CPU是负责解释并执行指令,协调系统中其他硬件共同工作的硬件。它的功能就是高速、准确地执行预先安排好的指令,每一条指令完成一次基本的算术运算或逻辑判断。CPU主要由运算器和控制器两部分组成。

1) 运算器

运算器是计算机的运算单元,主要用于完成算术运算和逻辑运算。运算器还可以再分为算术逻辑单元、累加器、状态寄存器和通用寄存器等。算术逻辑单元用于完成算术、逻辑操作;累加器用于暂存操作数与运算结果;状态寄存器用于存放运算过程中产生的状态信息;通用寄存器主要用于暂存操作数与数据地址。算术逻辑单元、累加器和通用寄存器共同决定了中央处理器的字长。

2）控制器

控制器是计算机的神经中枢，它按照计算机主频的节拍产生各种控制信息，指挥整台计算机工作。计算机的主频一般与机器型号相关，主频越高，工作节拍越快，运行速度也越快。

2. 主板与总线

主板是计算机系统中最大的一块电路板，主板上布满了各种电子元件、插槽、接口等。计算机在正常运行时必须通过主板来完成对系统内存、存储设备和其他 I/O 设备的操控，因此计算机的整体运行速度和稳定性在相当程度上取决于主板的性能。

总线是连接计算机中 CPU、内存、外存、输入设备、输出设备的一组信号线以及相关的控制电路，它是计算机中用于在各个部件之间传输信息的公共通道。

3. 存储器

数据存储是计算机系统的必备功能。计算机系统是依靠存储器来实现数据存储功能的。存储器主要分为主存储器和辅助存储器两类。

1）主存储器

主存储器是计算机在运行过程中用来存储数据和程序指令的存储器，简称内存，它是计算机内用于临时保存信息、操作系统以及应用软件的内存区。主存储器一般采用半导体存储器，通过总线与 CPU 相连。主存储器的容量是决定计算机处理速度和处理能力的重要指标。

存储器容量的常用单位有 KB, MB, GB, TB。它们之间的换算关系为 1 MB＝1 024 KB，1 GB＝1 024 MB，1 TB＝1024 GB。

2）辅助存储器

辅助存储器又称为外部存储器，简称外存，是连接在计算机上的外部存储设备，用于长久保存数据和程序，通过总线与主板相连。辅助存储器的特点是：存储容量大，可以长期保存数据，但其对数据的读写速度要比主存储器慢得多。常见的辅助存储器有磁盘（带）、光盘、移动硬盘、U 盘等。

4. 输入设备

输入设备是用来获取信息和命令的工具，它的功能是将数据信息以计算机可以接收的形式输入计算机。常见的输入设备有键盘、鼠标、扫描仪、触摸屏、手写输入设备、语音输入设备等。

1）键盘

键盘是指国际标准键盘，人们通过键盘能直接输入英文字母、数字和符号。键盘也有一些特殊的功能键。汉字以及其他民族语言文字的字符都是通过一定的编码规则，以标准键盘上若干键组合的形式输入计算机的。

2）鼠标

鼠标作为一种辅助的输入设备在图形用户界面中得到了广泛的应用。利用鼠标，用户能在屏幕上以像素点为单位，快速精确地定位。鼠标可用于屏幕编辑、菜单选择和屏幕作图等。鼠标与主机连接的方式有 USB 连接和蓝牙连接。

3）扫描仪

扫描仪是利用光电感应原理将静态图形、图像和字符的点阵信息通过扫描方式输入计算机的设备，用户利用它可输入多种灰度的黑白图像和多种色彩的彩色图像。其光学字符识别功能可以在扫描获得的字符图形文件的基础上,通过软件的方法实现对印刷字符的识别。

4) 触摸屏

触摸屏的表面有一种感应装置,它能获取操作者手指触摸位置的坐标,并与该位置上的选择项相对应,进而执行特定的操作。根据所使用的感应技术的不同,可以将触摸屏分为红外触摸屏、声波式触摸屏、电容式触摸屏、电阻式触摸屏、压感式触摸屏等。触摸屏常用于展览馆、饭店、商场、宾馆等需要为大众提供信息查询和展示的领域。

5) 手写输入设备

手写输入设备主要是指书写板,操作者在书写板上书写字母、数字、汉字等符号,书写板利用感应技术获取操作者的书写过程,并利用人工智能技术,根据书写的笔顺、笔画和字体结构等特征自动识别操作者所书写的字符。

6) 语音输入设备

语音输入设备将语音转换成电波信号,然后再将电波信号转换成一定的编码,并利用人工智能软件对其进行分析,识别出相应的字符。

5. 输出设备

输出设备是以看、听或其他方式接收信息处理结果的工具,它的功能是将经计算机处理得到的二进制代码信息转换成人们能够直观理解和使用的形式。常见的输出设备有显示器、语音合成与输出设备、打印机、绘图仪等。

1) 显示器

显示器是基本的输出设备,传统台式计算机的显示器采用阴极射线管技术,而现在台式计算机以及便携式计算机的显示器使用的是液晶显示器。分辨率是衡量显示器性能的一个重要指标,是指显示器所能显示的像素点数,像素点数越多,分辨率就越高,图像也就越清晰。

2) 语音合成与输出设备

语音合成与输出设备可以利用软件将字符、词语、语句与计算机内存储的一些语音元素进行合成,然后将其转化成语音信号,并通过扬声器将计算机处理的结果以音频形式输出。

3) 打印机

打印机是一种将计算机处理结果以书面形式输出的设备,广泛应用于办公、教育、家庭等领域。打印机的种类繁多,包括激光打印机、喷墨打印机、针式打印机等。激光打印机以其高速度、高分辨率和低噪音的特点,在办公领域尤为受欢迎。喷墨打印机则以其色彩丰富、打印成本相对较低的优势,在家庭和小型办公环境中得到广泛应用。针式打印机虽然打印速度较慢,但其耐用性和对特殊纸张的适应性使其在某些特定场合仍然有其用武之地。

4) 绘图仪

绘图仪在绘图软件的支持下,可以绘制出复杂、精确的图形,是专用的图形输出设备,它在工程设计、地理信息系统等领域应用广泛。

6. 其他设备

计算机硬件还包括机箱、系统功能扩展卡(如声卡、显卡、网卡)、光驱等。

### 延伸阅读

**笔记本电脑演化史**

最初的笔记本电脑重量超过 10 千克,使用磁带储存数据,短短几十年,笔记本电脑是如何更新迭代的呢?

二维码 2-2
笔记本电脑
演化史

从 1975 年 IBM 推出的重达 25 千克的 IBM 5100,到 1982 年全球第一台翻盖计算机,再到 1983 年 GRID Compass 1101 系列笔记本电脑,笔记本电脑发生巨大变化。1989 年,苹果公司进入笔记本市场,推出了内置电池的 Macintosh Portable,但其存在一些设计缺陷,销量不佳。之后,苹果推出的 PowerBook 系列笔记本,重新定义了笔记本电脑的外观设计标准。1992 年,IBM 的 ThinkPad 700C 成为笔记本电脑发展史上的重要里程碑。经过近二十年的发展,笔记本电脑从笨重的早期型号逐渐转变为轻便高效的现代化设计。

笔记本电脑自诞生以来,经历了多次革新与进化,以满足消费者不断变化的需求。苹果公司在 1999 年推出的 iBook 系列,不仅以独特的外观设计脱颖而出,还率先在消费级笔记本电脑中引入了 Wi-Fi 无线网络功能。2002 年,Alienware 的 Area 51M 成为全球首款游戏笔记本电脑,标志着高性能笔记本的诞生。东芝在同期推出了世界上最薄的笔记本电脑 Portege 2000 系列,机身厚度仅为 14.6 毫米。苹果在 2008 年推出的 MacBook Air,再次刷新了最薄笔记本电脑的记录,并且是首款无内置光驱的笔记本电脑。2012 年,微软的 Surface 系列成功融合了平板电脑与笔记本电脑的特点,进一步扩展了笔记本电脑的应用场景和功能。

此后,笔记本电脑在形态与技术上持续突破。2013 年,联想 Yoga 13 通过 360 度翻转屏实现四种使用模式,推动变形本普及;2020 年,联想 ThinkPad X1 Fold 推出全球首款折叠屏笔记本,13.3 英寸屏幕可对折,开启柔性屏时代。在性能方面,AMD Ryzen 系列处理器凭借多核优势打破英特尔垄断,2020 年 Ryzen 4000 系列以 7 nm 工艺大幅提升性能功耗比;苹果 2020 年推出的 M1 芯片集成 ARM 架构,让 MacBook Air 续航突破 18 小时,性能远超同期 x86 处理器。显示技术上,OLED 屏以高色域和轻薄特性逐渐普及,2021 年 MacBook Pro 搭载的 Mini-LED 屏实现 HDR 内容创作的专业级表现。

近年来,环保与智能化成为新方向。戴尔、联想等品牌采用再生铝、海洋塑料等环保材料;2023 年起,英特尔推动 AI PC 战略,笔记本电脑开始支持 AI 降噪、自动对焦等智能功能,华硕、苹果等品牌也通过芯片升级强化本地 AI 处理能力。从早期笨重的"移动计算机"到如今轻薄智能的生产力工具,笔记本电脑的每一次迭代都紧密贴合技术突破与用户需求,持续重塑着人们的工作与生活方式。

#### (二)计算机硬件的发展趋势

当前,计算机硬件正朝着微型化、高速化、高性能化、智能化、可持续性、量子计算机等方向发展。

1. 微型化

随着技术的进步,计算机硬件正朝着更加微型化的方向发展。芯片的体积不断缩小,而性能却持续提升,这使计算机设备可以更加轻便、易于携带。微型化体现在微处理器、存储器、主板、输入设备、输出设备等多个方面。随着技术的不断进步,这些组件的体积越来越小,性能却越来越高,功耗也越来越低。例如,现代的微处理器采用多核架构,能够在更小的芯片上实现更强的处理能力;固态硬盘相比传统机械硬盘,不仅体积小巧,而且读写速度更快,耗电量更低;主板的高度集成化使更多的功能被集成到更小的空间内;无线键盘鼠标和触控技术的出现,使输入设备更加轻便。

2. 高速化

计算机硬件的处理速度和存储速度都在不断提高。例如,高速的固态硬盘已经逐渐取代了传统的机械硬盘，成为主流存储设备。同时，CPU 的主频和缓存也在不断提升，使计算机能够更快处理数据。

3. 高性能化

随着云计算、大数据等技术的兴起，社会对高性能计算机硬件的需求日益增长。厂商不断探索新材料、新工艺，以提升产品的能效比与可靠性，满足市场对高性能计算机的需求。例如，通过增加核心数量、提高主频、改进架构等方式，CPU 的性能将继续提升，能够处理更复杂的计算任务。未来可能会出现更小制程（如 3 纳米甚至更小）的 CPU 和 GPU，以提高性能和降低功耗。另外，存储器容量和数据读写速度不断增加，新型存储技术如 NVMe SSD、3DNAND 和相变存储器（PCM）等的应用，使存储设备在容量和数据读写速度上都有了显著提升。

4. 智能化

计算机硬件与人工智能技术的融合日益加深，使计算机能够模拟人的感觉和思维过程。例如，通过集成专门的 AI 芯片或利用现有的硬件加速 AI 算法的执行，计算机可以更有效地处理自然语言、图像识别等复杂任务。智能机器人、智能家居等智能化应用不断涌现，这些应用依赖高性能的硬件以实现复杂的交互和决策功能。

5. 可持续性

随着社会和厂商对环境影响的关注增加，硬件设计将更加注重能效和可持续性。例如，通过使用低功耗组件和优化电源管理。硬件的回收和循环利用也将成为一个重要的发展方向，以减少电子废物和环境影响。

6. 量子计算机

量子计算机是一种全新的计算模型，具有强大的运算能力和并行处理能力。量子比特的引入使量子计算机能够在短时间内处理大规模的问题，为解决目前难以解决的复杂问题提供了可能。全球各专业机构都正在积极研究和开发量子计算机，未来量子计算机有望成为计算机硬件领域的重要突破。

## 二、计算机软件

计算机软件是计算机系统的重要组成部分，是对计算机硬件的完善与补充。只有硬件的计算机称为裸机，它不能进行数据处理，甚至不能运转。硬件在软件的支持下才能有效地工作。

### （一）计算机软件的分类

计算机软件可以根据不同的标准进行分类，其中，按功能一般可以分为系统软件和应用软件两大类。

1. 系统软件

系统软件是用来管理中央处理器、存储器、通信连接设备以及各种外部设备等所有计算机系统资源的程序，其主要作用是管理和控制计算机系统的各个部分，使之协调运行，并为各种数据处理提供基础功能。系统软件包括操作系统、数据库管理系统、工具软件、程序设计语言与编译系统四种基本类型。

1）操作系统

操作系统是计算机中最基本也是最重要的软件包。它是人与计算机之间的接口，用户将操作命令发给操作系统，由操作系统安排和调度计算机资源，使计算机系统有序运行。通过操作系统,用户不必了解计算机系统内部结构就能正确使用计算机。其他系统软件和所有的应用软件都是在操作系统下运行的,操作系统是整个计算机系统的管理指挥中心。

2)数据库管理系统

数据库管理系统是在计算机应用于生产经营活动的过程中逐渐发展起来的。最初,生产经营活动中产生的大量数据通过文件的方式存储和管理,但在这种方式下,数据的独立性、共享性以及完整性等方面都存在很多问题,需要一个系统软件来统一管理这些数据,数据库管理系统便应运而生。数据库管理系统以数据库的方式组织和管理数据,实现数据的整理加工、存储、检索和更新等日常管理工作。

3)工具软件

工具软件是为用户操作系统提供附加功能的软件,包括各类对系统进行设置和维护的软件,如屏幕保护软件、防病毒软件、防崩溃软件、卸载软件、磁盘优化软件等。

4)程序设计语言与编译系统

程序设计语言是人与计算机进行交流的工具。计算机只能处理二进制代码0和1,不能直接执行程序设计语言形式的指令,因此必须将它们转变为以二进制代码表达的、可直接由计算机硬件执行的机器语言指令。我们通常将用程序设计语言编写的程序称为源程序,将可以直接由计算机执行的程序称为目标程序或可执行程序。人们通过编译或解释这两种方式将源程序变成目标程序。通过编译方式即将源程序翻译成目标程序,然后运行目标程序;通过解释方式即在特定的解释系统中,将源程序翻译一句,执行一句。解释方式可以立即产生运行结果,更易于学习且便于调试,但运行速度比编译方式慢。

程序设计语言主要有机器语言、汇编语言、高级语言、第四代语言、面向对象程序设计语言等类型。机器语言是第一代语言,是在计算机上可以直接执行的二进制代码指令,执行速度快,但编程人员编写起来十分困难,且可移植性差;汇编语言是第二代语言,它使用便于人记忆的助记符作为计算机的操作指令,是一种十分接近机器语言的符号语言,编译后的目标程序运行速度快、效率高,但用其编写程序仍很困难,仅用于特定场合;高级语言即第三代语言(如C语言),采用英语词汇作为指令关键词,每一条语句的功能都相当于汇编语言中多条指令的功能;第四代语言是为降低程序开发难度和提高程序开发效率而设计的通用语言,程序指令只需要告诉计算机需要"做什么",而不必详述"如何做";面向对象程序设计语言是20世纪80年代后期发展起来的程序设计语言(如C++、Java),它将数据与操作封装成对象,这样对象可以重用,大大提高了编程效率。

2. 应用软件

应用软件是专门为帮助用户执行特定的任务或解决特定的问题而设计的计算机程序。它以操作系统为基础,用程序设计语言编写,或用数据库管理系统构造。应用软件直接面向最终用户,用于完成具体的业务、学术、娱乐或其他非系统级别的任务。按照软件的适用性,通常可以将应用软件分为通用应用软件和专用应用软件两种。

1)通用应用软件

通用应用软件是指某些具有通用信息处理功能的商品化软件。它具有通用性,因此可以被许多有相似应用需求的用户使用。典型的通用应用软件有办公软件、社交软件、图形和视频编辑软件、娱乐软件等。

(1)办公软件,如Microsoft Office、WPS Office等,用于文档编辑、数据处理、PPT制作

等日常办公任务。

(2) 社交软件,如微信、QQ等,用于在线交流和社交互动。

(3) 图形和视频编辑软件,如 Photoshop、剪映等,用于图像或视频编辑、美化和处理。

(4) 娱乐软件,如 Steam、QQ音乐、爱奇艺等,用于玩游戏、听音乐、看电影等娱乐活动。

2) 专用应用软件

专用应用软件是由企业内部人员或企业联合专业的软件公司开发的针对特定需求的应用软件,具有很强的针对性和实用性,如仓库管理系统、人事档案管理系统、财务管理系统、设备管理系统等。由于专用应用软件是企业自行开发的,其开发过程和开发结果易于控制,而且满足用户的需求,当用户的目标发生变化时,对应用软件进行修改也比较方便。但是,开发专用应用软件需要花费大量的时间和精力,且面临一定的风险,后期企业还需配备专门的人员负责软件维护,因此开发和维护成本都比较高。

**(二) 计算机软件的发展趋势**

计算机软件的未来发展将受到技术创新、市场需求和社会变革的共同推动。预计未来计算机软件将继续朝着更加智能化、集成化和用户友好化的方向发展。计算机软件的未来发展将直接影响信息系统的未来发展。以下是计算机软件的几个重要的发展趋势,随着技术的不断进步,这些趋势会继续演变和扩展。

1. 人工智能和机器学习的集成

人工智能(Artificial Intelligence,AI)是计算机科学的一个分支,旨在创建能够执行人类智能活动如学习、推理、解决问题等的机器或软件系统,其概念源于20世纪50年代的达特茅斯会议;机器学习(Machine Learning,ML)是 AI 的一个核心技术,它使计算机系统能够从数据中学习并作出预测或决策,ML 的早期研究可以追溯到20世纪40年代末的控制论和50年代的 IBM 的跳棋程序。随着时间的推移,AI 和 ML 的集成趋势日益明显,ML 为 AI 提供了自我学习和自我改进的能力,而 AI 则为 ML 提供了更广泛的应用场景,当前两者的集成推动了包括自然语言处理、计算机视觉、推荐系统和自动驾驶等多个领域的快速发展和创新。

2. 云计算的深化应用

云计算为用户提供了按需访问计算资源的能力,从而降低了基础设施成本并提高了灵活性,它允许用户在不需要直接管理底层基础设施的情况下,通过网络访问这些资源,从而实现数据存储、处理和应用部署。这一概念最早可追溯到20世纪60年代的效用计算和分时系统,随着互联网技术、分布式计算和虚拟化技术的发展,云计算在21世纪初得到了商业化推广和广泛应用,特别是亚马逊网络服务(AWS)的推出,标志着现代云计算服务的兴起。如今,云计算已经成为信息技术行业的重要组成部分,推动了从企业 IT 基础设施到个人应用的全面变革,多云策略是云计算未来发展中的一个重要的趋势。多云策略是指企业使用多个云服务提供商,以优化性能、可靠性和成本。随着云计算技术的成熟,容器化(如Docker)和微服务架构也变得越来越流行,它们支持快速开发和部署应用程序。除此之外,云计算的发展还将注重云原生技术、边缘计算、人工智能集成、安全性和隐私保护等方面。

3. 移动应用和服务

随着智能手机和平板电脑的普及,市场对移动应用的需求不断增长。开发者正在创造各种移动应用来满足用户的需求,从游戏、社交媒体、电子商务到健康监测等。同时,移动设备与 AI 和 ML 的结合,如在移动设备上进行图像识别和语言处理,为用户提供了更多便利。

#### 4. 物联网应用领域的扩展

物联网(IoT)是一个由互联网、传统电信网、传感器、射频识别技术、全球定位系统等组成的网络,它能够实现物与物、物与人的连接,从而实现智能化的感知、识别和管理。物联网的概念最早可以追溯到 20 世纪 90 年代,由美国科学家 Kevin Ashton 提出,旨在解决物品与互联网之间的连接问题。1999 年,Kevin Ashton 在宝洁公司工作时首次提出"物联网"概念,以解决供应链管理中物品信息的追踪和管理问题。随着技术的不断进步,物联网预计将在未来的科技发展中扮演更加重要的角色,将扩展到更多领域,如智慧城市、智能制造、智能交通、智能家居、智能医疗和智慧农业等,实现更加智能化、个性化的服务,为人们创造更加便捷和智能的未来生活。

二维码2-3
物联网

#### 5. 重视隐私和网络安全

随着数据泄露和网络攻击的增加,软件的安全性和隐私保护变得越来越重要。软件开发商正在采取各种措施来保护用户数据,如使用加密、多因素认证和匿名化技术。同时,遵守数据保护法规(如欧盟的通用数据保护条例)也成为全球软件开发者的重要任务。

## 第二节 计算机网络

### 一、计算机网络的定义与组成

#### (一) 计算机网络的定义

计算机网络是利用传输介质将分布在不同地理位置的计算机及通信设备连接起来,实现信息互通和资源共享的系统。它是计算机技术与通信技术紧密结合的产物。

计算机网络是信息系统的基础。由于一个企业或组织中的信息处理都是分布式的,把分布式信息交给分布在不同位置的计算机进行处理,并通过网络把分布式信息组织起来,是信息系统的主要运行方式,计算机网络技术是信息系统的基础技术。

#### (二) 计算机网络的组成

从组成结构上计算机网络可以分为通信子网和资源子网两部分,如图 2-1 所示。

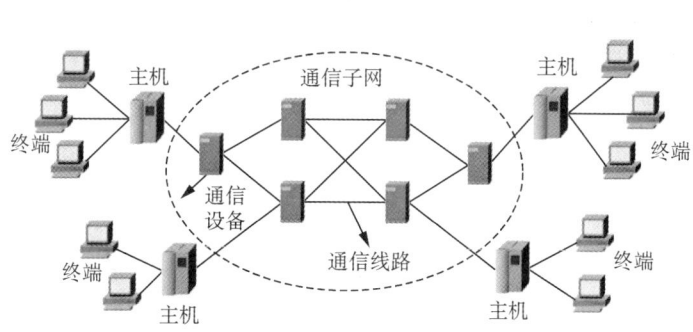

图 2-1 计算机网络的组成结构

1. 通信子网

通信子网由通信控制处理器(communication control processor,CCP)、通信线路和其他通信设备组成,完成数据的传输和转发等功能。其中,通信控制处理器又称为节点处理器,是一种专用计算机,通常在小型机或微型计算机的基础上,配置专用的通信控制硬件和软件构成,它的主要功能是网络接口、数据存储/转发和网络控制;通信线路在通信控制处理器之间、通信控制处理器与主机之间提供通信信道。不同类型的网络的通信子网的物理组成各不相同。

2. 资源子网

资源子网一般由主机、终端、监控设备、联网外部设备和各种软件资源组成,负责全网的数据处理和向网络用户提供网络资源及网络服务等。其中,主机为本地用户访问其他外部设备、共享资源服务,同时也为网络中的其他用户共享本地资源服务;终端是用户访问网络的界面,它通过主机连入网络,也可以直接同通信控制处理器相连接。

## 二、计算机网络的分类

计算机网络有多种分类方法,可以根据网络的传输介质划分,也可以根据网络的拓扑结构划分,还可以根据网络的覆盖范围划分。

**(一)根据网络的传输介质划分**

传输介质是通信网络中发送方和接收方之间的物理通路。根据传输介质,计算机网络可以分为有线网和无线网。

1. 有线网

有线网通过物理传输介质如双绞线、同轴电缆或光纤(光导纤维)来传输数据。具有传输速率高、稳定性好、抗干扰能力强等特点,适用于对带宽和可靠性要求较高的应用场景。双绞线由两根绝缘铜导线按特定绞距相互缠绕而成,常用于点对点的连接,计算机网络中最常用的是三类、五类、超五类、六类非屏蔽双绞线;同轴电缆由缠绕在同一轴线上的两个导体组成,广泛应用于局域网中;光纤由能传导光波的石英玻璃纤维外加保护层构成,具有重量轻、体积小的特点,目前主要用于大容量的主干线路和长距离传输线路,也开始广泛应用于单位和家庭内部。

2. 无线网

无线网通过无线电波、微波、红外线、激光或其他无线技术来传输数据,其优势是带宽大、传输距离长、使用方便,但容易受到障碍物、天气和外部环境的影响。无线电波用于Wi-Fi、蜂窝网络等,适合短距离通信;微波通过高频电磁波传输数据,适用于点对点的长距离通信;红外线常用于遥控器和一些短距离的无线设备通信;激光具有亮度高、方向性强、单色性好和相干性强的特点,特别是在卫星通信、深空探测等高科技领域,激光通信显示出其独特的优势。

**(二)根据网络的拓扑结构划分**

拓扑学是几何学的一个分支,是一种研究与大小、形状无关的线和面特征的方法。计算机网络的拓扑结构运用拓扑学的观点来研究计算机网络的结构,表示网络中的节点与通信线路之间的几何关系,反映网络中各实体间的结构关系。换句话说,它主要研究网络中各个节点的物理布局。

根据网络的拓扑结构,计算机网络一般可分为星型、总线型、环形、树型和网状网络等,每种结构都有其独特的优点。根据网络的拓扑结构划分的计算机网络的分类如图 2-2 所示。

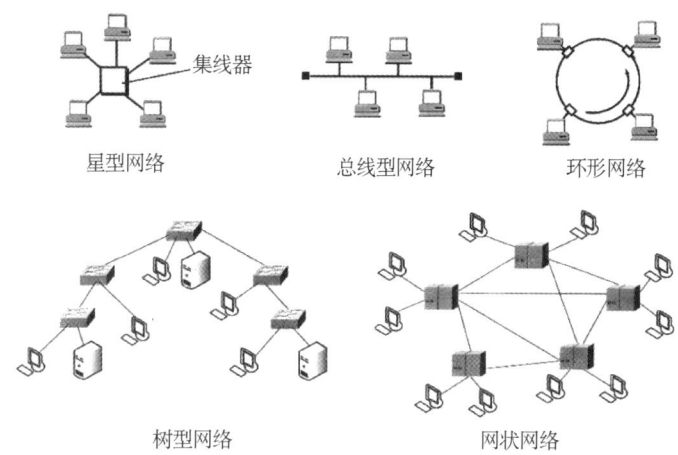

图 2-2　根据网络的拓扑结构划分的计算机网络的分类

1. 星型网络

星型网络因为网络中的各工作站节点设备通过一个网络集中设备(如集线器或者交换机)连接在一起,各节点呈星状分布而得名。其优点是结构简单,易于实现和管理。但是中央节点是网络可靠性的瓶颈,如果外围节点过多,则会使中央节点负担过重,而且一旦中央节点出现故障,将导致整个网络的崩溃。

2. 总线型网络

总线型网络各节点通过一条公用的通信线路进行通信,该通信线路上的每个设备都能直接与网络中的其他设备通信。这条公用的通信线路也叫总线,总线通常采用双绞线或同轴电缆作为传输介质。这种网络结构简单,易于扩展,单个节点失效不影响整个网络的正常通信。节点都连接在一根总线上,共用一个数据通道,因此信道利用率高,资源共享能力强。但是如果总线一断,那么整个网络或者相应的主干网段就断了。因为各节点是共用总线带宽的,所以传输速度会随着接入网络的用户的增多而下降。

3. 环形网络

环形网络各节点通过点对点的通信线路连接成环形闭合线路。在环形闭合线路中,数据可以沿着一个方向或两个方向逐个节点传送。其优点是结构简单,传输时延确定,适合长距离通信。但是为了保证环形线路正常工作,需要比较复杂的环管理技术,因此增加一个节点和撤出一个节点都比较复杂。

4. 树型网络

树型网络像一棵倒置的树,顶部是树根,树根以下是带分支的树干,每个分支还可以带子分支。树根接收各节点发送的数据,然后再将其以广播的形式发送到全网。在树型网络中,节点按照层级进行连接,信息交换主要在上下两级的节点之间进行,同级的节点之间一般不进行数据交换。其优点是结构简单,故障容易分离处理。但是整个网络对根节点的依赖性很强,一旦根节点出现故障,网络系统将不能正常工作。

5. 网状网络

在网状网络中,每个节点至少与其他两个或更多节点直接相连,形成多条路径。这样,当一条路径发生故障时,还可以通过另一条路径把信息送至节点交换机,因此网状网络具有可靠性高的优点。但其网络结构复杂，必须采用路由算法与流量控制方法。目前广域网基本上都是采用网状网络。

**（三）根据网络的覆盖范围划分**

根据网络的覆盖范围，计算机网络可以分为局域网、城域网和广域网。

1. 局域网

局域网是在一个有限的范围（一栋大楼或一个学校）内，将各种计算机、终端和外围设备连接起来而形成的网络。局域网在企事业单位中发挥着重要作用，目前正朝着多平台、多协议等方向发展，数据传输速率和带宽也在不断提高。

2. 城域网

城域网是将几千米范围内的多个局域网连接起来形成的网络。它是一种介于局域网和广域网之间的高速网络。

3. 广域网

广域网也称远程网，通常连接很大的地理范围，一般由相距较远的局域网经由公共电信网络互联而成，传输范围可遍及全球。它能连接多个城市或国家，横跨几个洲并能提供远距离通信，形成国际性的远程网络。

## 三、计算机网络的体系结构

计算机网络是一个非常复杂的系统，需要解决很多问题。为了将庞大而复杂的问题分解成若干较小而且易于处理的局部问题，早在 1969 年，美国国防部高级研究计划署便在设计著名的 ARPAnet（Internet 前身）时，就提出了"分层"的方法。通过通信信道和设备互联起来的多个具有独立功能的计算机如果要协同工作，则必须遵循互相都能接受的规则，也就是网络协议。网络协议规定了计算机网络中的数据交换标准。计算机网络的各层及其协议的集合，称为网络的体系结构。网络的体系结构规定了计算机网络应该设置层次，以及每层应提供哪些功能，各层之间相互独立。

**（一）开放系统互联参考模型**

20 世纪 70 年代后期，国际标准化组织（International Standard Organization，ISO）提出了开放系统互联参考模型（Open Systems Interconnection，OSI），向厂商提供了一系列标准，以保证各个公司提供的不同类型的网络技术之间具有兼容性和互操作性，同时定义了连接计算机的标准框架。OSI 参考模型超越了具体的物理实体或软件，从理论上解决了不同计算机及外设、不同的计算机网络之间相互通信的问题，成为计算机网络通信的标准。

OSI 参考模型采用的是层次结构，每一层都有独立的功能，并且每一层只和相邻层存在接口，可以进行数据通信。每一层的真正功能是为其上一层提供服务，例如，(N+1)层对等实体间的通信是通过 N 层提供的服务来完成的，而 N 层的通信则要通过(N-1)层及其更低层提供的服务来完成。OSI 参考模型的最高层（应用层）为网络应用程序提供网络通信服务，是网络应用程序和 OSI 参考模型的接口。OSI 参考模型的最底层（物理层）将网络数据转换成电信号发送到网络上，是 OSI 参考模型与网络的接口。OSI 参考模型各层功能的描述如图 2-3 所示。

1. 物理层

物理层是 OSI 参考模型的最底层，负责在物理媒介（如电缆、光纤或无线电波）上传输原始的数据比特流。

图 2-3　OSI 参考模型各层功能的描述

2. 数据链路层

数据链路层在物理层的基础上，建立相邻节点之间的数据链路，传送数据帧。本层将不可靠的物理传输信道变为可靠的信道，并将数据组织成适于正确传输的帧形式的数据块。帧中包含应答、流控制、差错控制等信息，有应有答，遇错重发。

3. 网络层

网络层控制通信子网的工作，解决路径选择、流控问题，使不相邻节点之间的数据能够正确传送。

4. 传输层

传输层提供端到端可靠、透明的数据传输服务，执行端到端的差错控制、流量控制及管理多路复用。

5. 会话层

会话层在两实体间建立通信伙伴关系，进行数据交换，完成一次对话连接。

6. 表示层

表示层处理数据表示、进行转换、消除网内各实体间的语义差异，执行通用数据交换的功能，提供标准应用接口和公共通信服务。对传送的信息进行加密和解密，正文压缩和还原也是表示层的任务。

7. 应用层

应用层负责应用管理、执行应用程序，为用户提供基于 OSI 环境的各种服务，管理和分配网络资源，建立应用程序包等，如文件传送、电子邮件和网络管理等。

**（二）TCP/IP 网络体系结构**

传输控制协议（Transmission Control Protocol，TCP）和网际协议（Internet Protocol，IP）是互联网所使用的各种协议中最重要的两个协议。在互联网上运行的协议很多，人们将 TCP/IP 及其相关协议称为 TCP/IP 体系结构，简称 TCP/IP。20 世纪 80 年代末期以来，互联网飞速发展，已成为世界上最大的国际性计算机网络。因此，互联网所使用的 TCP/IP 体系在计算机网络领域占有十分重要的地位。

TCP/IP 体系结构共有网络接口层、网际层、传输层和应用层四个层次。各层的主要功能如下。

1. 网络接口层

TCP/IP 体系结构的底层为网络接口层。该层负责将 IP 数据包封装成适合在物理网络上传输的帧并将其发送出去；或者将从物理网络接收到的帧解封，取出 IP 数据包并将其递交给高层。该层与物理网络的具体实现方式有关，并无专用的协议。事实上，任何能传输 IP 数据包的协议都可以运行。该层一般不需要专门的 TCP/IP 协议，各个物理网络可以使用自己的数据链路层协议和物理层协议，不过使用串行线路进行连接时仍需要运行 SLIP/PPP 协议。

2. 网际层

TCP/IP 体系结构的网际层相当于 OSI 参考模型的网络层。该层主要负责主机之间的通信，将数据包独立地从信源传送到信宿，主要解决路由选择、网络互联、拥塞控制等问题。该层定义了网际协议（IP）、地址解析协议（ARP）、反向地址解析协议（RARP）和互联网控制报文协议（ICMP）等协议，主要协议是无连接的网际协议（IP）。

3. 传输层

TCP/IP 体系结构的传输层相当于 OSI 参考模型的传输层。该层负责在源主机和目的主机之间提供端到端（即应用进程间）的通信服务，其主要功能为格式化信息流、提供端到端可靠传输、解决不同应用程序的识别等问题。该层主要定义了面向连接的传输控制协议（TCP）和无连接的用户数据报协议（UDP）两个协议。

4. 应用层

TCP/IP 体系结构的最高层相当于 OSI 参考模型的 5~7 层。该层包含所有的高层协议，如简单网络管理协议（SNMP）、文件传输协议（FTP）、简单邮件传输协议（SMTP）、超文本传输协议（HTTP）等。

### 四、互联网

互联网是世界范围的计算机网络，用户遍布世界各地。它通过主干网络把不同标准、不同结构甚至不同协议类型的局域网在一定的网络协议的支持下连接起来，从而实现更大范围的信息资源共享和相互通信。目前互联网提供的服务多种多样，包括电子邮件服务、万维网服务、远程登录服务、文件传输服务、新闻组等，为会话、娱乐和电子商务提供支持。

#### （一）互联网的发展与特点

互联网起源于 20 世纪 60 年代由美国国防部高级研究计划署设计的 ARPAnet（Advanced Research Projects Agency Network）。1973 年，ARPAnet 扩展成互联网，第一批接入的有英国和挪威的计算机。1974 年，TCP/IP 被设计出来并初步引入 ARPAnet。自 1983 年 1 月 1 日起，ARPAnet 将其网络内核协议由 NCP 改变为 TCP/IP。在 ARPAnet 的技术基础上，1986 年美国国家科学基金会（NSF）资助建成的基于 TCP/IP 协议的 NSFnet（National Science Foundation Network）成为互联网的主干网，极大地推动了互联网的发展。自 20 世纪 90 年代初开始，整个网络向公众开放。

1991 年 8 月，蒂姆·伯纳斯·李（Tim Berners Lee）在瑞士创立了 HTML、HTTP 和欧洲粒子物理研究所的最初几个网页，之后两年，他开始宣扬其万维网项目。随着 Mosaic、Netscape 等网页浏览器软件的出现，互联网进一步面向大众用户。在其发展的最初 10 年里,互联网成功地吸引了原先计算机网络中的大多数用户。这一快速发展要归结于互联网没有中央控制,以及互联网协议非私有的性质,前者促成了互联网的有机生长,后者则鼓励了厂家之间的兼容,并防止某一个公司在互联网上称霸。

互联网提供的服务大多采用"客户-服务器"工作模式,通过底层 TCP/IP 协议,与互联网中的任意主机进行通信,因此,无论是何种类型、采用何种操作系统的计算机,均可被看成互联网的组成部分。严格地说,用户并不是将自己的计算机直接连接到互联网上,而是连接到互联网中的某个网络上,再由该网络通过网络干线与其他网络相连。网络干线之间通过路由器、交换机互连,使本网络中的计算机能够相互进行数据和信息传输。例如,用户的计算机通过拨号上网,连接到本地的某个互联网服务提供方(ISP)的主机上。而 ISP 的主机通过高速网络干线与世界各地的无数主机相连,这样用户通过 ISP 的主机即可访问互联网。因此也可以说,互联网是由分布在全球的 ISP 通过高速网络干线连接而成的网络。

互联网的这种结构形式,使其具有以下特点:

(1) 灵活多样的入网方式。这是由于 TCP/IP 协议成功地解决了不同硬件平台、网络设备、操作系统之间的兼容性问题。

(2) 采用"客户-服务器"模式,大大提高了网络信息服务的灵活性。

(3) 将网络技术、多媒体技术融为一体,体现了现代多种信息技术互相融合的发展趋势。

(4) 方便易行。个人计算机可以很方便地接入互联网。

(5) 向用户提供极其丰富的信息资源,包括大量免费使用的资源。

(6) 具有完善的服务功能和友好的用户界面,操作简便,无需用户掌握更多的计算机专业知识。

### (二) 互联网地址

互联网地址是标识网络中设备的唯一标识符。通过该地址,设备可以相互定位和访问通信。互联网地址中最常见的两种形式是 IP 地址和域名。

1. IP 地址

IP 地址是互联网协议(Internet Protocol,IP)地址的简称,是网络层的地址,用于标识网络中的设备。它是设备在网络中的实际通信地址,数据包通过 IP 地址在源设备和目的设备之间传输。IP 地址分为 IPv4 地址和 IPv6 地址。

1) IPv4 地址

IPv4 地址由 32 位的二进制数组成(即 4 个字节),每 8 位(1 个字节)之间用圆点分开。用二进制数表示的 IP 地址难以书写和记忆,通常将 32 位的二进制地址写成 4 个十进制数字的字段,每个字段都在 0~255 之间取值(如 192.168.0.1)。IPv4 地址理论上能提供约 43 亿个地址,但随着互联网的发展,IPv4 地址逐渐枯竭。

2) IPv6 地址

IPv6 地址由 128 位的二进制数组成,通常采用以冒号分隔的 16 进制格式(如 2001:0db8:85a3:0000:0000:8a2e:0370:7334),提供了几乎无限的地址空间,远远大于 IPv4 所承载的地址数量,解决了 IPv4 地址枯竭的问题。

2. 域名

使用 IP 地址标识互联网中的主机十分有效,但用户使用和记忆起来相当困难,为此,互联网引进了字符形式的IP地址,也就是域名。用户输入域名时,系统会自动查找并将其转换为IP地址,进行相关网站和设备的访问。域名由域名系统(DNS)统一管理,用户通过DNS,可以将域名空间中有定义的域名转换为对应的IP地址,也可以将IP地址通过DNS转换成域名。

域名采用层次结构的命名方案,其格式为:子域名.二级域名.顶级域名。其中,顶级域名(Top-Level Domain,TLD)通常代表机构类型或地理位置,常见的顶级域名包括通用顶级域名(如com、org)和国家代码顶级域名(如cn、us);二级域名通常是注册机构或个人选择的名称,用于标识特定的网站或服务;子域名(可选)位于二级域名的左侧,用于进一步细分网站的不同部分或服务。例如,www.baidu.com 中,www 是子域名,baidu 二级域名,com 是顶级域名。

### (三)互联网应用

互联网的应用涵盖了现代生活的方方面面,真切地影响了现代生活的衣食住行。以下是互联网的几个重要应用。

1. 即时通信

互联网使全球通信变得快速、便捷且低成本。人们可以随时随地与他人保持联系。电子邮件是互联网最早的应用之一,允许用户通过网络发送和接收文字、图片、文件等,极大地提高不同地区之间的通信效率。在此之后,即时通信应用如微信、QQ等应用的出现,使用户可以实时发送文本、语音、视频信息。之后,借助网络基础设施的升级,网络带宽极大改善,实时视频通信成为现实,如腾讯会议、钉钉会议等极大地促进了各行各业的远程协作。

2. 信息与知识获取

依托互联网而生的搜索引擎,用户可以低成本获取大量的行业领域知识。如百度、必应以及谷歌,允许用户快速搜索并获取全球范围内的海量信息。同时,随着大语言模型的兴起,交互问答式的新型搜索也获得广泛关注,如通义千问、文心一言、ChatGPT等也在完善传统搜索引擎的知识查询模式。

3. 电子商务

电子商务改变了人们传统消费购物模式,极大地冲击了传统零售业,同时,购物的线上化,极大地推进了电子支付的普及和应用。其中包括面向广大消费者的淘宝、京东、亚马逊等线上购物网站,也包括1688等供企业之间进行线上交易的网站。线上购物的普及使企业得以采集大量消费端数据,为供给端的柔性制造提供了基础。

4. 远程教育

互联网大大拓宽了教育的边界,使学习不再受限于地理位置。在线课程与教育平台(如网易云课堂、慕课)提供免费的和付费的在线课程,涵盖从基础教育到高等教育的各个层次。同时,著名大学也推出了公开课项目,为在线教育提供有益的补充。

5. 物联网

得益于互联网基础设施的完善升级以及相关工业领域(如传感器领域)的发展,设备智能化成为现实。通过互联网对设备进行统一管理和控制,在此基础上形成物联网,极大提升了工业制造领域的运维协作效率。

6. 云计算

互联网提供了强大的计算与存储能力,允许企业和个人创建应用程序和服务,如阿里云、腾讯云、百度云、华为云等。企业和个人可以租用远程的计算和存储资源,降低硬件成本,初创企业免除了设备运维的后顾之忧,可以将研发精力放到业务本身。

# 第三节 数据库技术

随着计算机在数据处理领域中的作用不断增大,人们开始研究在计算机系统中如何准确地表示数据,如何有效地组织与存储数据,以及如何高效地获取与处理数据,在这种背景下,数据库技术应运而生。

## 一、数据库概述

### (一) 数据管理技术的发展

数据管理是指对数据进行分类、组织、编码、存储、检索和维护。在应用需求的推动下,在计算机硬件、软件发展的基础上,数据管理技术的发展经历了人工管理、文件系统、数据库系统三个阶段。

二维码2-4
数据管理技术的发展

1. 人工管理阶段

20世纪50年代初,计算机主要用于科学计算,数据处理主要通过手动方式进行。当时的计算机硬件方面主要使用卡片、纸带、磁带等存取设备,没有可以直接访问、直接存取的磁盘等外部存取设备,软件方面没有操作系统和专门管理数据的软件;数据由计算或处理它的应用程序自行携带,数据与应用程序不能独立,而是一一对应;数据处理方式是批处理。人工管理阶段应用程序与数据之间的关系如图2-4所示。

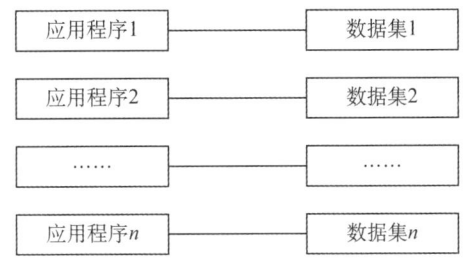

图 2-4 人工管理阶段应用程序与数据之间的关系

人工管理阶段的特点:数据不能长期保存;应用程序管理数据;数据不共享,面向应用程序;数据缺乏独立性。

2. 文件系统阶段

从20世纪50年代后期到20世纪60年代中期,计算机被大量应用于数据处理,硬件出现了可以直接存取的磁盘、磁鼓,软件则出现了高级语言和操作系统,以及专门的数据管理软件。在此阶段,数据以文件的形式组织,并能长期保留在辅助存储器中,用户能对数据文件进行查询、修改、插入和删除等操作。应用程序与数据之间有了一定的独立性,应用程序和数据分开存储,实现了按文件访问的管理技术。文件系统阶段应用程序与数据之间的关系如图2-5所示。

文件系统阶段的特点:应用程序与数据之间有了一定的独立性,程序与数据分开,文件系统提供数据与程序之间的存取方法;数据文件可以长期保存在外存上,用户可以进行诸如

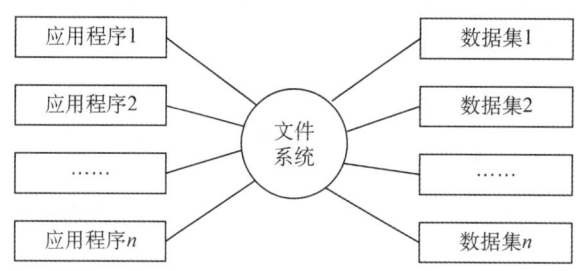

图 2-5　文件系统阶段应用程序与数据之间的关系

查询、修改、插入、删除等操作;数据冗余量大,缺乏独立性,无法集中管理;文件之间缺乏联系,相互孤立,不能反映现实世界各种事物之间错综复杂的关系。

3. 数据库系统阶段

20 世纪 60 年代后期,计算机的硬件和软件都有了进一步的发展,信息量的爆炸式膨胀带来了数据量的急剧增长。为了解决日益增长的数据量带来的数据管理上的严重问题,数据库技术逐渐发展和成熟起来。

数据库是通用化的相关数据集合,它不仅包括数据本身,而且体现数据之间的联系。为了让多种应用程序并发地使用数据库中具有最小冗余的共享数据,必须使数据与程序具有较高的独立性,这就需要有一个软件系统对数据实行专门的管理,提供安全性和完整性等统一控制,方便用户以交互命令或程序方式对数据库进行操作。为数据库的建立、使用和维护而配置的软件称为数据库管理系统,数据库管理系统对数据的处理方式与文件系统不同,它把所有应用程序使用的数据汇集在一起,并以记录为单位存储起来,便于应用程序使用。数据库系统阶段应用程序与数据之间的关系如图 2-6 所示。

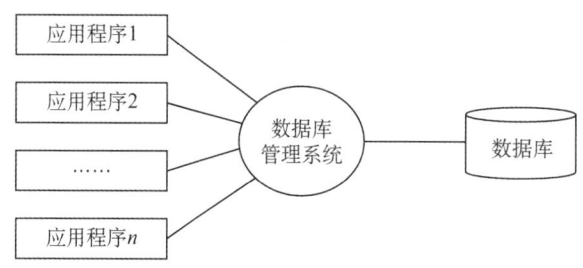

图 2-6　数据库系统阶段应用程序与数据之间的关系

数据库系统阶段的特点:数据结构化;数据共享性和独立性好;数据存取粒度小;数据库管理系统对数据进行统一的管理和控制,为用户提供了友好的接口。

(二) 数据库相关概念

数据库、数据库管理系统、数据库系统、数据库应用系统既相互联系,又相互区别。

1. 数据库

数据库(DataBase,DB)是长期存放在计算机内、有组织、可共享的相关数据的集合,它将数据按一定的数据模型组织、描述和存储,具有冗余度较小、数据独立性较高和易扩展、可被各类用户共享等特点。它不仅可以存放数据,还体现存放数据之间的联系,是数据库系统操作的对象和结果。

### 2. 数据库管理系统

数据库管理系统(DataBase Management System,DBMS)是位于用户与操作系统(Operating System,OS)之间的一层数据管理软件,它为用户或应用程序提供访问数据库的方法,包括数据库的创建、查询、更新及各种数据控制,它是数据库系统的核心。数据库管理系统一般由计算机软件公司提供,目前比较流行的数据库管理系统有 Oracle,Microsoft SQL Server,MySQL,PostgreSQL 等。

数据库管理系统的主要功能包括以下几个方面。

1) 定义数据库功能

定义数据库功能不仅包括定义数据的整体逻辑功能(模式)、局部逻辑结构(外模式)、存储结构(内模式),还包括安全保密定义及信息格式定义等,并把数据库中对象、属性及其之间联系的自然语言含义与计算机描述形式的对照,以及外模式的声明和说明,存放在数据库中。

2) 管理数据库功能

管理数据库功能包括控制数据库系统的运行,控制用户的并发性访问(即同时有两个或多个用户访问同一个对象),执行对数据库的安全性、保密性、完整性检验,对数据库中数据进行查询、插入、删除和修改等操作。

3) 维护数据库功能

维护数据库功能包括初始时装入数据库;运行时记录工作日志,监视数据库性能;在性能变坏时重新组织数据库;在用户要求或系统软件或硬件发生变化时修改和更新数据库;在系统软件或硬件出现故障时恢复数据库。

4) 数据通信功能

数据通信功能是指数据库管理系统具备与操作系统联机处理、分时系统和远程作业输入的相应接口。

### 3. 数据库系统

数据库系统(DataBase System,DBS)是能够有组织地、动态地存储数据(尤其是关联数据),方便多用户访问的由计算机软件、硬件和数据资源组成的系统,是采用了数据库技术的计算机系统。它由硬件、软件(包括操作系统、数据库管理系统及相关软件)、人员(包括数据库管理员、用户)构成。其中,数据库管理系统是数据库系统的核心。

### 4. 数据库应用系统

数据库应用系统(DataBase Application System,DBAS)是利用数据库系统资源开发的面向某一类实际应用的应用软件,如人事工资管理系统、产品销售管理系统、学生成绩管理系统等。

## 二、模型

在现今社会中,模型对人们而言已是一种熟悉的事物,如明星蜡像、建筑沙盘、玩具汽车等都是模型,它们都是对现实世界中真实事物的模拟。模型就是对现实世界事物的抽象和模拟。数据库用模型来抽象、表示和处理现实世界中的数据与信息。

模型的建立应该满足三个方面的要求:第一,能比较真实地模拟现实世界;第二,容易为人所理解;第三,便于在计算机中实现。但是,一种模型很难完全满足这三个方面的要求。所以,在设计数据库时,人们会根据不同的使用对象和应用目的,采用不同的模型,即概念模型和数据模型。

**(一) 概念模型**

概念模型(又称信息模型,即信息世界中的模型)是现实世界到机器世界的一个中间过渡,是数据库设计人员和用户之间交流的工具。通过用户的认可,概念模型可以确保随后转换得到的数据模型能够对现实世界中数据的真实结构进行正确的模拟,从而实现用户的各种应用需求。

概念模型的表示方法很多,其中较为著名和使用较为广泛的是陈品山(P. P. Chen)于1976年提出的实体-联系(Entity-Relationship, E-R)方法,E-R方法又称为E-R模型。该方法直接从现实世界中抽象出实体类型与实体间的联系,它的主要成分是实体、联系和属性。E-R模型的图形表示称为E-R图。

利用E-R模型进行数据库的概念设计分为3步:首先设计局部E-R模型,其次把各个局部E-R模型综合成一个全局E-R模型,最后对全局E-R模型进行优化,得到最终的E-R模型。

E-R图通用的表示方式如下:

(1) 用矩形框表示实体,在矩形框内写上实体名。

(2) 用椭圆形框表示实体的属性,在椭圆形框内写上属性名。属性名下加下划线表示码(Key),码指唯一标识实体的属性集,可以包含一个属性,也可以同时包含多个属性。例如,学号就是学生实体的码。用直线将属性与相应的实体连接起来。

(3) 用菱形框表示实体间的联系,在菱形框内写上联系名。

(4) 用直线分别把联系与相应实体连接起来,在直线旁注明联系的类型。如果实体间的联系也有属性,则把联系与相应属性也用直线连接起来。

实体之间的联系有以下三种类型:

(1) 一对一联系,记为1:1联系。例如,一个班级只有一个班主任,一个班主任只能管理一个班级。

(2) 一对多联系,记为1:$n$联系。例如,一个班级有多位同学,一位同学只能属于一个班级。

(3) 多对多联系,记为$m:n$联系。例如,一位学生可以选修多门课程,一门课程可由多位同学选修。

图2-7为学生信息管理系统的局部E-R图。

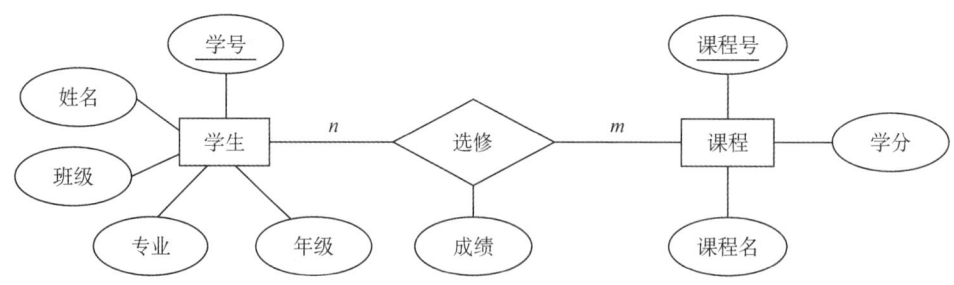

图2-7 学生信息管理系统局部E-R图

**(二) 数据模型**

概念模型虽然能很好地模拟现实世界,但却独立于具体的数据库管理系统。数据库的计算机实现还需要将概念模型进一步转换为某一数据库管理系统支持的数据模型,然后据此在计算机上创建数据库。常见的数据模型有层次模型、网状模型、关系模型和面向对象模型四类。

**1. 层次模型**

层次模型是用树形结构表示实体与实体之间联系的数据模型。它像一棵倒置的树,根节点在上,层次最高,子节点在下,逐层排列。其主要特征是:有且只有一个无双亲的根节点;根节点以外的子节点,向上仅有一个父节点,向下可以有若干个子节点。层次模型虽然不能表示较复杂的数据结构,但简单、直观、处理方便、算法规范。层次模型的示例如图 2-8 所示。

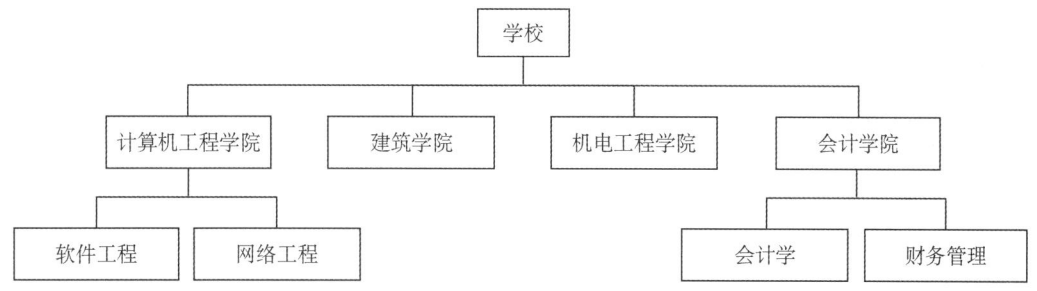

图 2-8 层次模型举例

**2. 网状模型**

网状模型是用网状结构表示实体与实体之间联系的数据模型。它是层次模型的扩展,表示多个从属关系的层次结构,呈现一种交叉关系的网格结构。其主要特征是:允许有一个以上的节点无双亲节点;至少有一个节点有多于一个的双亲节点。网状模型在概念上和结构上都比较复杂,实现的算法也难以规范化,但这种数据模型可以表示较复杂的数据结构。网状模型的示例如图 2-9 所示。

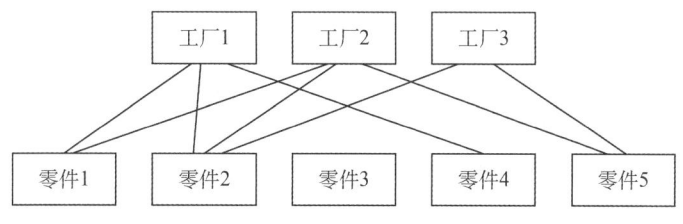

图 2-9 网状模型举例

**3. 关系模型**

关系模型是用二维表表示实体与实体之间联系的数据模型。关系模型的结构如表 2-1 所示。表格中的每一行代表一个实体,称为元组或记录;每一列代表实体的一个属性,称为字段。这样的二维表格也称作关系。关系具有如下性质:关系中的列是同性质的,称为属性或字段,用字段名来区分不同的属性;关系中不能出现相同的记录,记录的顺序无限制;每个关系都有一个关键字,它能唯一标识关系中的一个记录;关系中列的顺序不重要。

**表 2-1** 关系模型结构表 单位:元

| 职工号 | 姓名 | 职称 | 基本工资 | 奖金 | 扣税 | 实发工资 |
|---|---|---|---|---|---|---|
| 01001 | 张明 | 高级工程师 | 6 000 | 5 000 | 2 000 | 9 000 |
| …… | …… | …… | …… | …… | …… | …… |

4. 面向对象模型

面向对象模型是用面向对象观点来描述现实世界实体(对象)的逻辑组织、对象间限制、联系等的模型。现实世界中的任何实体都被统一地抽象为对象,每一个对象都有它唯一的标识,称为对象标识。每一个对象都是其状态和行为的封装。对象的状态是该对象属性值的集合,而对象的行为是在对象状态上的操作方法(程序代码)的集合。对象被封装的状态和行为在对象外部是不可见的,只能通过显式定义的接口进行传递以实现存取。

### 三、关系型数据库

关系型数据库是基于关系模型的数据库。它是目前市场上最重要也是最流行的数据库类型,关系型数据库已被成功应用于社会的各个领域。比较常见的关系型数据库管理系统有 Oracle、DB2、SQL Server、MySQL 等。关系型数据库的特点在于数据库中的全部数据及其之间的相互联系都被组织成关系,即二维表的形式。

**(一)关系模型的三要素**

关系模型由关系数据结构、关系数据操作和关系的完整性约束条件三部分组成。

1. 关系数据结构

关系模型的关系数据结构非常单一,即关系,现实世界中的实体以及实体之间的各种联系统一用关系表示。在用户看来,一个关系就是一张二维表。

2. 关系数据操作

在关系模型中,数据操作主要包括查询和更新,这些操作以关系代数为理论基础,具有集合操作的特点,操作对象和结果都是关系(表)。查询操作包括选择(SELECT)、投影(PROJECT)、连接(JOIN)、并(UNION)、差(MINUS)、交(INTERSECT)等操作,这些操作用于从一个或多个表中检索数据,可以进行条件筛选、字段选择、表连接等;更新操作包括插入(INSERT)、删除(DELETE)和修改(UPDATE)操作,这些操作用于对表中的数据进行增加、删除和修改。

3. 关系的完整性约束条件

为了使数据能够符合现实世界的要求,保证数据的正确性、有效性和相容性,关系模型允许定义三类完整性约束条件,即实体完整性、参照完整性和用户定义完整性。其中,实体完整性和参照完整性是关系模型必须满足的完整性约束条件。

1) 实体完整性

实体完整性要求表中主键的值必须唯一,且不能包含空值(NULL)。主键唯一标识表中的每一行记录,确保每个实体的唯一性和可识别性。

2) 参照完整性

参照完整性要求表之间的外键关系必须引用有效的主键值,即外键值必须对应于另一个表中的主键值,或者外键值为 NULL 值(如果允许 NULL)。这保证了表之间关系的正确性和一致性。

3) 用户定义完整性

用户定义完整性是指用户可以根据实际需求定义额外的完整性约束,如字段的取值范围、字段之间的关系等,以满足特定的业务规则和数据要求。

### (二) 结构化查询语言

结构化查询语言(Structured Query Language,SQL)是一种功能强大的数据库语言,最早是由 IBM 公司开发的。它是关系型数据库管理系统的标准语言,包含约 30 类命令。用户只要掌握 SQL,就可以在数据库系统中对数据进行操作。SQL 根据功能的不同被划分为数据定义语言、数据操纵语言和数据控制语言。

1. 数据定义语言

数据定义语言(Data Definition Language,DDL)用于创建数据库和数据库对象。例如,数据库、表、存储过程、视图等都是数据库中的对象,都需要通过定义才能使用。数据定义语言中主要的 SQL 语句包括 CREATE, ALTER, DROP,分别用来实现数据库及数据库对象的创建、更改和删除操作。

2. 数据操纵语言

数据操纵语言(Data Manipulation Language,DML)用于对数据库中的数据进行查询、插入、修改和删除等操作。其中,SELECT 语句可以查询一条或多条数据;INSERT 语句用于插入数据;UPDATE 语句用于修改数据;DELETE 语句用于删除数据。

3. 数据控制语言

数据控制语言(Data Control Language,DCL)主要实现对象的访问权限及对数据库操作事务的控制,主要语句包括 GRANT, REVOKE, COMMIT 和 ROLLBACK。GRANT 语句用于给用户授予权限;REVOKE 语句用于收回用户权限;COMMIT 语句用于提交事务;ROLLBACK 语句用于回滚事务。

### (三) 规范化设计理论

规范化设计理论研究关系模型中各属性之间的依赖关系及其对关系模式性能的影响,探讨关系模式应该具备的性质和设计方法,提供判别关系模式优劣的标准,以及数据库设计工作的理论依据。

E. F. Codd 于 1971 年提出了规范化设计理论。他定义了五级规范化模式,简称范式(Normal Form,NF)。范式表示的是关系模式的规范化程度,即满足某种约束条件的关系模式,可以根据满足的约束条件的不同来确定范式。如果满足的约束条件最低,则为第一范式(First Normal Form,1NF);如果满足 1NF 而又进一步满足一些约束条件,则为第二范式(2NF),等等。在五级范式中,比较常用的是前三种,如表 2-2 所示。

表 2-2    三种常用的范式

| 范式 | 条件 |
| --- | --- |
| 第一范式(1NF) | 在关系模型的每一个基本关系中,每个属性都是不可再分的 |

(续表)

| 范式 | 条件 |
|---|---|
| 第二范式(2NF) | 不仅满足第一范式,而且它的所有非主属性完全依赖于其主关键字 |
| 第三范式(3NF) | 不仅满足第二范式,而且它的任何一个非主属性都不传递依赖于任何主关键字 |

### 四、大数据时代的数据库

数据库作为基础软件之一,是企业应用系统架构中不可或缺的部分。随着云计算、物联网等新一代信息技术的发展,在移动计算和社交网络等业务的推动下,企业对海量数据的存储、并发访问和业务扩展提出了更高的要求。传统关系型数据库遵循的 ACID 原则,即原子性(Atomicity)、一致性(Consistency)、隔离性(Isolation)、持久性(Durability),是关系型数据库处理事务的最基本原则,它可以确保数据库中每个事务的稳定性、安全性和可预测性,但制约了大数据时代数据处理的性能。在此背景下,基于 NoSQL 和 NewSQL 的数据库应运而生。

1. NoSQL

NoSQL(Not Only SQL)泛指非关系型数据库,采用键值对(Key-Value)方式存储数据,无须遵循 ACID 原则,只强调数据最终的一致性,主要应用于分布式数据处理环境,用于解决大规模数据集合下数据种类多样性(半结构化、非结构化数据)带来的挑战,尤其是大数据应用的难题。当下流行的 NoSQL 主要有 Redis,MongoDB,HBase 等。

NoSQL 不保证强一致性,其数据访问性能有大幅度的提升,但不适合金融、在线游戏、物联网传感器等要求强一致的应用场景;同时,不同的 NoSQL 都用自己的 API 操作数据,其兼容性也是一大问题。

2. NewSQL

NewSQL 的提出是为了将传统关系型数据库事务的 ACID 原则与 NoSQL 的高性能和可扩展性进行有机结合,以提升传统关系型数据库在数据分析方面的能力。NewSQL 看似是数据库的完美解决方案,但由于其价格昂贵,且需要专门的软件,因此普及应用 NewSQL 还需要较长的时间。

综合以上可知,在大数据时代,适用于事务处理的传统关系型数据库、适用于高性能应用的 NoSQL 和适用于数据分析应用的 NewSQL 这三种形式不会单一存在,"多种架构支持多类应用"会成为数据库行业应用的基本思路。

## 第四节 数据仓库与数据挖掘

### 一、数据仓库

在数据库的早期应用阶段,计算机系统主要解决的是从无到有的问题,即传统手工业务自动化的问题,如银行的储蓄系统就属于典型的联机事务处理(On-line Transaction Processing,OLTP)系统。但这种系统只涉及当前数据,历史数据常被转储到脱机环境。尽管数据库在事务处理上取得了巨大成功,但对分析处理的支持一直不尽如人意,特别是当联机事务处理与联机分析处理共存于同一数据库系统时会产生冲突。随着数据库系统积累大量日常业务数据,人们逐渐认识到事务处理和分析处理两者性质不同,直接使用事务处理环境进行决策分析是不可行的,这催生了数据仓库技术。

### (一) 数据仓库的定义

数据仓库之父比尔·恩门(Bill Inmon)在1991年出版的《建立数据仓库》(*Building the Data Warehouse*)一书中将数据仓库定义为:面向主题的、集成的、相对稳定的、反映历史变化的数据集合,用于支持管理决策。

我们可以从两个层次来理解:一方面,数据仓库用于支持决策,面向分析型数据处理,它不同于企业现有的操作型数据库;另一方面,数据仓库用于对多个异构的数据源有效集成,集成后按照主题进行重组,并包含历史数据,而且存放在数据仓库中的数据一般不再修改。

### (二) 数据仓库的特征

企业数据仓库的建设,是以现有企业业务系统和大量业务数据的积累为基础的。数据仓库不是数据的简单堆积,而是人们从容量庞大的事务型数据库中抽取数据,并将其清理、转换为新的存储格式从而形成的信息,即人们根据决策目标将存储在数据库中对决策分析所必需的、历史的、分散的、详细的数据,处理转换成集中统一的、随时可用的信息。数据仓库具有以下四个特征。

1. 面向主题

传统数据库的数据组织面向事务处理任务,各个业务系统之间各自分离;而数据仓库中的数据是按照一定的主题进行组织的,即面向主题(subject oriented)。主题是一个抽象的概念,是指用户使用数据仓库进行决策时所关心的重点方面,一个主题通常与多个操作型信息系统相关。

2. 集成

数据仓库中的数据是人们在对原有分散的数据库数据抽取、清理的基础上,经过系统加工、汇总和整理得到的,消除了原数据中的不一致性,保证了数据仓库内的信息是关于整个企业的一致的全局信息。也就是说,当数据进入数据仓库时,必须采用某种方法消除应用问题中存在的不一致,使之在数据仓库中有统一的表示和含义,即集成(integrate)。

3. 相对稳定

数据仓库中的数据主要供企业决策分析用,所涉及的数据操作主要是数据查询,一旦数据进入数据仓库,一般情况下将被长期保留,很少进行修改和删除操作,企业通常只需要定期的加载、刷新,相对稳定(nonvolatile)。

4. 反映历史变化

数据仓库中的数据通常包含历史信息,系统地记录了企业从过去某一时点(如开始应用数据仓库的时点)到目前各个阶段的信息,反映历史变化(time variant)。通过这些信息,可以对企业的发展历程和未来趋势作出定量分析和预测。

### (三) 数据仓库的技术架构

数据仓库的技术架构分为五层,是从原始数据到最终用户访问的完整流程,每一层都有其特定的功能和作用,它们相互协作,共同构成了整个数据仓库的体系结构。在实际应用中,根据具体需求和场景,企业可以对各层进行适当的调整和优化,以满足各种业务和分析需求。

1. 数据源层

数据源层是数据仓库技术架构的起始点,负责提供原始数据。数据源可以是各种操作型系统、关系数据库、非关系数据库、外部数据文件或实时数据流。数据源层的多样性和复杂性决定了数据集成的难度和要求。在这个层次中,不同的数据源可能具有不同的数据格式、数据模型和数据更新频率。为了保证数据的准确性和一致性,数据源层需要与数据集成层紧密协作。数据源的选择和管理对于数据仓库的整体性能和数据质量起着决定性的作用。

2. 数据集成层

数据集成层是连接数据源层与数据存储层的桥梁,其主要任务是进行数据的抽取(Extract)、转换(Transform)和加载(Load),这三个任务又称ETL。在这个层次中,数据从不同的数据源被抽取出来,经过一系列的清洗、转换和整合,最终被加载到数据仓库中。数据集成层的核心是确保数据质量,包括数据的准确性、一致性和完整性。ETL工具和流程的设计和优化是数据集成层的关键,良好的ETL流程可以显著提高数据仓库的性能和数据可用性。同时,数据集成层还需要处理数据的历史记录和变化,以支持数据仓库的时序分析功能。

3. 数据存储层

数据存储层是数据仓库的核心部分,负责存储经过处理和整合的数据。数据仓库通常使用关系型数据库管理系统,如 Oracle、SQL Server 等。然而,随着大数据技术的发展,越来越多的企业开始采用云存储和分布式数据库,如 Amazon Redshift、Google BigQuery 和 Snowflake 等。这些现代存储解决方案提供了更大的扩展性和灵活性,能够处理PB级别的数据。

4. 数据访问层

数据访问层负责为用户和应用程序提供访问数据仓库中数据的接口和工具。此层的设计目的是提高数据的可访问性和改善用户的使用体验。数据访问层通常支持多种访问方式,包括SQL查询、报表工具、分析决策工具和数据可视化工具等。这个层次还需要提供数据安全和权限管理,以确保只有授权用户才能访问敏感数据。数据访问层的性能直接影响用户的分析效率和决策速度,因此需要合理设计缓存机制和查询优化策略来加快数据访问速度。

5. 数据管理层

数据管理层是数据仓库架构中负责系统管理和维护的部分。它包括元数据管理、数据质量管理、数据安全管理和数据生命周期管理等功能。数据管理层的一个重要任务是维护数据的完整性和一致性,确保在数据仓库的整个生命周期中数据的准确性。元数据管理是数据管理层的核心,它提供了关于数据定义、结构、来源和使用的信息,帮助用户理解和使用数据。数据管理层还需要负责系统的备份、恢复和系统性能监控,以确保数据仓库的高可用性和可靠性。

? **相关思考**

**数据库和数据仓库的区别**

数据库和数据仓库都是数据集合,这两者的区别主要是什么?数据库和数据仓库的区别可以概括为

表 2-3 所示内容。

表 2-3　　　　　　　　　　数据库和数据仓库的区别

| 项目 | 数据库 | 数据仓库 |
| --- | --- | --- |
| 目的、功能 | 事务处理(OLTP) | 分析决策(OLAP) |
| 用户 | 办事员、数据库管理员、数据库专业人员 | 管理人员、分析师 |
| 数据库设计 | 基于 E-R 图;面向应用 | 星型模型等;面向主题 |
| 数据的来源 | 原始数据 | 导出数据;源于数据库等 |
| 数据的时间特性 | 当前的;确保最新 | 历史的;跨时间维护 |
| 数据的细节程度 | 细节的 | 综合的、提炼的、统一的 |
| 数据存取 | 可以读/写 | 只读 |
| 一次处理的数据量 | 小 | 大 |
| 数据库的规模 | 小 | 大 |

二维码 2-5
数据库与数据仓库的区别

## 二、数据挖掘

### (一) 数据挖掘的定义与功能

1. 数据挖掘的定义

数据挖掘是从大量的、不完全的、有噪声的、模糊的、随机的数据中,提取隐含在其中的、人们事先不知道的、但是又潜在有用的信息和知识的过程。它融合了数据库技术、统计学、机器学习、人工智能等多学科的理论和方法,旨在通过对数据的深入分析和处理,发现有价值的模式、关联、趋势等,从而为决策提供支持。

2. 数据挖掘的功能

数据挖掘的目标是从数据中发现隐含的、有意义的信息和知识,其主要有以下几个功能。

1) 分类

将数据对象划分为预先定义好的类别。例如,将客户分为"高价值客户""中价值客户"和"低价值客户";把邮件分为"垃圾邮件"和"正常邮件"。

2) 聚类

在没有先验类别信息的情况下,依据数据对象间的相似性将其分组,使同一簇内的数据对象相似度高,不同簇间相似度低。例如,根据消费者的购买行为和偏好,将他们分为不同的群体,每个群体内的消费者具有相似的消费模式。

3) 关联分析

发现数据项之间有趣的关联关系,即如果一个事件发生,另一个事件是否也很可能发生。例如,在超市购物篮分析中,发现"购买尿布的顾客也倾向于购买啤酒"这样的关联规则。

4) 预测

利用历史数据建立模型,对未来事件或数值进行预测。例如,预测股票价格走势、产品未来销量等。

5) 异常检测

识别数据集中与其他数据显著不同的数据点或模式,这些异常可能表示错误数据、罕见事件或潜在的欺诈行为。例如,在信用卡交易数据中,检测出异常的大额交易或异常的交易地点,判断是否存在信用卡欺诈。

### (二) 数据挖掘的常用方法

数据挖掘最重要的任务之一是选择正确的数据挖掘方法。数据挖掘方法必须根据业务类型和业务面临的问题进行选择。常用的数据挖掘方法包括聚类分析、决策树、关联规则、神经网络等,也包括传统的统计方法及可视化方法。

1. 聚类分析

聚类分析是一种将数据对象按照相似性或距离分组的统计方法。通过聚类分析,可以将数据集中相似的对象划分到同一个组(或称为"簇")中,而不同组之间的对象则尽可能不相似。聚类分析的目的是在数据集中发现潜在的结构或模式,特别适用于没有预先定义类别的数据。聚类分析广泛应用于市场细分、图像处理、文本挖掘、生物信息学和社交网络分析等领域。

聚类分析方法包括基于划分的聚类方法、基于层次的聚类方法、基于密度的聚类方法、基于网格的聚类方法以及基于模型的聚类方法。其中,基于划分的聚类方法中的 K-means 聚类方法最为常用,其核心思想是随机选择 K 个初始聚类中心,将数据对象分配到距离最近的中心所在簇,然后不断更新聚类中心,重新分配数据对象,直到聚类中心不再变化。这种算法简单、易于实现,并且在实际应用中取得了良好的效果。

2. 决策树

决策树是建立在信息论基础之上,对数据进行分类的一种方法。使用该方法时,人们先通过一批已知的训练数据建立一棵决策树。然后利用建好的决策树,对数据进行预测。决策树的建立过程可以被看成是数据规则的生成过程,可以认为,决策树实现了数据规则的可视化,其输出结果也容易被理解。

例如,在金融领域中将贷款对象分为低风险与高风险两类,通过决策树易于确定贷款申请者属于高风险还是低风险类别。由于决策树方法的精确度和效率较高,且结果易于理解,因此较为常用。

3. 关联规则

关联规则是一种基于规则的方法,用于发现给定数据集中各变量之间的关系。其经典算法是 Apriori 算法,它通过生成频繁项集(满足最小支持度的项集),进而产生关联规则(满足最小置信度)。关联规则常用于市场购物篮分析,帮助企业更好地了解不同产品之间的关系。了解顾客的消费习惯有助于企业制定更好的交叉销售策略,开发更出色的推荐引擎。

"啤酒与尿布"是关联规则的经典案例。美国沃尔玛超市通过对大量顾客购物记录进行关联规则分析,发现了一个有趣现象:在购买尿布的顾客中,有较高比例也会购买啤酒。研究发现,原来是美国家庭中父亲常于下班后买尿布,同时会顺手为自己买啤酒。沃尔玛据此将啤酒与尿布摆放在相近位置,最终显著提升了二者的销量。

关联规则方法不仅被应用于购物篮分析,还被广泛应用于网页浏览偏好挖掘、入侵检测和生物信息学等领域。

4. 神经网络

神经网络建立在自学习的数学模型基础之上,它可以对大量复杂的数据进行分析,并可以对人脑或其他计算机来说极为复杂的模式进行抽取及趋势分析。

神经网络系统由一系列类似于人脑神经元的处理单元组成,我们称之为节点。这些节点通过网络彼此互连,如果有数据输入,它们便可以开展确定数据模式的工作。神经网络由相互连接的输入层、中间层(或隐藏层)和输出层组成。其中,输入层接收数据;中间层由多个节点组成,负责对数据进行复杂的特征提取和变换大部分网络工作;输出层输出数据分析的执行结果。例如,我们可以指定输入层为代表过去的销售情况、价格及季节等因素,输出层便可以输出判断本季度销售情况的数据。

(三) 数据挖掘的应用

数据挖掘作为一门跨学科的技术,尽管面临诸多挑战,但在众多领域都有着广泛且重要的应用,并且随着技术的不断发展和完善,其应用价值还将不断提升,为推动各行业的发展和进步发挥更大的作用。

1. 商业领域

1) 客户细分与营销

通过对客户的购买行为、年龄、地域、消费频次等数据进行挖掘,将客户划分为不同的群体(如高消费忠诚客户、价格敏感型客户等)。企业可以根据不同群体的特点制定针对性的营销策略,如对高消费忠诚客户提供专属的高端服务和优惠,提高客户满意度和企业销售额。

2) 商品推荐系统

电商平台利用数据挖掘中的关联规则等技术,分析用户的浏览历史、购买记录等,发现商品之间的关联(如购买了手机的用户往往也会购买手机壳),进而为用户推荐可能感兴趣的商品,提高用户的购买转化率。像亚马逊、淘宝等平台的个性化推荐功能就是很好的应用实例。

2. 金融领域

1) 风险评估与信用评分

银行等金融机构通过挖掘客户的收入、资产、信用历史、借贷记录等数据,构建风险评估模型和信用评分体系,来判断客户的信用状况和还款能力,决定是否给予贷款以及贷款的额度、利率等。例如,基于数据挖掘模型,筛选出那些信用良好、收入稳定且负债较低的客户,他们更有可能获得较低利率的大额贷款。

2) 金融市场预测

金融机构利用时间序列分析等数据挖掘技术,分析股票价格、汇率、期货等金融市场数据的历史走势,挖掘其中的趋势和规律,预测未来的市场行情,辅助投资者进行投资决策。尽管金融市场复杂多变,但合理的数据挖掘分析仍能提供一定的参考价值。

3. 医疗领域

1) 疾病诊断辅助

医疗机构收集大量的患者症状、检查结果、病历等数据,通过数据挖掘中的分类算法建立疾病诊断模型。例如,根据患者的症状表现、血液检验指标等数据,判断患者可能患有的疾病,辅助医生进行更准确快速的诊断,对于一些复杂病症或者罕见病的早期筛查有重要意义。

2) 药物研发

研发人员在药物研发过程中,分析药物分子结构、临床试验数据等,挖掘药物的疗效、副作用与各种因素之间的关联,筛选更有潜力的药物分子,优化药物配方,能够提高研发效率,缩短研发周期,降低研发成本。

4. 交通领域

1) 交通流量预测

通过对道路上的车流量、车速、天气情况、时间段等多源数据进行挖掘,建立交通流量预测模型,提前预测交通拥堵情况。交通管理部门可以据此制定合理的交通疏导方案,如调整信号灯时长、规划临时管制措施等,提高道路通行效率。

2) 智能交通规划

交通管理部门基于城市不同区域的人口分布、出行习惯、公共交通使用情况等数据挖掘结果,规划更合理的公交线路、地铁站选址以及共享单车投放点等,优化城市的整体交通布局,方便居民出行。

5. 教育领域

1) 学习效果评估

教师收集学生的课堂表现、作业完成情况、考试成绩、在线学习行为等数据,运用数据挖掘方法分析学生的学习状态和学习效果,发现学习困难的学生群体以及学习过程中的薄弱环节,可以据此调整教学策略和方法,进行个性化教学指导。

2) 课程推荐与教育资源优化

教育机构根据学生的专业、兴趣爱好、已选课程等信息的挖掘分析结果,为学生推荐适合的选修课程、学习资料、线上学习资源等。同时,教育机构也可以根据学生对各类教育资源的使用反馈情况,优化资源配置,提高教育资源的利用效率。

## 三、数据仓库与数据挖掘的关系

数据仓库与数据挖掘是两种相互独立的信息技术。数据仓库与数据挖掘从不同的侧面完成对决策过程的支持,相互间有一定的内在联系。建立数据仓库的目的是按主题存放海量数据,从大量数据中寻求有用的信息。数据仓库是有效进行数据挖掘的基础,它与数据挖掘有自然的联系。数据挖掘是从大量的数据中发现有意义的模式,但大量的数据并不一定是来源于数据仓库的。正确地理解两者之间的关系,才能避免"进行数据挖掘项目,一定要先建立数据仓库"这一误解。

事实上,数据仓库的结构并不适合进行数据挖掘分析。大部分数据仓库的结构采用星型或雪花型数据模型,这些数据仓库其实是为联机分析处理建立的,更适合进行联机分析处理的多维分析,而要从事数据挖掘项目,还需要将数据转换成数据挖掘算法能够识别的数据结构。

对于数据仓库为数据挖掘所做的,我们应该从数据整合和清洗的角度来理解,即数据仓库将不同操作源的数据存放到一个集中的环境中,并且进行适当的清洗和转换。数据挖掘所需要的数据,能够直接从数据仓库获得,但是还需要进行转换,如果没有数据仓库,就需要直接从操作型数据源中获取,并且要进行 ECTL(抽取、清洗、转换、装载)的操作。

因此,没有数据仓库也能够从事数据挖掘项目,数据仓库的结构不是为数据挖掘设计的,它更适合联机分析处理操作。

## 本章小结

本章主要学习了管理信息系统的技术基础。通过本章的学习,学生对信息系统的基础设施、计算机网络、数据库、数据仓库、数据挖掘等有了全面的了解,应当能够掌握管理信息系统技术基础的相关概念。

## 本章重要概念

硬件　软件　计算机网络　互联网　数据库　概念模型　E-R 图　数据模型　关系模型　关系型数据库　数据仓库　数据挖掘

## 本章练习

二维码 2-6　　二维码 2-7
本章练习　　本章练习
　　　　　　参考答案

# 第三章　管理信息系统前沿技术

- ➤ 内容提要
- ➤ 重点难点
- ➤ 学习目标
- ➤ 知识框架
- ➤ 思政育人
- ➤ 第一节　大数据
- ➤ 第二节　云计算
- ➤ 第三节　区块链
- ➤ 第四节　人工智能
- ➤ 本章小结
- ➤ 本章重要概念
- ➤ 本章练习

## 内容提要

本章主要介绍了大数据的概念、主要特征、数据类型、关键技术及应用；云计算的概念、主要特点、服务模式、部署模型及应用；区块链的概念、主要特征、主要类型及应用；人工智能的概念、优势、发展历程、核心技术、工作原理及应用。

## 重点难点

本章重点为大数据的主要特征和数据类型，云计算的主要特点及服务模式，区块链的主要特征；难点为理解大数据、云计算、区块链、人工智能等前沿信息技术的应用。

## 学习目标

通过本章的学习，学生应了解大数据、云计算、区块链、人工智能的概念及关键技术；理解大数据、云计算、区块链、人工智能的应用；掌握大数据的主要特征和数据类型，云计算的主要特点及服务模式，区块链的主要特征。

**知识框架**

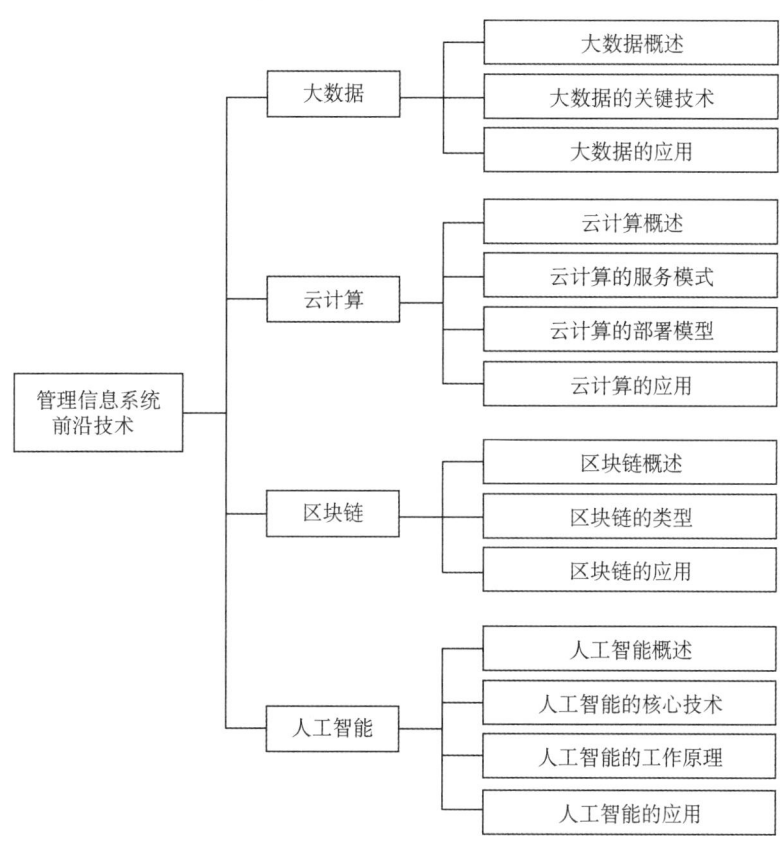

 ## 思政育人  人工智能将如何影响世界？

2024年年初，美国开放人工智能研究中心官网直接使用OpenAI作为品牌名称，无全称，发布首个视频生成模型"Sora"。该模型通过接收文本指令，即可生成60秒的短视频。而1年前，同样是这家研究中心发布的AI语言模型ChatGPT，让文本撰写和创作、检查代码程序等都变得易如反掌。AI聊天、AI绘画、AI音乐……随着一系列AIGC（利用人工智能技术生成内容）相继问世，众人直言对现代社会生活产生颠覆性影响的"AI革命"正式来临。

1. 生成式AI可将输入内容变成小说、电影、艺术作品

谷歌公司旗下的人工智能模型"巴德"，可以根据用户输入的多个词语迅速生成一篇短篇小说或诗歌。2024年2月，谷歌公司宣布"巴德"更名为"双子座"（Gemini）。这是一款多模态大模型，可理解和组合文本、代码、音频、图像和视频等不同类型的信息。"巴德"用几个月的时间阅读互联网上几乎所有内容，并开发大语言模型，给出的答案就来自语言模型而并非网络搜索。通过深度学习，它不仅可以理解单个物体，还可以学习不同物体之间的关系。

2. 生物医疗、无人驾驶、气象预报……AI技术市场规模巨大

除了在艺术创作领域，AI技术在医药领域、城市服务、气象预报方面的应用也十分值得关注。2024年1月29日，美国知名企业家马斯克表示，他旗下的脑机接口公司"神经连接"完成首例脑机接口设备人体移植，移植者状态良好。

清华大学官网2024年1月30日发布消息,其校医学院脑机接口研究团队与首都医科大学宣武医院联合,于2023年10月成功进行全球首例无线微创脑机接口临床试验。一位因车祸造成脊髓损伤、四肢瘫痪14年的患者,经术后3个月康复训练,已实现自主喝水等脑控功能,抓握准确率超过90%。

虽然脑机接口技术依旧面临许多挑战甚至质疑,但毋庸置疑的是,人工智能在医疗领域,特别是根据医学影像进行诊断方面取得显著成就。目前,美国食品和药物管理局已批准约420种涉及成像的算法,主要用于癌症治疗。这些算法的准确率可达80%~90%。

除了医学领域,生成式AI也将更广泛地参与城市公共服务、气象预报实践。2023年7月,华为云盘古气象大模型正式在欧洲中期天气预报官网上线,让世界看到中国大模型破解气象领域难题的能力。世界银行估计,改进天气预报和早期预警系统每年不仅可带来价值1 620亿美元的收益,还可以挽救约23 000人的生命。

此外,目前AI人工智能在促进教育公平、应对社会老龄化方面也发挥着越来越重要的作用并形成巨大的市场规模。据彭博社预计,生成式AI的市场规模将在2032年扩大至1.3万亿美元。

3. 人工智能的应用方式要充分遵守伦理规则

工业和信息化部赛迪研究院数据显示,2023年,我国生成式人工智能的企业采用率已达15%,市场规模约为14.4万亿元。制造业、零售业、电信行业和医疗健康等四大行业的生成式人工智能技术的采用率均取得较快增长。专家预测,2035年生成式人工智能有望为全球贡献近90万亿元的经济价值,其中我国将突破30万亿元,占比超过四成。

那如何看待未来人工智能的发展呢?中国互联网协会副理事长、伏羲智库创始人李晓东分析,人工智能经历六七十年的发展,目前被广泛应用到科技创新、文化产业和工业制造等领域。算力提升和成本降低,也让通用人工智能来到普通百姓的身边。可以预见,在不久的将来,人工智能将无处不在,推动信息化技能从数字化、网络化,全面进入到智能化时代。"很快我们将不再讨论人工智能,因为人工智能已经融入生活中,无处不在。"李晓东说。从某种意义上讲,对人工智能的利用将会在国家之间、机构之间,甚至人与人之间形成新的代差和新的数字鸿沟,并推动人类从农业文明、工业文明走向数字文明。因此能否充分学习和利用人工智能会使人类产生分化,甚至对人类文明产生巨大影响。

AI快速发展,监管将面临哪些挑战?李晓东表示,"数据获取+应用方式"是AI监管的两大问题。合理合法获取数据对人工智能至关重要,人工智能的应用方式也要充分遵守伦理规则。这两个核心问题如果处理不当,将会严重影响人工智能的发展和利用。从数据获取方面看,采集和获取不仅涉及数据的产权问题,还涉及国家安全和个人隐私。如何合理合法获取数据,对于人工智能至关重要。此外,如何有效联通数据,促进数据交换共享,提升数据之间的互操作能力也是人工智能的治理重点。否则,没有持续数据支撑的人工智能发展将会严重受损。

从人工智能的应用方式来看,人工智能以前所未有的方式展现其强大的信息处理能力,其根本目的是提升人类对信息的利用效率和效果。而人类社会有着基于特定国家和文化的法律法规和道德约束,人工智能发展也要充分遵从法律法规和道德伦理。目前,部分人工智能技术确实对传统道德伦理及既定法律法规产生冲击,并促生新的全球性伦理规范和规则。而在规则规范形成的过程中,我们仍要保持积极关注,推动伦理规范和全球规则朝着积极的方向前行。

**【思政寄语】**

技术的飞速发展,尤其是生成式AI的广泛应用,不仅重塑了艺术创作的边界,更在医疗健康、城市服务、气象预报等多个领域展现出颠覆性的潜力,预示着一场深刻的社会变革。这既是机遇,也是挑战,它要求我们以更加开放和审慎的态度,审视并拥抱这场"AI革命"。我们要深刻理解技术背后的伦理价值与社会责任,确保人工智能的发展始终服务于人类的共同福祉。在追求技术创新的同时,必须坚守法律法规与道德伦理的底线,合理合法地获取数据,确保个人隐私与国家安全的双重防护。让我们携手并进,在智能化时代的洪流中,不仅追求技术的卓越,更坚守人性的光辉,共同塑造一个更加公正、和谐与可持续发展的数字文明。

资料来源:佚名.Sora爆火!人工智能将如何影响世界?[EB/OL].(2024-02-20)[2025-01-10].https://baijiahao.baidu.com/s?id=17914024256991 50179&wfr=spider&for=pc.

## 第一节 大 数 据

### 一、大数据概述

**(一) 大数据的概念**

"大数据"最早公开出现在1998年,美国高性能计算机公司SGI的首席科学家约翰·马西(John Mashey)在一个国际会议报告中指出:随着数据量的快速增长,必将出现数据难理解、难获取、难处理和难组织4个难题,并用"大数据(Big Data)"来描述这一挑战。

目前各界对于"大数据"还没一个权威的定义,不同组织从不同角度给出不同的定义。

麦肯锡基于数据特征的视角将大数据定义为:无法在一定时间内用传统数据库软件工具对其内容进行采集、存储、管理和分析的数据集合,该数据集合巨大,以至于人们无法通过目前的流行软件工具在合理时间内对其进行获取、管理、处理,并将其整理成能帮助企业实现经营决策目的的数据。

Gartner则从描述数据的系统过程出发,将大数据定义为:那些需要新处理方法才能通过数据体现出更强的决策力、洞察力和流程优化能力的海量、高增长和多样化的信息资产。

**(二) 大数据的特征**

目前,普遍认为大数据具有4V特征,即数据量大(Volume)、数据多样(Variety)、价值密度低(Value)、实时性强(Velocity),如图3-1所示。

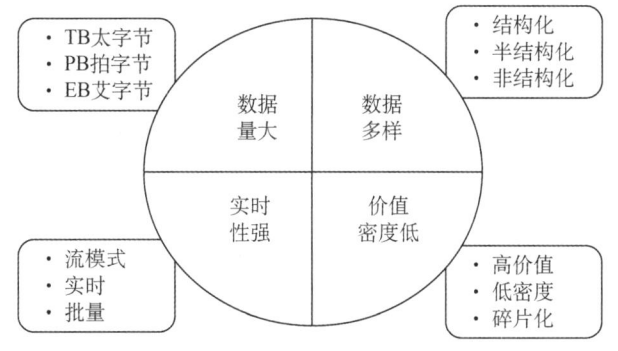

图3-1 大数据的4V特征

1. 数据量大

大数据的一个显著特征就是数据量大,从TB量级跃升到PB量级甚至是ZB量级。在移动互联网时代,视频、语音等非结构化数据的量快速增长,人们获取的数据量越来越大,对数据的存储、处理、运算等要求也越来越高。不过,企业在进行数据挖掘和分析时,不一定需要这么大的数据量,有时对GB量级的数据进行挖掘分析,就可以发现这些数据内在的价值和规律。

2. 数据多样

随着人工智能技术的不断发展,智能终端设备(如摄像头、温度传感器、速度传感器、压力传感器等），从全球各个角落实时采集各种各样的数据，并利用无线通信技术非常便捷地将这些数据上传到云端的大数据中心，便于研究人员后续的信息分析挖掘。管理信息系统在企业中的应用越来越广泛，这些系统通过企业内部的业务协作、企业之间的交易产生了大量的数据。此外，每天有数十亿网民也在利用搜索引擎、社交软件等通过移动设备随时随地产生海量的数据。这些数据都以结构化数据、半结构化或者非结构化数据形式存在。因此，数据来源多、数据类型多、数据之间的关联性强是大数据的第二个特征。

3. 价值密度低

虽然当前人们可以获取的数据量非常大，但这些海量的数据很多都是重复度极高或者与分析研究无关的数据，其价值密度比较低。因此，人们需要利用各种算法，针对不同的场景和不同的需求进行深入挖掘，发现数据背后隐藏的价值和规律，让大数据真正发挥作用。

4. 实时性强

实时性是大数据区别于传统数据的显著特征，在大数据时代，快速从海量数据中挖掘出用户所需的信息需要强大的信息技术作支撑。例如，淘宝"双11"促销时，对销量、销售金额、订单量等信息的实时动态展示，智慧搜索引擎能将几分钟前的新闻推送给用户，电子商务个性化推荐算法要求实时根据用户搜索或购买结果完成商品推荐等。

**（三）大数据的数据类型**

大数据是一个数据集合，按照数据组织方式的不同，一般可将其分为结构化数据、非结构化数据和半结构化数据三类。

1. 结构化数据

结构化数据一般是指传统的关系数据库中的数据，是由二维表结构来进行逻辑表达和实现的数据。结构化数据具有统一的数据结构和规范的数据访问和处理方法，其主要通过关系型数据库进行存储和管理。

2. 非结构化数据

与结构化数据相比，非结构化数据是指不能采用预先定义好的数据模型或者没有以一个预先定义的方式来组织的数据。常见的非结构化数据有声音、图像、视频等。

非结构化数据库是针对非结构化数据的存储和处理而产生的新型数据库，与传统关系数据库不同的是，它突破了数据固定长度的限制，支持采用重复字段、子字段和变长字段的应用，从而实现了对变长数据和重复字段进行存储和管理。

3. 半结构化数据

半结构化数据介于结构化数据和非结构化数据之间。与结构化数据相比，半结构化数据也具有基本的固定结构，但它并不符合结构化数据的数据模型结构。半结构化数据可以包含数据标记，这些标记用来分隔语义元素以及对记录和字段进行分层。因此，半结构化数据也被称为自描述结构的数据，如电子邮件、用 Word 处理的文字、日志文件、XML 文档、XBRL 文档及网站上的新闻等。

## 二、大数据的关键技术

大数据技术是指数据采集、存储、分析和应用涉及的相关技术，是使用非传统的工具对大量结构化和非结构化数据进行处理，从而获得分析和预测结果的一系列数据处理和分析技术。

1. 大数据采集和预处理技术

采集是大数据价值挖掘最重要的一环，一般通过传感器、通信网络、智能识别系统及软硬件资源接入系统，实现对各种类型海量数据的智能化识别、定位、跟踪、接入、传输、信号转换等。为了快速分析处理，大数据预处理技术要对多种类型的数据进行抽取、清洗、转换等操作，将这些复杂的数据转化为有效的、单一的或者便于处理的数据类型。

2. 大数据存储与管理技术

数据有多种分类方法，可以分为结构化、半结构化、非结构化数据，也可以分为元数据、主数据、业务数据，还可以分为 GIS、视频、文本、语音、业务交易类各种数据。传统的关系型数据库已经无法满足数据多样性的存储要求。除了关系型数据库，还有两种存储类型，一种是以 HDFS 为代表的可以直接应用于非结构化文件存储的分布式存储系统，另一种是 NoSQL 数据库，可以存储半结构化和非结构化数据。大数据存储与管理就是要用这些存储技术把采集到的数据存储起来，并进行管理和调用。在一般的大数据存储层，关系型数据库、NoSQL 数据库和分布式存储系统三种存储方式都可能存在，企业在业务应用中可根据实际的情况选择不同的存储模式。

3. 大数据分析和挖掘技术

大数据分析和挖掘就是从大量的、不完全的、有噪声的、模糊的、随机的实际应用数据中提取隐含在其中的、有用的信息和知识的过程。大数据分析和挖掘涉及的技术方法很多：根据挖掘任务可分为分类或预测模型发现、关联规则发现、依赖关系或依赖模型发现、异常和趋势发现等；根据挖掘方法可细分为机器学习、统计方法、神经网络等。其中，机器学习可细分为归纳学习、遗传算法等；统计方法可细分为回归分析、聚类分析、探索性分析等；神经网络可细分为前馈网络、反馈网络等。面对不同的分析或预测需求，分析人员需要的分析挖掘算法和模型是完全不同的。

4. 大数据展现和应用技术

大数据的使用对象远远不只程序员和专业工程师，如何将大数据技术的分析成果展现给普通用户或者公司决策者，要看数据展现的可视化技术，它是目前解释大数据最有效的手段之一。在数据可视化中，数据结果以简单形象的可视化、图形化、智能化的形式呈现给用户供其分析使用。

## 三、大数据的应用

大数据正在以前所未有的速度发展，并已经融入社会的各个领域和各个层面，其渗透的深度和广度及所带来的价值已远远超过人们的想象，在人类社会中发挥着越来越大的作用。

二维码 3-1
数据产业发展与数据企业核心竞争力提升

1. 金融领域

在金融领域，大数据被广泛应用于风险管理、欺诈检测、信用评估、投资分析和客户行为预测等方面。金融机构通过分析客户的交易记录、信用历史和其他相关信息，可以更准确地评估客户的信用风险，并制定相应的风险管理策略。同时，大数据技术还能帮助金融机构识别潜在的欺诈行为，保护客户的资产安全。此外，金融机构还可以利用大数据技术进行投资分析和客户行为预测，以制定更有效的投资策略和营销策略。

2. 制造业领域

在制造业领域，大数据被用于优化生产流程、提高生产效率和质量控制等方面。制造企业通过收集和分析生产过程中的各种数据,可以实时监测生产设备的运行状态和产品质量,及时发现并解决问题。此外,大数据技术还可以帮助企业优化生产计划,提高资源利用率,降低生产成本。

3. 交通领域

在交通领域,大数据被广泛应用于交通流量监测、拥堵预警、事故检测和出行需求分析等方面。交通管理部门通过收集和分析交通数据,可以实时监测道路拥堵情况,预测未来的交通流量,为交通规划和管理提供科学依据。同时,大数据技术还可以帮助交通管理部门优化交通信号灯控制,提高道路通行效率。

4. 医疗领域

在医疗领域,大数据被用于临床决策支持、疾病预测、患者管理和药物研发等方面。医疗机构通过分析患者的病历数据、影像数据和检验检查结果等,可以为医生提供更准确的诊断和治疗建议。此外,大数据技术还可以帮助医疗机构预测疾病的发生和发展趋势,制定更有效的预防措施。在药物研发方面,大数据技术可以加速新药的发现和开发过程,提高药物研发的成功率。

5. 传媒领域

在传媒领域,大数据被用于内容推荐、广告精准投放和用户行为分析等方面。媒体机构通过分析用户的浏览记录、搜索历史和兴趣爱好等信息,可以为用户推荐更符合其需求的内容。同时,大数据技术还可以帮助媒体机构实现广告的精准投放,提高广告效果。此外,通过分析用户行为数据,媒体机构还可以了解用户的需求和偏好,为内容制作和营销策略提供科学依据。

6. 零售与电商领域

在零售与电商领域,大数据被广泛应用于客户画像构建、精准营销、供应链优化和库存管理等方面。电商平台通过分析用户的购物记录、浏览历史和搜索关键词等信息,可以构建用户画像,为用户提供个性化的推荐和服务。同时,大数据技术还可以帮助电商平台优化供应链管理,降低库存成本,提高运营效率。

7. 政府领域

在政府领域,大数据被用于公共服务优化、资源配置、政策制定和应急管理等方面。政府部门通过分析各种数据,可以更准确地了解社会问题的根源和发展趋势,制定更加科学合理的政策。同时,大数据技术还可以帮助政府部门优化公共资源配置,提高公共服务效率和质量。在应急管理方面,大数据技术可以实时监测和预警各种突发事件,为应急响应和救援提供科学依据。

8. 能源领域

在能源领域,随着智能电网的发展,电力公司可以掌握海量的用户用电信息;利用大数据技术分析用户用电模式,改进电网运行状况;合理地设计电力需求响应系统,确保电网运行安全以及资源最优化。

除了上述领域,大数据还在农业、教育、体育、物流、电信等多个领域得到广泛应用,为各行各业的发展提供了有力支持。随着大数据技术的不断发展和完善,它将在更多领域发挥更大的作用。

## 第二节 云 计 算

### 一、云计算概述

#### （一）云计算的概念

对于一家企业来说，一台计算机的运算能力是远远无法满足数据运算需求的，企业需要购置一台运算能力更强的计算机，也就是服务器。而对于规模比较大的企业来说，一台服务器的运算能力显然还是不够的，那就需要企业购置多台服务器，甚至建立一个具有多台服务器的数据中心，服务器的数量会直接影响这个数据中心的业务处理能力。除了高额的初期建设成本之外，计算机的运营支出中花费在电费上的金钱也要比投资成本高得多，再加上计算机和网络的维护支出，总体花费是中小型企业难以承担的，于是"云计算"的概念便应运而生。

二维码3-2
云计算

"云计算"这个概念由谷歌首席执行官埃里克·施密特在2006年8月的搜索引擎会议上首次提出。2007年以来，"云计算"成了计算机领域最令人关注的话题之一，同样也是大型企业、互联网建设着力研究的重要方向。因为云计算的提出，互联网技术和IT服务出现了新的模式，引发了一场变革。

云计算的定义有很多，现阶段被人们广泛接受的是美国国家标准与技术研究院给出的定义：云计算是一种按使用量付费的模式，这种模式提供可用的、便捷的、按需的网络访问，进入可配置的计算资源共享池（资源包括网络、服务器、存储、应用软件、服务），这些资源能够被快速提供，企业只需投入很少的管理工作，或与服务供应商进行很少的交互。用通俗的话说，云计算就是利用云端的计算资源进行计算。

云是网络、互联网的一种比喻说法，源于早期人们用它抽象表示电信网络，后来也用于表示互联网和底层基础设施。云计算不是一种全新的网络技术，而是一种全新的网络应用概念，为用户提供一种全新的计算体验。云计算的本质是将大量计算资源协调在一起，用户无须关心基础设施在哪里或者配置如何，通过网络就可以方便地使用近乎无限的计算资源，就像使用水、电、燃气一样方便，按运算量付费即可。例如，用户通过自己的计算机发送模拟"核爆炸"的指令给云端的计算机，云端计算机完成复杂的运算后将结果返回给用户，用户根据本次的运算量支付相应的费用。

#### （二）云计算的特点

云计算作为一种新兴的信息技术，具有多个显著特点，这些特点使云计算在数据处理、存储、访问和应用部署等方面表现出独特的优势。以下是云计算的主要特点。

1. 大规模、分布式

"云"一般具有相当的规模，一些知名的云服务供应商（如阿里云、华为云、微软Azure、谷歌云、亚马逊AWS）拥有上百万台的服务器。这些服务器分布在不同的地理位置，依靠这些分布式的服务器构建起来的"云"能够为使用者提供前所未有的计算能力。

2. 资源池化

云服务供应商将大量的计算资源集中管理和优化，形成资源池。这些资源可以动态分配给多个用户，实现资源的共享和高效利用。资源池化使用户无需关心底层硬件的具体配置和位置,只需关注所需的服务和性能。

3. 高可靠性

知名的云服务供应商一般都会采用数据多副本容错、计算节点同构可互换等措施来保障服务的高可靠性,并且提供 7×24 小时不间断服务,一旦发生故障,会安排专业团队第一时间作出响应。

4. 快速弹性

用户能方便、快捷地按需获取和释放计算资源。也就是说,需要时能快速获取资源从而扩展计算能力,不需要时能迅速释放资源,从而减少资源的使用费用。这种弹性伸缩能力使用户能够灵活应对业务波动,优化资源使用和成本支出。

5. 按需付费

云计算采用按需付费模式,用户可以根据实际使用的资源量进行支付。这种方式降低了用户的成本,还提高了资源的整体利用率。

## 二、云计算的服务模式

按照云端所提供服务的层次,云计算有三种常见的服务模式:基础设施即服务、平台即服务和软件即服务。

1. 基础设施即服务

基础设施即服务(Infrastructure as a Service,IaaS)这种服务模式将基础设施(包括机房、服务器、存储、网络等)抽象为一系列可用的服务,用户可以直接基于该服务部署操作系统、数据库和应用程序。IaaS 是云计算服务模式中自由度最高的一种,就像用户自己买了台电脑,如何使用由用户自己做主。但这种高自由度也会带来一些问题,用户需要付出时间和精力来管理、维护基础设施,一旦操作系统崩溃或软件环境不可用,用户需要自己解决;对于供应商而言,已经租给用户的资源,即使用户没有充分利用,也不能转作他用,因此可能会导致计算资源的闲置和浪费。

2. 平台即服务

平台即服务(Platform as a Service,PaaS)是一种构建在 IaaS 之上的云计算服务模式。该服务模式除了提供基础计算能力,还配备了应用程序的运行、开发环境。用户无须关心操作系统和软件环境,可以直接利用供应商提供的编程语言、库、SDK 以及 API 等,创建或运行应用程序。PaaS 又分为半平台 PaaS 和全平台 PaaS 两种,半平台 PaaS 只安装了操作系统,软件环境由用户自己安装;全平台 PaaS 则安装应用软件依赖的全部环境(包括操作系统、数据库、中间件和运行库)。PaaS 是云计算服务模式中承上启下的一层,这一层既要负责对底层硬件的兼容,又要负责对上层应用的兼容,因此,PaaS 所面临的是兼容性复杂度的上限。

3. 软件即服务

软件即服务(Software as a Service,SaaS)使用户可以直接通过网络使用软件,不需要安装,软件的升级与维护也无须用户参与。同时,SaaS 也是按需计费的,与传统软件需要一次性支付全额费用相比具有成本上的优势。

## 三、云计算的部署模型

在云计算领域,有四种常见的部署模型,即私有云、社区云、公有云和混合云。这些部署模型各有特点,能够满足不同用户的需求。

1. 私有云

云端资源只给一个单位组织内的用户使用是私有云的核心特征。私有云的用户在各方面都有完全的自主权,降低了有关数据的所有权、隐私和安全方面的监管风险。但是其成本较高,同时丧失了快速弹性、资源池化、按需付费等云计算的核心优势。

2. 社区云

社区云的云端资源专门给固定的几个单位内的用户使用,而这些单位对云端具有相同的诉求(如安全要求、云端使命、规章制度、合规性要求等)。社区云可以有效降低各组织的IT基础设施建设成本,还能在组织间实现数据共享。但是用户可能会受到社区成员之间的信任和合作关系的影响;也可能会受到社区成员之间的资源竞争和利益分配问题的影响。

3. 公有云

公有云的云端资源开放给社会公众使用。公有云是最能体现云计算大规模、快速弹性、低使用成本的一种部署模型。但是它存在安全性和隐私性问题,用户的数据和应用程序可能会被其他用户访问;用户可能会受到云服务供应商的限制和监管;用户的程序或者被提供的服务可能会受到云服务供应商的服务中断或故障的影响。

4. 混合云

混合云由两个或两个以上不同类型的部署模型(私有云、社区云、公有云)组成,它们各自独立,但用标准的或专有的技术将它们组合起来,而这些技术能实现云之间的数据和应用程序的平滑流转。目前最流行的是私有云和公有云构成的混合云,这种混合云同时具备私有云的安全性和公有云的灵活性。组织可以将重要的机密数据存储在私有云上,而将非机密数据转移到公有云上;也可以在业务高峰时,租赁公有云来临时扩展计算资源。

## 四、云计算的应用

云计算在教育、医疗、金融、交通、电子商务、电子政务等几乎所有领域均有广泛的应用。云计算包括但不限于以下几个应用。

### (一) 政务云

政务云即基于云计算的电子政务,由传统的电子政务优化发展而来,弥补了过去电子政务中的一些缺陷。它利用虚拟化等云计算技术,对政府电子政务系统的管理和服务职能进行精简、优化、整合,为政府部门提供基础设施、支撑软件、应用服务、信息资源、运行保障和信息安全等全面服务,是实现了政务信息资源共享和业务系统的电子政务云服务平台。

《国家电子政务"十二五"规划》首次提出"云计算服务优先"模式,鼓励政务部门业务应用系统向云计算服务模式的电子政务公共服务平台迁移,拉开了中国政务云建设的序幕。早期的政务云通常是指借助 IaaS 实现政府内部基础设施资源整合与共享,而随着电子政务云建设的深入,政务部门更加追求 IaaS 和 PaaS 方面的深度融合,借助云计算技术推动政府大数据的开发与利用,实现跨系统跨部门的信息共享与业务协同,推进政务应用创新和政务业务变革。

### (二) 金融云

金融云是指金融机构利用云计算模型的构成原理,将金融产品、信息、服务通过数据中心、客户端等技术手段分散到"云"中。这种分散化的处理方式旨在提高金融机构迅速发现并解决问题的能力,从而提升整体工作效率,改善业务流程,并降低运营成本。

随着大量的金融机构开始应用云来承载应用和处理高并发业务,云计算技术正在与金融行业快速结合,在金融行业快速发展。银行、券商、基金、保险等金融机构纷纷涉足云计算,拉开了金融信息和数据管理创新的帷幕,给金融云厂商提供了广阔的发展平台。

金融云行业的竞争格局呈现出多元化和激烈化的特点。目前,市场上主要有综合型云厂商、产品型云厂商、传统IT服务商和金融科技子公司等多种类型的参与者。其中,阿里巴巴、华为、腾讯和百度等大型互联网公司凭借自身在云计算领域的深厚技术积累和服务经验,迅速占领金融云市场,并占据较大的市场份额。此外,随着金融行业数字化转型的推进,越来越多的金融机构也开始涉足金融云领域,通过自建或合作的方式提供金融云服务。

未来,关于金融行业云计算应用的标准将越来越明确,随着技术的不断创新,云计算在金融领域的应用也将越来越广泛。

### (三)医疗云

随着云计算在医疗卫生领域的广泛运用,医疗云随之而诞生。医疗云是指医疗卫生领域采用云计算、物联网、大数据、5G通信、移动技术以及多媒体等新技术,结合医疗技术,使用云计算的理念来构建医疗服务云平台;医疗卫生领域利用云计算技术巩固和发展现代健康管理服务,构建新型卫生服务体系,提高医疗机构的服务效率,降低服务成本,方便居民就医,减轻患者经济负担。

中国的医疗云正处于快速发展期,各级各类医疗机构都在信息化升级中逐步采用医疗云,尤其是在各地的医共体、健康云等建设中,采用云平台和云服务作为IT基础设施的模式基本上成为主流,各级医院也在积极探索整体IT系统上云或者部分IT系统上云。

> **? 相关思考**
>
> **医疗云的真实案例**
>
> 医疗云的数量和普及程度在不断增加。以微医为例,作为全国医疗健康行业云平台,微医以其8年的数据积累和场景连接,为政府、医院、基层医疗机构和医疗健康企业等多类用户,提供包含互联网医院、互联网医联体、家庭医生签约、云药房、医疗AI辅助诊断、药械集采、智能医保等在内的数十种医疗云及人工智能解决方案,致力于成为中国医疗健康行业的基础设施和计算引擎。微医助力北京天坛医院搭建了"天坛神经系统疾病专科联盟",帮助黑龙江省政府建立了"黑龙江省人口健康信息平台",承接了"温州市区域医疗协同平台",与桐乡市卫健委共建了"桐乡家庭医生签约服务平台"。
>
> 2017年11月15日,在首届国际智能医疗大会上,微医发布了国际首个专注于智能医疗的云平台——微医云。在场景连接和医疗数据基础上,微医云通过大数据、云计算、机器学习等技术,开发医学人工智能辅助诊疗系统,让家庭通过健康终端享受到医疗健康服务;深度连接了医院、医生、患者和医药险产业等多类医疗服务供需场景,实现了医院窗口云化、医生诊室云化、检查检验云化、医联体云化、区域居民健康档案云化、医保支付结算云化。

### (四)教育云

教育云又称云教育或云端教育,是一种基于云计算技术的教育服务模式。它将教育资源、教学应用和教育服务整合到云端,通过网络连接,为教育机构、教师和学生提供随时随地、按需使用的教育服务。

教育云是一个专为教育领域设计的云计算服务平台。它将所需的硬件计算资源进行虚拟化,然后通过互联网向教育机构、教育从业人员(如教师和管理人员)以及学生提供服务。在这个平台上,用户可以访问和使用各种教育资源、教学工具和管理应用。

教育云作为云计算技术在教育领域的应用,正在引领着一场深刻的教育变革。它打破了传统教育的时空限制,实现了教育资源的共享和优化配置;同时提供了个性化的学习体验和智能化的教学支持,提升了教学和学习效果。

## 第三节 区 块 链

### 一、区块链概述

#### (一) 区块链的概念

区块链(Blockchain)起源于比特币,2008年11月1日,一位自称中本聪(Satoshi Nakamoto)的人发表了《比特币:一种点对点的电子现金系统》一文,阐述了基于P2P网络技术、加密技术、时间戳技术、区块链技术等的电子现金系统的构架理念,这标志着比特币的诞生。2个月后,理论步入实践,2009年1月3日,第一个序号为0的创世区块诞生。几天后的2009年1月9日序号为1的区块出现,并与序号为0的创世区块相连接形成了链,标志着区块链的诞生。

二维码3-3
区块链

区块链是分布式数据存储、点对点传输、共识机制、加密算法等计算机技术的新型应用模式。它是关于比特币的一个重要概念,它本质上是一个去中心化的分布式账本数据库,其本身是一串使用密码学方法相关联产生的数据块,每一个数据块包含多次比特币网络交易有效确认的信息。

从科技层面来看,区块链涉及数学、密码学、互联网和计算机编程等很多科学技术问题。从应用视角来看,简单来说,区块链是一个分布式的共享账本和数据库,具有去中心化、不可篡改、全程留痕、可以追溯、集体维护、公开透明等特点。这些特点保证了区块链的"诚实"与"透明",为区块链创造信任奠定了基础。而区块链丰富的应用场景,基本上都基于区块链能够解决信息不对称问题,实现多个主体之间的协作信任与一致行动。

举个通俗的例子,小明找小伟借一百块钱,但小伟怕他赖账,于是就找来村委会主任做公证,并记录下这笔账,这个就叫中心化。但如果小伟不找村委会主任,而是直接拿个喇叭在村里大喊"我小伟,借给小明一百块钱!请大家记在账本里",这个就叫去中心化。以前村委会主任德高望重,掌握全村的账本,大家都把钱存在他这里,这是过去大家对中心化的信任。现在,大家都担心村委会主任会偷偷挪用大家的钱,怎么办呢?于是每个人都获得一本账本,任何人之间转账都通过大喇叭发布消息,收到消息后的每个人都在自家的账本上记下这笔交易,这就叫去中心化。有了分布式账本,即使老孔或老周家的账本丢了也没关系,因为老朱、老杨等其他家都有账本。

#### (二) 区块链的主要特征

区块链技术作为创造信任的机制,主要有以下特征。

1. 去中心化

区块链的去中心化可以帮助人们实现点对点交易。因此,无论你是在交易还是交换资金，都无需第三方的批准。区块链技术不依赖额外的第三方管理机构或硬件设施，没有中心管制，除了自成一体的区块链本身，通过分布式核算和存储，各个节点实现了信息自我验证、传递和管理。去中心化是区块链最突出、最本质的特征。

2. 开放性

区块链技术基础是开源的，除了交易各方的私有信息被加密外，区块链的数据对所有人开放，任何人都可以通过公开的接口查询区块链数据和开发相关应用，因此整个系统信息高度透明。开放性比较少被提到，但它也很重要，甚至可以说开放性是去中心化特征的保证之一。

3. 安全可靠

区块链技术不受任何人或实体的控制，数据在多台计算机上完整复制（分发），攻击者无单一的入口点。只要不能掌控全部数据节点的51%，就无法肆意操控修改网络数据，这使区块链本身变得相对安全，避免了主观人为的数据变更。

4. 不可篡改

区块链的信息通过密码学技术进行加密，一旦进入区块链，任何信息都无法更改。

5. 匿名性

除非有法律规范要求，单从技术上来讲，各区块节点的身份信息不需要公开或验证，信息传递可以匿名进行。区块链的匿名性特点，在一定程度上很好地保护了用户的隐私。但是区块链的匿名性也颇具争议，因为它在人们交易、隐私方面起到了重要的保护作用，也为一些违法犯罪行为提供了"保护伞"。

## 二、区块链的类型

区块链包括公有链、联盟链和私有链。

1. 公有链

公有链是全世界任何人都可读取的、任何人都能发送交易且交易能获得有效确认的、任何人都能参与其中共识过程的区块链。共识过程决定哪个区块可被添加到区块链中和明确当前状态。公有链通常被认为是"完全去中心化"的。

2. 联盟链

联盟链是对特定的团体开放的区块链，介于公有链和私有链之间。它在某种程度上也可划归为私有链。例如，Libra 就是 Facebook 和 28 家国际支付机构共同打造的联盟链。又如，光大银行联合中国银行、中信银行、民生银行、平安银行等基于区块链技术共同打造的"福费廷交易平台（BCFT）"也是一个联盟链，所谓福费廷交易平台简单理解就是票据及其衍生品的交易平台。

3. 私有链

私有链是指写入权限仅在一个组织手里的区块链。私有链的读取权限或者对外开放，或者被任意程度地进行了限制。比如，某社区需要选举，于是开发一个基于区块链技术的投票系统，社区内部所有人都可以在链上投票，但这个链只对社区内部和开发者透明，而且使用者可以匿名，控制权在社区主管机构，使用者只是参与者。可以看出，私有链是一个不完全去中心化的区块链，许多人认为区块链如果过于中心化，那就跟其他中心化数据库没有太大区别。

二维码 3-4
基于区块链的物联网身份管理系统

## 三、区块链的应用

比特币是区块链技术的第一个成功应用,是基于区块链技术的一种金融应用。目前,区块链技术的去中心化、不可篡改、安全可靠等特征也使其延伸到物联网和物流、公共服务、数字版权、保险等多个领域。

二维码3-5
区块链赋能农产品供应链金融的数字化转型

1. 金融领域

区块链在国际汇兑、信用证、股权登记和证券交易所等金融领域有着潜在的巨大应用价值。将区块链技术应用在金融行业中,能够省去第三方中介环节,实现点对点的直接对接,从而在大大降低成本的同时,快速完成交易支付。这是区块链的去中心化特性带来的优势。而在银行等传统的金融机构,老王想给小张转一笔钱需要先通过中心机构银行的确认才能把钱转到小张手中,而在区块链网络中,老王不需要通过银行就能把钱转给小张,这不仅提高了交易的效率,还在一定程度上节约了交易的成本。

2. 物联网和物流领域

在物联网和物流领域,区块链技术可用于实现物品的追溯、溯源和管理。通过区块链可以建立起一个安全可信的供应链管理系统,确保产品的生产、储运和销售环节可追溯,提高消费者对产品质量的信任度,同时也可以提高生产效率和降低管理成本。

3. 公共服务领域

区块链在公共管理、能源、交通等领域的应用与民众的生产生活息息相关,但是这些领域的中心化特质也带来了一些问题,可以用区块链来改造。比如,对于普通企业来说,往往最难的就是去政府部门办事,不但需要各种证明文件,而且还需要跑多个部门,不同的部门要求还不一样。主要原因就是原先各个政府部门的数据都是孤立的,彼此不共享,但如果都能在信息高度安全的基础上"上链",数据实现共享,则办事人只需在一个部门就能解决多数问题。

4. 数字版权领域

人们通过区块链技术,可以对作品进行鉴权,证明文字、视频、音频等作品的存在,保证权属的真实、唯一性。作品在区块链上被确权后,后续交易都会进行实时记录,实现数字版权全生命周期管理,这也可作为司法取证中的技术性保障。拿一首歌曲来说,如果原创者申请了该歌曲的版权,但是由于中心化机构存在存储不安全、不公开透明以及易被利益驱使的缺陷,版权可能被他人篡改,这样很可能损害歌曲原创者的权益,而如果该歌曲的数字信息及版权信息记录在了区块链上,借助区块链的公开透明性以及防篡改性等优势,就能很好地避免版权信息被恶意篡改的情况发生了。

5. 保险领域

在保险理赔方面,保险机构负责资金归集、投资、理赔,往往管理和运营成本较高。通过智能合约的应用,既无需投保人申请,也无需保险公司批准,只要触发理赔条件,保单就能实现自动理赔。未来区块链作为保险行业重要的基础设施及工具,将与云计算、大数据、人工智能、物联网等众多新兴技术融合,实现更多的保险行业创新应用,构建创新型、平台式的保险服务创新生态体系。在区块链的推动下,未来将出现开放保险。区块链技术的开放性将改变传统保险业中的"信息孤岛"情况。另外,区块链未来也可提升保险互信、促就保险普惠。

## 第四节 人工智能

### 一、人工智能概述

#### (一)人工智能的概念及优势

**1. 人工智能的概念**

美国斯坦福大学人工智能研究中心尼尔逊教授对人工智能(Artificial Intelligence,AI)下了这样一个定义:"人工智能是关于知识的学科——怎样表示知识以及怎样获得知识并使用知识的科学。"而美国麻省理工学院的温斯顿教授认为:"人工智能就是研究如何使计算机去做过去只有人才能做的智能工作。"这些说法反映了人工智能学科的基本思想和基本内容,即人工智能是研究人类智能活动的规律,构造具有一定智能的人工系统。研究如何让计算机去完成以往需要人的智力才能胜任的工作,也就是研究如何应用计算机的软硬件来模拟人类某些智能行为(如学习、推理、思考、规划等)的基本理论、方法和技术。

**2. 人工智能的优势**

人类社会和计算机产生的数据量非常庞大,已远远超出人类可以处理的范围。人工智能发展到今天,覆盖了我们日常活动的各个方面,已经彻底改变了我们许多的生活或工作方式,也在逐步转化成为一种"必需品"。与人类的能力相比,人工智能具有极大的优势。

1) 处理海量数据

人工智能可以快速分析和处理超出人类能力范围的海量数据。

2) 提高生产效能

与人类相比,人工智能可以更快地分析和处理海量信息,大幅提高生产力,并发现人类可能无法发现的一些问题、规律等。人工智能不像人类有工作时间、身体负荷等限制,可以持续运行和处理任务。人工智能可通过自动化的方式和智能算法来减少甚至消灭人工处理造成的错误。

3) 自动化处理烦琐和危险的工作

人工智能可以自动化处理烦琐且重复的任务,从而提高工作效率。也可以将一些危险的工作实现自动化,降低对人身安全的威胁。例如,在钻井等危险环境中应用人工智能,代替人类来执行危险的操作。

4) 应用范围广泛

人工智能具备通用性,同时结合了多个学科的知识,使其能够在多个领域内找到应用场景,例如,农业、制造业、服务业、零售业、交通、教育、医疗等。

5) 持续学习

人工智能可以基于机器学习、深度学习技术,通过不断处理新数据来改进性能、分析和决策能力,确保其分析和决策的准确性。

#### (二)人工智能的发展历程

人工智能的发展历史可以追溯到20世纪50年代,达特茅斯学院在1956年举办了人工智能领域的第一次会议,科学家们开始研究如何使计算机具有人类般的智能,此次会议标志着人工智能的诞生。在经历了三起两落的曲折历程之后,今天我们很幸运地处于其第三次崛起过程中,这得益于深度学习在自然语言、计算机视觉和机器人等领域应用的成功。这三起两落的历程按时间划分,可以分为以下几个阶段。

1. 第一次繁荣期(1956—1973年)

20世纪50年代,计算机科学家和数学家开始研究人工智能的问题。在这个阶段,研究人员提出了许多重要理论,如"智能是什么"和"人工智能如何实现"的问题。

随着人工智能的概念和方法诞生,最初的人工智能研究计划被提出。人工智能得到大量的资金投入和支持,各种研究项目层出不穷,研究人员开始研发各种人工智能技术。在这个阶段,研究人员开发了许多重要的人工智能算法,如机器学习和规则推理。人工智能开始有了明显的突破,研究人员开发出了诸如语言识别、机器翻译等技术,这一阶段的发展给后面的研究带来了很大的启发。同时,研究人员还开发出了第一代专门用于人工智能的计算机程序语言——LISP。

20世纪70年代,人工智能技术进一步发展,并在语言翻译、图形学、知识表示等领域取得了重要突破。同时,研究人员也开发出了一些基于规则的专家系统,这些系统可以在特定领域内作出专家般的决策。

1973年发表的《莱特希尔报告》对当时雄心勃勃构造"人类知识水晶球"的符号主义人工智能提出了批评,认为"迄今的发现尚未产生当时承诺的重大影响",人工智能跌入了第一次隆冬。英国BBC电视台甚至于当年邀请科学家围绕"通用机器人是海市蜃楼吗?"进行了一场电视辩论。

2. 第一次低谷期(1973—1982年)

由于机器翻译等项目的失败及一些学术报告的负面影响,人工智能的研究经费普遍减少。在这个阶段,人工智能研究遭到了严重的打击,对其的质疑和批评增多。导致这种状况的主要原因是运算能力不足、计算复杂度较高、常识与推理实现难度较大等。

3. 第二次繁荣期(1982—1987年)

20世纪80年代,随着计算机处理能力的提高,人工智能技术进一步发展,并在机器人控制、图像识别等领域得到了广泛应用。同时,研究人员也开发出了一些基于神经网络的模型,这些模型具有更强的学习能力。

在这个阶段,人工智能逐渐成为一个被广泛研究的领域,吸引了越来越多的科学家和工程师的兴趣。同时,随着计算机硬件水平的不断提高,人工智能的开发也得到了加速。

人工智能研究进入了一个热潮,研究人员开发了许多重要的应用。在这个阶段,人工智能开始在诸如计算机视觉、语音识别、机器翻译等领域取得了重要进展。

4. 第二次低谷期(1987—1997年)

1987年,LISP机市场崩溃,技术领域再次陷入瓶颈,抽象推理不再被继续关注,基于符号处理的模型遭到反对。

20世纪80年代,神经网络在实际应用中作用有限,人工智能跌入了第二次低谷。1988年,曾在1965年发表《炼金术与人工智能》报告的休伯特·德雷福斯教授应麻省理工学院人工智能实验室负责人的邀请,做了人工智能与海德格尔现象学之间的关系的讲座。之后,有不少人工智能研究者的研究发生了转向。

5. 第三次繁荣期(1997年至今)

20世纪90年代以后,随着互联网的普及和计算机硬件水平的不断提高,人工智能技术进一步发展,并在语音识别、图像分析、自然语言处理等领域取得了显著的进展。同时,人工智能算法的发展也使深度学习成为人工智能的重要研究方向。

人工智能的研究已经不再是专业领域的专利,越来越多的大学和企业开始积极投入人工智能领域。同时,人工智能技术也得到了广泛应用。

21世纪以来,随着计算机处理能力的显著提高和大数据技术的出现,人工智能再次兴起,并在各个领域取得了显著的突破,引发了广泛的关注。随着大数据和云计算技术的兴起,人工智能取得了一系列重要突破,如深度学习和计算机视觉等。同时,人工智能的应用也涵盖了越来越多的领域,如医疗、金融、教育等。

### 延伸阅读3-1

**生成式人工智能**

随着ChatGPT、文心一言、通义千问等人工智能产品的火爆,生成式人工智能已经成为大家茶余饭后热议的话题。如果将人工智能按照用途进行简单分类的话,那么可以划分为两类:决策式人工智能和生成式人工智能(artificial intelligence generated content,AIGC)。

决策式人工智能专注于分析情况并作出决策。它通过评估多种选项和可能的结果,帮助用户或系统选择最佳的行动方案。例如,自动驾驶车辆就是通过决策式人工智能系统决定何时加速、减速或变换车道。而生成式人工智能专注于创造全新内容。它可以根据学习到的数据自动生成文本、图像、音频等内容。例如,你可以将几篇论文发给生成式人工智能,它可以生成一篇文献综述,概括这几篇论文的关键思想、重要结论。

具体来说,生成式人工智能是指利用人工智能技术生成各种形式的内容,包括但不限于文本、图像、音频、视频等。AIGC技术是自然语言处理、计算机视觉、语音识别、深度学习等人工智能技术的应用,它可以基于已有的数据和知识,通过算法自动生成人类可读的内容,具有广泛的应用前景。

## 二、人工智能的核心技术

人工智能涉及机器学习、深度学习、自然语言处理、语音识别、计算机视觉等核心技术。

#### 1. 机器学习

通过核心要素——算法,人工智能从人类输入的信息或从互联网上其他渠道获取的大量数据中学习,对新的数据进行理解、分析、预测或分类。机器学习主要分为监督学习、无监督学习和半监督学习,即根据模型训练过程中是否使用到标签来区分机器学习的类型。

#### 2. 深度学习

深度学习是机器学习的领域之一,专注于使用神经网络模型,可自动从数据中学习。对比机器学习,深度学习需要更多资源,包括需要更大的数据集来进行训练、更多的基础设施资源。

#### 3. 自然语言处理

自然语言处理,即基于机器学习或深度学习技术,对海量文本数据进行分词、词汇标注、文本纠错、对话知识抽取、商机信息抽取等处理。

#### 4. 语音识别

语音识别,即基于机器学习或深度学习技术,识别并理解人类的语音,并将其转换为文本或语音执行指令,例如,交互式语音应答、虚拟助手、智能家居的语音控制系统等。

5. 计算机视觉

计算机视觉涉及图像处理、机器学习、神经科学等多个领域的知识,是指从图像、视频和其他视觉输入中提取信息,并对这些信息进行分析和理解,以执行某些处理,例如,通过摄像头识别可疑人员或事件、检测农作物生长情况等。

### 三、人工智能的工作原理

人工智能旨在让计算机模仿人类的决策能力、像人类一样思考和行动。要实现这个目标,需要计算能力、数据、人工智能算法这三个关键要素。人工智能的工作原理概括地说,是通过模拟人类的学习过程,让机器能够从数据中识别规律和特征,用这些学习到的知识来完成各种复杂的任务。详细的工作原理如下。

1. 数据收集与处理

人工智能基于人类输入的信息或从互联网上其他渠道获取的大量数据,对数据进行处理,包括对数据进行清洗(如去除噪声和不相关的数据等)、标准化(即将数据转化为一致的格式)、特征提取(识别与解决目标问题有关的数据属性)等。

2. 机器学习

学习是人工智能的核心过程,人工智能通过学习,从数据中提取规律和特征,并不断优化自己的算法和模型。

3. 推理、预测或执行操作

人工智能会根据已学习到的知识和已有的规则,基于已有的模型和算法,对新的数据进行识别、分析、预测和推理。例如,在文字识别任务中,人工智能可用于识别图片中包含的文字。

### 四、人工智能的应用

人工智能技术已广泛应用于制造业、客户服务、自动驾驶、医疗、教育、金融等多个领域,大数据分析、机器学习等手段,提高了效率、降低了成本,推动了各行业的创新发展。下面列举了人工智能技术应用的五个相关方面。

二维码3-6 论人工智能对制造业新质生产力影响的逻辑机理

1. 智能制造

在制造业中,人工智能技术的引入标志着智能制造时代的到来。通过智能生产线、机器视觉检测系统等技术,制造业实现了生产过程的自动化与智能化。例如,利用人工智能技术优化生产调度,实时调整生产计划,可以显著提高生产效率,降低人力成本。同时,人工智能在质量检测中也发挥着重要作用,能够自动识别产品瑕疵,提高产品质量。此外,人工智能还应用于设备故障预测与维护,通过实时监测设备状态,预测潜在故障,降低维修成本,提高生产稳定性。

2. 智能客服

在客户服务领域,人工智能技术同样展现出了巨大的潜力。人工智能驱动的客户服务系统能够提供24小时在线支持,快速响应客户需求,提升用户体验与满意度。例如,智能客服机器人能够利用自然语言处理技术与客户进行对话,解答常见问题,甚至在某些情况下,还能提供个性化的解决方案。这不仅减轻了人工客服的压力,还提高了客户服务的效率和质量。

#### 3. 自动驾驶汽车

自动驾驶汽车是人工智能技术应用的又一重要领域。通过引入人工智能技术，汽车实现了自主导航、避障和行驶，提高了道路行驶效率，减少了交通事故的发生。同时，人工智能还应用于交通管理系统中，通过优化交通流量分配，缓解交通拥堵问题。未来，自动驾驶汽车有望成为人们出行的主要方式之一。

#### 4. 精准医疗

在医疗健康领域，人工智能技术的应用同样广泛而深远。人工智能通过大数据分析和机器学习算法，能够辅助医生进行更快速、更精准的诊断。例如，在医学影像分析中，人工智能能够自动识别病灶，提高诊断效率与准确性。此外，人工智能还应用于个性化医疗方案的制定，基于患者的基因信息和病史，提供量身定制的治疗方案，推动精准医疗的发展。在药物研发领域，人工智能通过分析海量生物数据，加速新药的发现与验证过程，缩短研发周期，降低研发成本。

#### 5. 智能教育

随着科技的进步，人工智能正逐步渗透教育领域，引领教育模式的创新与变革。人工智能技术通过智能化手段优化教育环境，提供个性化的学习体验。例如，人工智能学习平台能够根据学生的学习习惯和能力水平，提供定制化的教学方案，实现因材施教。同时，人工智能还能辅助教师进行课堂教学，提供丰富的教学资源和即时反馈，提升教学质量。随着技术的不断发展，人工智能在教育领域的应用将更加广泛，推动教育事业的持续发展。

延伸阅读 3-2

**科大讯飞智慧黑板亮相央视首届"科晚"**

2024 年 12 月 29 日，中央广播电视总台举办的首届中国科技创新盛典（简称"科晚"）如火如荼地展开，科大讯飞董事长刘庆峰以一场精彩的现场演示，引领观众探索人工智能在教育领域的无限可能。这一盛典不仅是科技跨年活动，还是对 2024 年中国科技创新成果的全面展示，其中科大讯飞的表现尤为引人注目。

科大讯飞的智慧黑板作为此次盛典的亮点之一，展示了 AI 技术深度融入教育的实际应用。刘庆峰在黑板前随手一画，一个完美的圆形瞬间呈现，甚至连复杂的立方体也能够 360 度旋转，生动直观地展示几何概念。这不仅让人们对传统课堂的教学改革充满期待，更是标志着新的教育方式正在形成。特别是与历史名人的"跨时空对话"，即学生与爱因斯坦、李白等虚拟形象的互动，使学生在学习中体验到知识的活力与趣味。

智慧黑板堪称教学的 AI 助手，通过智能笔与之结合，教师可以在课堂上自然交互。无论是数字化板书的方式，还是为老师的书写习惯提供智能推荐，智慧黑板均能出色适应。不同于传统黑板，智慧黑板能够为学生提供更为直观的知识展示，通过分屏讲解，使课堂变得更加流畅和高效。此外，虚拟人与学生实时对话的功能，不仅可以进行语言评测，还可以引导学生参与课间活动，真正实现"五育并举"的教育目标。

#### 6. 智慧金融

在金融领域，人工智能技术同样展现出了巨大的潜力。通过大数据分析，人工智能能够精准评估潜在风险，提高风险管理的效率与准确性。例如，通过分析借款人的信用记录和行为模式，人工智能能更准确地预测还款能力，帮助金融机构控制信贷风险。同时，人工智能被广泛应用于金融欺诈检测，通过分析交易记录，及时发现并预警异常交易行为，保护用户资产安全。此外，人工智能驱动的智能投顾能够根据用户的财务状况和投资目标，提供个性化的投资建议和资产配置方案。

7. 其他领域

除了上述领域，人工智能技术还被广泛应用于智能家居、物流、安防等领域。在智能家居领域，人工智能技术通过智能硬件、软件系统、云计算平台构成一套完整的家居生态圈，为用户提供更加便捷、安全、节能的生活体验。在物流领域，人工智能通过大数据分析和预测技术，能够精准预测需求变化，优化仓储与运输路线，降低物流成本，提高客户满意度。在安防领域，人工智能通过实时监测和识别潜在威胁行为，保护个人、家庭以及社区的安全。

## 本章小结

本章主要学习了管理信息系统的前沿技术。通过本章的学习，学生对大数据、云计算、区块链、人工智能的概念及关键技术有了全面的了解；能够更深刻理解大数据、云计算、区块链、人工智能的应用；并能够掌握大数据的主要特征和数据类型，云计算的主要特点及服务模式，区块链的主要特征。

## 本章重要概念

大数据　结构化数据　非结构化数据　半结构化数据　云计算　IaaS　PaaS　SaaS　区块链　公有链　联盟链　私有链　人工智能

## 本章练习

二维码3-7
本章练习

二维码3-8
本章练习
参考答案

# 第四章　企业资源计划

> 内容提要
> 重点难点
> 学习目标
> 知识框架
> 思政育人
> 第一节　企业资源计划的发展历程和核心思想
> 第二节　企业资源计划系统的基本结构
> 第三节　企业资源计划系统的新发展
> 第四节　企业资源计划系统的实施与应用
> 本章小结
> 本章重要概念
> 本章练习

### 内容提要

本章主要介绍了企业资源计划的发展历程；企业资源计划系统的主要结构模块；企业资源计划系统的发展趋势和企业资源计划的实施过程和应用。

### 重点难点

本章重点为企业资源计划各个阶段的基本思想和工作原理；难点为理解企业资源计划系统的新发展。

### 学习目标

通过本章的学习,学生应理解企业资源计划的概念与思想；理解企业资源计划的各个发展阶段；掌握企业资源计划系统的基本结构模块；了解企业资源计划系统在企业中的实施和应用。

## 知识框架

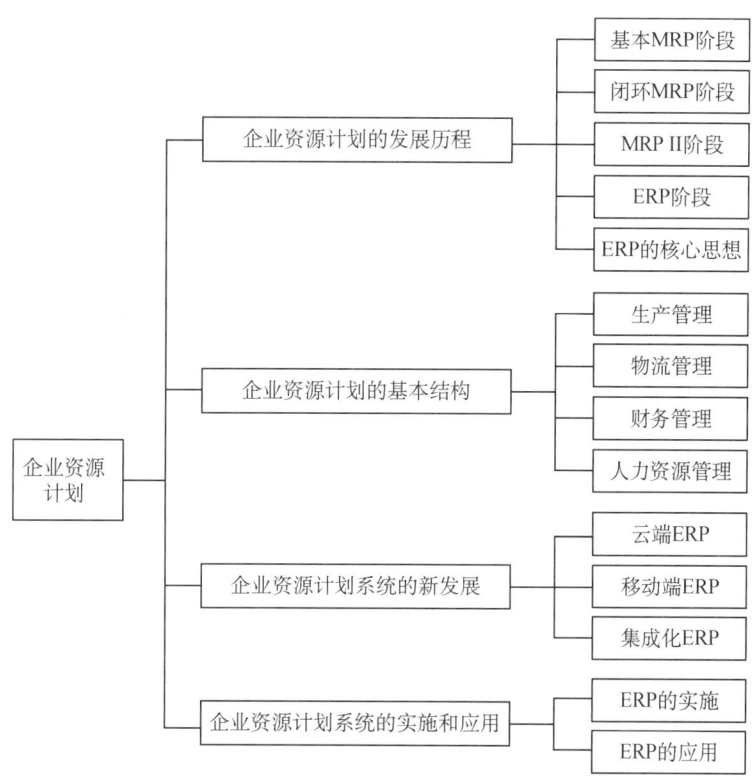

 **思政育人　突出重围！　华为自研 MetaERP 成功发布**

大渡桥横铁索寒。因两岸陡峭、水流湍急,难以摆渡和架桥,大渡河自古被称为天堑。

2019年5月,美国一纸制裁令,将一条新的"IT 大渡河"横亘在华为面前,那便是 ERP 系统的断供停服。当时,美国公司在制裁令背景下中断和华为一切合作,让华为在170多个国家和地区的业务处在停摆的风险中。

没有退路就是胜利之路。华为决定放手一搏,做一套技术全线自研的 ERP 系统,替换掉已经使用20多年的甲骨文 ERP。站在中国软件产业的历史难题前,华为研发团队笃定没有完不成的任务,没有克服不了的困难,毅然踏上星光下的征程。

2022年7月,华为自研 MetaERP 成功在中国区上线。大约1年后,华为全球200多家子公司全部顺利切换 MetaERP,这意味着华为主要业务突破封锁,完成了"强渡大渡河"的奇迹。

MetaERP 的成功,不只是华为一家企业的胜利,也是中国软件产业的共同胜利。在 MetaERP 替换的全过程中,正是合作伙伴全力调动资源,与华为项目组成员一道攻坚技术难题,把华为30多年管理实践落实到这套系统中,一起构建了先进的工程方法和丰富的业务应用。

更打动人心的是,无数自称平凡的华为员工,在研发历程中创造了奇迹。他们都怀揣着最朴素的情怀,彻底突破封锁,打造中国自己的高端 ERP 系统,实现 IT 系统和数据的自由。

一群平凡的人,完成了最不平凡的事业。MetaERP 的成功,不仅击碎了华为头顶的"达摩克利斯之剑",保障了业务连续,更鼓舞了中国软件产业的信心,也是对世界的一个有力证明:技术都是人干出来的,封锁是封不住的。让技术造福全人类,才是技术最好的归宿。

【思政寄语】

党的二十大报告强调,要加快构建新发展格局,着力推动高质量发展。华为面对"ERP 系统断供停服"

的挑战成功研发的MetaERP,正是这一战略部署在科技领域的生动实践。它告诉我们,在全球化和信息化的浪潮中,个人与集体、企业乃至国家都必须紧跟时代步伐,勇于创新,不断优化资源配置,提升核心竞争力。我们要立足本职,胸怀大局,将个人的成长融入国家发展的洪流之中。我们要像华为那样,面对外部压力和挑战,坚持自主创新,以国家需求为导向,不断提升自身的科技实力和国际竞争力。同时,我们还要深刻认识到,技术的突破不仅依赖于个人的努力,更需要团队的协作与共同奋斗,只有这样才能在激烈的国际竞争中实现真正的自我超越,推动中国科技的持续发展。

资料来源:吕栋. 没有退路,华为MetaERP是如何突围的?[EB/OL]. (2024-08-26) [2024-08-29]. https://www.163.com/dy/article/JAHU3LCC051481US.html.

## 第一节 企业资源计划的发展历程和核心思想

企业经营的核心宗旨在于盈利。为了达成这一目标,企业必须对其所掌握的资源——无论是财务、物资、信息、时间还是空间——进行周密的规划与高效管理。其目标是通过最小化的投入、最短的生产周期、最优质的产品,满足客户需求,从而实现最佳的经济效益。

企业资源计划(ERP),是企业在面对产品日益复杂、市场竞争日趋激烈以及信息全球化快速发展的挑战中,逐步形成的一种先进管理理念。它代表了企业迈向现代化管理的科学方法。ERP的演进历程大致可分为四个阶段:基本MRP阶段、闭环MRP阶段、MRP Ⅱ阶段和ERR阶段。

### 一、基本MRP阶段

为确保生产流程的顺畅,企业往往储备一定库存,但这会占用关键的流动资金。20世纪40年代,西方经济学家深入探究了库存物料随时间变化的使用和消耗规律,从而发展出一种依托安全库存的订货点法,以精准调控库存。该方法的核心在于维持库存不低于安全阈值,确保供应的连续性。

随着物料的逐渐消耗,库存水平逐步下降。当库存量降至一个关键点——剩余库存(扣除安全库存后)恰好能覆盖订货周期时,便触发新的订单以补充库存,这个点被称为订货点,订货点法示意如图4-1所示。

在需求保持恒定的情况下,订货点可以设定为一个固定值。然而,若需求增速,订货点仍保持不变,安全库存则可能会被耗尽。因此,为了维持安全库存水平,就需要增加订货量以补充消耗。若不增加订货量而希望避免消耗安全库存,就必须提升订货点。由此可见,订货点并非一成不变,而是随着消费速率的波动而调整。

对于那些需求波动较大的物料,由于订货点会随着消费速度的变化而变化,设定一个固定的订货点变得不现实。订货点法更适合于需求稳定、消耗均匀的情况,例如,生产日常消费品。

此外,该方法受限于多种条件,无法准确反映物料的实际需求。为了更稳妥的满足生产需求,企业可能会不断提高订货点,导致库存积压,资金占用增加,产品成本上升,最终削弱企业的竞争力。

随着市场动态的演变和产品结构的日益复杂,传统的订货点法难以满足现代企业管理的精细化需求。在20世纪60年代,IBM公司的管理专家约夫·奥得佛博士通过对产品结构的深入分析,首次提出了独立需求与相关需求的概念,并在此基础上,开创性地提出了物料需求计划

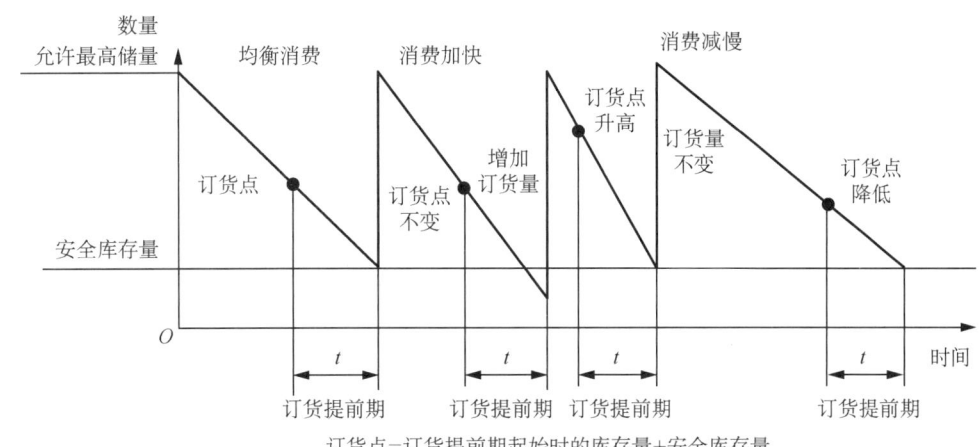

图 4-1 订货点法示意

(material reguirement plam，MRP)。这一理论在传统库存管理方法的基础上引入了时间分段和物料清单(bill of materials，BOM)，有效解决了库存管理和生产控制中的诸多难题，确保了物料的及时、适量供应。

在制造企业的生产流程中，原材料先被加工成毛坯，然后毛坯被进一步加工成零件，零件再组装成部件，最终将这些部件和零件装配成产品。为了满足特定的交货时间并提供不同数量的产品，必须提前规划好各个阶段的加工和准备时间。物料，作为生产过程中不可或缺的元素，是指为了产品销售出厂，需要列入计划、控制库存、控制成本的一切不可缺少物的统称。物料不仅包括原材料和零件，还涵盖了配套件、毛坯、在制品、半成品、成品、包装材料、产品说明书，以及工艺装备、工具、能源等。物料需求根据其来源可分为独立需求件和相关需求件。独立需求件的需求量和需求时间通常由企业外部的需求来决定，如客户订购的产品或科研试制所需的样品等。而相关需求件则是指根据物料之间的结构组成关系由独立需求的物料所产生的需求，即由出厂产品决定需要的各种加工和采购料，如半成品、零部件、原材料等。

MRP 的核心在于，物料的订货量是基于独立需求和相关需求来确定的。独立需求是相关需求的基础，而相关需求则需考虑产品结构中物料需求量的相互关系。产品结构的复杂性直接影响到物料需求的计算，从飞机、火箭、汽车等复杂产品的成千上万个零部件，到桌子、圆珠笔等简单产品的少量部件，都需要通过结构图来明确其组成、装配关系和数量要求。以圆珠笔为例，其结构图(图 4-2)详细列出了构成成品的所有部件、组件、零件的组成和数量要求，为 MRP 的产品拆解提供了基础。

我们可以看到，顶层代表的是出厂产品，即独立需求件，它的生产量是由销售订单决定的，这是市场销售部门的职责；底层则是原材料或配套件的采购，属于物资供应部门的工作；中间层是生产部门负责的加工制造件。产品结构图将制造业的三个关键环节——生产、供应和销售——紧密联系起来。它清晰地展示了物料在产品层级中的隶属关系和数量关系，有效预防了物料短缺的问题。但目前，它还未涉及如何实现库存不积压的目标。

图 4-2 所示的圆珠笔结构图是 MRP 中的关键文档。它详细列出了产品的所有组成部分，包括原材料、部件、子组件等，以及它们之间的关系和数量，是 MRP 系统运行的基础。为了计算机能够识别和处理，可以将其转换为标准化的数据格式(表 4-1)，即物料清单。

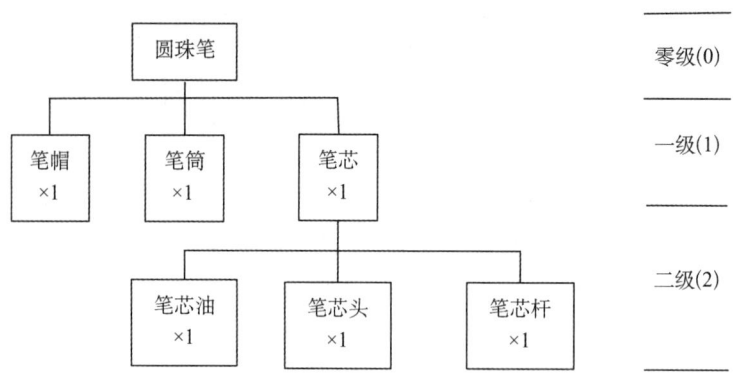

图 4-2　圆珠笔的结构图

表 4-1　　　　　　　　　　　　　圆珠笔的物料清单

| 层次 | 母件代码 | 子件代码 | 子件名称 | 计量单位 | 数量 |
| --- | --- | --- | --- | --- | --- |
| 0 |  | P01 | 圆珠笔 | 支 | 1 |
| 1 | P01 | M01 | 笔帽 | 个 | 1 |
| 1 | P01 | T01 | 笔筒 | 个 | 1 |
| 1 | P01 | X01 | 笔芯 | 支 | 1 |
| 2 | X01 | XY02 | 笔芯油 | 毫升 | 1 |
| 2 | X01 | XY03 | 笔芯头 | 个 | 1 |
| 2 | X01 | XY04 | 笔芯杆 | 个 | 1 |

　　MRP 系统的逻辑结构可以通过图 4-3 中的简化逻辑流程图来展示。在这个流程中，独立需求的物料由主生产计划（Master Production Schedule，MPS）来确定，而相关需求的物料则是基于 MPS 的需求、物料清单（BOM）以及库存数据，通过一系列逻辑计算来确定的。

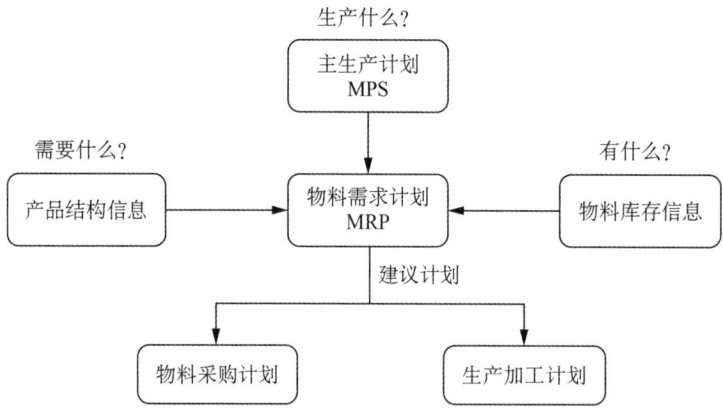

图 4-3　MRP 逻辑流程图

　　MRP 的核心理念在于，基于已知的主生产计划（这一计划综合了客户订单和市场预测），利用产品结构信息或物料清单（BOM）以及库存数据，制订各个时间段内各种物料的生产和采购计划。MRP 的发展从订货点法演变而来，有效解决了库存控制的挑战。在 MRP 的初级阶段，它实现了物料信息的整合，使企业能够通过计算机系统完成物料需求的规划。

这一技术进步不仅解决了物料供需之间的矛盾,还确保了物料既不会过剩积压,也不会出现短缺,从而适应了生产过程中的各种变化需求。

## 二、闭环 MRP 阶段

在 MRP 的初期阶段,系统主要关注产品结构和库存信息,但实际生产环境是动态变化的。企业的制造工艺、生产设备和规模都在不断发展,同时,能源供应、社会福利待遇等外部社会因素也会对生产产生影响。这些变化可能导致基于基本 MRP 制订的采购计划因供货或运输能力的限制而无法确保物料的及时供应。此外,如果生产计划没有充分考虑生产线的实际能力,执行时可能会出现偏差,从而影响计划的执行力度。

因此,仅依赖基本 MRP 原理制订的生产和采购计划可能不切实际,因为这种信息流是单向的,与全面的管理理念不符。随着 MRP 的广泛应用和实践,到了 20 世纪 80 年代初,MRP 系统开始整合生产能力计划、车间作业计划和采购作业计划,形成了具有反馈机制的闭环系统,标志着闭环 MRP 理论的诞生。这一进步使 MRP 系统能够更全面地考虑生产过程中的各种因素,提高了计划的可行性和有效性。

闭环 MRP 理论强调,主生产计划(MPS)和物料需求计划(MRP)必须是切实可行的。这意味着在制订这些计划时,必须考虑生产能力的限制,或者制订相应的能力需求计划。只有在确保生产能力满足需求的前提下,物料需求计划的执行和实现才能得到保障。闭环 MRP 的逻辑流程如图 4-4 所示。

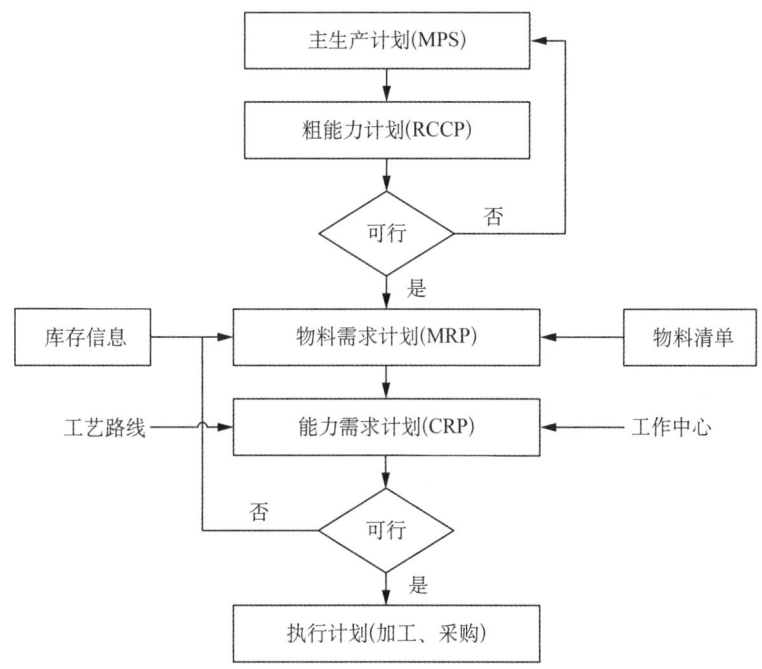

图 4-4 闭环 MRP 逻辑流程图

在闭环 MRP 系统中,主生产计划(MPS)作为反映市场需求和合同订单的关键,必须在企业生产能力允许的范围内制定。为此,先需要对关键资源的能力和负荷进行评估,建立粗能力计划(Rough Cut Capacity Planning,RCCP)。RCCP 的焦点在于独立需求件,它直接支持主生产计划的制订。只有当 RCCP 满足 MPS 的基本要求时,才能依据 MPS、库存信息和物料清单(BOM)等数据,进一步制定物料需求计划(MRP)。

MRP 的制订还需与能力需求计划(Capacity Requirement Planning,CRP)相协调。CRP 基于产品的生产工艺路线和各工作中心的工序能力数据,对全部工作中心的负荷进行平衡。它的关注点是相关需求件,主要服务于车间层面。只有在确保了资源和能力均能满足负荷需求,并采取了必要的措施之后,计划才能被执行。这样的闭环系统确保了计划的可行性和生产流程的顺畅。

### 三、MRP Ⅱ 阶段

闭环 MRP 系统虽然在生产计划控制方面较为完善,但它主要关注的是物流过程,忽视了资金的流动。在产品从原材料到成品的整个生产过程中,企业资金的流动不可避免,事实上,资金的运作对生产运作有重要的影响,例如,即使制订了采购计划,如果企业资金不足,也可能导致无法按时完成采购,进而影响整个生产计划的执行。

为了解决这一问题,1977 年 9 月,美国生产管理专家奥列弗·怀特提出了制造资源计划(Manufacturing Resource Planning,MRP Ⅱ)的概念。MRP Ⅱ 是一套针对制造业企业资源进行有效计划的方法,它将企业视为一个有机整体,从整体最优的角度出发,通过科学的方法对企业的制造资源以及生产、供应、销售、财务等各个环节进行有效的计划、组织和控制,以实现协调发展并充分发挥各环节的作用。MRP Ⅱ 的逻辑流程图如图 4-5 所示。

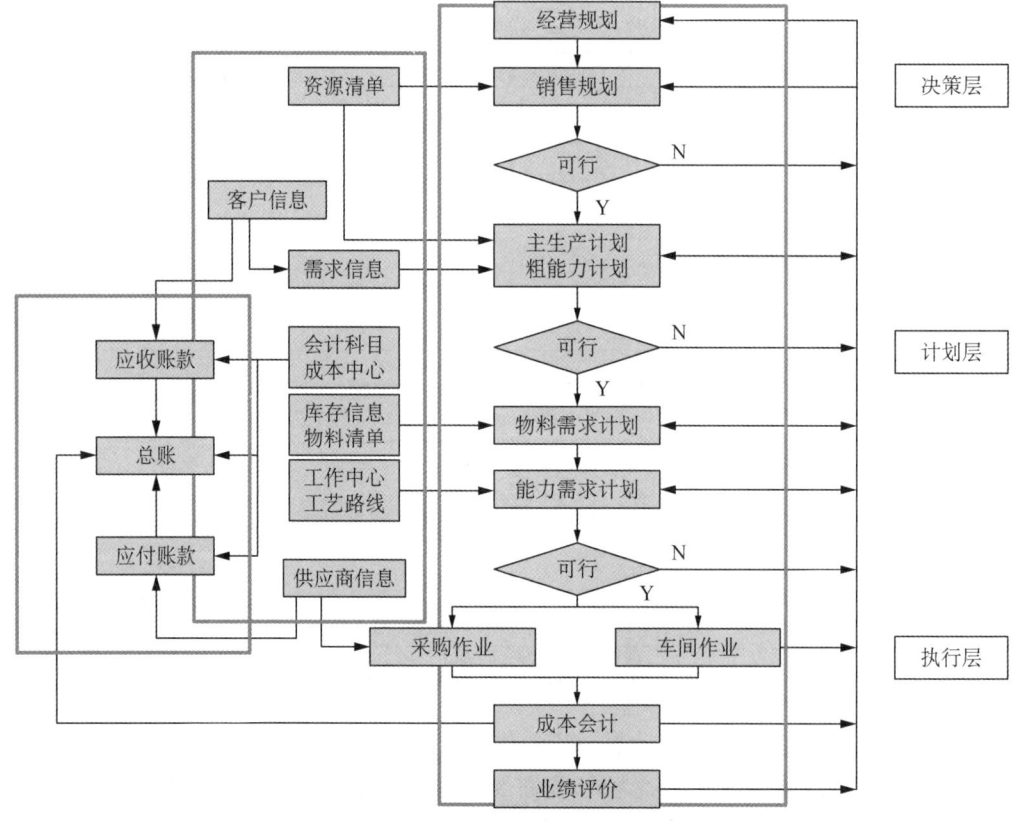

图 4-5　MRP Ⅱ 的逻辑流程图

MRP Ⅱ在闭环MRP的基础上进一步扩展,将财务管理功能整合进来,形成了以计算机为核心的企业闭环管理系统。这个系统能够动态监控生产、供应、销售等全部生产过程,如图4-5所示,右侧展示了计划与控制的流程,它涵盖了决策层、计划层和执行层,这可以被视为经营计划管理的流程。中间部分是基础数据,这些数据存储在计算机系统的数据库中,并被反复调用。这些数据信息的集成,将企业各个部门的业务流程紧密连接起来,构成了计算机数据库系统的核心。左侧则展示了主要的财务系统,包括应收账款、总账和应付账款等模块。图中的连线清晰地标示了信息的流向以及各系统间的集成关系。

MRP Ⅱ作为一个完整的生产经营管理计划体系,为制造业企业提供了一个有效的整体效益管理模式。它通过周密的计划,能够高效地平衡企业资源,控制库存资金的占用,缩短生产周期,并降低生产成本,从而提升企业的运营效率和市场竞争力。

 **延伸阅读**

**MRP Ⅱ的应用**

自20世纪80年代起,MRP Ⅱ理论在企业界得到了广泛应用,为制造业带来了显著的经济效益。在美国,超过80%的大型企业、50%的中型企业以及30%以上的小型企业都已安装了MRP Ⅱ系统。德国的情况更为突出,95%以上的大中型企业都已采用计算机系统。在英国,80%的制造业实现了计算机化管理,而法国的机械制造业中,有76%的企业已经应用了计算机管理。在中国,1981年,沈阳鼓风机厂率先引进了IBM公司的COPICS系统,标志着MRP Ⅱ在中国的应用开端。根据研究,采用MRP Ⅱ后,企业通常可以实现库存资金降低15%~40%,资金周转次数提高50%~200%,短缺件减少60%~80%,劳动生产率提高5%~15%,成本下降7%~12%等显著经济效益。这些数据和实例表明,MRP Ⅱ理论在全球范围内得到了广泛认可和应用,成为推动制造业发展的重要力量。

资料来源:mingdaoit. MRPII-制造资源计划(Manufacturing Resources Planning)[EB/OL]. (2009-12-02)[2024-11-25]. https://blog.csdn.net/mingdaoit/article/details/4922455.

## 四、ERP阶段

在20世纪90年代初,随着全球市场的兴起,MRP Ⅱ(制造资源计划)的局限性开始显现。其局限性主要表现在:一是企业竞争的全球化趋势要求企业在各个层面加强管理,并实现更高级别的信息化集成。这不仅仅是对制造资源的集成,而是对企业整体资源的全面管理。二是企业规模的扩大,特别是全球范围内的兼并和联合,催生了大型企业集团。这些集团需要在集团内部和集团之间进行有效的协同和资源调配,这超出了MRP Ⅱ的管理能力。三是信息全球化的趋势要求企业加强信息交流和共享。企业既是竞争对手,也是合作伙伴,信息管理的范畴已经扩展到供应链管理,这是MRP Ⅱ所无法解决的。可见,原本专注于企业内部信息集成的MRP Ⅱ系统,已难以满足企业对全球市场快速变化的敏感度和响应能力。企业迫切需要一种新的系统,能够整合"前端办公室"(市场与客户)和"后端办公室"(供应商)的信息资源,以实现更全面的管理。

1990年,美国Gartner Group在其报告《ERP:下一代MRP Ⅱ的远景设想》中首次提出了ERP(企业资源计划)的概念。ERP的核心思想是超越企业内部的局限,将信息集成的范围扩展到企业的上下游,管理整个供应链,实现供需链的制造。

ERP理论与系统是对MRP Ⅱ的继承和发展。MRP Ⅱ的核心是物流,以计划为主线,

二维码4-1
ERP简介

同时伴随着物流的资金流和信息流。而ERP则将管理的重心转移到财务上,贯穿企业经营运作的全过程,强调财务成本控制。ERP不仅扩展了企业的信息渠道,包括人力资源、产品研制、服务等,实现了企业全部信息的集成,而且将管理信息系统拓展到企业外部,实现了供应商和客户资源的信息集成。ERP的应用不仅适用于制造业,还扩展到了金融、商业、教育等多个行业,实现了产业化的全社会覆盖。ERP展现出的是一个开放的信息集成态势,适应了世界经济一体化的要求,满足了全球化市场变化的新发展。ERP试图应对经济全球化环境挑战,为企业提升竞争力提供解决方案。

## 五、ERP的核心思想

ERP系统作为现代企业管理思想的数字化体现,融合了众多前沿理念与方法,其核心管理思想主要聚焦于三个关键领域。

### (一)供需链资源的全面管理思想

在当今的商业竞争中,企业间的较量已演变为供应链的较量。企业不仅要依靠内部资源,还需将供应商、制造工厂、分销网络、客户等纳入一个紧密的供应链体系中,以获得市场竞争优势。ERP系统正是为满足这一需求而生,它实现了对整个企业供需链的高效管理。

### (二)精益生产、同步工程与敏捷制造的融合思想

ERP系统支持混合型生产方式,其管理思想体现在精益生产(Lean Production)和敏捷制造(Agile Manufacturing)两个方面。精益生产强调与客户、销售代理商、供应商建立利益共享的合作伙伴关系,形成供应链。敏捷制造则在市场新机遇出现时,快速组织特定供应商和销售渠道,形成"虚拟工厂",运用同步工程迅速响应市场,保持产品的高质量和灵活性。

### (三)体现事先计划与事中控制的思想

企业管理的核心在于计划与控制。ERP系统通过主生产计划(MPS)、物料需求计划(MRP)、能力需求计划(CRP)等核心计划,以及预算、资金计划、销售计划等,实现了对企业资源的优化整合。它不仅关注物料供需的计划与平衡,还通过MRP Ⅱ将管理会计概念融入,实现物料信息与资金信息的集成,提升了企业的经营效益。

在ERP系统中,计划、平衡与控制的理念贯穿始终。MRP作为系统的核心,实现了物料信息的集成,通过统一的计划指导,协调销售、制造、采购等环节,确保物料供需的平衡。MRP Ⅱ进一步将财务资金现状与相关业务活动相结合,实现了资金流与物流的同步记录,便于实时决策。

ERP系统在MRP Ⅱ的基础上进一步拓展,形成了一个包含主生产计划、物流需求计划、能力计划、采购计划、销售执行计划、利润计划、财务预算和人力资源计划等在内的完善计划体系。同时,通过事务处理自动生成会计核算分录,确保了资金流与物流的一致性,为企业的实时控制和决策提供了有力支持。

> **相关思考**
>
> ERP和MRP Ⅱ的区别
>
> 在管理学领域,ERP(企业资源计划)和MRP Ⅱ(制造资源计划)是两个重要的概念,它们在帮助企业优化资源配置和提高运营效率方面发挥着关键作用。ERP和MRP Ⅱ有什么区别呢?
>
> 从资源管理范围来看,MRP Ⅱ主要聚焦于制造企业的生产资源,如物料需求计划、生产排程和库存控

制。它通过精确计算物料需求和生产时间,以确保生产流程的顺畅。而 ERP 系统则将视野扩展到了整个企业的内外部资源,不仅包括生产资源,还涵盖了财务、人力资源、供应链管理等其他资源,实现了资源的全面规划和管理。

在生产方式管理方面,MRP Ⅱ 采用的是推动式生产方式,即根据销售预测和订单来安排生产,这种方式在需求相对稳定的情况下效果显著。然而,ERP 系统则支持更灵活的生产方式,包括推动式和拉动式生产,能够根据市场需求的实时变化来调整生产计划,提高了生产的灵活性和响应速度。

在管理功能方面,MRP Ⅱ 主要提供了生产计划、库存控制和车间管理等功能,帮助企业优化生产流程。而 ERP 系统则在此基础上增加了财务管理、人力资源管理、客户关系管理、供应链管理等模块,实现了企业内部各个部门和业务流程的集成,提供了更为全面的管理功能。

在事务处理控制方面,MRP Ⅱ 在事务处理上更注重生产计划的执行和控制,对其他业务流程的控制相对较弱。相比之下,ERP 系统提供了更为全面的事务处理控制机制,包括财务、人力资源、供应链等各个业务流程的实时监控和控制,提高了企业的决策效率和准确性。

在跨国(或地区)经营事务处理方面,MRP Ⅱ 通常只适用于单一地点或单一国家的企业管理,对跨国经营的支持有限。而 ERP 系统则支持多语言、多货币、多税制等跨国经营的需求,能够适应不同国家和地区的法律法规和商业习惯,为跨国企业提供了强有力的支持。

最后,在计算机信息处理技术方面,MRP Ⅱ 系统通常是基于集中式数据库的,信息共享和处理能力有限。ERP 系统则采用了更先进的信息技术,如互联网、云计算、大数据分析等,提高了信息处理的效率和准确性,实现了企业内部和外部的信息共享和协同工作。

## 第二节 企业资源计划系统的基本结构

企业资源计划作为现代企业信息管理的核心,是在 MRP 和 MRP Ⅱ 的基础上经过不断的改进与完善而发展起来的新系统。它满足了企业在现代化外部环境下对信息管理的需求。尽管企业资源计划在基本架构和逻辑上与 MRP Ⅱ 保持了一致,但其功能已经显著扩展。企业资源计划不仅继续以制造过程为核心,体现制造的通用模式,而且已经从单一的制造中心扩展到了更广泛的领域。在内部,企业资源计划推动采用精益生产方法来优化企业的生产管理系统;在外部,它增加了战略决策和供应链管理等关键功能。这种扩展使企业资源计划系统能够更全面地支持企业在多变的市场环境中的运营和管理。

简而言之,企业资源计划系统是企业资源的整合者,它以一体化的方式统筹管理企业的四大流动要素:物流、人流、资金流和信息流。这一管理系统的适用范围不仅限于生产型企业,它同样适用于众多非生产型组织,包括各类公共和商业性质的企事业单位。

以一个典型的生产制造企业为例,其企业资源计划系统的传统基本结构主要涵盖三个关键领域:①生产管理,包括计划与制造的全过程;②物流管理,包括分销、采购、库存控制和质量管理等环节;③财务管理,包括会计核算和财务规划。这三大模块并非孤立存在,而是通过精心设计的接口相互连接,形成一个协调一致的管理体系,共同支撑企业的运营。

随着人力资源管理在企业战略中的地位日益凸显,众多 ERP 解决方案提供商也开始将人力资源管理纳入企业资源计划系统的关键组成部分,如图 4-6 所示。企业资源计划系统的模块构成揭示了其全面的覆盖范围和深邃的功能深度,体现了企业资源计划系统在企业管理中的深远影响和核心价值。

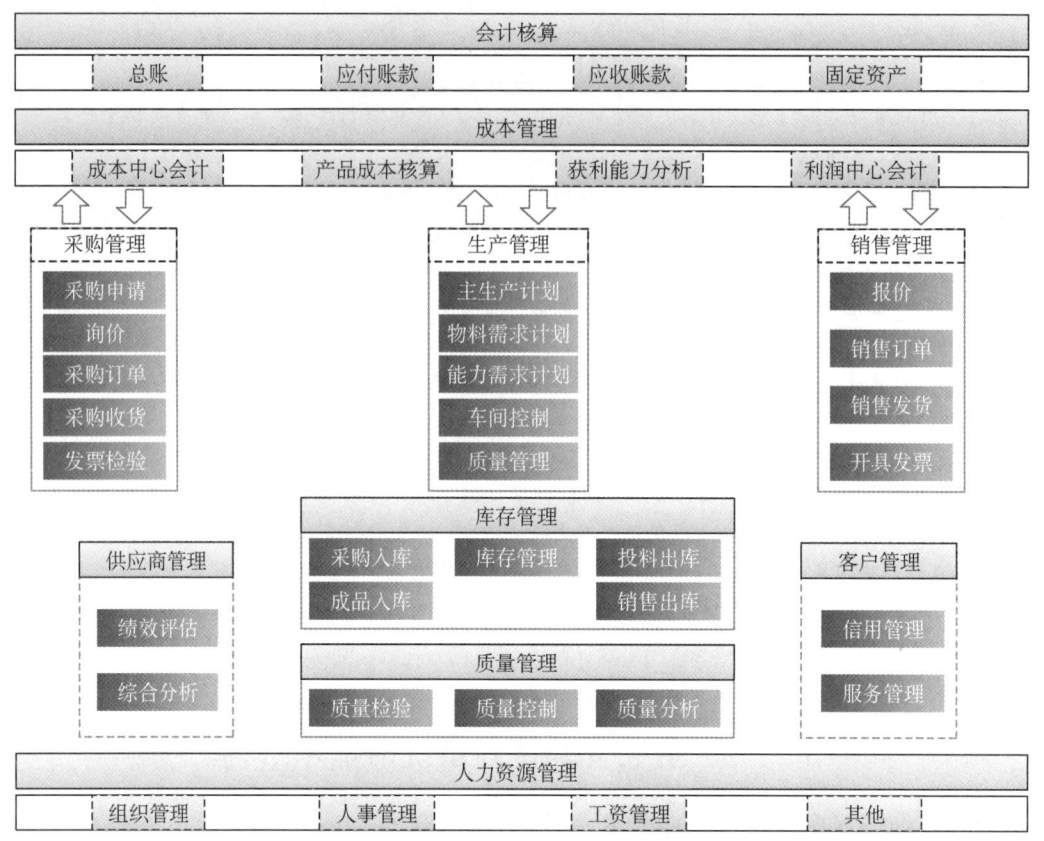

图 4-6 企业资源计划系统的基本结构图

## 一、生产管理

生产管理是 ERP 系统的"心脏",它将整个生产流程紧密地编织在一起,巧妙地将原本分散的生产环节自动化地串联起来,确保了生产流程的连续性和流畅性,从而避免了生产中断和交货延迟的问题。生产管理与控制是一种以计划为核心的生产和管理模式。企业首先制订一个总体的生产计划,然后通过细致的分解,将计划逐层下达至各个部门执行。生产部门依据这个计划进行生产活动,采购部门也根据这个计划进行物资采购。这种以计划为导向的方法,确保了生产活动的有序进行和资源的合理配置,从而提高了生产效率和企业的响应速度。

### (一) 主生产计划

主生产计划(master production schedule,MPS)将宏观的生产目标细化为具体的产品计划,它在平衡物料供应和设备能力后,制订出具体到时间和数量的详细计划。这一计划依据客户订单、市场预测和生产计划,精心安排未来各周期内的产品种类与数量,为企业在特定时期内的活动提供总体指导。通过这一计划,企业能够确保生产活动与市场需求的精准对接,实现高效的生产运作和资源的最优配置。

### (二) 物料需求计划

在 MPS 确定了最终产品的生产量之后,MRP 便依据产品的物料清单,将计划生产的产品数量转换为所需的物料量。接着,对照现有的库存水平,精确计算出为满足生产需求还需加工和采购的物料数量。这一过程确保了生产过程中物料的及时供应,避免了资源的浪费,同时也提高了生产效率。通过精确计算和规划,企业能够确保生产活动与物料需求之间的协调一致,为高效的生产运作提供了坚实的基础。

### (三) 能力需求计划

能力需求计划(Capacity Requirements Planning,CRP)是在物料需求计划(MRP)初步制订之后,对企业所有工作中心的负荷能力进行细致平衡,从而得出的详细工作计划。CRP的目的是确保所生成的物料需求计划与企业的生产能力相匹配,以确定这些需求是否在生产能力可承受的范围内。作为一种短期且实际应用的计划工具,CRP专注于评估和调整生产计划,以适应现有的生产资源和能力。通过这一过程,企业能够确保生产计划的可行性,避免因生产能力不足而导致的延误或成本增加。CRP的实施有助于企业更精确地规划生产活动,优化资源分配,提高生产效率。

### (四) 车间控制

车间控制属于计划的执行层面。它的核心职能在于忠实地执行既定计划,而无权对计划本身进行修改。因此,MRP Ⅱ体系对于车间作业采用"控制"而非"计划"的术语,以明确其执行性质。

车间控制是一种动态的、随时间变化而调整的计划。它涉及将作业任务分配到具体的车间,并在此基础上进行作业的排序、管理和监控。通过这一过程,车间控制确保了生产活动按照既定计划有序进行,同时对生产过程中可能出现的偏差进行及时调整,以保障生产效率和产品质量。这种对车间作业的细致控制,是实现生产计划顺利执行的关键环节。

### (五) 生产标准

在编制生产计划时,需要依赖一系列基础的生产信息,这些信息构成了制造的标准,包括物料清单、零件代码、工艺路线和工作中心等,它们都可以通过ERP系统中的唯一代码进行识别。

物料清单是一种技术文件,它定义了产品结构,是编制各种生产计划的基础。零件代码则是为每一种物料分配的唯一标识符,它使得物料的识别与管理变得高效而准确。工艺路线详细描述了产品的加工步骤和生产装配的操作顺序,包括工序的顺序、额定工时,以及所需的加工设备、工具和资源。工作中心则是由相同或相似的机器设备或人员组成的单元,它用于安排生产进度、核算生产能力以及计算成本等关键任务。这些制造标准是ERP系统运行的基石,它们确保了生产信息的准确性和一致性,从而支持了生产计划的有效制定和执行。

### (六) 质量管理

阿曼德·费根堡姆(Armand Feigenbaum)提出,质量管理是一套旨在经济高效地满足顾客需求的综合性体系。它涵盖了市场研究、设计、制造以及售后服务等环节,将企业内各部门在质量的研发、维护和提升方面的努力融为一体。在ERP系统中,质量管理模块的作用不仅限于监控生产过程中的质量,还涉及对采购环节中供应商货物的质量检验。生产结束后,该模块进一步确保产品质量得到严格控制。

此外,质量管理还包含了批次管理,这一功能通过系统化地跟踪和管理批次,精确地规划和控制产品质量。批次跟踪的灵活性使得企业能够根据客户的特定需求和技术指标,分配最为合适的产品批次,从而提升客户满意度和产品质量的一致性。

## 二、物流管理

物流管理主要包括销售管理、采购管理与库存管理。

### (一)销售管理

销售管理是企业把握市场"脉搏"、提升业绩的关键环节。它始于销售计划的制订,涉及对销售产品、地区、客户等关键信息的细致管理与统计,并能对销售量、收入、利润、绩效和客户服务进行深入分析。这一模块主要包含以下三大功能。

1. 客户管理

企业通过建立详尽的客户信息档案,实现分类管理,提供定制化服务,旨在高效维护老客户关系,积极拓展新客户群体。

2. 销售订单管理

在制造行业,销售订单是企业资源规划(ERP)系统的起点,它触发整个生产计划的制订和执行。销售订单的管理是贯穿产品制造全过程的关键环节,涵盖了从客户信用审核与查询、产品库存查询、产品报价,到订单的输入、变更、跟踪,以及交货期的确认和发货处理等多个方面。这一流程不仅确保了订单的准确性和及时性,还有助于企业优化资源配置,提高生产效率,最终实现客户满意度的提升。通过精细化的销售订单管理,企业能够更好地控制生产流程,应对市场变化,在激烈的市场竞争中保持领先地位。

3. 销售统计与分析

在销售订单圆满执行之后,采用一系列细致的指标进行深入的统计分析,以此全面评估销售活动的成效。如通过客户分类统计,识别对销售贡献最大的客户群体,了解他们的购买偏好,并据此优化销售策略以更好地满足客户的需求。而通过销售代理的分类统计则可以更好的评估各个代理的业绩,识别出表现优异的个体,并从中汲取成功的销售策略。这种基于数据的评估方法,提供了宝贵的反馈,帮助企业不断调整和优化销售策略,实现更高效的市场渗透和更稳健的业务增长。

### (二)采购管理

采购管理包括采购订单管理、供应商管理和采购统计与分析。

1. 采购订单管理

采购订单管理不仅为生产计划提供关键的交货和市场供应信息,还精确地控制着采购物料从请购到收货、检验、入库的每一个环节。在货物接收时,系统会自动执行采购订单的检查,确保流程的准确性和合规性。通过维护采购订单,企业不仅能够跟踪采购合同,合理安排供应商的交货进度,还能对采购活动的效率进行评估,实现需求目标,从而提升采购流程的效率,降低采购成本,为企业在市场竞争中赢得成本优势。

2. 供应商管理

在现代供应链管理中,建立详尽的供应商档案是优化库存成本和提高采购效益的基础。通过不断更新成本信息,企业能够灵活调整库存成本,确保资源的合理配置。同时,通过与供应商进行有效的谈判和报价管理,企业能够实施价格控制,从而在激烈的市场竞争中获得最佳效益。对供应商和采购部门绩效的持续评估,不仅有助于识别采购流程中的潜在改进点,还能促进应付账款、收货和成本核算等部门之间的信息共享和沟通。这种跨部门的信息流通确保了企业各个环节能够及时反映并响应市场变化,从而实现整个供应链的协同和效率提升。

  3. 采购统计与分析

为供应链提供准确的订购和验收信息,不仅能够确保外购或委外加工物料的及时跟踪和催促,还保障了货物的准时到达。企业通过这些措施,能够维持合理的采购成本,同时保证物料的高质量,为企业的高效运作和持续发展打下坚实基础。

**(三) 库存管理**

库存管理的关键作用在于精确控制物料存量,以最低的流动资金维持正常生产。该模块能够实时监控库存状况,灵活调整库存水平,并进行即时控制,从而在确保生产连续性的同时,优化资金使用,提高企业对市场变化的适应性。

## 三、财务管理

在企业运营中,财务管理构成了ERP系统不可或缺的一环。ERP系统中的财务管理通常涵盖会计核算与成本管理两大领域。会计核算作为财务管理的基石,负责记录和报告财务信息。而成本管理则在会计核算的基础上,通过分析数据来进行预测、决策和控制,从而实现资源的优化配置和成本的有效控制。这两者相辅相成,共同确保了企业财务的稳健运行和战略决策的科学性。

**(一) 会计核算**

会计核算是企业财务的核心,它负责记录、核算、反映和分析资金在企业经济活动中的流动及其结果。它由总账、应收账款、应付账款、固定资产、工资核算等部分构成。

1. 总账

总账是企业会计核算的中枢,负责汇总和记录所有财务交易。其主要职能包括处理记账凭证的输入与登记、编制日记账、明细账和总分类账,以及生成关键的会计报表。围绕总账这一核心,应收账款、应付账款、固定资产、预算会计和工资管理等子系统相互协作,实现信息的顺畅传递和整合。为了适应企业集团的会计核算需求,财务管理模块还特别提供了合并报表功能,支持跨实体的财务数据汇总与分析。

2. 应收账款

应收账款代表了企业因销售商品或提供服务而产生的、尚未收回的客户欠款,其涵盖了发票管理、客户管理、付款管理和账龄分析等多个关键功能。应收账款与客户订单和发票处理业务紧密相连,确保了销售活动的财务记录与客户付款的实时更新。通过自动化流程,应收账款系统将相关事件转化为记账凭证,并无缝导入总账,从而保持了会计信息的连贯性和准确性。

3. 应付账款

应付账款涉及企业因购买商品或服务而产生的应付款项,它包括发票管理、供应商管理、支票管理以及账龄分析等关键功能。这一系统能够与采购模块和库存模块实现无缝集成,自动化处理以往烦琐的手工操作。

4. 固定资产

固定资产模块是企业会计核算中的关键环节,它专注于处理固定资产的增减变动及折旧的计提与分配。这一模块为企业提供了深入了解固定资产状况的窗口,并通过其内置功能,使得资产的管理和会计处理变得更加高效。它允许用户录入固定资产卡片和明细账,自动计算折旧,生成详尽的报表,并能够自动编制转账凭证,确保所有会计事项准确无误地反映在总账中。

5. 工资核算

工资核算模块是企业人力资源管理的自动化核心,负责员工工资的结算、分配、核算,以及相关经费的计提。该模块能够高效地记录工资数据、打印工资清单和生成各类汇总报表。它还能计算与工资相关的各种费用,并自动生成会计凭证,确保所有工资相关事项准确地转入总账。

### (二) 成本管理

成本管理模块是企业会计核算的延伸,它通过分析会计数据来进行预测、决策、管理与控制。该模块涵盖成本中心会计、订单与项目会计、产品成本核算、获利能力分析和利润中心会计等关键部分。成本中心会计和基于业务活动的成本核算专注于短期成本控制;订单与项目会计则分析并控制企业资源的使用;产品成本核算深入分析生产和产品的业务活动;获利能力分析评估售出产品与服务的盈利性;利润中心会计则为企业提供了全面会计视图,适用于不同时间区间的分析。这些功能共同构成了一个强大的执行信息系统,服务于高层管理部门,帮助企业实现成本控制和利润最大化。

## 四、人力资源管理

ERP系统最初以生产制造和采购销售为核心。然而,随着人力资源在企业发展中的地位日益凸显,它逐渐被视为企业最宝贵的资源。因此,人力资源管理作为一个独立的模块被整合进ERP系统,与生产、物流和财务等其他模块协同工作,形成了一个高效且高度集成的企业资源管理系统。

### (一) 组织管理

组织管理模块是企业资源规划系统中的关键组成部分,它囊括了组织结构管理、员工规划、岗位描述及人事成本规划等多个方面。该模块不仅助力企业在管理转型与重组中保持灵活,还能提供精确的组织结构图,使人事主管能够轻松构建和调整组织架构。员工规划和岗位描述功能则为每位员工量身定制职业发展蓝图,涵盖职位需求、晋升轨迹和培训方案,同时为员工的个人成长和职业规划提供全面支持。

### (二) 人事管理

人事管理模块是企业资源规划系统中的重要组成部分,它涵盖了招聘管理、出差管理和福利管理等关键领域。招聘管理模块致力于优化企业的招聘流程,帮助企业高效地吸引和筛选合适的人才,从而降低招聘成本并提升业务效率。出差管理则全面控制从申请、审批到报销的整个出差流程,确保出差活动的合规性,并简化财务处理。福利管理则专注于为员工提供健康保险、带薪假期、退休金等间接报酬,这些福利不仅提升了员工的满意度和忠诚度,也是企业吸引和留住人才的重要手段。通过精心设计的福利项目和标准,企业能够更好地满足员工的需求,同时激励个人和团队的表现。

### (三) 工资管理

工资管理模块是企业人力资源的核心部分,它囊括了工资核算、工资处理和薪资管理等关键环节。该模块能够根据不同部门、不同工种以及跨地区的薪酬结构，定制化地制定相应的工资核算方法。工资处理功能支持在线操作，能够及时提醒工作人员处理特定工资事宜，并通过自动审核功能记录操作，为未来的查询和审计提供准确依据。薪资管理则专注于薪资策略的设计与审批、奖金的分配以及薪资的计算等高级管理功能。

## 第三节 企业资源计划系统的新发展

当前，国内软件市场提供了丰富多彩的 ERP 系统。从国内开发商的创新产品到国外成熟的商业化软件，从已经在众多企业成功实施的系统到刚刚完成开发的新解决方案。面对如此繁多的选项和多样的品牌，企业作为 ERP 系统的最终用户，往往面临在短时间内选择最适合自身需求的 ERP 系统的挑战。随着 ERP 系统的快速发展，互联网技术、网络计算、云计算和移动计算技术的兴起，加之制造业的国际化趋势和信息技术的不断深化，ERP 系统的发展正迈向一个全新的阶段。这些技术的融合不仅为 ERP 系统带来了新的机遇，也为企业提供了一个更加灵活、高效和互联的运营管理平台。

### 一、云端 ERP

二维码 4-2 论云 ERP 在企业中的发展

在当今商业领域，众多企业受限于规模和资金，难以在硬件设施、云服务、技术人才及网络架构上进行大规模投资。这些限制因素在一定程度上制约了 ERP 系统的实时处理能力、扩展性及异地备份功能，影响了 ERP 系统的全面发展。然而，云计算模式的 ERP 系统，巧妙地将传统 ERP 系统供应商置于体系架构的核心位置，他们既是云计算服务的使用者，又是向最终用户提供 SaaS 服务的供应商。这种模式减轻了用户的硬件投资压力，确保了数据安全，同时也推动了 ERP 系统的快速进步。

云计算 ERP 系统以其低成本的硬件需求，满足了企业对资金节约的渴望。企业无需巨额资金投入硬件购置，仅需从云服务提供商那里租用必要的硬件与网络资源，便可轻松部署 ERP 系统，大幅度降低了资金的前期投入。

此外，云计算服务平台凭借其高端的硬件配置、前沿的技术手段和专业的技术人才，为企业的业务信息安全提供了充分的保障，满足了企业对数据保密性的严格要求。

云计算模式还迎合了企业对即时管理的迫切需求。ERP 供应商专注于软件的安装、维护和版本控制，而云端用户只需支付相应的使用费用，就能随时随地访问服务，共享数据，同时确保数据的安全存储。

最重要的是，云端 ERP 系统为管理人员提供了强大的报表和分析工具，使他们能够实时洞察公司的财务和业务状况，从而作出更加科学和明智的决策。先进的多维度分析和数据可视化工具，进一步提升了决策的精准性和有效性。

总而言之，云端 ERP 系统不仅代表了 ERP 未来的发展方向，而且为传统 ERP 系统提供了一种全新的替代方案。对于中小微型企业而言，采用云端 ERP 系统进行升级转型，是提升竞争力和市场适应性的关键策略。

### 二、移动端 ERP

随着无线通信技术和嵌入式应用技术的飞速进步，智能手机和平板电脑等移动设备的应用迎来了爆炸式的增长。个人移动应用的普及也催生了企业信息化管理向移动端的转型。在这样的大背景下,移动端 ERP 系统应运而生,为企业管理注入了新的动力。在移动端 ERP 的框架下,企业可以在云端或本地服务器上部署 ERP 软件,并通过无代码方式定制移动应用,如订单查询、库存管理、审批流程和财务报表等,利用移动互联网基础设施,通过手机的 Web 浏览器或微信与服务器端进行无缝交互,尤其为经常出差的管理人员和业务人员提供了极大的便利。

  国际市场调研显示,在欧洲和美国,企业 IT 预算中有近 10% 被投入移动 ERP 应用中,且这一比例正以惊人的速度增长。移动 ERP 极大地提升了公司工作流程的效率,以较小的投资实现了随时随地的沟通,为企业的发展注入了新的活力。在瞬息万变的市场环境中,企业需要能够迅速响应市场和客户需求的变化,而搭载于移动终端的 ERP 系统正具备这样的优势。

  首先,移动端 ERP 满足了企业即时管理的需求。在经济全球化的大背景下,企业面临着日益激烈的市场竞争,对管理的时效性要求越来越高。移动端 ERP 使商务人士能够利用智能手机、平板电脑等智能终端设备,随时随地处理重要的商务问题。

  其次,它满足了企业低成本投入的需求。国内许多中小微型企业资金有限,它们的业务终端并未配备传统 ERP 系统所需的计算机,而是通过经济实用的移动终端来进行业务处理。

  最后,移动端 ERP 满足了企业业务灵活性的需求。中小微型企业的业务模式需要随着市场的变化而变化,而移动 ERP 的出现为这些企业的业务拓展提供了更大的灵活性。

  移动端 ERP 与企业现有办公系统的结合,不仅能有效提高企业运营效率,改善工作流程,从而提升企业收益;还能显著缩短业务受理时长,提高员工的办公效率;同时,它还能提高企业信息化、标准化管理水平,提升客户服务质量。随着技术的不断进步,移动端 ERP 已成为企业数字化转型、把握市场脉搏的重要工具。

## 三、集成化 ERP

  信息技术和管理科学的持续进步推动了 ERP 系统不断向企业商务流程、产品生命周期管理以及相关资源的扩展。ERP 系统不仅在功能上实现了扩展,还能与生产执行系统(MES)客户关系管理(CRM)、供应链管理(SCM)、商务智能(BI)等系统无缝集成,构建起一个功能强大的企业管理与决策集成化信息系统。

  ERP 与生产执行系统(MES)的集成,强化了对生产流程的精准控制与协调,形成了实时化的 ERP/MES/PU(生产单元)一体化系统,这一趋势在工业企业的管控流程中尤为突出。ERP 与商务智能(BI)系统的结合,为决策提供了坚实的数据基础,ERP 系统负责收集、处理并存储大量基础数据,为商务智能系统提供数据源泉。在集成体系中,商务智能系统的联机分析处理和数据挖掘模块负责数据分析和挖掘,ERP 系统确保数据的准确、安全、可靠地流入数据仓库,共同为企业高层提供决策支持。

  ERP 与供应链管理(SCM)的集成,支持了企业与业务合作伙伴、客户之间的数字化业务交互协作,加强了 ERP 系统的供应链管理功能,通过集成系统实现企业间的商务供需协作。同时,集成系统助力企业在全球市场采购环境中建立基于供应链、价值共享的战略合作伙伴关系,以实现计划的精确性、流程的优化和管理的高效性。

ERP 与客户关系管理(CRM)的集成，使 ERP 系统更加贴近市场、客户和消费者，加强了 ERP 系统的客户关系管理能力，通过基于知识的市场预测、订单处理与生产调度等功能，实现市场、销售、服务一体化。这促使 ERP 系统的后台处理过程与客户关系管理系统的前台服务无缝集成，为客户提供个性化服务，提升客户满意度。

ERP 系统的集成化发展，不仅拓宽了其业务领域和功能，还为企业在全球化市场环境下的优化协调能力提供了有力支持，推动企业向着更高效、更智能的方向发展。

总之，云端 ERP 通过云计算模式，为企业提供了一个低成本、高效率的解决方案，使得企业能够轻松部署 ERP 系统，同时确保数据安全和实时管理。移动端 ERP 的发展，让企业管理更加灵活和即时，满足了现代企业对于随时随地处理业务的需求。而集成化 ERP 则通过与 CRM、SCM、BI 等系统的无缝集成，为企业提供了一个全面的管理与决策支持系统。

随着技术的不断发展，ERP 系统将继续演进，以适应不断变化的市场需求。未来的 ERP 系统将更加智能化，利用大数据、人工智能等技术，提供更加精准的数据分析和预测，帮助企业作出更明智的决策。同时，随着物联网(IoT)技术的普及，ERP 系统将可能实现与物理世界的更深层次的集成，实现实时监控和自动化管理，进一步提升企业的运营效率。

## 第四节 企业资源计划系统的实施与应用

### 一、ERP 的实施

企业资源计划系统的实施涵盖了 ERP 软件供应商为客户提供的所有后续服务与流程，它是 ERP 项目成功的关键，常言道"三分软件，七分实施"。如图 4-7 所示，ERP 实施流程通常划分为六个阶段：项目启动、需求调研、实施规划、系统模拟、切换上线以及项目验收。每个阶段都包含特定的工作内容和相应的过程文档，确保实施工作的有序进行。

二维码 4-3 制造业企业资源计划系统成功实施的条件与风险规避

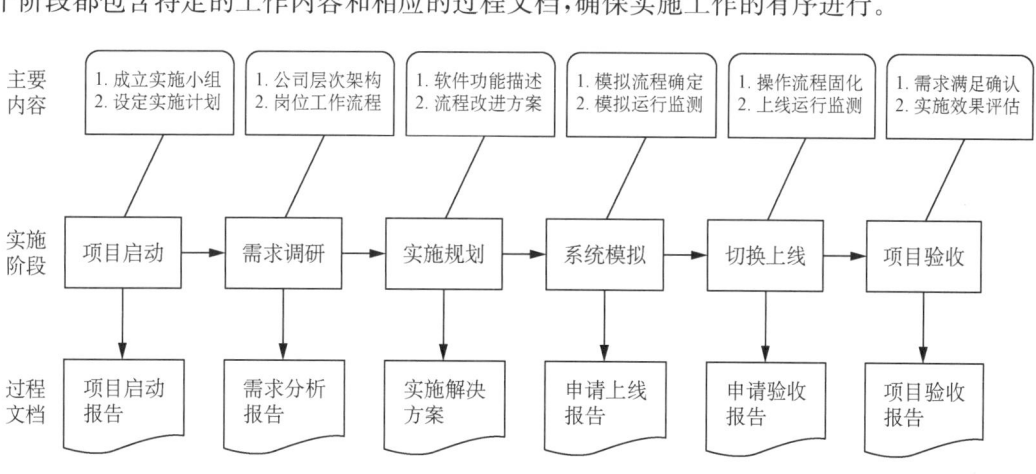

图 4-7 企业资源计划系统的实施流程

企业资源计划系统的实施作为一项复杂而精细的系统工程，通常以项目化的方式进行。这一过程往往需要一个由企业高层领导和服务商代表共同组成的项目领导小组，他们通过定期或非常规会议来指导项目运作，解决项目团队面临的难题。要确保 ERP 系统项目的成功，关键在于以下几点。

1. 确立ERP实施团队与领导者

在企业内部，精心构建一个由不同层级人员组成的ERP实施组织结构是至关重要的。这个结构通常包括团队领导者、职能团队和实施小组。团队领导者作为ERP项目实施的决策者，需要对企业的整体情况有深刻的了解，并掌握企业的发展目标，以便制定ERP实施的详细步骤和任务分工。这个角色往往由具有较强领导力和个人魅力的企业高层领导担任。职能团队成员则负责具体任务的分解、实施计划的制订，以及监督团队成员确保任务的质量和进度。而实施小组则负责执行职能团队分配的具体任务，并按照计划完成其承担的工作。这样的组织结构确保了ERP实施的有序进行，为企业带来效益的提升。

2. 做好前期调研与咨询工作

企业在实施ERP系统之前，进行深入的调研和咨询是必不可少的步骤。这包括详细了解企业的生产经营结构、业务需求、服务需求，以及掌握ERP供应商的开发实力、软件产品的特性和他们过往的成功案例。同时，企业还需分析供应链的各个环节、市场供求关系，以及预测未来的发展方向。通过这些调研，企业可以诊断和分析企业在当前发展和管理中遇到的问题和不足，进而重新组织和分配资源，设计出更高效的业务流程。这些前期的准备工作，是为了确保ERP系统能够顺利实施并发挥出最大的效用。

3. 确定合适的ERP软件产品

面对市场上种类繁多、功能各异的ERP软件产品，企业在选择时必须细致考量，因为这些产品在适应不同规模和类型的企业需求时，会展现出在产品结构、管理模式、市场战略、库存管理等方面的显著差异。因此，企业在挑选ERP软件时，需要综合评估多个关键因素：首先是企业自身的具体需求和业务发展目标；其次是软件的功能范围及其可扩展性；再次是二次开发工具的可用性；最后，还包括售后服务的质量、技术文档的完整性、系统的稳定性、供应商的市场信誉，以及软件的价格定位。除了这些，企业还应进行投资效益分析，这涉及对投资回收期、实施周期、以及可能需要的二次开发或用户化时间的深入评估。这样的综合考量有助于企业选择最适合自己的ERP软件，以支持其业务的持续发展和优化。

4. 切实做好员工的培训工作

在ERP系统实施的全过程中，企业与ERP供应商携手打造一套全面的培训计划，旨在提升不同层级员工的专业技能。这套培训方案覆盖了部门负责人、财务人员、生产计划员、销售人员、生产统计员、仓库管理员以及高层管理人员等关键岗位。培训内容囊括了系统的基本操作、业务流程管理、错误处理、安全防护措施、以及授权管理等多个方面。通过这样的培训，企业期望在试运行阶段，所有参与人员能够迅速适应并有效履行其职责，确保ERP系统的顺利运行和高效利用。

5. 组织人员进行ERP系统试运行

试运行阶段是ERP系统实施过程中的关键一环，其主要目的是深入探究系统现有功能与企业实际需求之间的差异。在这一阶段，企业通过实际操作业务流程来检验系统功能，从而明确两者之间的差距。一旦发现差异，企业便与ERP供应商进行深入讨论，共同确定是调整ERP系统的功能，还是优化企业流程，以满足企业的具体需求。随后，双方将重新进行验证，直至所有问题得到妥善解决。

试运行阶段同样考验着ERP系统的灵活性。不同系统的适应性表现各异，优秀的ERP

系统能够迅速响应业务调整的需求，而较为陈旧的系统则可能需要企业作出更多的调整和改变以适应系统。因此，试运行不仅是对 ERP 系统功能的一次全面检验，也是对其适应性和灵活性的重要考验。通过这一阶段的深入分析和调整，企业能够确保 ERP 系统更加贴合自身的业务需求，为未来的稳定运行打下坚实的基础。

6. 建立健全工程项目管理体制与运行机制

ERP 系统项目是一项涉及巨额投资、长周期运作、高风险并存且系统极为复杂的企业管理系统工程。鉴于此，企业必须精心制定一套全面的管理制度和高效的运行机制，以保障 ERP 项目的顺利实施和成功落地。这套制度和机制将涵盖项目管理、资源配置、风险控制、质量保证等多个方面，确保项目在各个阶段都能得到有效的监督和控制。

## 二、ERP 的应用

纵观全局，我国企业在 ERP 系统的采纳和应用上呈现出发展不均衡的现象。尽管部分企业在 ERP 管理系统的全面实施上取得了成功，但这样的企业为数不多。成功实施的 ERP 模块主要集中在财务管理和供应链管理上。这种状况的形成有多方面的原因：首先，对 ERP 的理解存在片面性，很多人将其视为纯粹的技术问题，过分关注信息流而忽略了物流，对物流控制的重要性认识不足；其次，企业领导层的重视和参与度不够，尤其在中小企业中，许多管理层对 ERP 的认识不足，支持力度也不够；最后，对咨询服务的价值认识不足，导致在软件选型和实施过程中遇到的问题得不到及时解决。

这些问题的出现并不令人意外，因为它们是在发展过程中必然会遇到的问题，既有技术层面的挑战，更有观念更新的需求。因此，未来必须加大力度普及和宣传 ERP 相关知识，扩大 ERP 培训和教育的广度和深度，这是一项基础性且至关重要的工作。有了这样的基础，ERP 在我国企业的应用必将迈向新的高度。

从我国企业应用 ERP 的发展趋势来看，主要呈现出两个方向：一是应用领域的扩展，二是应用质量的提升。在应用领域的扩展方面，ERP 的应用已不仅限于生产制造业，还涵盖了服务业等其他领域。特别是近年来，流通领域企业应用 ERP 的比例显著上升。这表明，为了适应全球经济一体化的趋势，并在激烈的国际竞争中谋求生存与发展，我国企业已经开始重视企业管理，并积极采用 ERP 等企业管理软件。

在应用质量的提升方面，我国企业数量庞大，不同企业的发展阶段、技术水平、市场结构存在较大差异，因此在 ERP 的应用上，多数企业选择了"量身定制"的模式。这种模式能够更好地满足企业的个性化需求，提高 ERP 应用的效果和价值。随着 ERP 在我国企业中的不断深入和完善，ERP 将为我国企业的管理升级和竞争力提升发挥越来越重要的作用。

## 本 章 小 结

本章主要学习了企业资源计划系统的基本知识。通过本章的学习，学生应当掌握企业资源计划系统的发展进程和基本结构，对当前企业资源计划系统的发展新趋势以及企业资源计划系统的实施和应用有全面的了解。

## 本章重要概念

物料　物料清单　主生产计划　独立需求件　相关需求件　能力需求计划　订货点　MRP　闭环 MRP　MRP Ⅱ　企业资源计划　云端　集成化

## 本章练习

二维码 4-4
本章练习

二维码 4-5
本章练习
参考答案

# 第五章 供应链管理系统

- 内容提要
- 重点难点
- 学习目标
- 知识框架
- 思政育人
- 第一节 供应链和供应链管理概述
- 第二节 供应链管理系统概述
- 本章小结
- 本章重要概念
- 本章练习

## 内容提要

本章主要介绍了供应链的定义和特征;供应链管理的定义、内容、目标、特点和类型;供应链中的"牛鞭效应";推式和拉式供应链;供应链管理系统的组成和实施。

## 重点难点

本章重点为供应链和供应链管理的内涵,供应链中的"牛鞭效应";难点为全面理解供应链管理的内涵及供应链管理系统的组成和功能。

## 学习目标

通过本章的学习,学生应了解供应链的特征,供应链管理的内容、特点和类型,供应链管理系统的实施;理解供应链中的"牛鞭效应",推式和拉式供应链,供应链计划系统和供应链执行系统的主要模块和功能;掌握供应链的定义,供应链管理的定义和目标,供应链管理系统的组成和功能。

## 知识框架

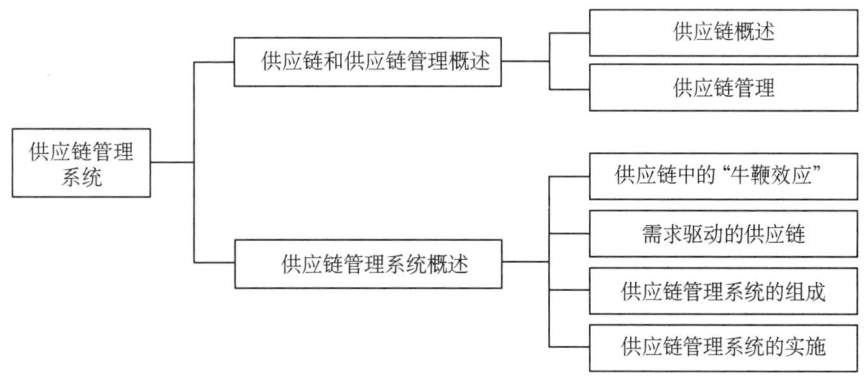

 **思政育人　现代物流创造的奇迹**

海尔集团首席执行官张瑞敏认为:"一个现代企业,如果没有现代物流,就意味着没有物可流。为什么这么说呢? 因为这是由现代企业运作的驱动力所决定的。"现代企业运作的驱动力是什么? 订单。如果没有订单,现代企业就不可能运作。要实现这个订单,就意味着靠订单去采购,为订单去制造,为订单去销售。如果要实现完全以订单销售、采购、制造,那么支持它的最重要的一个流程就是物流。

1. 海尔现代物流从根本上改变了物流企业的流通方式,基本实现了资本效率最大化的零库存

海尔改变了传统仓库的"蓄水池"功能,使之成为一条流动的"河"。在建立现代物流系统之前,海尔占用50多万平方米仓库,费用开支很大。目前,海尔建立了2座我国规模最大、自动化水平最高的现代化、智能化立体仓库,仓库使用面积仅有2.54万平方米。整个仓库实现了对物料的统一编码,使用了条形码技术、自动扫描技术和标准化的包装,没有一处环节会使流动的过程梗塞。

2. 海尔现代物流从根本上打破了企业自循环的封闭体系,建立了市场快速响应体系

面对日趋激烈的市场竞争,现代企业要占领市场份额,就必须以最快的速度满足终端消费者多样化的个性需求。因此,海尔建立了一整套对市场的快速响应系统。

一是建立网上订单管理平台。全部采购订单均由网上发出,供货商在网上查询库存,根据订单和库存情况及时补货。二是建立网上支付系统。目前网上支付已达到总支付额的20%,支付准确率及及时率达100%,并节约近1000万元的差旅费。三是建立网上招标竞价平台。供应商与海尔一道共同面对终端消费者,以最快的速度、最好的质量、最低的价格供应原材料,提高了产品的竞争力。四是建立信息交流平台,供应商、销售商共享网上信息,保证了商流、物流、资金流的顺畅。

集成化的信息平台,形成了企业内部的信息"高速公路",架起了海尔与全球用户资源网、全球供应链资源网和计算机网络的桥梁,将用户信息同步转化为企业内部信息,以信息替代库存,强化了整个系统执行订单的能力,海尔物流成功地运用电子商务体系,大幅缩短了海尔与终端消费者的距离,为海尔赢得了响应市场的速度,扩大了海尔产品的市场份额。

3. 海尔现代物流从根本上扭转了企业以单体参与市场竞争的局面,使通过全球供应链参与国际竞争成为可能

海尔在进行流程再造时,围绕建立强有力的全球供应链网络体系,采取了一系列重大举措。

一是优化供应商网络。将供应商由原有的2 336家优化到978家,减少了1 358家。二是扩大国际供应商的比重。目前国际供应商的比例已达67.5%,较流程再造前提高了20%。世界500强企业中已有44家成为海尔的供应商。三是就近发展供应商。海尔与已经进入和准备进入青岛海尔开发区工业园的19家国际供应商建立了供应链关系。四是请大型国际供应商以其高技术和新技术参与海尔产品的前端设计。

在抓上游供应商的同时,海尔还完善了面向消费者的配送体系,在全国建立了42个配送中心,每天按照订单向1 550个专卖店、9 000多个网点配送100多个品种、5万多台产品,形成了快速的产品分拨配送体系、备件配送体系和返回物流体系。与此同时,海尔与国家邮政局、中远集团和黄天百等企业合作,在国内调配车辆可达16 000辆。

海尔认为,21世纪的竞争将不是单个企业之间的竞争,而是供应链与供应链之间的竞争。谁所在的供应链总成本低、对市场响应速度快,谁就能赢得市场。一只手抓住用户的需求,一只手抓住可以满足用户需求的全球供应链,这就是海尔物流创造的核心竞争力。

**【思政寄语】**

党的二十大报告强调,要加快构建新发展格局,着力推动高质量发展。海尔集团的理念与实践,正是这一战略部署在企业层面的生动体现。它告诉我们,面对全球化和信息化的浪潮,个人与集体、企业乃至国家,都必须紧跟时代步伐,勇于创新,不断优化资源配置,提升核心竞争力。我们要立足本职,胸怀大局,将个人的成长融入国家发展的洪流之中。要像海尔那样,敏锐捕捉市场需求,以用户需求为导向,不断提升自身的专业能力和服务水平。同时,要具备全球视野,积极融入全球供应链体系,学习借鉴国际先进经验,推动产业链、供应链现代化水平的提升。

资料来源:佚名. 海尔:现代物流创造的奇迹[EB/OL]. (2021-10-14) [2024-07-14]. https://zhuanlan.zhihu.com/p/425438581.

# 第一节 供应链和供应链管理概述

在市场全球化环境中,没有一个企业是独立存在的,任何一个企业都与上下游企业之间存在着紧密的供给与需求关系,从而形成了一条长长的供应链。20世纪90年代,飞速发展的信息技术推动着企业生产制造和管理水平不断提升。然而随着客户需求不断变化,企业面临的市场竞争也日趋激烈。企业除了需要整合内部各环节的价值创造活动及其关联关系,以形成稳定的价值链,还需要与上下游企业协同,打造一体化的供应链。

## 一、供应链概述

### (一) 供应链的概念

供应链(supply chain)的概念是在企业管理理念的不断变化中逐步形成的。传统的供应链概念只局限于企业内部,注重企业内部资源的充分利用和企业自身的利益目标,认为供应链是将从企业外部采购的原材料和零部件,通过生产转换和销售等活动,传递到零售商和用户的整个过程。

二维码5-1
百年供应链,
是如何一步
步进化的?

随着供应链观念的发展,有些学者把供应链的概念与采购、供应链管理联系起来,用来表示与供应商之间的关系,这种观点得到了研究合作关系、JIT生产方式、精细化供应、供应商行为评估和用户满意度等问题的学者的重视。但这种关系也仅仅局限在企业与供应商之间,而且供应链中的各企业独立运作,忽略了与外部供应链成员企业的联系,往往会造成企业间的目标冲突。

之后发展起来的供应链概念关注到企业与其他企业的联系,注意到供应链的外部环境,认为它应是一个"通过链中不同企业的制造、组装、分销、零售等过程将原材料转换成产品,再到最终用户的转换过程",这是更大范围、更为系统的概念。例如,美国的斯蒂文斯(Stevens)1989年在 *Int. J. of Physical Distribution and Material Management* 中提出集成供应链的概念。这一概念包括功能集成、企业内部集成和企业外部集成,集成的目的是消除部门间及企业间的障碍。他认为,通过增值过程和分销渠道控制从供应商的供应商到客户的流就是供应链,它开始于供应的源点,结束于消费的终点;供应链是通过前馈的信息流与反馈的物流和信息流,将供应商、制造商、分销商、零售商到最终用户连成一个整体的结构模式。这些定义都关注了供应商的完整性,考虑了供应链中所有成员操作的一致性。

近年来,供应链的概念更加注重围绕核心企业的网链关系,如核心企业与供应商、供应商的供应商乃至一切前向的关系,核心企业与用户、用户的用户及一切后向的关系。此时供应链的概念成为一个网链的概念,像丰田、耐克、尼桑、麦当劳和苹果公司的供应链管理都从网链的角度来实施。

综合以上观点,我们可以将供应链定义为:供应链是指围绕核心企业,通过对工作流、信息流、物流、资金流的协调和控制,其流程从采购原材料开始,包括制成中间产品以及最终产品,最后由销售网络把产品送到消费者手中,将供应商、制造商、分销商、零售商、最终用户连成一个整体的网链结构。

供应链包含的范围很广,包括所有加盟的成员企业,使得产品从原材料的供应开始,经过链中不同企业的制造加工、组装、分销等过程到达最终客户。它不仅是一条从供应商到最终用户的物流链、信息链、资金链,还是一条增值链,物料在供应链上因加工、包装、运输等过程而实现价值增值,给相关企业都带来了收益。

例如,一位顾客走进沃尔玛商店购买洗发水,那么供应链就始于顾客对洗发水的需求。供应链的下一环节是该顾客所光顾的沃尔玛商店。沃尔玛商店货架上的商品来自它的库存,库存商品可能由沃尔玛商店自营的成品仓库或分销商提供,而分销商的商品则由制造商(如宝洁公司)提供。宝洁公司生产厂从各种供应商处获取原材料,而这些供应商的商品则由下游供应商提供,整个供应链如图5-1所示。

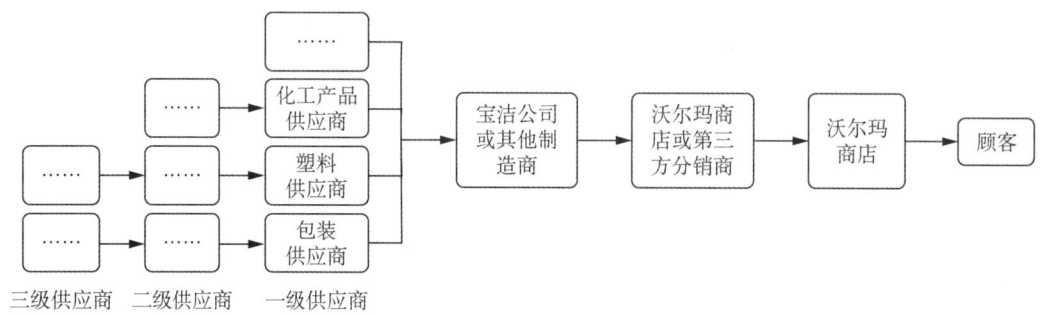

图5-1 沃尔玛商店供应链

供应链由所有加盟的节点企业组成,其中一种是核心企业(可以是产品制造企业,也可以是大型零售企业,如沃尔玛),另一种是节点企业,它在需求信息的驱动下,通过供应链的职能分工与合作(生产、分销、零售等),以物流、资金流和信息流为媒介实现整个供应链的不断增值。因此,一个典型的供应链结构模型可以表示为图5-2所示的模型。

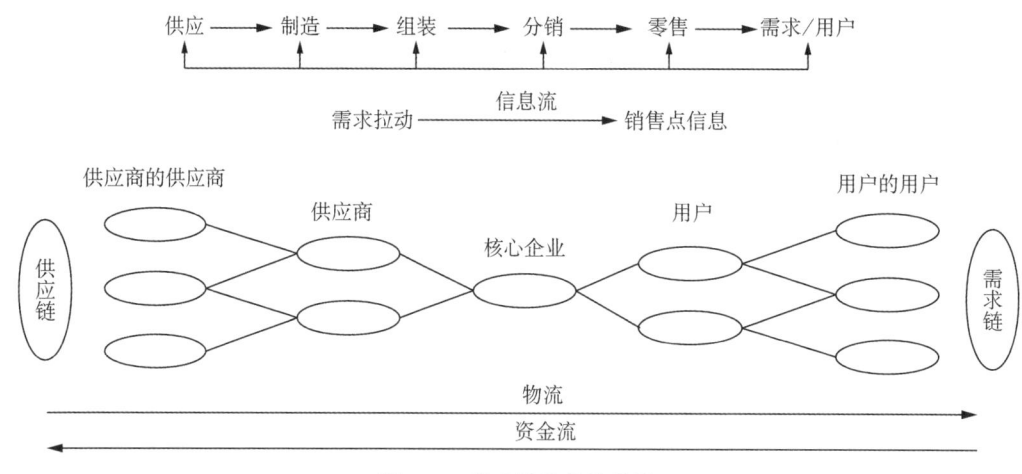

图5-2 供应链的结构模型

**(二)供应链的特征**

从供应链的结构模型可以看出,供应链是一个网链结构,是由围绕核心企业的供应商、供应商的供应商和用户、用户的用户组成。它以市场组织化程度高、规模化经营的优势,有机地连接生产和消费,对生产和流通有着直接的导向作用。一个企业是一个节点,网链上的节点企业和节点企业之间是一种需求与供应的关系。供应链包括不同环节之间持续不断的信息流、物流和资金流,每个环节都执行不同的程序,并与其他环节相互作用和影响。因此,供应链主要具有以下特征。

1. 增值性

增值性是指将产品研发、供应、生产、营销、市场一直到服务看作一个整体供应链,用系统的观点来思考企业的增值过程。一方面要根据用户的需求,不断增加产品的技术含量和附加价值;另一方面要不断地消除用户所不愿意支付的一切无效劳动与浪费,使投入市场的产品同竞争对手相比能为用户带来真正的效益和满意的价值,同时使用户认可的价值大大超过总成本,从而为企业带来应有的利润。

2. 复杂性

组成供应链的一些成员企业相对于核心企业的跨度或层次在时间、地点、交易活动上不同,引发了供应链活动的不规范性和不可预测性。另外,供应链往往是由多种类型甚至多国或多地区企业构成的,所以纵横交错、组成复杂的状态决定了供应链结构和运作模式的复杂性。

3. 动态性

供应链是根据成员企业的发展战略和为适应市场需求变化而建立起来的,但由于各成员企业的战略目标和市场环境在不断地动态更新,使得供应链具有明显的动态性。

4. 交叉性

对于产品而言,每种产品的供应链都由多个链条组成。对于企业而言,每个企业既可以是这个链条的成员,同时又可以是另一个链条的成员,市场众多相互交错的供应链形成了交叉结构,增加了协调节点企业管理的难度。

5. 市场性

供应链的形成、存在、重构都是基于一定的市场需求而发生的,在供应链的运作过程中,用户的需求拉动是供应链中信息流、物流、资金流运作的驱动源。所以,供应链是反映市场用户状态的晴雨表。

## 二、供应链管理

### (一) 供应链管理的概念

供应链管理(Supply Chain Management,SCM)是一种集成的管理思想和方法,它执行供应链中商品从供应商到最终用户的物流计划和控制职能,对于供应链管理的概念,国内外有着各种不同的论述。

二维码5-3
中国零售业
的转向:供
应链为王

早期人们把供应链管理的重点放在库存管理上,作为平衡有限的生产能力和适应用户需求变化的缓冲手段,它通过各种协调手段,寻求把产品迅速、可靠地送到用户手中所需要的费用与生产、库存管理费用之间的平衡,从而确定最佳的库存水平。因此,主要的工作任务是库存控制和运输。现在的供应链管理则把供应链上的各个企业作为一个不可分割的整体,使供应链上各企业分担采购、生产、分销和销售的职能,成为一个协调发展的有机体。

因此,本书将供应链管理定义为:供应链管理是使供应链运作达到最优化,以最低的成本和最好的服务水平,通过协调供应链成员的业务流程,使供应链从采购到满足最终顾客的整个过程中,包括工作流、物流、资金流和信息流等均能高效率地运作,把合适的产品以合理的价格及时、准确地送到最终用户手中。

可以看出，供应链管理就是要对传统的、自发运作的供应链进行人为的干预，使其能够按照企业(以核心企业为代表)的意愿，对相关合作伙伴的工作流程进行整合和协调运作，从而达到供应链整体运作绩效最佳的效果。但是，供应链管理不像单个企业的管理，不能通过行政手段调整企业之间的关系，只能通过共同分担风险、共同获得收益来提高供应链的竞争力，因此，供应链管理所反映的是一种集成的管理思想和方法，即通过所有成员企业的合作共同获得成长和收益。

### (二) 供应链管理的内容

供应链管理主要涉及供应(supply)、生产计划(schedule plan)、物流(logistics)、需求(demand)4 个方面的内容。如图 5-3 所示，供应链管理是以同步化、集成化生产计划为指导，以各种信息技术为支持，尤其以 Internet/Intranet 为依托，围绕供应、生产作业、物流、满足顾客需求来实施的。供应链管理主要包括计划、合作、控制从供应商到用户的物料(产品和零部件)和信息。

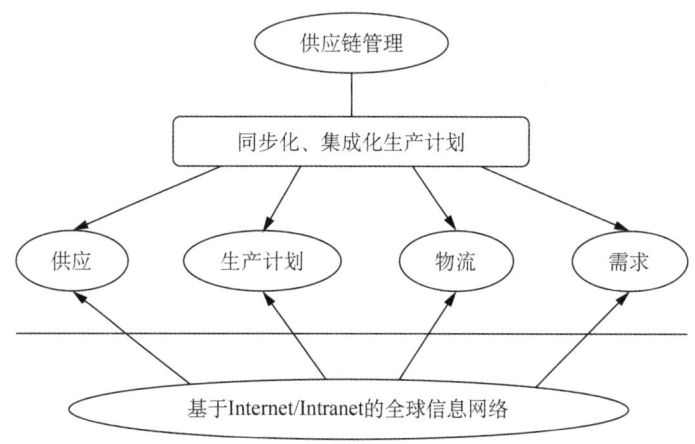

图 5-3 供应链管理涉及的内容

在以上 4 个方面内容的基础上，可以将供应链管理细分为基本职能域和辅助职能域。基本职能域主要包括产品工程、产品技术保证、采购、生产控制、库存控制、仓储管理、分销管理等；辅助职能域主要包括客户服务、制造、设计工程、会计核算、人力资源、市场营销、信息管理和风险管理等。

由此可见，供应链管理不仅关心物料实体在供应链中的流动，还关心企业内部以及企业之间的物料运输问题和分销问题。此外，供应链管理还包括以下内容：

(1) 供应链管理策略制订(不同行业、不同类型的产品要求采用不同的供应链管理策略)。

(2) 推式(push)或拉式(pull)供应链运作方式的确定(不同企业有不同的管理文化，企业应当选择适合自己实际情况的运作方式)。

(3) 供应商和客户的战略合作伙伴关系管理。

(4) 供应链产品需求预测和计划。

(5) 供应链的设计(全球成员企业的定位，资源的集成化计划、跟踪、控制和评价)。

(6) 企业内部以及企业之间的物料供应与需求管理。

（7）基于供应链管理的产品设计与制造管理,集成化的生产计划管理、跟踪、控制和评价。

（8）基于供应链的用户服务和物流(运输、库存、包装等)管理。

（9）企业间的资金流(汇率、成本等)管理。

（10）供应链管理的绩效测量与评价。

（11）基于因特网/企业内部网的供应链运作的信息支持平台及信息管理。

（12）供应链全球化问题(贸易壁垒、税收、政治环境、产品差异性)。

（13）协调机制问题(供应—生产协调、生产—销售协调、库存—销售协调)。

### (三) 供应链管理的目标

供应链管理的基本目标是使各成员企业在分工的基础上密切合作,通过将非核心的业务外包、资源共享,以及对整个供应链进行协调,减少库存,降低生产成本,增强企业竞争力。更重要的是,基于信息网络和组织网络,实现生产及销售的有效连接,促使物流、信息流、资金流合理流动,各类资源得到优化配置。供应链管理的目标具体包括以下几个。

#### 1. 总成本最小化

采购成本、库存成本、运输成本、制造成本以及供应链中的其他成本是相互联系的。为了实现有效的供应链管理,必须将供应链各成员企业作为一个有机的整体来考虑,并使供应链物流、生产物流、销售物流达到高度均衡。因此,总成本最小化目标并不是指运输成本、库存成本或其他供应链运作和管理成本最小化,而是指供应链总体成本最小化。

#### 2. 用户服务最优化

供应链管理的本质在于为供应链的最终用户提供高水平的服务。而由于成本与服务水平之间存在二律背反关系,是一对矛盾体,因此要建立一个高效率、高绩效的供应链网络系统,就必须在成本与服务水平之间找到平衡点,即供应链管理要以最小的成本实现最优的用户服务。

#### 3. 总库存最小化

从供应链的角度来看,库存只是用于实现生产与销售平衡的工具,而不是必需的,应当使库存最小化,甚至实现零库存。因此,不能单纯追求某个供应链环节的库存最小化,而是应当使供应链总库存最小化。

#### 4. 总周期最短化

从某种意义上说,供应链之间的竞争实质上是基于时间的竞争。对客户的需求作出快速而有效的反应,最大限度地缩短从接收订单到交货的整个供应链总周期,已成为企业成功的关键因素之一。

#### 5. 物流服务最优化

企业产品或服务质量的好坏决定了企业的成败。同样,供应链物流服务质量的好坏直接关系到供应链的存亡。企业通过优化供应链的所有物流环节,包括供应物流、生产物流、销售物流等环节,实现供应链各个物流环节的无缝衔接,从而使物流服务最优化。

### (四) 供应链管理的特点

#### 1. 供应链管理把所有成员企业看作是一个整体,实现全过程的战略管理

供应链是由供应商、制造商、分销商、销售商、客户和服务商组成的网状结构。链中各环节不是彼此分割的,而是环环相扣的一个有机整体。供应链管理把物流、信息流、资金流、业

务流和价值流的管理贯穿于供应链的全过程。它覆盖了整个物流过程,从原材料和零部件的采购与供应、产品制造、运输与仓储到销售各种职能领域。它要求各节点企业之间实现信息共享、风险共担、利益共存,并从战略的高度来认识供应链管理的重要性和必要性,从而真正实现整体的有效管理。

2. 供应链管理是一种集成化的管理模式

供应链管理的关键是采用集成的思想和方法。它是一种从供应商开始,经由制造商、分销商、零售商,直到最终客户的全要素、全过程的集成化管理模式,是一种新的管理策略,它把不同的企业集成起来以增加整个供应链的效益,注重的是企业之间的合作,以达到全局最优。

3. 供应链管理提出了全新的库存观念

传统的库存思想认为:库存是维系生产与销售的必要措施,是一种必要的成本。事实上,供应链管理使企业与其上下游企业之间在不同的市场环境下实现了库存的转移,降低了企业的库存成本。这也要求供应链上的各个企业成员建立战略合作关系,通过快速反应降低库存总成本。

4. 供应链管理以最终用户为中心

无论构成供应链的成员企业数量多少,无论供应链成员企业的类型、层次如何,供应链的形成都是以用户和最终消费者的需求为导向的。正是有了用户和最终消费者的需求,才有了供应链的存在。而且,也只有让用户和最终消费者的需求得到满足,才能有供应链的更大发展。

(五) 供应链管理的类型

供应链是围绕核心企业形成的一个功能网链。从拓扑结构来看,供应链是一个自主或半自主的围绕核心企业构成的网络,其中的实体包括原材料供应商、运输公司、加工厂、仓库、子公司、配送中心、分销商、零售商和最终用户等。一个完整的供应链始于原材料的供应商,止于最终用户。

供应链管理是围绕供应链上不同的环节而展开的,目前比较常见的是以制造企业为核心、以零售企业为核心和以第三方物流企业为核心的三种供应链管理类型。

1. 以制造企业为核心的供应链管理

以制造企业为核心的供应链管理是最常见的。制造企业通过与供应商、分销商、零售商以及最终用户进行信息协同,实现与供应链上各个环节的协同,从而保证整条供应链的利益最大化。

2. 以零售企业为核心的供应链管理

这种类型供应链管理的核心企业是零售企业,由零售企业对制造商、分销商、供应商和最终用户进行信息协同。核心零售企业往往是指那些规模较大的连锁超市,它们具有较强的判断能力,因而具有较大的控制力。

3. 以第三方物流企业为核心的供应链管理

随着现代物流业的快速发展,第三方物流企业的物流能力在不断增强,这使其具有较强的资源整合能力,在整个供应链中的位置也日益凸显,因而出现了以第三方物流企业为核心的供应链管理。

延伸阅读5-1

### 区块链在供应链管理中的应用

区块链正在通过提高透明度、可追溯性和效率来彻底改变供应链行业。它可以改善跟踪、控制假货、处理食品安全问题、鼓励可持续采购、改善支付方式并促进更好的沟通和协作。尽管该技术仍处于起步阶段,但随着时间的推移,它有能力取代传统的供应链流程。

区块链数字交易记录正在改变供应链管理。它被用作验证和保存记录的分布式账本。账本使用防篡改技术来确保安全性和透明度。

为了提高获取产品的速度和成本效益,可以利用区块链。这还将增强产品的可追溯性,使合作伙伴能够通过建立合作伙伴关系更有效地合作,并有助于获得融资。

以下是区块链在供应链管理中的七种用途。

1. 提高追踪和透明度

如果公司将区块链与智能传感器或RFID(Radio Frequency Identification)标签等物联网设备结合使用,则可以更有效地跟踪货物在供应链各个阶段的流动情况,并能够记录货物经过的每个阶段的温度或湿度等状况。由于交易是实时的和基于时间的,公司可以知道货物的位置,而无需等待情况更新。

区块链技术提供了更大的开放性和精确的透明度,与传统记录保存相比,它使组织能够及时识别和处理可能出现的任何问题,例如,监管不合规、假冒商品或商品价值低下。对于公司来说,还有另一种选择,即他们可以决定让消费者访问他们的跟踪和追踪详细信息,这些详细信息可以用作商品真实性的证明,并支持与分销路径上不同节点的生产过程相关的道德标准。

区块链允许供应链中的所有合作伙伴公开访问其记录的重要信息,从而进一步增强信任。

2. 提高可追溯性

区块链在供应链中的另一个应用是可追溯性。可追溯性代表识别库存所有先前和当前点的能力,这也允许获取有关该库存存储的信息,从原材料到客户。

区块链使供应链合作伙伴能够有效地跟踪供应链中的活动。此外,由于区块链具有开源的去中心化账本,因此所有需要将其作为平台复制到不同用户的交易都可以即时进行。任何对产品相关数据(如日期、定价、原创性、标准化等),感兴趣的人都可以通过简单扫描条形码来访问,甚至通过人体皮肤去除程序进行仔细检查,因为当今世界主要由人工智能解决方案组成。

3. 减少假冒商品

"确定商品来源对于质量验证非常重要。通过追踪供应链上的商品,合作伙伴能够确定这些产品是否真的来自这些地方"。因此,快速审查某些商品的背景有助于减少假冒商品的数量。

4. 解决食品安全问题

这些问题可以通过区块链技术得到有效管理,因为它确实可靠且透明。根据食品行业目前的情况,许多食品安全问题很难一次性解决。如果传统供应链出现问题,那么许多组织将无力及时解决此类问题,从而对公司的声誉和财务报表造成很大损害。此外,食品保护包括在整个生产过程中保护食品免受物理、生物或化学污染物的侵害。

5. 促进更可持续和更道德的采购

区块链在供应链中的应用部分源于客户的需求,他们想知道自己的产品来自哪里,以及这些产品是如何以合乎道德的方式生产的。对于企业而言,区块链的一种用途是向消费者保证他们以可持续且合乎道德的方式获得材料和商品。

区块链可用于确定材料/产品的来源,然后将该信息显示给买家,以便他们能够决定是否购买特定产品。这使他们能够知道是否应该购买某件产品。借助这项技术,区块链可以追踪原材料或商品的来源,并向公众披露,公众可以选择购买或不购买特定产品。因此,消费者可以通过这种不可更改的分类账,以公开的方式检查物品的制造、运输方式以及整个生产过程中的其他相关信息。

6. 让支付更加高效

发票开出后通常需要数周或数月才能支付,而基于区块链的智能合约可用于即时支付。此外,开放式分布式账本与区块链开发公司可用于创建一个清晰的支付系统,使链上的所有参与者都可以访问费用记录,从而降低欺诈和错误的可能性。

此外,它还有助于使用区块链相关加密货币的供应链合作伙伴在同行评审的基础上进行沟通,这意味着他们不一定非要通过银行等金融机构或使用银行作为中介,同时将钱从一个目的地汇到另一个目的地,从而节省用于各种银行交易的资金以及收到付款确认之前所需的时间。

7. 改善沟通与协作

现今的供应链涉及许多有关发票、合同、订单请求等互动。大量的互动可能会产生冲突并减慢流程。然而,随着区块链技术在供应链中的引入,各个实体之间的沟通以及不同方之间的协作可以得到增强。例如,当人们共享数据库时,不再需要中介机构来验证,记录甚至协调交易,就像区块链成员资格一样。此外,这项技术通过使用通常称为智能合约的自动化系统,鼓励各方更快地履行他们自愿签署的义务。

# 第二节 供应链管理系统概述

供应链成本在企业运营成本中占据较大的份额,在某些行业中甚至达到企业总运营成本的75%。因此,降低供应链成本对于提高企业收益有着巨大的影响。

不正确或不及时的信息会给企业造成零部件短缺、生产能力不足、库存过多、物流成本过高等问题,使供应链低效运行。不少学者提出用共同计划、预测与供给、供应商库存管理、联合库存管理等方法来解决供应链的协调问题,上述方法发挥作用的关键是供应链成员企业之间的信息共享,这里的信息共享不仅是指企业内部的信息共享,更重要的是指和关联企业(供应商和经销商),以及最终客户之间的信息共享。

供应链管理系统通过共享和集成各成员企业的信息,使供应链各成员企业能够及时根据最终客户的需求制定或调整企业战略,以便在市场上占据主动。供应链管理系统可以帮助企业克服"牛鞭效应"(Bullwhip Effect),构建需求驱动(Driven by Demand)的供应链等。

## 一、供应链中的"牛鞭效应"

在供应链上,常常存在预测不准确、需求不明确、供给不稳定、企业间合作性和协调性差等问题,造成供应缺乏、生产与运输作业不均衡、库存居高不下、成本过高等现象。引起这些问题的原因有很多,其中一个主要原因是"牛鞭效应"。

二维码5-4
牛鞭效应与
啤酒游戏

"牛鞭效应"又称需求变异放大效应,其基本含义是:当供应链各成员企业只根据来自其相邻的下级企业的需求信息进行生产或作出供给决策时,需求信息的不真实性会沿着供应链逆流而上,使订货量产生数量放大的现象,到达源头供应商时,其获得的需求信息与消费市场中实际的客户信息存在很大的偏差,需求变异将实际需求放大了。由于需求变异放大效应的影响,上游供应商往往维持比下游供应商更高的库存水平。这种现象反映了供应链上需求的不同步,它说明了供应链库存管理中的一个普遍存在的现象——"看到的非实际的"。图5-4显示了"牛鞭效应"的原理和需求变异加速放大的过程。

由于供应链各成员企业之间缺乏信息交流和共享,企业无法掌握下游的真正需求和上游的供货能力,只能自行多储备货物。同时,供应链各成员企业之间无法实现库存互通和转

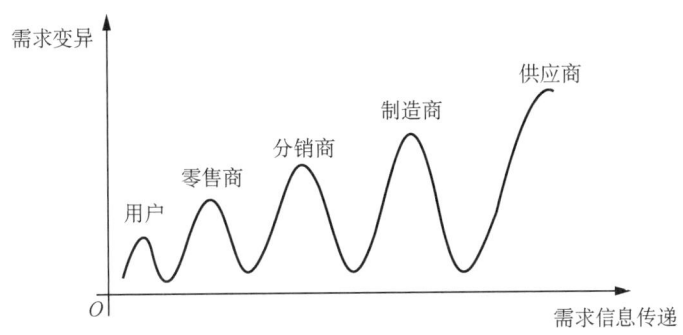

图 5-4 供应链中的"牛鞭效应"

运调拨,只能各自持有高额库存,从而导致"牛鞭效应"。

供应链管理系统支持此类信息共享,帮助供应链各成员企业作出更好的采购和生产调度决策。供应链的所有成员企业如果都能得到准确且及时的信息,就可以减少需求与供应的不确定性从而克服"牛鞭效应";企业如果可以共享库存水平、生产预测计划、运输信息,那么就能获得更加精确的信息以调整相应的原材料储备、制造计划与资源分配计划。

## 二、需求驱动的供应链

按照驱动方式划分,供应链可以分为推式供应链和拉式供应链,如图 5-5 所示。

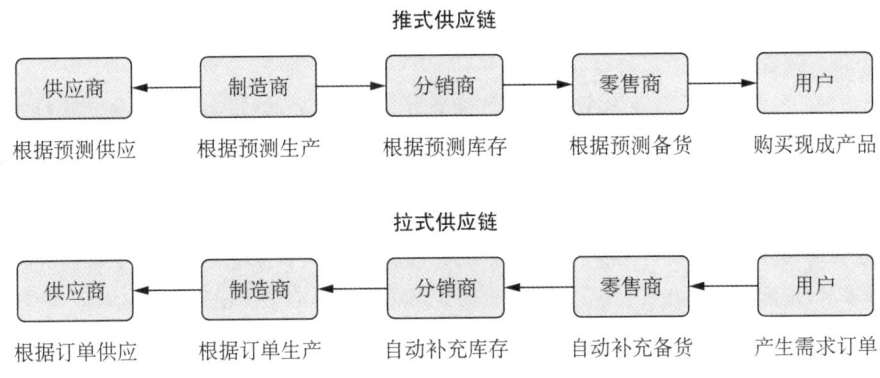

图 5-5 推式供应链和拉式供应链

1. 推式供应链

推式供应链又称基于预测的生产或基于库存的生产,是以制造商为核心企业,根据产品的生产和库存情况,预测用户需求并据此安排生产计划,有计划地把产品推销给用户,其驱动力源于供应链上游制造商的生产。在这种运作方式下,供应链各成员企业之间的联系比较松散,是卖方市场下供应链的一种表现。由于不了解客户需求的变化,这种运作会使企业库存成本变高。

推式供应链的生产和分销是由预测驱动的,需要较长的时间来对市场变化作出反应,这可能导致一系列不良后果。例如,在需求高峰时期,企业难以满足客户需求,导致服务水平下降;而若某些产品需求消失,企业就会产生大量的过时库存,甚至出现产品过时等问题。传统的供应链管理是基于推式的,使企业对市场变化反应迟钝,容易造成库存浪费。

## 2. 拉式供应链

拉式供应链又称需求驱动或按订单生产,它以客户为中心,关注客户需求的变化,并根据客户需求组织生产。在这种运作方式下,供应链各成员企业的集成度高,有时为了满足客户的差异化需求,不惜追加供应链成本,是买方市场下供应链的一种表现。这种运作方式对供应链成员企业的要求较高。

在拉式供应链中,生产和分销是由需求驱动的,能与用户需求相协调。在一个拉式供应链中,企业不需要持有太多库存,只需要对订单作出快速反应即可。供应链管理系统可以帮助企业构建拉式供应链,使企业具有较强的客户响应能力,实现以客户需求驱动业务。

### 延伸阅读5-2

#### 供应链管理系统的发展

社会组织和自然界的一切生命体一样,都存在一个起源、成长、发展、成熟及衰退的生命周期。企业要想达到供应链管理系统的最高阶段,一般需要经过初级供应链系统、整合供应链系统、协同供应链系统、价值供应链系统、智慧供应链系统五个发展阶段。

1. 初级供应链系统

初级供应链的特点是企业关注其内部部分功能、流程的改进与集成,如把原材料采购与库存控制集成为物料管理功能,送货与分拣、拣选等集成为配送功能。在这一阶段,几乎所有的企业都将最初的关注焦点放在原材料采购和物流两大功能上。然而,大多数企业在这一阶段不能实现整个企业的均衡发展,它们只满足于由部分功能集成化带来的少量利润,认识不到功能一体化能够给企业带来的益处。因此,它们反对各职能部门之间的协作,也就不会建设对整个公司有利的信息系统。

2. 整合供应链系统

整合供应链的特点是企业内部物流一体化,即整个企业供应链系统的优化,把各项分散的物流功能集中起来作为一个系统管理。在这一阶段,企业开始意识到企业实施供应链一体化管理所产生的利润,并力求在这一进程中领先。原材料采购上升到了具有战略意义的地位,并且承担了决定供应链整合阶段全部交易成败的责任。随着企业把注意力集中于最有战略意义的供应商,企业间的关系发展为更高级的买卖关系。同时,企业的物流部门开始关注资产的利用和配送系统的效率,但关键之处在于寻求最好的物流服务供应商承担准确、及时的运输配送业务。交易活动的自动化与信息化使得各部门之间保持信息畅通,有助于装卸、搬运及仓库管理人员满足顾客的需求。此外,需求管理在这一阶段成为一个很重要的因素,原因是企业逐渐意识到需求预测的准确与否直接影响着生产和制造的准确性。

3. 协同供应链系统

企业逐渐意识到产品的竞争力并非由一个企业决定,而是由产品的供应链决定,于是开始与关系较近的合作伙伴实施一体化管理。

从供应商的角度来看,随着企业与重点供应商结成利益同盟,供应商关系管理变得日益重要。企业经常邀请供应商参与其销售与运作计划的筹划,提出能够更好地满足顾客需求的解决方案。企业还引进了仓库管理系统和运输管理系统,加强了与关键供应商的信息沟通。总之,企业与重点供应商在物流、运输和仓储等方面建立了长期的合作与战略伙伴关系。

从顾客的角度来看,企业对顾客与市场需求能够作出快速响应,力求更好地理解和满足顾客需求,提供更为贴切的服务和产品。任何供应链只有唯一的收入来源——顾客。顾客是供应链中唯一真正的资金流入点,其他所有的现金流动只不过是发生在供应链中的资金交换,这种资金交换增加了供应链的运作成本。因此,顾客是核心,企业只有尽早、充分地意识到这一点,密切与顾客的关系,通过互联网等高新技术了解顾客想要什么、什么时候想要,然后快速地交货,才能实现整条供应链的利润"共赢"。

总之,在这一阶段,企业利用各种工具、技术与重点供应商和客户协作,能够缩短产品生命周期,更快地占领市场,更有效地利用资产,实现"双赢"。

4. 价值供应链系统

企业不仅要与重点供应商和客户协作,而且需要整合企业的上下游企业,将上游供应商、下游客户及服务供应商、内容提供商、中间商等进行垂直一体化的整合,构成一个价值链网络,追求系统的整体最优化。这一阶段的协作被称为"价值链协作"。企业试图通过价值链中其他合作伙伴的帮助来建立其在行业中的支配地位。当每个价值链成员的活动都像乐队队员按相同乐谱演奏那样时,延误程度将降到最低。供应商知道何时增加生产,运输公司能够掌握何时提供额外的车辆,分销商也可以及时地进行调整。价值链成员之间利用网络共享信息,因此它们能够更加敏捷地发现机遇,达到更高的绩效水平。

在这个阶段,电子商务、网上交易和电子通信技术的应用对实现价值链的可视化是至关重要的。这一个阶段的两个特征是协同设计与制造以及协同规划、预测和补货。

5. 智慧供应链系统

这是供应链发展的最高阶段。在这一阶段,所有供应链的成员都能够实现有效沟通、密切合作以及技术共享,以获得市场的支配地位。当今时代,大数据、人工智能、物联网、VR/AR、区块链等新技术层出不穷,但只有当技术的应用围绕三大目标展开,才能真正驱动供应链升级为智慧供应链。这三大目标是:Visibility 可视化(眼)、Sensibility 可感知(脑)、Adaptability 可调节(身)。

资料来源:供应链架构师.供应链管理:从原始到智慧[EB/OL].(2017-06-05)[2024-07-22].https://www.sohu.com/a/146068638_610682.

## 三、供应链管理系统的组成

供应链管理系统可以分为供应链计划系统和供应链执行系统。

### (一) 供应链计划系统

供应链计划系统(Supply Chain Planning Systems,SCPS)主要是模拟公司目前的供应链,生成产品的需求预测,制订最佳的采购计划和生产计划的系统。这样的系统能够帮助公司作出更好的决策,如在给定的时间生产多少这种产品,确定原材料、半成品、成品的库存水平,确定在何处存放成品,并选择适于分配产品的物流模式等。供应链计划系统包括生产计划、采购计划、营销计划与运输计划等模块。

二维码 5-5
SCM 系统

1. 生产计划模块

公司利用营销计划功能,在销售预测和其他选择的关键指标基础上,生成实际可行且一致性强的生产计划和日期。然后,在生产计划模块中,公司将这些计划数字分解成各种产品级别,从而生成采购计划。在采购计划模块中,系统会计算出所需物料的采购数量和日期。在此计划阶段,可同时规划出物料需求计划,从而利用生产计划子模块及时发现可能出现的生产能力瓶颈,以采取必要的预防措施。

2. 采购计划模块

采购计划是对所有生产中心的负荷能力进行平衡后得出的详细生产计划。采购计划是一种短期的、当前实际应用的计划。生产计划与生产订单处理和重复制造功能是集成在一起的。各种派工策略和灵活的工作计划表可以帮助进行生产资源规划。如利用看板技术控制生产,一旦物料数量低于看板水平,系统就会自动触发一个补货或生产需求。在供应链管理系统的看板模块中,存在各种补货策略,它们可以用于内部生产、外部采购与存货调配,其补货信号可以由条形码或图形看板来触发。

3. 营销计划模块

营销计划模块可以解释为供应链的调度系统。营销计划模块帮助企业管理分销中心，并保证产品可订货、可盈利以及生产能力可用。营销计划帮助企业分析原始信息，协助企业建立优化的存货管理策略。它可以提供生产商与分销商终端到终端的透明度，减少存货投资。

4. 运输计划模块

运输计划是对整个供应链的运输需求作出计划，帮助确定将产品送达客户的最佳途径。运输计划模块对采购计划与营销计划进行归类，并充分利用现有的运输能力。供应链计划系统中的运输计划模块集成采购计划、生产计划、营销计划所派生的运输需求，在运输资源限制和成本约束条件下，以最小化供应链总运输成本为目标制订计划。运输信息必须与其他计划系统之间保持良好的共享，这样才能保证与其他计划系统之间的信息同步性，客户可以了解到自身订单的运输状态，采购计划可以检索所需要原材料的在途信息，营销计划可以随时掌握产品动态。

供应链计划系统提供了大量的工具。这些工具可以确保对企业生产流程中的物流进行高质量的策划和控制，有利于企业管理人员作出必要的调整以适应企业内部的特定需要，将计划人员、作业排程人员和生产排程人员从大量日常烦琐的工作中解放出来，省出更多的时间集中处理更重要的经营活动。

**（二）供应链执行系统**

供应链执行系统（Supply Chain Execution Systems，SCES）是负责管理分销中心和仓库的物流，保证以最高效的方式将产品送到正确地点的系统。供应链执行系统可以跟踪货物的物理状态、进行物料管理、仓储和运输管理，涉及所有参与企业的财务信息。

供应链执行系统由订单计划、采购、生产、存货和分销等模块组成。供应链执行系统不仅包含了用于简化需求计划的管理模块，还具有货仓管理及发票校验这些业务流程所必需的所有功能，而且对采购、生产、存货乃分销等标准工作程序进行了高度自动化。

1. 采购管理模块

根据生成的采购计划，参考顾客的重要性、满足订单履行时间的要求可制定订单履行计划，系统把这些请购单传递给采购模块，将它们转换成采购订单。采购人员可以任意应用各种高级工具，从特殊的采购主数据维护、询价请求，再到报价及框架协议。如采购人员可以在采购过程中自动比较价格，自动进行供应商选择或自动输入采购订单。供应商评估功能可以按照预先设定的选择条件找出最满意的供应商，也可以在采购文档被进一步处理之前对它们选择应用下达和批准程序。采购活动可由被授权员工利用电子签名批准。采购人员可以将采购订单或预测交货日程表通过硬拷贝或电子手段（如 Electronic Data Interchange，EDI）发送给供应商。采购历史可以帮助监控订单的状态并跟踪已收到的物料或发票。

2. 生产管理模块

生产管理主要指在特定场所进行的组装，包括装配、包装及贴标签等活动；根据企业的生产方式，可以选用生产订单处理、重复性制造或看板生产控制方式。生产订单主要用于离散型灵活作业。它提供广泛的状态管理功能、逐单控制功能以及与各种生产作业相关的功能。重复制造，适用于某些特定生产线在相当长的期间进行产品重复生产的制造商，其生产计划和控制以及监控作业通常都是基于时间段及数量进行的。供应链管理系统重复制造模块利用生产率和生产线方式来满足这种类型生产的需求。能力计划与生产订单处理和重复制造功能是集成在一起的。各种派工策略和一个灵活的工作计划表可以帮助生产管理人员进行生产资源规划。例如,利用看板技术控制生产,一旦物料数量低于看板水平,系统就会自动触发补货或生产需求。

3. 存货管理模块

存货管理策略的目标是尽可能减少流水线的库存。在存货管理模块中的物料存货是基于价值与数量来进行管理的,这个模块支持最通用的收货、发货和存货调配业务流程,并能帮助企业管理特殊存货(如批次管理、托管存货、项目存货、可退回的运输包装材料或承包商库存的转包元件),货物移动的自动过账会令财务会计、资产会计和管理会计三方面的存货价值更新。不管企业是进行阶段性或连续性盘点,还是进行大盘点,甚至应用抽样或周期性盘点手段,系统都可以提供一系列方法帮助库存管理人员输入数据并提供各种自动评估功能。存货管理模块可以灵活而自动地处理货物的移动,维护所有当前在高度复杂货仓结构中的存货记录。存货管理应用模块与供应链管理系统其他应用模块是相互集成的并直接连接在一起,包括采购管理、生产管理、分销管理和生产计划管理。采用先进的入仓和拣货技术,存货管理模块优化了物流和仓储能力,将货物存放于最佳位置,在需要的时候立即就能找到。

4. 分销管理模块

分销(销售)管理模块是对产成品从制造商到配送中心再到最终消费者的整个过程的管理。分销模块还可以帮助管理各种合同。这些合同可以是一般性合同,也可以是更具体的租约合同。利用这些合同,系统可以设定交货数量、交货日期和价格。系统还支持日程交货协议和更复杂的诸如准时(JIT)交货时间要求。可以利用服务管理应用软件功能来跟踪产品情况。服务管理应用软件提供一整套的功能,包括电话请求管理、保修管理以及维护维修合同处理,可以使按时交货成为企业销售的运营规范。

## 四、供应链管理系统的实施

供应链管理系统的实施可分成规划、内部整合、外部整合、跨企业协作四个阶段。在实施供应链管理系统之前,供应链中的核心企业应具备完善和成熟的信息系统。

### (一) 规划

在进行供应链管理系统实施之前,强烈建议进行一个系统建设规划,它可以保证系统顺利实施。规划阶段的工作主要有如下方面:

(1) 成立规划项目组,项目组可以由供应链管理咨询专家和各成员企业信息中心相关人员组成。

(2) 选择先进的技术平台和技术标准,如 B/S 三层或多层架构、J2EE 平台规范和 Web Service 标准等。

(3) 制定数据编码标准,选择数据描述和转换技术。成员企业之间数据编码方式往往不同,这就需要制定交换数据的编码方式以及转换标准。通常采用可扩展标记语言(Extensible Markup Language,XML)技术来进行数据描述和转换。

(4) 设置系统规划和实施阶段里程碑,并制定进度表。

(5) 对系统所需的资金进行估算。

(6) 成立实施项目组。

### (二) 内部整合

为了适应供应链协作的需要,企业内部原有的相关业务流程也需要进行业务流程重组(Business Process Reengineering,BPR),剔除和整合无效率环节,以实现供应链上关联流程的一体化、全过程的管理。同时,对企业内部与其他成员企业功能相同或相似的职能部门进行改组、合并或者撤销,以实现集约化管理,为供应链管理系统的实施打下基础。

### (三) 外部整合

企业之间的业务流程重组是在企业内部业务流程重组的基础上,充分利用企业之间的信息,进一步对不同企业成员的业务流程进行重组或者优化,以缩短采购环节以及对顾客的响应时间,缩短提前期,提高客户满意度。主要包括以下方面:

(1) 建立战略合作伙伴关系。
(2) 确定共同商业目标和行动计划。
(3) 确定和执行共同的供应链流程。
(4) 确定需要共享和传递的数据范围。
(5) 确定共同的绩效指标并进行考核。

### (四) 跨企业协作

在内外部整合的基础上,要建立合作伙伴之间的IT和电子商务环境下的协作供应链战略和支撑系统,主要包括以下方面:

(1) 在整合协作企业的共同商业目标和流程的基础上,实施基于互联网的供应链管理系统,实现计划的实时制定、决策和执行。

(2) 核心企业将相关上下游企业的Web Service集成到自身系统中,在上下游企业间建立起Internet连接,使相关企业都能交换和共享信息。

(3) 根据"外部整合"工作中制定的绩效指标,对电子化供应链的运作情况进行评估,协调各成员间的运作方式,并根据实际需要对信息平台进行调整。

## ❓ 相关思考

### 供应链管理系统的商业价值

供应链管理是借助信息技术和管理技术,将供应链上业务伙伴的业务流程相互集成,从而有效地管理从原材料采购、产品生产、分销、零售,直到交付给最终用户的全过程。供应链管理系统则贯通企业的内部与外部供应链过程,并为管理人员提供精确的采购、生产、储存、运输等相关信息,以实现供应与需求相匹配,减少库存水平,改善物流服务,加快产品上市,并在提高客户满意度的同时,降低整个系统的成本,提高供应链上各个企业的效益。那么,供应链管理系统的商业价值主要体现在哪几个方面呢?

1. 数据传输安全,提升供应链管理效率

系统将企业管理与外围企业管理有机地结合在一起,解决了供应商不集中、产品品种太多、订单过于频繁等情况导致的供应商、生产商及分销商之间存在的沟通问题、数据传输及时性问题、数据安全性问题、数据完整性问题等,整合生产商与上游资源,实现供应链管理效率,加快产品上市时间。

2. 供应和需求进行有效匹配,降低库存水平

信息沟通及时,以促进采购、生产、销售、物流等环节完美整合。分销商或零售商通过供应链管理系统发布需求信息,从而使供应商与生产商能及时组织采购、生产、发货等工作,能通过供应链管理系统知道货品从供应商、生产商、分销商到零售商的整个物流过程。生产商也能通过供应链管理系统了解到自己所生

产商品在分销商的库存及销售情况,与供应商与分销商互动,以有效降低库存水平。

3. 缩短生产周期,降低企业运营成本

企业采用供应链管理系统可以缩短与供应商的业务洽谈时间,大幅度降低采购成本。供应商也能通过系统了解企业自身的产品应用情况,及时作出合理的补货策略,缩短物料加工、信息处理、产品开发以及信息基础设施建设等环节的周期,提高对产品上市时间的要求,进而开展基于时间的竞争。

4. 促进业务合作,建立良好的供应商关系

通过改善与供应商的业务处理流程,与供应商进行协同办公,进行密切的信息交换,加强了对例外事件管理的能力和响应速度,与供应商建立稳固、长期的合作伙伴关系,同时与上游供应商及下游客户建立一种长期、互相信赖的关系。

资料来源:胡笑梅,张子振.管理信息系统[M].北京:机械工业出版社,2024.

## 本章小结

本章主要学习了供应链管理系统的基础知识。通过本章的学习,学生了解了供应链的特征,供应链管理的内容、特点和类型,以及供应链管理系统的实施;理解了供应链中的"牛鞭效应",推式和拉式供应链,供应链计划系统和供应链执行系统的主要模块和功能;掌握了供应链的定义,供应链管理的定义和目标,供应链管理系统的组成和功能。

## 本章重要概念

供应链　供应链管理　供应链管理系统　核心企业　物流链　信息链　资金链　增值链　牛鞭效应　推式供应链　拉式供应链　供应链计划系统　供应链执行系统

## 本章练习

二维码5-6　　二维码5-7
本章练习　　本章练习
　　　　　　参考答案

# 第六章　客户关系管理系统

- 内容提要
- 重点难点
- 学习目标
- 知识框架
- 思政育人
- 第一节　客户关系管理概述
- 第二节　客户关系管理系统概述
- 本章小结
- 本章重要概念
- 本章练习

**内容提要**

本章主要介绍了客户关系管理的产生、定义和内涵;客户关系管理系统的一般模型,客户关系管理系统的类型和功能模块,客户关系管理系统的集成以及客户关系管理系统的实施。

**重点难点**

本章重点为客户关系管理的定义和内涵,客户关系管理系统的类型和功能模块;难点为全面理解客户关系管理系统与企业资源计划系统、供应链管理系统的集成。

**学习目标**

通过本章的学习,学生应了解客户关系管理的产生,客户关系管理系统的一般模型;理解客户关系管理系统的集成以及客户关系管理系统的实施;掌握客户关系管理的定义和内涵,客户关系管理系统的类型和功能模块。

**知识框架**

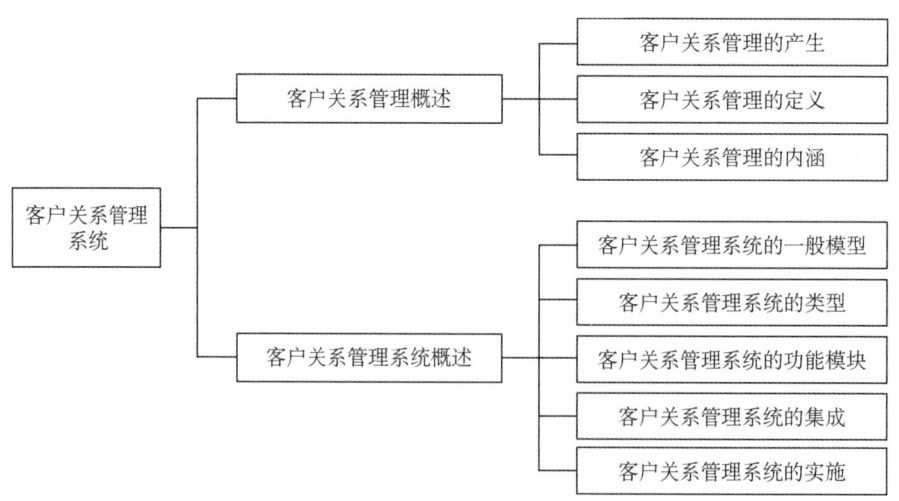

### 思政育人　华为的客户关系管理

华为创建于1987年,经过30多年的发展,如今已成长为全球领先的ICT(信息与通信)基础设施和智能终端提供商。2022年3月28日,华为发布2021年年度报告,报告显示,华为虽然经历了美国两年多的严厉制裁,但依然实现了业务的稳健增长,2021年全球销售收入为6 368亿元,净利润为1 137亿元,同比增长75.9%。华为作为改革开放后发展起来的民族企业,早期曾向IBM、爱立信等公司学习先进的管理经验,如今其企业文化、管理模式也成为众多企业的学习标杆。

华为信奉"客户满意是企业的生存之道,服务客户是华为存在的唯一理由,客户的需求是推动我们发展的唯一力量,华为的成功依赖于客户的成功"。早在1987年,华为就承诺"客户可无条件退货,华为永远欢迎你们"。每个销售人员都拥有一定的产品库存量调度权,若产品出现故障,销售人员可以自主为客户退换。

1997年,华为邀请IBM帮助华为重塑整个创新和研发过程,真正做到"以客户为中心",该项目持续三年时间,总预算高达18亿欧元。

为鼓励员工积极收集高价值的客户需求,华为从2006年开始设立了"最有价值需求奖",从员工提交的客户需求中筛选出对华为产品、解决方案、业务运营、服务、商业模式等有极高参考价值的需求,对提交者进行表彰,在全公司形成了关注客户需求的良好氛围。

在备受关注的客户数据方面,与众多电子巨头不同,华为的商业模式并不是将客户数据商业化。华为将安全视为核心,非常重视保护个人数据和客户利益。2019年6月,任正非在接受《金融时报》采访时说:"我们的'管道'(指网络设备)一旦售出,所有经过'管道'的东西,无论是水、石油还是数据,都属于运营商,我们不拥有数据。"

华为的安全系统通过了ISO 27001认证和200多项国际测试。华为在英国、德国和加拿大与当地政府合作建立了开放的网络安全评估中心,华为的产品在这些独立的评估中心接受测试,以验证其是否符合当地标准。

华为为确保在任何情况下都能为客户提供持续服务,不断推动技术创新。例如,在中国农村和沙漠地区,电信基础设施很容易被老鼠等动物啃坏,华为研发团队极力寻找坚固耐用的材料,设计了超固体材料以解决这一难题。

"多关注客户,少关注老板"这种客户导向的理念在内部得到了广泛的传播、鼓励。任正非经常对员工们强调:"不要花很多时间做讨老板开心的幻灯片,要多花些时间来思考如何为客户创造价值。"

【思政寄语】

在华为的发展历程中,我们深刻见证了改革开放的磅礴力量与企业自强不息精神的完美融合。华为以"客户至上"为社会主义核心价值观,不仅在全球ICT领域取得了卓越成就,更向世界展示了中国企业的责任与担当。党的二十大精神强调创新引领、质量强国、科技自立自强,华为的实践正是这一精神的生动写照。

我们应当从华为的故事中汲取力量,坚持创新驱动发展,勇于攀登科技高峰。要像华为一样,将客户需求放在首位,不断提升产品与服务的品质与竞争力。同时,要牢固树立安全发展理念,保护个人隐私与数据安全,为构建网络强国贡献力量。更为重要的是,我们要学习华为那种不畏艰难、勇于挑战的精神,面对国际竞争中的复杂局面,保持定力,坚定信心,持续推动技术创新与产业升级。在追求个人成长与企业发展的道路上,始终不忘初心、牢记使命,为实现中华民族伟大复兴的中国梦贡献自己的青春与智慧。

资料来源:樊尚·迪克雷.华为传[M].张绚,译.北京:民主与建设出版社,2020.

# 第一节　客户关系管理概述

客户关系管理(Customer Relationship Management,CRM)起源于美国20世纪80年

代初提出的接触管理(contact management),是指专门收集整理客户与公司联系的所有信息的理论。其到 20 世纪 90 年代初期则演变为包括呼叫中心资料分析的客户服务(customer care)。经过 30 多年的不断发展,客户关系管理不断演变发展并趋向成熟,最终形成一套完整的管理理论体系。

## 一、客户关系管理的产生

客户关系管理是在企业由"以产品为中心"转向"以客户为中心"的过程中产生的新管理思想,旨在使企业的经营理念从"提供什么产品和服务"过渡到"怎样使客户满意"。现代客户关系管理产生的原因可以归纳为以下四个方面:客户需求的拉动、企业内部管理的变化、市场竞争环境的变化和信息技术的推动。

1. 客户需求的拉动

随着经济的发展、技术的进步、产品的不断推陈出新,消费者的思维方式、生活方式和行为方式不断发生变化,因而消费者的需求和购买方式也在不断变化,尤其是信息技术的飞速发展,带来了客户消费行为历史性和根本性的变革。互联网技术使客户选择权空前加大,消费者价值观的变迁,使得快速、简易、便宜、人性化、方便、熟悉、安全成为新时代的客户购买行为的七大准则。面对客户需求的多变与复杂性,企业间的竞争日益激烈,企业必须积极采取措施应对消费观念和行为不断变化的客户,时刻准备与消费者进行沟通和互动,密切注视消费者变化的需求。这种市场对企业的客观要求推动了客户关系管理的发展。

2. 企业内部管理的变化

企业从应用 ERP 系统的过程中受益匪浅。但是 ERP 系统的设计主要是针对生产、流通、财务领域的,而在与客户有关的企业经营活动,如销售、服务和营销等中,传统的 ERP 系统并没有提供一个有效的整合手段,这使相关业务的管理效率非常低。来自销售、客户服务、市场、制造、仓储等部门的信息分散在企业的各个部门中,这造成企业无法对客户有一个全面的了解,各部门难以在信息统一的基础上面对客户,从而导致客户服务效率低下。这就需要企业各部门对有关客户的各种信息和活动进行整合,建立一个以客户为中心的系统,对客户的相关活动进行全面管理,以实现日常业务的自动化和科学化。

3. 市场竞争环境的变化

现代企业所面临的市场竞争,无论是在广度上还是在深度上都在进一步扩大。市场竞争已经全球化,竞争的范围从区域扩展到全球,竞争者不仅包括行业内部已有的或潜在的竞争者,在利益的驱动下,许多提供替代产品或服务的竞争者、供应商和客户也加入到竞争者的行列。由于产品之间的差异性降低,竞争由产品转向了服务,而且随着产品的同质性越来越强,生命周期越来越短,竞争也越来越激烈。很多企业在产品质量、供货及时性等方面已经没有多少潜力可挖。低成本、高质量的产品不再是保证企业立于不败之地的法宝,如何有效地避免客户流失,强化企业与客户之间的关系已成为竞争的关键。企业竞争的观念逐渐由以利益为导向发展到以客户价值为导向、以保持持续竞争力为导向。越来越多的企业认识到实施客户关系管理将有利于企业赢得新客户、保留老客户,提高客户利润贡献度,进而提高企业的核心竞争力。

4. 信息技术的推动

20 世纪 90 年代以来,大型关系数据库技术、客户机/服务器技术、分布式处理技术、数据挖掘技术以及个人计算机等设备在企业中的应用日益普遍,建立旨在实现多客户共享的客户关系管理系统已成为可能。而互联网的产生和发展则为客户关系管理系统注入了强劲的动力,互联网渠道作为一个全天候不受地域限制的接触渠道,拉近了企业和客户之间的距离,使企业和客户能更快、更广泛地进行双向交流。正是因为信息技术飞速发展,客户关系管理才从理念变为现实,其概念才被广泛接受,在短短的几年之内就成为企业关注的焦点。应该说,客户关系管理虽然是一个新时代、新环境的产物,但信息技术无疑为客户关系管理的发展提供了最强大的推动力。

## 二、客户关系管理的定义

客户关系管理的概念最早是由 Gartner Group 提出的,并于 1993 年形成了比较完善的体系。该公司认为:客户关系管理是企业的一种商业策略,它按照客户的分类情况有效地组织企业资源,培养以客户为中心的经营行为以及实施以客户为中心的业务流程,并以此为手段来提高企业的盈利能力、利润以及客户满意度。

二维码 6-1
客户关系管理

随着客户关系管理理念的不断深入和发展,不同的机构从不同的角度提出了自己的认识。

IBM 公司认为,客户关系管理通过提高产品性能,增强客户服务,提高客户交付价值和客户满意度,使企业与客户建立起长期、稳定、相互信任的密切关系,进而吸引新客户、维系老客户,提高效益和竞争优势。

SAP 公司认为,客户关系管理的核心是对客户数据库的管理,客户数据库是企业重要的数据中心,用于记录企业在市场营销与销售过程中与客户发生的各种交互行为,为企业提供各类数据模型,为后期的分析和决策提供支持。

综合上述关于客户关系管理的描述,可以给出客户关系管理的定义:客户关系管理是一种倡导企业以客户为中心的思想和方法。它是利用信息技术,实现市场营销、销售、服务等活动的自动化,使企业能以提升客户的满意度和忠诚度,以及提高企业盈利能力为目的,更高效地为客户提供产品和服务的一种经营管理策略。

## 三、客户关系管理的内涵

随着信息技术的发展和社会的进步,客户关系管理的定义也必将随之发生改变,但是客户关系管理的本质,即客户关系管理的内涵是不会改变的。客户关系管理的内涵包括顾客价值、关系价值和信息技术三个方面的内容,如图 6-1 所示。

二维码 6-2
CRM 之三国演义

客户关系管理的目的是实现顾客价值最大化和企业收益最大化。任何企业实施客户关系管理的初衷都是为顾客创造更多的价值,实现顾客价值最大化。为顾客创造的价值越多,顾客的满意度就会越高,顾客对企业的忠诚度也会不断增强,从而强化了企业与顾客的关系,有利于增加顾客为企业创造的价值,使企业收益最大化,实现顾客与企业的"双赢"。

企业是一个以营利为目的的组织,企业的最终目的是实现企业价值的最大化。因此在建立客户关系时,企业必须考虑关系价值,即建立和维持与特定顾客的关系能够为企业带来多大的价值。从逻辑上讲,企业的总价值等于所有过去的、现在的或将来的顾客的关系价值之和。关系价值高的顾客能为企业创造的利润高,企业应该将主要精力放在这类顾客的身上。而关系价值低且不具有培养前景的顾客,能给企业带来的收益并不高,甚至会带来负面

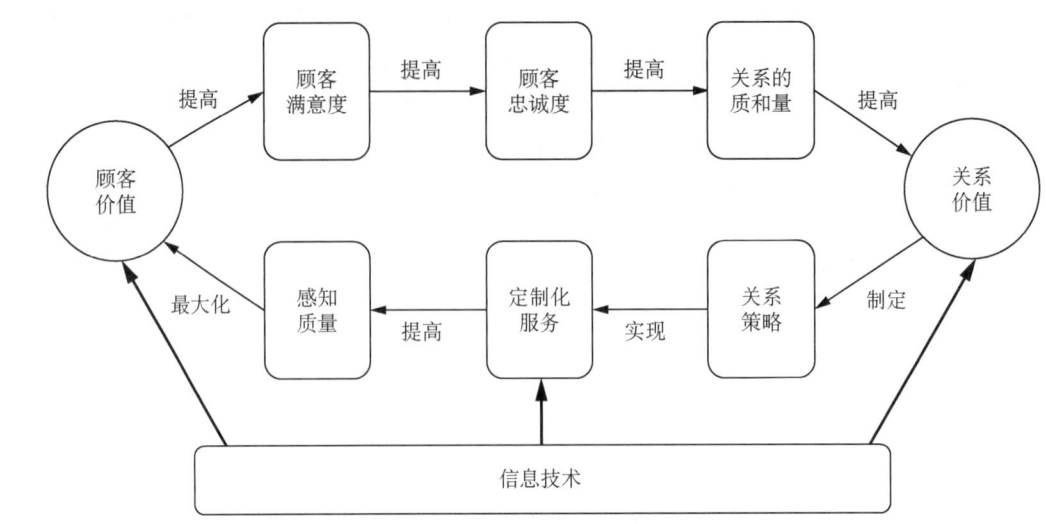

图 6-1 客户关系管理的内涵

的效应,企业应该果断地终止这种关系。关系价值是客户关系管理的核心,而管理关系价值的关键却在于关系价值的识别和培养。在客户关系管理中,顾客价值和关系价值可以看作两个支点,支撑着整个客户关系管理理论。

信息技术是客户关系管理实现的重要因素,如果没有信息技术的支撑,客户关系管理可能还停留在早期的关系营销和关系管理阶段。信息技术既包括智能化工具,如知识发现、数据挖掘和数据仓库技术,也包括计算机网络集成技术。企业正是因为对信息技术的有效应用,才能有效地分析顾客数据,积累和共享顾客知识,根据不同顾客的偏好和特性提供相应的服务,从而提高顾客价值。同时,信息技术也可以辅助企业识别具有不同关系价值的客户关系,针对不同的客户关系采用不同的策略,实现顾客价值最大化和企业利润最大化之间的平衡。

在图 6-1 中,顾客价值和关系价值之间存在着互动,这种互动关系也反映了顾客价值最大化和关系价值最大化这对矛盾统一体之间的平衡和互动。通过对关系价值的管理,企业将资源和能力集中在最具关系价值的顾客身上,为其提供高质量的产品或服务,满足其需求,进而实现顾客价值最大化。同时,从顾客的角度而言,顾客价值能够提高顾客的满意度,促进其对供应商的忠诚,进而促进关系的质(如顾客消费更多、更广)和量(如关系生命周期的延长)的全面提高,进一步增加该顾客的关系价值。而信息技术不仅支持了顾客价值最大化和关系价值管理这两项活动,而且支持了两者之间的互动过程。

? **相关思考**

实施客户关系管理的意义

简单地说,客户关系管理是一种管理理念,是一套管理软件和信息系统。那么,企业实施客户关系管理的意义主要有哪些?

客户关系管理对于现代企业来说具有重要意义,主要表现在以下几个方面。

1. 客户关系管理可以全面提高企业的运营效率

客户关系管理通过对企业各个业务环节和资源体系进行整合,大大提高了企业的运营效率。它可以向企业的各个营销部门渗透,既可以综合传统的呼叫中心和客户服务中心,又可以结合企业门户网站、网络销售、网上客户服务等电子商务内容,并在此基础上构建动态的企业前端。它还可以渗透生产、设计、物流配送和人力资源等部门,整合企业资源规划系统、供应链管理系统等。这样的整合,实现了企业范围内的信息共享,使业务处理流程的自动化程度和员工的工作效率大大提高,从而使企业的运作更顺畅,资源配置更有效。

2. 客户关系管理可以使企业保留老客户,吸引新客户

客户关系管理,一方面通过对客户信息进行整合,帮助企业捕捉、跟踪、利用所有的客户信息,并在企业内部实现信息共享,使企业可以更好地管理客户资源,为客户提供优质的服务;另一方面使客户可以用自己喜欢的方式与企业进行交流,并得到更好的服务。客户满意度提高,就能帮助企业留住更多的老客户,并有效吸引新客户。

3. 客户关系管理可以使企业不断拓展市场空间

客户关系管理可以扩展企业的销售和服务体系,扩大企业的经营活动范围,使企业能够及时把握市场机会,占有更多的市场份额。

资料来源:廖述梅,沈波,杨波,等. 管理信息系统[M]. 北京:高等教育出版社,2023.

## 第二节 客户关系管理系统概述

客户关系管理系统是企业"以客户为中心"的整体解决方案,强调对多个客户联系渠道的集成以及对相关业务功能的整合。它引入了客户关系管理思想和最新的信息技术,可以实现营销、销售和客户服务等业务流程的自动化,是帮助企业最终实现"以客户为中心"的管理模式的重要手段。它在客户关系管理思想的指导下,充分了解客户多样化和个性化的需求,从而在企业与客户之间建立起丰富、有效的双向沟通渠道,使企业可以为客户提供满意、周到的服务,以提高客户满意度和忠诚度。

### 一、客户关系管理系统的一般模型

客户关系管理系统的一般模型如图6-2所示。这个模型阐明了客户关系管理系统主要是对营销、销售、客户服务三个部分的业务流程进行信息化管理。产品开发和质量管理分别处于客户关系管理过程的两端,为客户关系管理系统提供必要的支持。

二维码6-3
CRM系统

根据客户关系管理系统模型,客户关系管理系统可分为接触活动、业务模块和商务智能三个部分。

1. 接触活动

客户关系管理系统支持各种各样与市场及客户接触的活动。接触活动一般基于呼叫中心、面对面沟通、电话、传真、电子邮件、移动互联网以及其他渠道(如金融中介或经纪人等)。这些渠道使企业能更方便或更友好地与客户进行沟通,保证信息的及时性和一致性。随着通信技术的发展,以及客户关系管理系统与移动互联网的紧密结合,移动互联网已成为企业与外界沟通的重要渠道。

2. 业务模块

营销、销售和客户服务部门与客户的接触最为频繁,客户关系管理系统应当对这些部门予以支持。客户关系管理系统的业务模块主要包括营销模块、销售模块、客户服务模块等。每一个模块又可以分为若干个子模块。

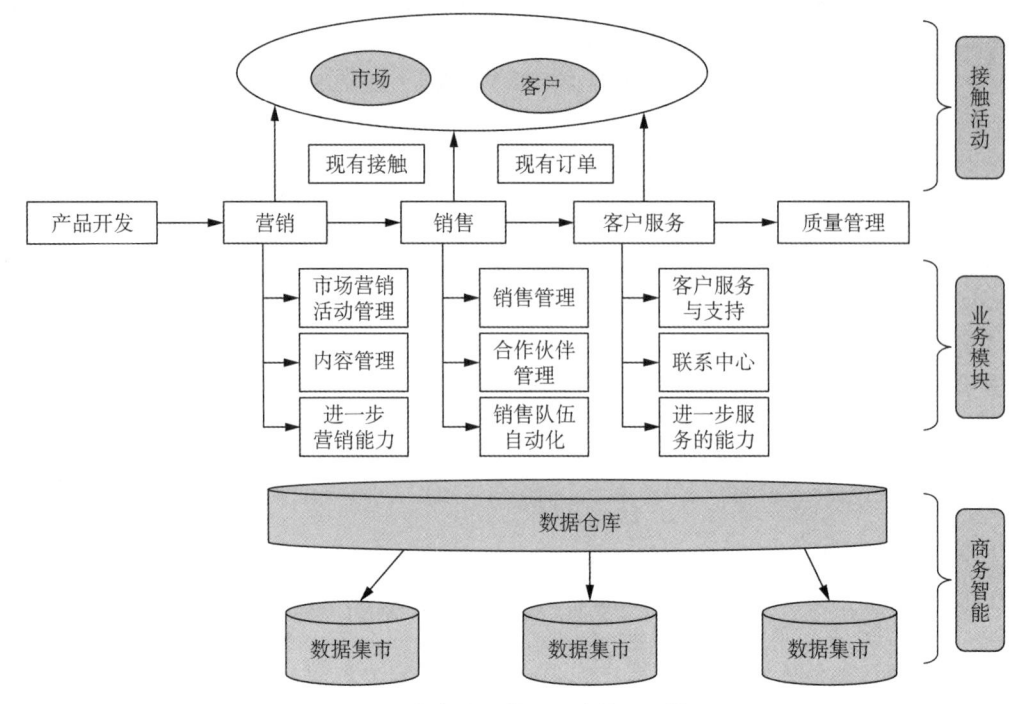

图 6-2  客户关系管理系统的一般模型

3. 商务智能

随着营销、销售、客户服务工作的开展,大量有价值的客户数据产生了,并形成面向各个业务模块的数据集,企业以此为基础可构建起数据仓库。企业可以对这些数据进行处理,并在此基础上形成客户关系管理智能解决方案,从而及时作出正确决策。商务智能包括营销智能、销售智能和客户服务智能等,它可以帮助企业在适当的时机向客户销售适当的产品或服务。随着营销、销售、客户服务模块的逐步完善,商务智能将成为客户关系管理系统建设的主要内容。

## 二、客户关系管理系统的类型

客户关系管理系统在发展初期,是没有类别之分的,所有供应商开发的系统都属于一个类别。随着行业的不断发展,企业的需求逐渐开始多样化,为满足用户需求,系统的供应商们逐渐开始侧重开发,以便凸显自身优势,这才形成了目前的三大类型。目前客户关系管理系统可以分为运营型 CRM 系统、协作型 CRM 系统和分析型 CRM 系统三大类型,如图 6-3 所示。

### (一) 运营型 CRM 系统

运营型 CRM 系统又称操作型 CRM 系统或前台运营管理系统,它涉及与客户直接发生接触的各个方面。运营型 CRM 系统通过客户服务自动化来改善与客户接触的流程,进而提高工作效率,使客户满意。

这类系统的设计理念是:客户关系管理在企业经营中的地位越来越重要,它要求包括客户服务、销售、营销在内的所有业务流程都实现自动化,并实现多渠道的客户接触点的整合,

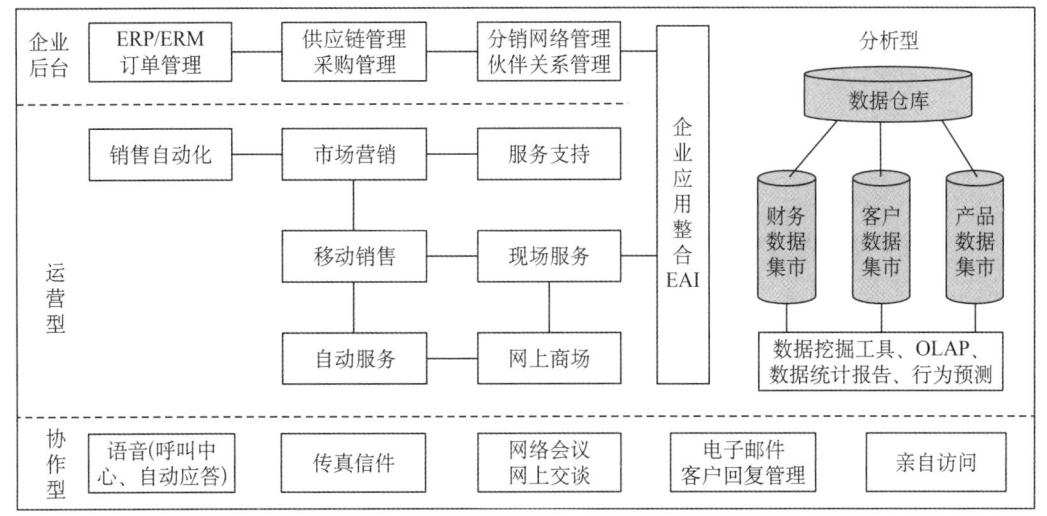

图 6-3 客户关系管理系统的类型

使前台与后台在管理上保持无缝连接。其目的是使企业在直接面对客户时能够提供自动化的业务流程,使各个部门的业务人员在日常工作中能够共享客户资源,减少信息流动滞留点,为客户提供高质量的服务。

运营型 CRM 系统面向的是营销、销售、客户服务等前台工作,因此它主要提供销售信息管理和分析、销售过程定制和监控、营销活动分析、计划预算、项目追踪、成本核算、回报预测、营销效果评估、客户服务请求,以及投诉处理机制建立、投诉分配、解决、跟踪、反馈和回访等功能,以实现"以客户为中心"的理念。

运营型 CRM 系统是 CRM 系统的"躯体",是整个 CRM 系统的基础,可以为运营情况分析和为客户提供服务支持提供依据。运营型 CRM 系统主要包括销售、市场和服务三个过程的流程化、规范化、自动化和一体化。

### (二)协作型 CRM 系统

协作型 CRM 系统整合各"接触点"的客户信息数据,运用数据挖掘等技术,将多个渠道的交流方式融为一体,以多媒体联系为中心,建立统一的接入平台,为企业和客户之间的互动提供多种渠道和方式,使企业和客户之间的互动更通畅、更便捷,提高企业的客户沟通能力。

协作型 CRM 系统应用试图让企业客户服务人员同客户协作完成某项活动。由于协作型 CRM 系统的参与对象只有两类,即企业客户服务人员和客户,因此在员工与客户互动时,要求 CRM 系统应用能够帮助员工快速、准确地记录客户请求的内容,快速找到解决问题的方案。如果问题无法在线解决,协作型 CRM 系统还必须通过智能路由对请求进行升级处理,员工必须及时作出任务转发的决定。

协作型 CRM 系统是指企业直接与客户互动(通常通过网络)的一种状态,它能全方位地为客户提供交互服务和收集客户信息,形成与多种客户交流的渠道。协作型 CRM 系统是一种综合性的 CRM 解决方式,可将多渠道的交流方式融为一体。

协作型 CRM 系统可以跨越客户"接触点"(包括各种客户与其交流沟通的方式,如电子邮件、电话、传真、网站页面等),同时包括伙伴关系管理(partner relationship management,

PRM)应用。协作型 CRM 系统是沟通交流的中心,它通过协作网络为客户及供应商提供相应路径。它可能意味着门户、PRM 或客户交互中心(Customer Interaction Center, CIC);也可能意味着渠道战略,即它可能是任何 CRM 系统的职能,为客户和渠道提供交互点。

协作型 CRM 系统主要用于实现多元化的沟通方式,特别是对类似于银行的金融机构,它们需要通过 CRM 把营业网点、网上银行、手机银行和客户数据中心等集成在一起,以保证不管客户在哪个终端请求服务,金融机构都能得到完整、精准且统一的信息。协作型 CRM 系统让企业客户服务人员与客户能够协同工作,实现多种客户交流渠道的集成,使各种渠道信息相互流通,保证企业和客户都能得到完整、准确、一致的信息。

### (三)分析型 CRM 系统

分析型 CRM 系统又称后台 CRM 系统,是 CRM 系统的"心脏"和"大脑",它不直接同客户打交道,其作用是分析和理解前台的客户活动。

分析型 CRM 系统主要是从运营型 CRM 系统和原有业务系统中提取各种有价值的信息,进而为企业的经营、决策提供可靠的量化依据。分析型 CRM 系统一般需要用到一些数据管理和数据分析工具,如数据仓库、联机分析处理(Online Analytical Processing, OLAP)和数据挖掘等。

把合适的产品和服务,通过合适的渠道,在适当的时候提供给适当的客户,即 CRM 系统的核心。它能把海量的销售、服务、市场以及业务数据进行整合,使用数据仓库、数据挖掘、OLAP 和决策支持技术,将完整、可靠的数据转化为有用、可靠的信息,再将信息转化为知识,进一步为整个企业提供战略上和战术上的商业决策支持,为客户服务和新产品的研发提供更准确的依据,提高企业的竞争能力,使企业能够把有限的资源集中于高价值的客户群体,并同这些客户保持长期、有效的关系。分析型 CRM 系统使这一切成为可能,它是一种处理海量客户数据的方法,其目标是获得可靠的信息支持策略和佐证商业决策。

### (四)三种类型的 CRM 系统之间的关系

从上面对三类 CRM 系统的介绍和分析可以发现,运营型 CRM 系统和协作型 CRM 系统主要用于解决如何提高企业的运营效率,以及如何采集数据的问题,并不具备信息分析能力;只有分析型 CRM 系统具有较强的信息分析能力。此外,这三类 CRM 系统都只侧重于解决某一个方面或某几个方面的问题,因此它们的功能都是不完全的。企业要实现与客户之间的联动机制,需要将这三类 CRM 系统结合在一起。在 CRM 系统实施过程中,这三类 CRM 系统之间往往是相互补充的关系,一个完整的 CRM 系统在实际应用中并没有严格意义上的运营型、协作型和分析型。

整个 CRM 解决方案是一个闭环,企业是先运行分析型 CRM 系统,还是先运行运营型 CRM 系统,或者协作型 CRM 系统,要根据企业的实际情况来确定。不论怎样,在建设 CRM 系统时一定要进行整体设计,先从满足企业最紧迫的需求做起,这样投资少、见效快、风险小,是非常切合实际的做法。

## 三、客户关系管理系统的功能模块

CRM 系统主要应用于企业销售、市场、服务等与客户密切接触的前端部门,通过接口与 ERP、SCM 等系统协同运作,帮助企业管理与客户间的业务关系、不断发展壮大。

CRM 系统的功能可以归纳为三个方面:

(1)对销售、市场营销和客户服务三部分业务流程的信息化。

(2）与客户进行沟通所需手段的集成和自动化处理。

(3）对上面两部分功能所积累下的信息进行的加工处理，为企业的战略战术决策提供支持。

CRM 系统的功能包括系统管理、数据统计分析和报表、客户管理、潜在客户管理、销售管理、日常活动管理、产品管理、服务管理、图表、任务分配、任务提醒、通信中心管理等。实施 CRM 系统的企业通过它的功能模块来达到精准营销、提升销售业绩的最终目的。CRM 系统主要包括销售模块、市场营销模块、客户服务模块、呼叫中心模块和电子商务模块五个功能模块。这五个功能模块的目标、组成及所能实现的主要功能如表 6-1 所示。

表 6-1　　　　　　　　　　　　CRM 系统的主要功能模块

| 主要模块 | 目标 | 组成 | 该模块所能实现的主要功能 |
| --- | --- | --- | --- |
| 销售模块 | 提高销售过程的自动化和销售效果 | 主要包括账户管理、销售意向管理、订单管理、销售规划、现场销售、销售分析等 | ① 销售管理。这是销售模块的基础，用来帮助决策者管理销售业务，主要包括额度管理、销售力量管理和地域管理<br>② 现场销售管理。该功能为现场销售人员设计，主要功能包括联系人和客户管理、机会管理、日程安排、佣金预测、报价、报告和分析<br>③ 现场销售/掌上工具。这是销售模块的新成员。该组件包含许多与现场销售组件相同的特性，不同的是，该组件使用的是掌上型计算设备<br>④ 电话销售。电话销售可以生成报价、创建订单、管理客户等工作，还能实现一些针对电话商务的功能，如电话路由、呼入电话屏幕提示、潜在客户管理以及回应管理<br>⑤ 销售佣金。该功能允许销售经理创建与管理销售队伍的奖励和佣金计划，并帮助销售代表直观地了解各自的销售业绩 |
| 市场营销模块 | 对直接市场营销活动加以计划、执行、监视和分析 | 主要包括市场营销活动计划与管理、营销及销售协同工具、信息分析与报表制作、客户细分及数据提取与清除等 | ① 营销。该功能使营销部门能够实时地跟踪活动的效果，执行和管理多样的、多渠道的营销活动<br>② 针对具体行业，附加特色营销部件。如基于基本营销功能，针对电信行业的 B2C 的具体需要增加了一些特色功能<br>③ 其他功能。其他功能可帮助营销部门管理其营销资料，完成客户列表生成与管理、授权和许可、预算、回应管理 |
| 客户服务模块 | 提高那些与客户支持、现场服务和仓库修理相关业务流程的自动化程度并加以优化 | 主要包括服务支持、客户满意管理、退货管理、服务规划、呼叫中心与服务台以及服务分析等 | ① 服务。该功能可完成现场服务分配、现有客户管理、客户产品全生命周期管理、服务技术人员档案、地域管理等。通过与企业资源计划（ERP）的集成，还可以进行集中式员工管理、订单管理、后勤、部件管理、采购、质量管理、成本跟踪、发票、会计等操作<br>② 合同。该功能主要用来创建和管理客户服务合同，从而保证客户获得的服务水平和质量与其所花的钱相当。它可以使企业跟踪保修单和合同的续订日期，利用事件功能表安排预防性的维护活动<br>③ 客户关怀。这个模块是客户与供应商联系的通 |

(续表)

| 主要模块 | 目标 | 组成 | 该模块所能实现的主要功能 |
|---|---|---|---|
| 客户服务模块 | 提高那些与客户支持、现场服务和仓库修理相关业务流程的自动化程序并加以优化 | 主要包括服务支持、客户满意管理、退货管理、服务规划、呼叫中心与服务台以及服务分析等 | 路。此模块允许客户记录并自己解决问题,如联系人管理、客户动态档案、任务管理、基于规则解决重要问题等<br>④ 移动现场服务。服务工程师借助无线部件能实时获得关于服务、产品和客户的信息,还可使用该组件与总部进行联系 |
| 呼叫中心模块 | 利用电话来促进销售、营销和服务 | 主要包括呼入呼出电话处理,互联网回呼,呼叫中心运行管理,电话转移,路由选择,报表统计分析,管理分析工具,通过传真、电话、电子邮件、打印机等自动进行资料发送,呼入呼出调度管理等 | ① 电话管理员。该功能主要包括呼入呼出电话处理、互联网回呼、呼叫中心运营管理、图形用户界面软件电话、应用系统弹出屏幕、友好电话转移、路由选择等<br>② 开放连接服务。该功能支持绝大多数的自动排队机<br>③ 语音集成服务。该功能支持大部分交互式语音应答系统、报表统计分析,提供图形化分析报表,可进行呼叫时长分析、等候时长分析、呼入呼出汇总分析、坐席负载率分析、呼叫接失率分析、呼叫传送率分析、坐席绩效对比分析等<br>④ 管理分析工具。该功能可进行实时的性能指数和趋势分析,将呼叫中心和坐席的实际表现与设定的目标相比较,确定需要改进的区域<br>⑤ 代理执行服务。该功能可支持传真、打印机、电话和电子邮件等,自动将客户所需的信息和资料发给客户。可选用不同配置使发给客户的资料有针对性<br>⑥ 自动拨号服务。该功能可管理所有的预拨电话,仅接通的电话才转到坐席人员那里,以节省拨号时间<br>⑦ 市场活动支持服务。该功能可管理电话营销、电话销售、电话服务等<br>⑧ 呼入呼出调度管理。该功能可根据来电的数量和坐席的服务水平为坐席分配不同的呼入呼出电话,提高客户服务水平和坐席人员的生产率<br>⑨ 多渠道接入服务。该功能可提供与 Internet 和其他渠道的连接服务,充分利用话务员的工作间隙收看 E-mail、回信等 |
| 电子商务模块 | 使用电子工具从事商务活动 | 主要包括个性化界面、服务、网站内容管理、订单和业务处理、销售空间拓展、客户自助服务、网站运行情况的分析和报告等 | ① 电子商店。该功能使企业能建立和维护基于互联网的店面,建立网上销售渠道,从而在网络上销售产品和服务<br>② 电子营销。与电子商店相联合,电子营销允许企业创建个性化的促销和产品建议,并通过 Web 向客户发出,帮助企业进行实时、有针对性的产品推广<br>③ 电子支付。这是电子商务的业务处理模块,它使企业能配置自己的支付处理方式<br>④ 电子货币与支付。利用这个模块,客户可在网上浏览下单和支付账单<br>⑤ 电子支持。该功能允许顾客提出和浏览服务请求、查询常见问题、检查订单状态。电子支持部件与呼叫中心联系在一起,并具有电话回拨功能 |

## 四、客户关系管理系统的集成

客户关系管理系统不是一个孤立的系统,它还需要与企业的各种信息系统进行交互,通过基于 XML API 的构件扩展接口或采用企业应用集成(Enterprise Application Integration,EAI)解决方案,实现客户关系管理(CRM)系统与企业资源计划(ERP)系统、供应链管理(SCM)系统等的集成和数据共享。

### (一) CRM 系统与 ERP 系统的集成

CRM 系统主要处理营销、销售、客户服务等涉及外部资源的业务,不能很好地处理企业内部业务。在新的经济环境下,CRM 系统不仅要能够充分利用企业外部资源,还要能够与企业现有的 ERP 系统,包括生产控制管理、销售管理、采购管理、仓库管理、财务会计管理、人力资源管理等子系统集成起来,消除数据的不一致性,将客户的需求、企业的生产制造活动和供应商的资源生产活动整合起来,使企业内外部资源产生的价值聚合起来,形成一条增值的价值链。

企业的运营是连贯的,其各种信息系统彼此之间衔接得越紧密,运行得越顺畅,运营效率就越高,对市场的反应速度就越快,也就越能适应市场的需要。单独使用 CRM 系统或 ERP 系统都会影响企业运营的连贯性,导致其对市场、客户需求的反应速度降低;单独使用 CRM 系统,会缺乏来自后台的动态信息,无法实时更新相关内容,很难对客户交易信息实时响应;单独使用 ERP 系统,则会缺乏营销、销售和客户服务网络,也难以对客户需求进行实时响应。

企业单独使用 CRM 系统、ERP 系统,或同时使用独立运行的 CRM 系统和 ERP 系统,缺乏有效的系统集成,都会形成"信息孤岛",阻碍企业管理信息化的进程。企业要想高效运行,就要将这些"信息孤岛"有效地集成在一起,CRM 系统与 ERP 系统集成是管理思想发展的必然趋势,是企业管理信息化的高级阶段,是弥补两个系统功能局限性的有效手段。

一般而言,CRM 系统与 ERP 系统较好的集成方法有两种:一是 CRM 与 ERP 两个系统出自同一个软件厂商,两者已经高度集成;二是提供标准的中间件,方便系统升级,保护企业的有效投资。

### (二) CRM 系统与 SCM 系统的集成

在产品差异化越来越小的今天,一个领先的制造商也许具备生产大量产品的能力,但是如果它不能改进产品的流通体系,快速响应客户需求,那么其产品就有可能积压在仓库中,无法投放到市场中。企业必须通过优化流通网络与分销渠道、改进供应链来提高库存周转率,减少库存量。而 SCM 系统对于产品或服务的有效传递而言是非常重要的。

无论是 CRM 系统还是 SCM 系统,其根本目的都在于提高企业对市场的反应速度,降低库存,加快资金周转速度,提高企业的管理水平。供应链管理和客户关系管理的整合,将使企业能够实现对客户需求的实时响应,以及需求与供应链中资源的实时匹配,从而全面提升企业的竞争力。具体而言,整合内容如下。

1. 信息共享基础

整合的第一个层次就是实现需求信息在供应链中的共享。有人将供应链管理称为"需求链管理",来强调供应链中所有活动都基于客户的实际需求,是有一定道理的。实际上,客户订单就是供应链中所有行为最终驱动的源头。

信息共享是解决供应链中著名的"牛鞭效应"需求扭曲问题的最有效方法。在理想情况下,下游企业可以和上游企业共享彼此的客户或客户信息,信息共享的程度越深,存在"牛鞭效应"的危险性就越小。同样,上游企业也可以和下游企业共享库存水平、生产能力和交货计划等方面的信息,这就可以让下游企业能够清晰地了解供应商的供应情况,降低其判断失误的概率。所以,供应商不仅可以共享其自身有关的库存和生产能力方面的信息,同时还可以共享供应商的数据,供应链中的所有信息应该是透明的。

信息整合更深层次的内涵指在供应链中实现知识交流,这要求各成员企业之间要有更深层次的信任,而不只是简单的数据共享。

2. 决策协作

在信息和知识共享的基础上,供应链伙伴之间寻求更深层次的整合,彼此交换某些决策权、工作职责和资源,以加强协作,共同努力开拓市场。供应链上某个伙伴可能更适合来执行另一个伙伴所拥有的决策权,如果他获得决策权,那么整个供应链的效率将得到明显提高。

协作的下一个层次是工作的重新部署。本着实现供应链优化的原则,所有的工作都将在供应链中重新分配,这样的重新分配只有在信息和知识共享的基础上才可能实现。

### 五、客户关系管理系统的实施

客户关系管理系统提供了多种途径架设企业前端与客户的桥梁,通过先进的技术手段,借助互联网实现与客户的全方位交互并提供个性化服务,那么如何实现一个客户关系管理系统呢?经归纳分析,客户关系管理系统实施过程一般包括以下几个阶段。

1. 确立业务计划

CRM 系统的建立需要与企业实际结合,并得到多方面资源的支持。因此在业务计划实施前,企业必须准确把握其应用需求以及 CRM 系统将如何影响企业的商业活动,制定一份结合技术方案和企业资源的高级别的业务计划,力争实现合理的技术解决方案与企业资源的有机结合。

2. 组建专门的 CRM 团队

企业在 CRM 项目启动后,应当及时组建一支有力的团队,保证 CRM 团队取得高层管理者的支持和一定的超脱地位。为了统筹业务开展,企业从每个拟使用 CRM 系统的部门中抽出得力的代表组建一个团队,这是该系统顺利推进的重要保障。因此在计划确定后,企业要及时组建团队并进行早期的概念推广和培训。

3. 分析客户需求,初建信息系统

建立 CRM 系统的主要目的是提高客户满意度、增加企业效益,因此,分析客户需求,深入了解不同客户群体的不同服务要求,找到企业与客户之间的交互作用,才能确保客户档案的经济性和实用性。企业应当根据客户的特性建立不同的客户档案内容,建成初步的客户信息管理系统。

4. 评估销售、营销、客户服务过程,明确企业应用需求

获得对客户需求的清晰了解后,企业还要在此基础上对原有业务流程进行分析、评估和重构,重新建立规范合理的新业务流程。这一过程中,企业需要广泛征求员工意见,了解他们对销售、营销、客户服务过程的理解和需求,确保基层员工和管理人员的全面参与。从各部门应用的角度出发,确定其所需各种模块的功能,并让最终使用者找出对其有益的及其所希望使用的功能,以确保该系统能够实现最终使用员工所需要的各种功能。

5. 确定合适的方案，统筹资源，分段推进

企业在考虑软件供应商对自己的需求是否有充分的理解和解决的把握，并全面关注其方案是否可行的前提下，选择应用软件和实施的服务商。然后，企业投入相应的资源推进软件和方案在企业内的安装、调试和系统集成，组织软件实施。CRM方案的推进不是一蹴而就的，企业应当以渐进的方式逐步实现，根据发现的问题、业务需求等随时调整，同时要按需逐步增加新的功能，有序部署软件系统，避免系统实现和集成上的混乱。

6. 组织用户培训

为了保障CRM系统的成功应用，促使系统的使用人员尽快掌握使用方法，企业管理者在了解方案实现后如何管理与维护，并开展及时的培训是非常必要的。培训对象主要应包括企业的管理人员、销售人员、营销人员和客户服务人员，内容包括使用方法、注意事项和维护要点等。

7. 使用、维护、评估和改进

企业要逐步把CRM系统的优势充分发挥。在使用的过程中，企业应当与系统的开发商和供应商一起评估系统应用的效率，从而不断发现问题，对不同模块进行修正、改进，逐步提高其实用性。

 延伸阅读

### 客户关系管理系统的商业价值

真正有价值的客户关系管理系统融合了先进的经营管理理念和IT技术，是对企业竞争力的有力增强，能为企业增加新的利润点。客户关系管理系统的商业价值主要体现在以下几个方面。

1. 挖掘客户规律

企业可以利用CRM系统采集信息，跟踪并分析每一个客户的购买行为和消费模式。企业在掌握了该客户的消费行为模式后，便可以有针对性地提供个性化的产品或服务，挖掘客户的潜在价值，形成企业与客户互动的良性循环，从而拥有稳定的客户资源，在市场竞争中保持优势。CRM系统将客户关系贯穿客户的整个生命周期，通过对客户资料的管理和挖掘，能够根据客户特定的需求为他们量身定做产品和服务。企业对CRM系统的应用提高了客户的满意度，保留了更多的老客户，吸引了新客户，能够扩大企业经营的范围，及时把握新的市场机会，占领更多的市场份额，优化市场增值链。

2. 整合企业资源

CRM系统可以朝企业的各个发展方向伸展，不仅可以综合传统的电话中心和机构，还能结合企业的门户网站、网上客户服务等电子商务内容，构架"动态"的企业前端。同时，它还能逐步渗透至生产设计、物流配送和人力资源等部门，整合ERP、SCM等系统，使企业的信息流和资源流在网络经济的商业模式中高效顺畅地运行。CRM系统使原本"各自为战"的销售人员、市场推广人员、服务人员、售后维修人员等真正围绕市场需求协调合作，为满足客户需求这一中心组成强大的团队；也为企业各个业务部门信息共享和自动化提供了工作平台，降低了企业的运营成本，打通企业所有的业务环节，满足客户需求，达到了保留现有客户、发掘潜在客户并提高企业盈利的目的；同时为企业后台的财务、生产、采购、储运等部门提供了有关客户需求、市场分布和产品销售状况等重要信息。

3. 辅助企业决策

CRM系统能够提供多维度决策分析，通过可视化的客户分析、商机分析、产品分析等进行多维度的数据分析，全面了解业务的执行情况，为销售决策提供依据。数据让管理决策更加科学，CRM系统的成功在于数据仓库和数据挖掘。CRM系统能够全面地记录企业的关键数据，并通过大数据的分析和统计，得出有规律性的结论，对客户的规模、行业、交易额、利润贡献、服务情况等指标进行综合评估，让企业的管理者透

视整个销售进展、销售过程及销售结果,进而作出最适宜的决策。

资料来源:胡笑梅,张子振.管理信息系统[M].北京:机械工业出版社,2024.

## 本章小结

本章主要阐述了客户关系管理系统的基础知识。通过本章的学习,学生了解了客户关系管理的产生,客户关系管理系统的一般模型;掌握了客户关系管理的定义和内涵,客户关系管理系统的类型和功能模块;并进一步全面理解客户关系管理系统与企业资源计划系统和供应链管理系统的集成以及客户关系管理系统的实施。

## 本章重要概念

客户关系管理　客户关系管理系统　运营型CRM系统　协作型CRM系统　分析型CRM系统　顾客价值　关系价值　信息技术　接触管理　以产品为中心　以客户为中心

## 本章练习

二维码6-5
本章练习

二维码6-6
本章练习
参考答案

# 第七章　电子商务系统

- 内容提要
- 重点难点
- 学习目标
- 知识框架
- 思政育人
- 第一节　电子商务概述
- 第二节　电子商务的商业模式
- 第三节　电子商务系统的应用框架
- 第四节　电子商务系统的发展趋势
- 本章小结
- 本章重要概念
- 本章练习

## 内容提要

本章主要介绍了电子商务的概念、电子商务的特点及电子商务的演进;企业与企业之间的电子商务、企业与消费者之间的电子商务、消费者与消费者之间的电子商务、其他类型的电子商务;电子商务系统概述、电子商务系统应用框架组成;共享经济与社交电子商务模式、信息系统与移动电子商务模式。

## 重点难点

本章重点为电子商务的特点、企业与企业之间的电子商务、企业与消费者之间的电子商务、消费者与消费者之间的电子商务、电子商务系统应用框架组成;难点为企业与企业之间的电子商务、企业与消费者之间的电子商务、消费者与消费者之间的电子商务、电子商务系统应用框架组成。

## 学习目标

通过本章的学习,学生应了解电子商务的概念、电子商务的特点及电子商务的演进;理解企业与企业之间的电子商务、企业与消费者之间的电子商务、消费者与消费者之间的电子商务、其他类型的电子商务;掌握电子商务系统的概念及电子商务应用框架组成;了解共享经济与社交电子商务模式、信息系统与移动电子商务模式。

## 知识框架

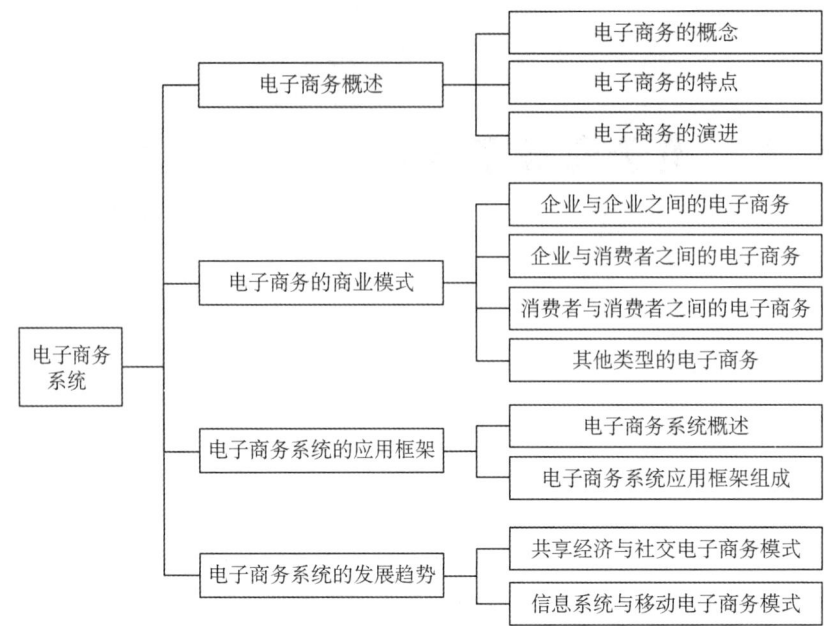

 **思政育人　数据说话:天猫+京东就是一个近万亿元的市场**

　　国家邮政局监测的数据显示,从快递的数量看,2021 年 11 月 1 日—11 日,全国邮政、快递企业共处理快件 47.76 亿件,同比增长超过两成。其中,11 月 11 日当天共处理快件 6.96 亿件,稳中有升,再创历史新高。

　　一个有趣的数据是,网络监测发现,有这么一群人,喜欢在早上 7 点左右扎堆进行网购,这是因为每天有着 110 多万的老年人用他们独有的"长辈模式"在逛"双十一"呢,他们最喜欢买的商品是智能手机、羽绒服和毛呢外套。当然,"双十一"参与的主体依然是年轻人,90 后、00 后占比超过 45%。

　　从西部地区的数据看,"双十一"中西部地区农货销售增长尤其亮眼,西部 12 省份农产品销售额同比增长 20%,其中甘肃省同比增长 57.5%,贵州省同比增长 24.4%。

　　可喜的是,220 家老字号品牌的销售额截至 11 月 11 日 8 时同比增长超过 100%,2021 年有 184 个老字号进驻淘宝直播间。品牌方面,275 个新品牌连续 3 年翻倍增长,700 多个新品牌成为细分品类第一名。天猫新品牌孵化计划今年已支持 2 000 多个新品牌。

**【思政寄语】**

　　赶上移动互联网大爆发的年代,我们每一个人都避不开网购,但我们需要一个什么样的网购环境,我们又该如何理性对待"买买买"的问题,似乎只有通过数据,通过消费者,通过专家学者的观察来透过现象看本质,最终由政府通过顶层设计推动这个节日的健康发展。2021 年 3 月,国家发展改革委牵头,28 个部门联合印发了《加快培育新型消费实施方案》,进一步细化实化深化了政策措施。此后,20 多个省份和计划单列市陆续出台了促进新型消费发展的意见、实施方案、行动计划等。目前,已经初步形成中央顶层设计、各部门各地区统筹推动、市场和社会力量广泛参与的工作格局。随着增强现实(AR)、虚拟现实(VR)和互联网(Internet)等技术的应用,以人为载体的直播战场,必然转移到以"虚拟现实"为核心的商业应用场景。

　　资料来源:张守营.我们需要一个怎样的"双十一"[EB/OL].(2021-12-31)[2024-09-30]. https://www.ndrc.gov.cn/wsdwhfz/202112/t20211231_1311193.html.

## 第一节 电子商务概述

信息革命的影响才刚刚露出端倪。激起这场变革的不是信息,不是人工智能,也不是计算机和数据处理对决策、政策制定或战略的影响,而是电子商务。电子商务对经济、市场和行业结构,产品和服务及其流通,消费者细分、消费者价值和消费者行为,工作和劳动力市场产生了很大的影响。不仅如此,这种变化对社会与政治所产生的影响会更大,更重要的是,它将完全改变我们对自己以及对整个世界的看法。这是现代管理学之父彼得·德鲁克在《巨变时代的管理》中对电子商务的看法。那到底什么是电子商务呢?

### 一、电子商务的概念

电子商务涉及技术和商务两个领域,研究的视角不同,对于电子商务的理解也不尽相同。目前其尚未有一个获得广泛接受的定义,许多国际组织、企业、政府和学者都提出了各自的观点。

1997年11月,国际商会在法国巴黎举行了世界电子商务会议,在这次会议中,与会代表就电子商务的概念进行了探讨,他们认为电子商务是指整个贸易活动实现电子化。其从涵盖范围方面可以定义为:交易各方以电子交易方式而不是通过当面交换或直接面谈方式进行的任何形式的商业交易。其从技术方面可以定义为:电子商务是一种多技术的集合体,包括交换数据、获得数据以及自动捕获数据等。

> **相关思考 7-1**
>
> **电子商务是一种多技术的集合体**
>
> 电子商务是一种多技术的集合体,那它都集合了哪些技术呢?
>
> 1. 交换数据
>
> 交换数据使用的技术包括电子数据交换、电子邮件等。
>
> 2. 获得数据
>
> 获得数据使用的技术包括共享数据库、电子公告牌等。
>
> 3. 自动捕获数据
>
> 自动捕获数据使用的技术包括条形码等。

IBM将电子商务分成狭义和广义的电子商务。从狭义上来讲,电子商务就是电子交易,主要是指利用Web提供的通信手段在网上进行的交易。从广义上来讲,电子商务就是包括电子交易在内的,利用Internet进行的全面商业活动,如市场调查分析、财务核算、生产计划安排、客户联系、物资调配等,所有这些活动涉及企业的内外。

联合国国际贸易程序简化工作组认为,电子商务是采用电子形式开展商务活动,它包括在供应商、客户、政府及其参与方之间通过任何电子工具,如EDI、Web技术、电子邮件等共享非结构化或结构化商务信息,并管理和完成在商务活动、管理活动和消费活动中的各种交易。

这一概念虽未统一,但其核心价值已深入人心,即通过电子手段优化商业流程,提高效率,降低成本。在此基础上,电子商务的实践应用日益广泛,从供应链管理到客户关系维护,无不渗透着这一理念。而这一理念的发展,正如德鲁克所言,将深刻影响社会结构、经济模式,乃至人们的世界观。在电子商务不断演进的今天,人们应深刻理解其内涵,把握其发展趋势,以适应这个巨变的时代。在这一理念的推动下,电子商务在各个领域的应用不断深化,企业通过数字化转型,优化资源配置,提升竞争力。同时,政府也在积极营造良好的政策环境,推动电子商务的健康发展。此外,随着5G、大数据、人工智能等新技术的广泛应用,电子商务将迎来新的发展机遇,进一步改变人们的生活和工作方式。面对未来,人们需要紧跟电子商务的发展步伐,不断学习,提升自身素质,以适应这个数字化时代的挑战。

## 二、电子商务的特点

电子商务的特点主要体现在便捷性、高效性和广泛性三个方面。

便捷性主要体现在电商交易过程的简单快捷,使消费者能够随时随地轻松完成购物。无论是通过手机、电脑还是其他智能设备,用户都可以在几秒钟内浏览商品、下单支付,整个过程无需繁琐的手续和等待时间。这种便捷性大大提升了消费者的购物体验,使购物变得更加轻松和愉快。

高效性则主要表现在企业资源的优化配置上,通过电子商务平台,企业能够更高效地管理库存、物流和客户服务等各个环节。这种高效的资源配置不仅降低了企业的运营成本,还提高了整体运营效率。企业可以更快地响应市场需求,及时调整生产和销售策略,从而在激烈的市场竞争中占据有利地位。

广泛性指的是电子商务跨越了地域限制,使全球市场紧密相连。无论是在发达国家还是在发展中国家,消费者都可以通过互联网访问全球各地的商品和服务。这种广泛性不仅为消费者提供了更多的选择,还为企业打开了更广阔的市场空间。企业可以通过电子商务平台将产品销售到世界各地,从而实现全球化经营。这种紧密相连的全球市场不仅促进了国际贸易的发展,还加速了全球经济的一体化进程。

这些特点在二维码技术、人工智能等新技术的推动下,将进一步促进电子商务向智能化、个性化发展,为企业带来更多商业价值;同时也对人们提出了新的要求,即必须不断更新知识结构,掌握先进技术,以应对数字化时代的机遇与挑战。在智能化、个性化的推动下,电子商务模式不断创新,为消费者提供更加精准、高效的服务。在这种趋势下,企业应更加注重客户体验,深化数据分析,以提升服务质量和市场竞争力。这不仅是对企业运营模式的革新,更是对传统消费习惯的颠覆。在这种大背景下,电子商务的未来将更加注重用户体验和个性化服务。在用户体验和个性化服务的驱动下,电子商务正逐步实现从单一交易到全方位服务模式的转变。企业不仅需关注产品销售,更应强化品牌与消费者之间的互动,利用大数据分析深入挖掘用户需求,从而实现精准营销。此外,结合5G、物联网等前沿技术,未来电子商务将打破现有框架,实现线上、线下无缝融合,为消费者带来更为丰富和便捷的购物体验。

## 三、电子商务的演进

电子商务的演进过程是一个充满创新和变革的历程,它随着技术的进步和消费者需求的变化而不断演化。

1. 基于 EDI 的电子商务

在互联网尚未广泛普及的年代,电子商务的概念已经在企业之间悄然萌芽,主要通过电子数据交换(EDI)技术得以实现。这种技术使企业之间能够通过电子方式高效地交换各种商业文件,包括但不限于发票、订单、货运单等。通过这种方式,企业之间的交易效率得到了显著提升,同时也大大减少了对纸质文档的依赖和使用,从而降低了办公成本,提高了工作效率。电子数据交换技术的出现,不仅为企业带来了便利,也为未来的电子商务发展奠定了坚实的基础。

尽管 EDI 技术在企业间数据交换领域扮演着重要角色,但它也存在一些不容忽视的局限性:首先,部署 EDI 系统往往需要昂贵的前期成本,涵盖软件、硬件采购以及系统集成的复杂过程。其次,由于 EDI 系统通常遵循严格的格式标准,它在处理非标准化数据时显得力不从心,缺乏必要的灵活性。最后,由于 EDI 系统的高成本和复杂性,小型企业可能难以承担这样的投资,因此 EDI 技术的普及和应用范围也受到了限制。

2. 基于互联网的电子商务

互联网技术发展的起源可以追溯到 20 世纪 60 年代末期的美国。当时,美国国防部高级研究计划局为了实现计算机网络的可靠通信,启动了 ARPANET 项目。ARPANET 是第一个实现分组交换技术的网络,它奠定了互联网技术的基础。1969 年,ARPANET 成功连接了加州大学洛杉矶分校和斯坦福研究院的计算机,标志着互联网的诞生。随后,更多的大学和研究机构加入 ARPANET,网络逐渐扩展。

到了 1983 年,ARPANET 采用了 TCP/IP 协议,这是互联网通信的核心协议,确保了不同网络和计算机之间的互相操作性。这一举措为互联网的全球扩展奠定了基础。

1989 年,英国科学家蒂姆·伯纳斯·李在欧洲核子研究组织工作时,提出了一个全球性的超文本项目,即万维网,旨在帮助物理学家们更有效地分享和管理信息。伯纳斯·李设计了万维网的基础技术,包括超文本标记语言、超文本传输协议和统一资源定位符。

随着互联网的普及,电子商务开始进入一个新的时代。最初,它以静态网页的形式存在,用户通过简单的网页浏览和信息查询进行在线购物。随着时间的推移,电子商务逐渐突破了早期的局限性,开始向动态化和互动化的方向发展。网站开始采用更加先进的技术,如动态网页生成、数据库管理和服务器端脚本语言,使得用户能够享受到更加个性化的购物体验。电子商务平台不再仅仅是信息展示的窗口,而是变成了一个能够实时互动、提供丰富功能的虚拟市场。

在这个发展阶段,用户可以通过搜索功能快速找到自己想要的商品,还可以通过比较工具轻松地对不同产品进行价格和性能的比较。此外,电子商务平台还引入了用户评论和评分系统,使得消费者在购买前能够参考其他买家的反馈,从而作出更加明智的决策。

3. 移动电子商务

移动电子商务是互联网、通信网络、IT 技术和手持终端技术融合发展的必然产物,是一种全新的数字商务模式,是电子商务朝着大众化、便捷化方向发展的一种延伸,是一种整合电子商务和沟通传统商务的创新营销应用潮流,是网络经济新的利润增长点。它通过移动通信网络进行数据传输,并且利用手机和 PDA 等移动终端开展各种商务活动,主要特征就是借助移动通信技术和使用移动终端。

移动支付和移动营销策略的创新,使电子商务的便捷性得到了极大的提升,移动支付技术的发展,如支付宝、微信支付等,极大地简化了支付流程,提升了用户体验。与此同时,大数据和人工智能技术的应用使得电子商务平台能够更加精准地分析用户行为和偏好,从而提供个性化的推荐服务。通过机器学习算法,电子商务平台能够根据用户的浏览历史、购买记录和点击行为,实时推送相关商品和促销信息,极大地提高了转化率和用户满意度。随着仓储自动化和智能物流技术的普及,商品的配送速度和准确性得到了显著提升。许多电子商务平台开始提供次日达甚至当日达的服务,极大地满足了消费者对快速配送的需求。随着人工智能和大数据技术的发展,电子商务开始利用这些技术进行个性化推荐、智能客服、精准营销等,极大地提升了用户体验和运营效率。例如,通过分析用户的浏览历史和购买行为,电子商务平台可以推荐用户可能感兴趣的商品,从而提高转化率。无人超市、线上线下一体化等,标志着电子商务进入了一个全新的发展阶段。这种模式不仅提升了购物的便捷性,还通过数据分析优化了库存管理和供应链效率。

电子商务的演进是一个不断适应技术革新和市场需求变化的过程,未来,随着技术的进一步发展,电子商务将继续演变,为消费者和企业带来更多创新和便利。它不仅改变了我们的购物方式,也正在重塑整个商业世界的运作模式。

## 第二节 电子商务的商业模式

### 一、企业与企业之间的电子商务

企业与企业之间的电子商务是指通过私营或增值网络采用电子数据交换方式进行的商务活动。这类电子商务具有很强的实时商务处理能力,使企业能以一种可靠、安全、简便、快捷的方式与其他企业进行商务活动并达成交易。B2B电子商务通过构建高效、便捷的在线交易平台,极大地促进了企业间的合作与交流,降低了交易成本,提高了市场效率。

**(一) B2B 电子商务的核心特征**

B2B交易涉及的参与方具有较高的稳定性。企业倾向于与特定的供应商和客户建立长期的合作关系,体现企业的专一性,从而确保供应链的连续性和可靠性。这种稳定性有助于在商业伙伴之间建立信任,促进合作的顺利进行。

B2B交易过程复杂,但遵循严格的规范。交易条款和条件涉及诸多方面,如价格、交货期限、质量标准和付款方式等。尽管交易过程复杂,但各方通常会遵循明确的合同条款、行业标准和相关法律法规,以确保交易的合法性和透明度。

B2B交易涉及的参与方范围广泛。企业不仅与直接供应商和客户进行交易,还可能与多方合作伙伴,如分销商、代理商和制造商等,建立联系。这种广泛的参与方使企业能够覆盖更广阔的市场,获取更多的资源和机会。

> **相关思考 7-2**
>
> **B2B 电子商务的基本流程**
>
> B2B电子商务遵循什么样的基本流程呢?B2B电子商务的基本交易过程如图7-1所示:

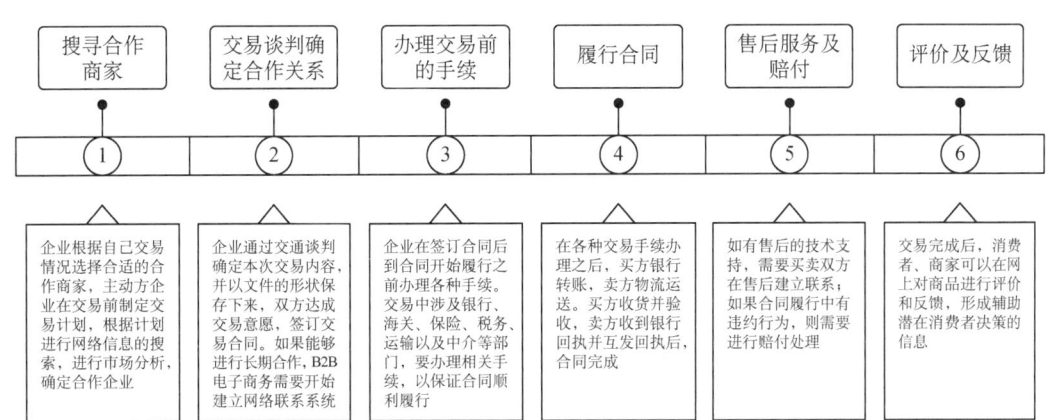

图 7-1　B2B 电子商务的基本交易过程

### (二) B2B 电子商务的模型

电子商务的商业模式随着技术进步和市场需求的演变而不断成熟与多样化。B2B 电子商务的模型很多,从交易机制来分,可以将其分为 4 种类型:目录式、拍卖式、交易所式和社群式。每种类型都有其独特的运营模式和适用场景,共同构成了企业间电子商务的丰富生态。

1. 目录式 B2B

在这种模式下,企业会创建一个在线的产品或服务目录,供其他企业浏览和购买。供应商通过详细的产品描述、价格、规格等信息吸引买家。目录式 B2B 的优点在于它提供了一个结构化的购物环境,买家可以方便地比较不同供应商的产品,并直接下单购买。此外,这种模式还便于供应商管理库存和订单,提高供应链效率。

2. 拍卖式 B2B

拍卖式 B2B 电子商务平台允许供应商和买家通过竞价的方式进行交易。这种模式通常适用于大宗商品或标准化产品的采购。拍卖过程中,买家根据商品的质量和价格进行出价,最终出价最高者获得商品。拍卖式 B2B 能够激发市场竞争,使买家以更优惠的价格获得所需商品,同时为供应商提供了更多的销售机会。

3. 交易所式 B2B

交易所式 B2B 电子商务平台是一个更为复杂和高级的交易系统,它模拟了传统商品交易所的功能。在这种模式下,买卖双方可以在平台上发布供求信息,通过交易系统匹配买卖双方,完成交易。交易所式 B2B 不仅支持即时交易,还提供期货、期权等金融衍生品交易,为企业提供更丰富的风险管理工具。此外,交易所式 B2B 还注重交易的透明度和公正性,通过严格的监管和规则制定,保障交易双方的权益。

4. 社群式 B2B

社群式 B2B 电子商务模式强调企业间的互动和合作。在这种模式下,企业可以通过平台加入或创建特定的行业社群,与同行交流经验、分享资源、寻找合作机会。社群式 B2B 不仅为企业提供了一个信息交流的平台,还促进了企业间的协同创新。通过社群的力量,企业可以共同应对市场挑战,实现共赢发展。

随着技术的不断进步和市场的日益成熟,B2B 电子商务的商业模式也在不断演进和创新。未来,更多跨界融合、智能化、定制化的 B2B 电子商务模式将不断涌现,为企业间的合作与发展提供更加广阔的空间和可能。

## 二、企业与消费者之间的电子商务

B2C 电子商务指的是企业针对消费者开展的电子商务活动的总称,一般是指电子商务企业通过互联网向消费者直接销售产品或提供服务的经营模式,即网上零售。在此模式下,企业通过互联网直接向消费者提供商品和服务。消费者在电子商务企业网站或电子商务平台注册后,选择及购买商品,确认订单并进行支付。电子商务企业通过自建网站或入驻电子商务平台的方式向消费者提供产品或服务信息,并进行支付、收款、配送等订单管理工作。其交易过程如图 7-2 所示。

相较于传统零售方式,B2C 电子商务具有较低的运营成本、更广阔的市场覆盖范围以及更便捷的购物体验等优势。

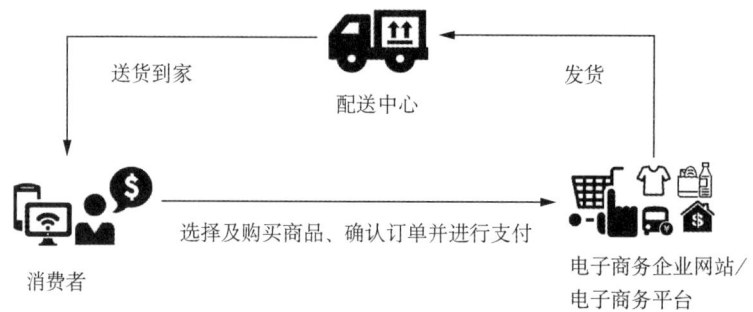

图 7-2　B2C 电子商务的交易过程

随着互联网技术的持续进步,B2C 电子商务平台如雨后春笋般涌现。从早期的亚马逊、eBay 到后来的阿里巴巴、京东,这些平台不仅改变了消费者的购物习惯,还推动了全球贸易的繁荣。消费者可以在家中轻松浏览各种商品,比较价格,阅读评论,然后一键下单,享受送货上门的服务。

**(一) B2C 电子商务的特点**

B2C 电子商务的兴起催生了许多新兴行业。例如,跨境电商让国内消费者可以购买到国外的商品,而海外消费者也能轻松购买到中国的特产。此外,随着移动支付技术的普及,消费者通过智能手机随时随地都能完成购物,进一步提升了购物的便捷性。当今社会,B2C 电子商务模式具备以下显著特征:

(1) 直接面向消费者。B2C 电子商务模式直接将产品或服务提供给最终用户,省去了传统零售中的中间环节。该模式为消费者提供了更为便捷的购物途径,同时为商家拓展了更广阔的市场空间。

(2) 价格透明,购物成本低。在 B2C 电子商务平台上,商品的价格和信息都是公开透明的,而且不需要承担或者只承担较少的商品运输费用。消费者可以轻松地比较不同商家和品牌的价格和产品质量,从而作出更为明智的购买决策。

(3) 提供个性化服务。商家能够通过互联网平台收集并分析消费者的购买行为和偏好,从而提供更为个性化的服务和产品推荐。此种个性化的体验有助于提升消费者的满意度和忠诚度。

（4）商品种类丰富,价格相对低廉。与传统零售相比,B2C电子商务平台能够提供更为丰富的商品种类。消费者可以在一个平台上浏览和购买来自全球各地的商品,选择范围显著拓宽。由于传统商店店铺租金、人员工资、水电费用等支出成本较高,其商品的价格较高。但网上商品商家的相关支出较少,因而价格较低。此外,从进货渠道来看,网上商品进货的中间环节较少,尤其是在直销模式下,企业直接将商品销售给消费者,从而可以将商品的价格降得更低。

（5）提供全天候营业,互动性强。B2C电子商务平台不受时间和地点的限制,消费者可以随时随地进行购物。这种24小时不间断的服务模式显著提升了购物的便利性,满足了现代人快节奏生活的需求。B2C电子商务平台通常具备强大的互动功能,如在线客服、用户评论和评分系统等。这些功能不仅帮助消费者更好地了解产品,还为商家提供了及时获取用户反馈的机会,从而不断优化产品和服务。

（6）物流配送快捷。随着物流行业的快速发展,B2C电子商务平台能够提供更为高效和便捷的配送服务。消费者可以享受到快速的快递送货上门,甚至在一些大城市中实现当日达或次日达的配送服务。

（7）支付方式多样化。B2C电子商务平台支持多种支付方式,如信用卡、借记卡、第三方支付平台（如支付宝、微信支付等）以及货到付款等。多样化的支付方式为消费者提供了更多的选择,同时也提高了交易的安全性和便捷性。

随着技术的不断进步和消费者需求的不断变化,B2C电子商务还会为消费者和商家创造更多的价值。在B2C电子商务中,无形商品和服务的交易可以完全通过网络进行,而有形商品和服务的交易则不能完全在网上实现,要靠传统手段的配合才能完成。

**（二）B2C电子商务的分类**

1. 无形商品和服务的电子商务

无形商品和服务一般包括信息、计算机软件、视听娱乐产品等。对于这些商品和服务,商家可以通过网络直接提供给消费,具体有以下几种形式：

（1）网上订阅形式。这种形式是指消费者通过网络订阅企业提供的无形商品或服务,如信息、数字期刊等,并在网上直接浏览和使用。对于这种形式,消费者一般都要支付一定的费用,也有一些服务商提供免费的商品或服务,旨在提高网站的访问率。

（2）广告支持形式。这种形式是指服务商免费向消费者提供在线服务,其收益来自网站上的广告收入,这种形式不直接向消费者收费,是比较成功的一种电子商务运营形式。

（3）网上赠送形式。软件公司经常采用这种形式来向消费者赠送软件产品。例如,软件公司将测试版软件通过网络免费向消费者发送,消费者则通过网络自行下载试用。其意见也可以通过网络反馈给软件公司。当软件的正式版本发布时,参加测试的消费者可以享受到一定的优惠,采用这种形式不仅可以降低软件公司营销成本,还可以扩大软件测试群体,改善测试效果,提高市场占有率。

2. 有形商品和服务的电子商务

这种形式是指产品和服务的查询、订购、付款等活动在网上进行,但最终的交付还是需要使用传统的方法来完成,而不能通过网络来完成。从理论上讲,所有的有形商品和服务都可以采用这种电子商务形式。有形商品和服务的线上销售使商家扩大了销售渠道,增加了市场机会,网店不需要像实体商店那样保持很多库存,因此大大节省了库存成本。

### (三) B2C 电子商务的机遇和挑战

B2C 电子商务的兴起催生了许多新兴行业。例如,跨境电商让国内消费者可以购买到国外的商品,而海外消费者也能轻松购买到中国的特产。此外,随着移动支付技术的普及,消费者通过智能手机随时随地都能完成购物,进一步提升了其购物的便捷性。

然而,B2C 电子商务也面临着一些挑战。物流配送是其中的一大难题,尤其是在促销活动期间,大量的订单可能导致配送延迟。此外,网络安全问题也不容忽视,消费者在享受便捷购物的同时,也需要保护好自己的个人信息和支付安全。

为了应对这些挑战,许多 B2C 电子商务企业不断优化物流系统,提升配送效率。同时,他们也在加强网络安全措施,确保消费者的交易安全。此外,人工智能和大数据技术的应用,使企业能够更好地了解消费者需求,提供个性化的购物体验。

总之,B2C 电子商务作为一种新兴的商业模式,正在深刻地改变着我们的生活。随着技术的不断进步和市场的进一步发展,B2C 电子商务将会迎来更加广阔的发展前景。

## 三、消费者与消费者之间的电子商务

### (一) C2C 电子商务的概念

C2C 电子商务,即消费者与消费者之间通过互联网开展的互动交易活动,这种交易方式是多变的。在此模式中,卖方多为个人或小型商户,利用互联网平台的广泛覆盖范围,将商品推广至全球消费者;而买方则来自世界各地,通过平台搜索、对比并购买所需商品。

与其他电子商务模式相比,C2C 电子商务的核心特征包括:用户数量大且分散;买卖双方在第三方交易平台上完成交易,由第三方交易平台负责技术支持及提供相关服务;依赖第三方物流体系;单笔交易金额小,低价值商品加上物流费用可能会造成商品价格偏高、C2C 交易过程中出现的纠纷难以得到公正解决等。

### (二) C2C 电子商务的分类

#### 1. 按照交易的商品类型分类

C2C 电子商务模式按照交易的商品类型,可以细分为两大类:物品交易模式和服务交易模式。

物品交易模式是指消费者之间直接进行实物商品的买卖活动。在这种模式下,卖家将自己拥有的闲置物品或新购买的商品通过 C2C 电子商务平台发布出售信息,买家浏览并选择心仪的商品后进行购买。物品交易模式涵盖了广泛的商品类别,从日常用品到奢侈品,从二手商品到全新商品,都可以在这一模式下进行交易。

服务交易模式则是指消费者之间直接进行服务的买卖活动。与物品交易模式不同,服务交易模式交易的是无形的服务而非实物商品。这种模式下,卖家可以提供各种服务,如家政服务、教育培训、技术咨询等,并通过 C2C 电子商务平台发布服务信息。买家则根据自己的需求选择合适的服务进行购买。服务交易模式为卖家提供了一个展示自己专业技能和服务能力的平台,同时也为买家提供了更多元化、个性化的服务选择。

物品交易模式和服务交易模式共同构成了 C2C 电子商务的两大支柱,为消费者提供了更加便捷、高效的交易方式。

2. 按照交易的运作模式分类

C2C 电子商务模式按照交易的运作模式，主要可以划分为拍卖模式和店铺模式两大类别。

拍卖模式是一种通过在线平台进行的竞价交易方式。在这种模式下，卖家将商品或服务列出，并设定起拍价或最低成交价。买家通过竞价的方式参与购买，出价最高的买家最终获得商品或服务。拍卖模式具有价格发现、刺激购买欲望和增加商品曝光率等优势，尤其适用于稀有商品、艺术品或具有独特价值的商品。

店铺模式则更接近于传统的零售模式。在这种模式下，卖家在平台上开设店铺，展示并销售自己的商品或服务。买家可以通过浏览店铺、查看商品详情和比较价格等方式，选择自己需要的商品进行购买。店铺模式为卖家提供了更多的自主权和灵活性，可以根据自己的经营策略和需求来设置店铺、商品和价格等。

拍卖模式和店铺模式各有其优势和适用场景，C2C 电子商务平台通常会同时提供这两种模式，以满足不同卖家和买家的需求。

### （三）C2C 电子商务的盈利模式

C2C 电子商务的盈利模式主要包括以下几种类型：

（1）会员费。一些 C2C 电子商务平台会提供会员服务，包括但不限于优先展示、专属客服、数据分析等增值服务。用户为了享受这些服务，需要支付一定的会员费用。会员费不仅为平台带来了稳定的收入来源，还能够增强用户黏性，提升用户体验，也是 C2C 网站盈利模式的重要组成部分之一。具体来说，C2C 网站通过为会员提供这些服务，帮助卖家更好地展示商品，提升交易概率，同时也为买家提供了更便捷、更安全的购物环境。会员费的收取方式可能因不同的 C2C 平台而异，但一般来说，会员需要按照一定周期（如年度、季度或月度）缴纳费用，以享受平台提供的各项服务。值得注意的是，会员费的收取标准并非固定不变，C2C 网站可能会根据市场情况、竞争态势以及平台自身的发展需要等因素进行调整。因此，对于想要成为 C2C 平台会员的卖家或买家来说，及时了解并关注平台的会员费政策是非常重要的。

（2）广告费。广告是电子商务平台的重要盈利方式之一。C2C 电子商务平台可以利用其庞大的用户群体和丰富的商品信息，为广告主提供精准的广告投放服务。平台通过展示广告并收取广告费用，实现了盈利的多元化。

（3）交易提成。交易提成是 C2C 电子商务平台最直接的盈利方式之一。平台通过对每笔成功的交易收取一定比例的提成费用来获得收入。这种模式的优点在于，它能够直接反映平台的交易活跃度和市场价值，同时能够激励平台不断提升服务质量，以吸引更多的买家和卖家。

（4）支付环节收费。支付环节是 C2C 电子商务交易中不可或缺的一环。一些平台会利用其在支付领域的优势，为买家和卖家提供安全、便捷的支付服务，并从中收取一定比例的手续费。这种模式的优点在于，它能够保障交易资金的安全和稳定，同时能够提升平台的支付体验和用户满意度。

（5）物流解决方案收费。对于一些没有能力自己处理物流问题的大型卖家，C2C 电子商务平台可以提供仓储、配送等物流解决方案。平台通过提供这些服务并收取一定的费用，是盈利的又一种方式。同时，物流解决方案的提供也能够提升平台的交易效率和用户满意度。

## 四、其他类型的电子商务

除了 B2B(企业对企业)、B2C(企业对消费者)、C2C(消费者对消费者)的类型,常见的电子商务还包括 C2B 电子商务、O2O 电子商务、B2G 电子商务、B2B2C 电子商务。

### 1. C2B 电子商务

C2B 即消费者为追求个性化、根据自身需求定制产品和价格,或主动参与产品设计、生产和定价,而生产企业进行定制化生成的电子交易活动。这一模式和我们熟知的从生产者到消费者的供需模式恰恰相反,它更强调消费者的主动性和参与度。消费者不再只是被动接受市场上的标准产品,而是可以通过互联网等渠道,直接与企业沟通,表达自己的需求和期望。企业则根据这些反馈,灵活调整产品设计、材料选择、生产工艺乃至价格策略,以实现真正的"一对一"定制化服务。这种转变不仅提升了消费者的满意度和忠诚度,也为企业带来了更多的市场机会和竞争优势。

C2B 模式的分类多种多样,从实现难易及层次上划分,可细分为以下几种类型:

(1) 聚定制。聚定制是指消费者通过平台聚集起来,形成一定规模的采购团体,共同向供应商提出定制需求的电子交易活动。这种模式的特点是门槛相对较低,容易吸引大量消费者参与,适合标准化程度较高的产品或服务。例如,团购网站上的定制旅行团、限量版服装团购等。

(2) 模块定制。模块定制允许消费者在一定范围内选择产品的不同模块或组件,以组合出符合自己需求的产品。这种模式的特点在于提供了一定的灵活性,消费者可以根据自己的偏好和需求进行选择。例如,消费者可以在线定制一台电脑,选择不同的处理器、内存、硬盘等组件。

(3) 深度定制。深度定制则更进一步,它允许消费者参与到产品设计的全过程中,从功能、外观到材质等各个方面都可以进行定制。例如,定制珠宝时,消费者可以选择宝石的切割方式、镶嵌工艺以及金属材质等;定制艺术品时,消费者可以与艺术家共同讨论创作理念,甚至参与到创作过程中来。

(4) 要约形式。要约形式是一种特殊的定制方式,它允许消费者向供应商提出具体的定制要求和价格预期,由供应商根据自身的实际情况进行评估和响应。例如,在大型设备采购中,企业可以向多家供应商发出要约邀请,详细说明自己的需求和预算范围,由供应商提交报价和方案供选择。

从 C2B 产品属性的角度来看,它可以被区分为实物定制、服务定制和技术定制三大类。

(1) 实物定制。电脑定制、珠宝定制、艺术品定制等,都属于实物定制的范畴。此外,还有定制家具、定制鞋服等,都是消费者根据自己的需求和喜好进行实物定制的实例。

(2) 服务定制。服务定制则涉及更加个性化的服务体验。例如,定制旅游服务可以根据消费者的偏好和预算制定专属的旅行计划;定制教育服务可以根据学生的学习情况和目标提供个性化的教学方案;定制健康管理服务可以根据个人的身体状况和需求提供定制化的健康指导等。

(3) 技术定制。技术定制则更加侧重于技术层面的个性化需求。例如,软件开发公司可以根据客户的业务需求和技术要求定制开发专属的软件系统;云计算服务提供商可以根据企业的 IT 基础设施和业务需求提供定制化的云计算解决方案等。

在这种C2B模式下,消费者通过聚合形成强大的采购集团,以批发价格购买商品,从而改变B2C模式中一对一出价的弱势地位。他们能够更加主动地参与到市场活动中来,享受更加优惠的价格和更加个性化的服务。

2. O2O 电子商务

线上到线下电子商务(O2O)的含义是将线下的商务机会与互联网相结合,通过互联网技术将线上消费者引导至线下实体店进行交易和服务。这种模式打破了传统电子商务的界限,实现了线上线下的无缝对接。

O2O模式的优势主要体现在以下几个方面:

(1) 增强用户体验。消费者可以在线上浏览商品、比价,并享受线上优惠,再到线下实体店进行体验、试穿或试用,最终完成交易。这种线上线下相结合的方式,使消费者既能享受到线上的便捷性,又能获得线下的真实体验和服务。

(2) 拓宽销售渠道。对于商家而言,O2O模式可以拓宽其销售渠道,不再局限于传统的实体店或线上网店。通过线上引流,将潜在消费者引导至线下实体店,从而增加销售额和客流量。

(3) 提升品牌形象。O2O模式有助于提升品牌形象和知名度。商家通过线上平台的推广和宣传,可以吸引更多的消费者关注和了解品牌,进而提升品牌的影响力和美誉度。

(4) 精准营销。借助大数据和云计算技术,O2O平台可以对消费者的购物行为进行分析和挖掘,从而实现精准营销。商家可以根据消费者的购物偏好和需求,推送个性化的优惠信息和产品推荐,提高营销效果和转化率。

O2O的运营模式主要包括以下几种:

(1) 先线上后线下模式。消费者在线上平台浏览商品、下单购买,然后到线下实体店进行取货或享受服务。这种模式适用于那些需要亲身体验或试用的商品和服务。

(2) 先线下后线上模式。消费者先在实体店体验商品或服务,然后在线上平台下单购买。这种模式可以增强消费者的购买信心和满意度。

(3) 线上线下同步模式。商家同时在线上平台和线下实体店销售相同的商品和服务,实现线上线下同步运营。这种模式可以充分利用线上线下的资源,提高销售效率和顾客满意度。

3. B2G 电子商务

B2G电子商务是指商业企业与政府管理部门之间的电子商务活动。这种模式的含义涵盖了企业向政府提供的商品和服务,以及政府通过电子商务平台进行的采购和合作。在这种模式下,企业可以便捷地向政府提交商品、服务报价及投标信息,而政府则可以利用这一平台发布采购需求、合作意向及评标标准等,从而实现双方的高效互动和合作。

B2G电子商务的特点包括以下几点:

(1) 效率提升。B2G模式通过电子商务平台实现信息的实时传递和交流,大大缩短了交易周期,提高了交易效率。企业可以迅速响应政府需求,政府也能更快地获取所需商品和服务。

(2) 透明度提高。该模式增加了交易的透明度,企业和政府双方都能通过平台清晰地了解对方的交易意向和条件,减少了信息不对称和暗箱操作的可能性。

(3) 便捷性增加。B2G模式打破了时间和空间的限制,企业和政府可以随时随地进行交易和合作，极大地提高了交易的便捷性。

（4）降低成本。通过减少中间环节和纸质文件的使用，B2G 模式降低了交易成本，提高了经济效益。

B2G 电子商务的运营模式主要包括以下几个环节：

（1）平台搭建。政府或第三方机构搭建电子商务平台，为企业和政府提供交易和合作的场所。

（2）信息发布。政府通过平台发布采购需求、合作意向及评标标准等信息，企业则发布商品、服务报价及投标信息。

（3）交易撮合。平台利用信息技术手段，对双方信息进行匹配和撮合，促进交易的达成。

（4）交易执行。双方在平台上完成交易合同的签订、支付结算等流程。

（5）监管与评估。政府对交易过程进行监管，确保交易的公正、透明和合法；同时，对交易结果进行评估，为后续的采购和合作提供参考。

（6）售后服务。企业为政府提供商品或服务的售后支持，确保交易的圆满完成。

### 4. B2B2C 电子商务

B2B2C 电子商务模式，融合了 B2B 与 B2C 双重特性，是一种新型商业模式，在此模式下，企业首先通过 B2B 环节实现供应链上的资源整合与产品流通，随后再将这些产品直接送至终端消费者手中。

此模式显著优化了企业的供应链管理流程。通过 B2B 交易，企业能够更高效地获取生产所需的原材料、零部件等资源，有效降低了采购成本并提升了生产效率。同时，借助企业在市场中的品牌影响力与成熟的销售渠道，这些产品能够迅速覆盖更广泛的消费者群体，进而推动销售规模的扩大与盈利能力的提升。

对于消费者而言，B2B2C 模式同样具有诸多优势。由于企业间交易已完成了对产品质量与成本的严格把控，消费者在购买时能够享受到更加实惠的价格与更高品质的产品。此外，该模式还为消费者提供了多样化的选择空间，使他们能够根据自身需求与喜好，在众多品牌与产品中作出更加明智的决策。

### 延伸阅读 7-1

**京东、淘天、腾讯、抖音、拼多多等国内 81 家电商平台签署保护知识产权自律公约**

市场监管总局于 2024 年 9 月 20 日举行《电子商务平台经营者提升知识产权保护水平自律公约》（以下简称《自律公约》）集中签约活动。全国共有 81 家电商平台参加签约，京东、淘天、腾讯、抖音、拼多多、小红书、盒马、得物等 23 家电商平台代表在市场监管总局集中签约。

《自律公约》由市场监管总局倡议并组织推动，是各电商平台自愿签订、自律执行的承诺性文件。

该文件对电商平台履行知识产权保护义务明确了具体要求，增强了《中华人民共和国商标法》《中华人民共和国电子商务法》有关规定的可操作性。

市场监管总局表示，广大电商平台要对照承诺事项，进一步完善平台制度规则，细化工作流程，采取更加切实有效的措施保护知识产权。各级市场监管部门要加强指导和督促，保证公约内容得到有效实施。

签约仪式上，企业代表宣读《自律公约》，并作表态发言。市场监管总局有关司局、国家知识产权局知识产权保护司负责同志参加签约活动。

二维码 7-1
电子商务平台经营者提升知识产权保护水平自律公约

IT之家注意到,本次推出的《自律公约》共十条内容,其将重点放在权利人的一系列维权规则上,主要细化了知识产权权利人的平台投诉规则,要求平台建立便捷、畅通的维权解答通道,及时审查投诉证据,并在维权页面统一公布。

资料来源:汪淼.京东、淘天、腾讯、抖音、拼多多等国内81家电商平台签署保护知识产权自律公约[EB/OL].(2024-09-24)[2024-09-30]. https://m.ithome.com/html/797878.htm.

## 第三节 电子商务系统的应用框架

### 一、电子商务系统概述

电子商务的基础是电子商务系统。电子商务系统最基础的技术是因特网,电子商务技术涵盖了多个关键领域,为电子商务系统的顺畅运行提供了坚实的技术支撑。主要的电子商务技术包括网站构建技术、电子数据交换技术、电子支付技术和电子商务安全技术。

1. 网站构建技术

电子商务系统的核心是电子商务网站建设,它是企业实施电子商务的物质基础。网站构建技术是一个综合性的领域,它涵盖了多个关键方面,以确保网站能够顺利运行并满足用户需求。以下是网站构建技术的主要组成部分。

(1) Web 应用系统结构。Web 应用系统结构通常采用浏览器/服务器(B/S)架构,即用户通过浏览器访问服务器上的资源。这种结构简化了客户端的复杂性,便于系统的维护和升级。

(2) 超文本标记语言(HTML)。HTML 是构建网页的标准标记语言,通过标签定义网页的内容和结构,如文本、图片、链接等。它是网站构建的基础,为网页内容的展示提供了框架。

(3) 可扩展标记语言(XML)。XML 是一种用于存储和传输数据的标记语言,它允许用户自定义标签,以描述复杂的数据结构。在电子商务中,XML 常用于数据交换和共享。

(4) 活动服务器页面(ASP)。ASP 是一种服务器端脚本环境,允许开发者将脚本嵌入到 HTML 页面中。服务器在执行 ASP 页面时,会处理页面中的脚本并生成 HTML 代码,然后发送给客户端浏览器显示。

(5) 超文本预处理器(PHP)。PHP 是一种广泛使用的服务器端脚本语言,它支持多种数据库,能够处理用户请求并生成动态网页内容。在电子商务网站中,PHP 常用于实现用户注册登录、商品查询等功能。

(6) Java 服务页面(JSP)。JSP 是 Java 技术在 Web 领域的应用,它允许开发者将 Java 代码嵌入 HTML 页面。JSP 页面在服务器上执行时,会首先被转换成 Servlet,然后执行并生成 HTML 代码发送给客户端。JSP 具有跨平台、易扩展等优点,在电子商务网站开发中占据重要地位。

2. 电子数据交换技术

最早的电子商务应用是基于电子数据交换(Electronic Date Interchange, EDI)技术的电子商务系统。EDI 技术依赖于计算机网络和互联网等基础设施,其基本原理包括数据格式化、数据传输、数据路由以及数据接收与解析等步骤。具体来说,就是将数据按照特定格式进行编码转换,以便在网络中传输和识别,然后通过计算机网络和互联网等通信设备将格式化后的数据从发送端传输到接收端,并由接收端设备进行解析和还原。它的主要构成要素是电子数据交换软件和硬件、数据标准化、文件传输协议。

(1) 电子数据交换软件和硬件。电子数据交换技术依赖特定的软件和硬件来实现数据的自动化传输和处理。软件方面包括 EDI 翻译器、EDI 通信软件等;硬件方面则包括计算机、网络设备等。

(2) 数据标准化。在 EDI 过程中,数据需要遵循一定的标准格式进行交换,以确保不同系统之间的兼容性和互操作性。电子数据交换标准是整个数据交换系统中最关键的部分,由于电子数据交换以特定的报文格式进行数据传输和信息交换,因此制定统一的规范显得至关重要。这些标准通常由国际组织或行业协会制定,主要包括基础标准、代码标准、报文标准、单证标准、管理标准、应用标准、通信标准、安全标准等。

(3) 文件传输协议。文件传输协议在 EDI 过程中起着关键作用,主要包括 AS2 协议、AS4 协议、OFTP v2 协议、SFTP 协议等,它们负责将 EDI 文档从发送方传输到接收方。这些协议确保了数据在传输过程中的完整性和可靠性。

3. 电子支付技术

电子支付技术是指通过电子方式完成的货币支付和资金转移过程,它基于金融电子化网络,利用计算机技术和通信技术,将货币以电子数据形式存储在银行的计算机系统中,并通过计算机网络系统以电子信息传递形式实现流通和支付。这种支付方式不需要使用现金或支票,而是通过电子设备如计算机、智能手机等,利用互联网或其他电子网络进行。它主要包括电子支付系统、电子支付协议、电子支付工具等要素。

(1) 电子支付系统。电子支付系统是基于因特网的,将购物流程、支付工具、安全技术、认证体系、信用体系以及金融该体系融为一体的综合系统,主要实现的是在线支付的功能,包括支付网关、支付清算系统、支付账户管理系统等。这些系统共同协作,实现了资金的在线流转和结算。

> **相关思考 7-3**
>
> **支付网关**
>
> 什么是支付网关?支付网关是银行金融网络系统和 Internet 网络之间的接口,支付信息只有通过支付网关才能进入银行支付系统,进而完成支付的授权和获取。一般由银行负责将 Internet 上传输的数据转换为金融机构内部数据。也可以由指派的第三方来处理商家支付信息和顾客的支付指令。但是必须保证交易信息和支付信息在传输过程中不被无关的第三者阅读,如商家不能看到其中的支付信息(如信用卡号、授权密码等),银行不能看到其中的交易信息(如商品种类、商品总价等)。支付网关是确保支付信息在 Internet 和银行系统之间安全传输的关键组件,它在电子支付流程中扮演着至关重要的角色,是电子支付流程中不可或缺的一部分。

(2) 电子支付协议。电子支付协议是保障电子支付过程安全、可靠的重要手段。常见的电子支付协议包括 SSL/TLS(安全套接层/传输层安全协议)、SET(安全电子交易协议)等。这些协议通过加密、认证等技术手段,确保了支付数据在传输过程中的安全性和完整性。SSL 协议是由网景公司开发的一种安全协议,它在互联网传输层和应用层之间提供加密通道,使传输的数据在传输过程中不易被窃取或篡改。该协议可以提高应用程序之间数据传输的安全性;可以用来对用户和服务器进行认证;可以对传送的数据进行加密和隐藏;可以确保数据在传送过程中不被改变,即保持数据的完整性。

而 SET 协议则是由 Visa 和 MasterCard 等信用卡组织共同开发的一种安全电子交易协议,它进一步强化了支付过程中的安全性,特别是在信用卡等敏感信息的传输和验证方面。此协议是一个开放的标准,主要使用对称密钥加密、公开密钥加密、哈希算法、数字签名等技术。这些电子支付协议不仅保障了消费者的资金安全,也为商家提供了一个稳定、可信的支付环境,促进了电子商务的健康发展。

(3) 电子支付工具。电子支付工具包括电子现金、银行卡、第三方支付平台等。它们为用户提供了多种支付方式,提高了支付的便捷性和安全性。电子现金就是基于借记/贷记应用上实现的小额支付功能,采用非对称密钥体系与对称密钥体系相结合的安全机制,主要应用于脱机小额支付交易。它是以数字化形式存在的电子货币,使用起来灵活、简便,用户无须直接与银行连接便可使用。

电子现金的特点主要体现在以下几个方面。第一,灵活性。用户可以随时随地进行电子现金的支付和转移,不受时间和地域的限制。第二,简便但依赖软件。使用电子现金进行支付,用户无需携带大量现金或银行卡,只需通过智能手机或其他电子设备的软件操作即可完成支付。第三,协议性。电子现金的交易遵循既定的协议和规则,确保交易的合法性和有效性。这些协议通常包括交易双方的权益保护、交易数据的加密和传输安全等方面的内容,为用户提供了更加稳定和可靠的支付环境。第四,安全可靠。电子现金采用先进的加密技术,可以把现金数值转化成系列的加密序列数,然后用这些序列数表示金额,客户在存钱后就可以凭借口令和个人识别码进行购物,能够确保交易的安全性和可靠性。同时,电子现金的交易记录也可以被追踪和审计,提高了交易的透明度。

> **相关思考 7-4**

**数字人民币将和传统电子支付工具长期并存**

未来数字人民币会不会替代现有电子支付工具?据中国人民银行发布的《中国数字人民币的研发进展白皮书》介绍,数字人民币支持与传统电子支付系统间的交互,充分利用现有金融基础设施,实现不同指定运营机构钱包间、数字人民币钱包与银行账户间的互联互通,提高支付工具交互性。

"数字人民币将和传统电子支付工具长期并存。"中国人民银行数字货币研究所所长穆长春介绍,中国一直支持各种支付方式协调发展,数字人民币与一般电子支付工具处于不同维度,既互补也有差异。

穆长春表示,数字人民币与电子支付工具有着相似的支付功能,但也具备其特定优势:可以不依赖银行账户进行价值转移,支持离线交易,具有"支付即结算"特性;支持可控匿名,有利于保护个人隐私及用户信息安全。

二维码 7-2
中国数字人民币的研发进展白皮书

4. 电子商务安全技术

电子商务安全技术是确保电子商务交易过程中信息安全、交易真实可靠的一系列技术手段和措施。随着电子商务的快速发展,其安全技术也日益重要。电子商务系统的安全需求主要包括交易环境的安全需求,指的是电子商务系统对所处的软件和硬件环境的安全需求,包括对系统平台、网络通信、数据以及应用软件的安全需求;交易对象的安全需求,指的是电子商务系统涉及的持卡人、发卡机构、商家、收单机构和支付网关等实体的真实性和可信性;交易过程的安全需求,指的是各交易参与方进行网上交易时的可信性和不可抵赖性;

二维码 7-3
数字人民币跨境支付如何实现

支付的安全需求,主要是为电子货币的应用和发展铺平道路。为了满足上述安全需求,电子商务系统采取了多种安全措施,如数据加密技术、身份认证技术、数字签名技术、防火墙和安全监控、反病毒技术等。以下这些措施有效地保护了电子商务交易过程中的敏感信息和资金安全:

(1) 数据加密技术。这是电子商务安全的基础,它通过对数据进行加密处理,确保数据在传输和存储过程中不被非法获取或篡改。加密技术主要包括对称加密和非对称加密两种。对称加密使用相同的密钥进行加密和解密,而非对称加密则使用一对密钥(公钥和私钥)进行加密和解密。

(2) 身份认证技术。它用于确认交易双方的身份,防止身份假冒和欺诈行为。常见的身份认证技术包括用户名/密码认证、数字证书认证、生物特征认证等。这些技术可以确保交易双方的身份真实可靠,增强交易的安全性。

(3) 数字签名技术。它主要用于保证交易信息的完整性和真实性,防止信息被篡改或伪造。数字签名使用私钥对数据进行签名,接收方使用对应的公钥进行验证。如果签名有效,则说明数据在传输过程中未被篡改,且发送方身份真实可靠。

(4) 防火墙和安全监控。这是电子商务系统的重要组成部分,用于防止外部攻击和内部泄密。防火墙可以阻止未经授权的访问和数据传输,而安全监控则可以实时检测和响应潜在的安全威胁。

(5) 反病毒技术。该技术主要用于检测和清除计算机病毒、木马等恶意软件,保护电子商务系统的稳定运行和数据安全。随着病毒技术的不断发展,反病毒技术也需要不断更新和升级,以应对新的安全威胁。

## 二、电子商务系统应用框架组成

电子商务系统的基本框架是指电子商务所涉及的各个领域及实现电子商务的技术保证。从总体上看,电子商务系统的基本框架包括五个层次和两大支柱,如图7-3所示。

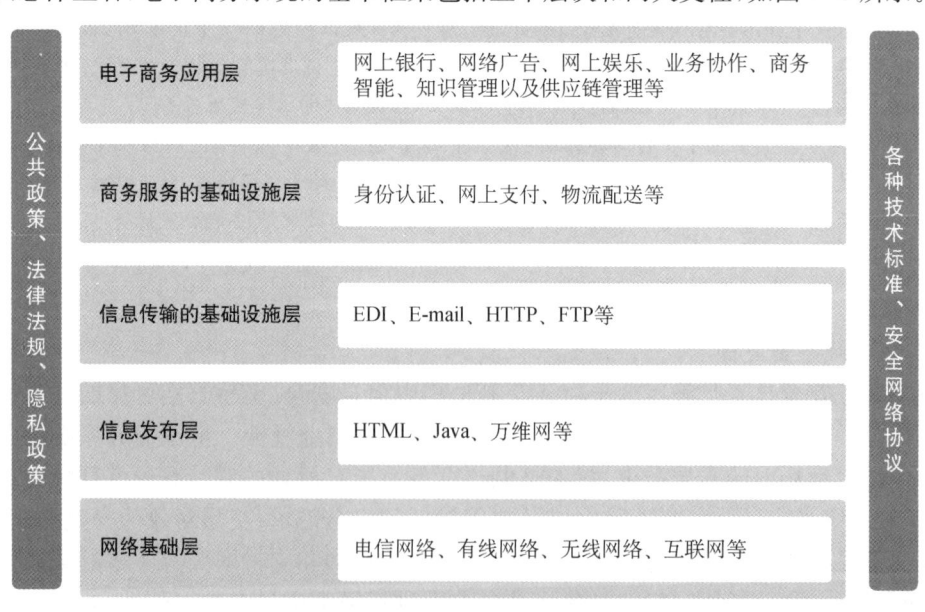

图7-3 电子商务系统的基本框架

1. 网络基础层

网络基础层是指网络基础设施,作为电子商务系统的底层支撑,它是实现电子商务的硬件基础设施。网络基础层包括各种网络设备、通信线路、有线电视网、无线通信网、互联网以及网络安全设备等,为电子商务系统提供稳定、安全的网络环境,是电子商务正常运行的基本保证。

2. 信息发布层

信息发布层负责将商品信息、企业信息、交易信息等通过电子商务平台进行发布和传输,确保信息的及时性和准确性。最常用的是万维网和 HTML,将 Web 服务器中的文本、数据、声音、图像和视频等信息发送给接收者。

3. 信息传输的基础设施层

在电子商务中,信息传输一般是非格式化的信息传输,如 EDI,它的传递和处理过程面向机器,通常是自动化的,无须人工干预。这种方式比较适用于订单、发票、装运单等凭据的传输。HTTP 是互联网上通用的信息传输工具,它可以用统一的方式在多种环境下显示非格式化的多媒体信息。

4. 商务服务的基础设施层

商务服务的基础设施层直接面向用户,提供友好的操作界面和便捷的服务,如安全认证、咨询服务、电子支付、市场调研等。对于电子商务来说,为了保证交易的安全性,使传递的信息可靠、不可篡改、不可否认,就要做到有争议时能够提供充分的证据,而且只有在买方收到货物、卖方得到货款时,交易才能算真正完成。因此网上支付安全是交易顺利进行的关键。目前通常采用认证机构认证的方式来提供端到端的安全保障。

5. 电子商务应用层

电子商务的最上层为应用层,是与客户接触最紧密的部分。它主要包括网上银行、网络广告、网上娱乐、业务协作、商务智能、知识管理以及供应链管理等活动,可以提高整体运营效率。

6. 公共政策、法律规范、隐私政策

这是电子商务的第一支柱,为电子商务的健康发展提供政策支持和法律保障,确保交易过程的公平、公正和透明。人们在进行电子商务活动时,必须遵守国家的法律、法规和相应的政策,同时还要有道德与伦理规范的约束和管理,将两者结合起来,才能使电子商务活动有序、高效地开展。

7. 各种技术标准、安全网络协议

技术标准定义了电子商务系统中的用户接口、传输协议、信息发布标准等技术细节,它是电子商务信息发布与传输的基础,是电子商务信息一致性的保证。就整个电子商务环境来说,标准对于保证其兼容性和通用性是十分重要的。安全网络协议是计算机网络通信的技术标准,处于不同位置的企业彼此之间要进行通信,就必须按照双方预先约定的规程进行,这些约定的规程就是安全网络协议。制定统一的技术标准和安全协议,保障电子商务系统的安全性、稳定性和互操作性,可以为用户提供安全可靠的交易环境。

## 第四节 电子商务系统的发展趋势

### 一、共享经济与社交电子商务模式

#### (一) 共享经济

**1. 共享经济商业模式的概念**

威茨曼在《分享经济——用分享制代替工资制》(1986) 中首次提出共享经济理论,但是公认的共享经济概念由美国得克萨斯州立大学社会学教授马科斯·费尔逊和伊利诺伊大学社会学教授琼·斯潘思在其 1978 年发表的论文 Community Structure and Collaborative Consumption: A Routine Aetivity Approach 中提出。其主要特点是包括一个由第三方创建的、以信息技术为基础的市场平台。这个第三方可以是商业机构、组织或者政府。个体借助这些平台,交换闲置物品,分享自己的知识、经验,或者向企业、某个创新项目筹集资金。共享经济涉及三大主体,即商品或服务的需求方、供给方和共享经济平台。共享经济平台作为连接供需双方的纽带,通过建立移动 LBS 应用、动态算法与定价、双方互评体系等一系列机制,使得供给与需求方通过共享经济平台进行交易。

随着互联网 Web2.0 时代的到来,出现了优步、爱彼迎等一系列实物共享平台,共享开始从纯粹的无偿分享、信息分享,演变成以获得一定报酬为主要目的,基于陌生人且存在物品使用权暂时转移的"共享经济"。

**2. 共享经济商业模式的领域**

共享经济商业模式是在新的经济时代诞生的商业模式,是共享企业借助互联网平台来重新整合、配置社会闲置资源,创造点对点交易市场,以共享商品的使用权来满足客户多样化、个性化的需求,同时达到盈利目标的商业工具。共享经济商业模式通过"产能过剩+共享平台+人人参与"的活动基础产生了"零边际成本经济",使现行商业模式发生巨大变化,使商业模式从高耗型向更好的高能型转变,并由此带来新型的企业与消费者。

共享经济席卷并渗透到每一个行业及其细分领域,深刻地影响人们的生活。通常共享经济商业模式的领域分为 5 类:交通出行、共享空间、共享金融、家政服务及专业服务。

交通出行是共享经济发展的先驱。从自行车共享,到汽车、电动车共享,甚至大巴车共享,交通出行的共享经济模式已经深入我们的生活。Uber 是较成熟的一款共享交通出行应用,已经覆盖全球 70 多个国家的 400 多个城市,2023 年 7 月,Uber 市场估值约为 1 200 亿美元。乘客通过手机 App 进入 Uber 在线平台,发布自己的位置信息并下单,系统自动匹配,将该订单派送给最近的司机,司机获取订单并将乘客接送至目的地,乘客通过支付平台支付车费,平台扣除相应的佣金,将款项支付给交易平台,交易平台按照一定的规则和司机分成。这是 Uber 的商业运行模式,Uber 模式的最大特点在于交通资源的共享,该模式提高了闲置车辆的利用效率,同时获取一定的经济收益。

共享空间模式是另一个举足轻重的共享模式,民宿、房间出租、酒店住宿、办公场所等是共享空间模式较成熟的应用领域。分享者在平台上将自己空闲的房间或场所发布,以期获得一定的收入;住宿者则通过平台找到符合自己需求的房间预订入住。Airbnb 采用的是以酒店住宿为主的共享空间模式,这家创立 10 多年的企业的市值比创建于 1777 年的洲际酒店集团还要高。Airbnb 商业模式最大的竞争优势就是其满足了客户的经济需求——低廉的价格,其整合的闲置资源所产生的价值相对高于传统酒店,性价比超越同行。共享空间模式盘活的是社会上大量闲置的空间资源。国内也存在很多共享空间平台,如小猪短租、蚂蚁短租、马上办公、点点租等。

金融与互联网模式相互渗透,促使金融的共享经济需求诞生。共享金融凭借大数据支持下的技术手段和金融产品及服务创新,构建以资源共享、要素共享、利益共享为特征的金融模式。共享金融的本质是将闲散的资金投入共享平台,然后由平台把这些资金给予真正需要的人或组织。例如,债权众筹平台 Funding Circle 到 2018 年已经为小企业贷出了 4 亿英镑。共享金融也有一些公益的性质,如社区的家庭应急资金互助,即同一个社区的居民,将闲散资金放入社区公共账户中,当某一家庭面临困难时,可以从该账户中提取一定现金。社会大众通过公益性产品开发筹资平台,将闲散资金投入其中,以期在未来优先享有开发出来的产品,这也是一种共享金融模式。

家政服务是指将部分家庭事务社会化、职业化、市场化,一般由社会专业机构、社区机构、非营利组织、家政服务公司和专业家政服务人员来承担。共享经济时代,家政服务消费需求旺盛,互联网技术的发展使家政服务得到快速推,开始以规模、集中的态势迅速发展。共享家政服务模式对移动设备查找、预订和评价本地服务等互联网技术"得心应手",通过点对点匹配具有专业服务能力的家政服务人员的闲余时间提供上门清洁、家庭维修、宠物寄养等专业服务,代表企业有 Handybook、e 家洁等。

专业服务是指有较高专业技能要求的餐饮、医疗、护理、法律等特殊服务,具有极高的知识含量和科技水准。大数据时代下,专业服务越来越朝着智能化、多元化、联网化、系统化方向发展,与共享经济相融合,专业服务更加贴近大众生活,广泛解决大众难题。共享医疗是共享专业服务模式之一,借助互联网技术,在开放的公共网络平台上,使患者、医生、研究人员及其他医疗卫生提供者共同互动,越来越多的人开放其医疗记录,在症状、诊断、治疗方面共享信息,配合研究以寻找治疗方法,例如,PatientsLikeMe、ACOR、Cure Together 等网站。在网站上,患者可以搜寻到与他们症状类似的描述,以对自己的病情进行诊断,同时可以将自己的信息共享给类似的患者,而医生、研究人员可利用自己的闲置时间提供相关的医疗建议或诊断。

 延伸阅读 7-2

### 欧盟《数字市场法》正式生效

2022 年 7 月初,欧洲议会以压倒性多数通过了《数字市场法案》,7 月中下旬,欧盟 27 个成员国一致批准了该法案。2022 年 11 月 1 日,《数字市场法》正式生效。

自《数字市场法》生效到 2023 年 5 月 2 日,所有自认为应被归为"守门人"的大型互联网企业要主动向欧盟委员会申报。欧盟委员会在 45 个工作日内会确认这些企业是否符合相关标准。一经确认,这些企业有 6 个月的过渡期,在此期间,企业须确保其遵守《数字市场法》的各项规定。按照以上程序,欧盟《数字市场法》将最晚在 2024 年 3 月全面落地实施。

二维码 7-4
Digital markets act

资料来源:网络交易监督管理司. 欧盟《数字市场法》正式生效[EB/OL]. (2022-12-23)[2024-09-30]. https://www.samr.gov.cn/wljys/ptjjyj/art/2023/art_8365b2b73f6f492da91b08f985b8df04.html.

### (二) 社交电子商务模式

共享经济通过互联网平台让个人或组织分享闲置资源、技能或服务,提高了资源利用效率并满足了人们在节约成本和保护环境方面的需求。而数字市场通过互联网和其他数字技术载体进行交易与交流,它以数字化的产品、服务和交易方式为基础,逐渐取代传统的实体市场,成为新时代经济的重要支柱。数字市场促进了共享经济的发展。随着互联网的普及和技术的不断进步,数字市场已经逐渐成为全球商业活动的重要舞台。在这一背景下,社交电子商务模式作为一种新兴的商业模式,凭借其独特的优势和特点,正在迅速崛起并改变着人们的购物方式和消费习惯。社交电子商务是电子商务在社交网络环境下的一种衍生模式,它以信任为核心。具体地说,社交电子商务基于人际关系网络,借助于社交网络等传播途径,通过社交互动、用户生成内容等手段来辅助商品的销售和购买,同时将关注、分享和互动等社会化的元素应用于交易过程之中,是电子商务和社交媒体的融合,是电子商务发展趋势的重要表现形式之一。

**1. 社交电子商务的特征**

与传统电子商务相比,社交电子商务体现出以下特征和优势:

(1) 依托"社交裂变"进行高效、低成本的引流。社交电子商务依托社交流量,在从用户拉新到用户留存的全生命周期中进行高效、低成本的运营。这一过程主要分为三个阶段:第一个阶段为拉新阶段,依靠"社交裂变"实现用户流量增长,降低获客成本;第二个阶段为转化阶段,一方面可以借助于熟人之间的信任关系提高转化率,另一方面可以通过社群标签对用户进行结构划分,从而实现精细化运营;第三个阶段为留存阶段,用户既是购买者也是推荐者,在进行二次营销的过程中实现更多的用户留存。

(2) 基于用户个体的去中心化传播网络,为长尾商品的销售提供了广阔的空间。在传统电子商务中,用户进行网上购物有统一的入口,使得网上购物呈现"中心化"的特征。在商品供给极其丰富的情况下,商品的搜索排名会对用户的选择产生决定性的影响。在马太效应下,流量不断向头部商品汇聚,长尾商品则容易淹没在海量的商品中。社交电子商务以社交网络为纽带,基于用户个体传播商品信息,每个社交节点均可以成为流量入口并产生交易,从而呈现出"去中心化"的特征。产品只要性价比足够高,就容易通过口碑传播。他人的推荐,会使用户在购物过程中减少对品牌的依赖,给长尾商品的销售带来空间。

(3) 从搜索式购物到发现式购物,快速促成用户购买,提升转化率。在用户进行网上购物的整个流程中,社交电子商务的作用主要体现在三个阶段:第一个阶段为产生需求阶段,通过社交分享激发用户非计划性购物需求;第二个阶段为购买决策阶段,通过信任机制快速促成用户购买,提高转化率;第三个阶段为分享传播阶段,激发用户主动分享意愿,降低获客成本。

社交电子商务模式通过结合社交媒体平台和电子商务功能,打破了传统电商的单向销售模式,实现了消费者与商家之间的深度互动和连接。这种模式不仅提升了用户的购物体验,还通过社交关系网络的传播效应,为商家带来了更多的流量和销售机会。

**2. 我国社交电子商务的发展趋势**

1) 政策监管趋严,推动行业规范化发展

随着社交电子商务行业快速发展,国家对该行业的重视程度也在不断提高,陆续出台了一系列政策。这些政策在鼓励行业发展的同时明确了相关部门的责任,规范了社交电子商务的行业发展。相关政策的颁布,一方面为社交电子商务行业从业者合规经营提供了参考依据,另一方面有助于树立行业的正面形象,增强公众对该行业的信心。

2)围绕社交电子商务的生态体系逐渐形成

社交电子商务行业的快速发展催生了新的创业机会,社交电子商务领域的创业者越来越多,而创业者在经营发展过程中遇到的问题及出现的需求,催生了一批围绕社交电子商务的服务商,为品牌方、商家和中小型电子商务企业进军社交电子商务领域提供了便利条件。

3)社交化营销方式将成为电子商务企业的标配

社交电子商务的快速发展,让产业链上下游各方看到了社交流量的巨大价值,品牌方、商家、电子商务平台都开始尝试通过社交化营销方式来降低获客成本,增加用户黏性。拼购类社交电子商务、会员制社交电子商务和内容类社交电子商务逐渐成为电子商务营销的一种常规手段。

4)不断提升精细化运行与供应链能力

社交电子商务从本质上说是电子商务营销模式的一种创新,它通过以社交网络引流的模式,在中短期内为企业电子商务的高速发展提供了保证。但这种模式难以复制,无法成为企业核心竞争力的壁垒。社交电子商务的流量相对碎片化且受限于社交媒体平台,社交媒体平台政策或规则一旦发生变化,就可能对其流量造成毁灭性打击。此外,社交媒体平台的流量来得快去得也快,用户在社交媒体平台上产生了交易流水,并不代表两者之间有了黏性,而要将这些流量沉淀下来,激发用户的购买力,就需要提升社交媒体平台的精细化运营能力。

展望未来,数字市场与社交电子商务模式的发展将继续保持强劲势头。随着技术的不断进步和消费者需求的不断变化,社交电子商务模式将不断创新和完善,为商家和消费者带来更多的便利和价值。同时,政府和企业也将加大对社交电子商务的支持和投入,推动这一领域的健康发展。

## 二、信息系统与移动电子商务模式

信息系统建设的核心就是使信息及时、准确地在企业内外部传播,在企业与消费者、企业和合作伙伴、企业与员工之间建立一个无缝的信息流通渠道。但如今企业进行信息化建设时,却遇到了一个瓶颈:一边是功能强大的信息系统,一边是脱节的终端信息,企业无法及时、快速地收集市场信息。企业也许有强大的 ERP 系统,可以整合企业的各种资源,但是当企业的高速运作是建立在一些滞后而失真的市场信息上时,库存积压和高效生产并存,就会使企业陷入效率无法提高的尴尬境地。如今一种能够利用各种移动设备和移动通信技术,随时随地传输和交流各种商业信息、进行商务活动的新型商务模式,即移动电子商务,已出现在企业面前。如前所述,移动电子商务是互联网、通信网、IT 技术和手持终端技术融合发展的必然产物,是一种全新的数字商务模式,是电子商务朝着大众化、便捷化方向发展的一种延伸;是一种整合电子商务和沟通传统商务的创新营销应用潮流,是网络经济新的利润增长点。利用移动商务,企业可以突破时空限制,弥补传统电子商务的不足,整合企业原有的信息系统,重新塑造企业的经营模式,使企业与市场尽可能地无缝衔接。

1. 移动电子商务的发展趋势

1)终端信息功能的多样化

随着无线技术,如无线应用协议能够提供信息源、防火墙、信息控制与调度、负载均衡与复制、数据校验、信息的格式化与定制、网关和无线网络通信接口等各种层面的技术支持,手机、掌上电脑、笔记本电脑等终端设备不再是简单的通信工具或信息处理工具,而是可以在互联网中无缝"遨游"的实体。尤其是手机,它已从单纯的通信工具逐步转变为集语音、图像、数据传输等诸多应用于一体的终端。

2) 向企业的实际应用延伸

移动电子商务最初只向企业提供网络支持和技术支持,后来向企业的应用系统延伸,目前已经有不少移动商务运营商开始为企业量身定制符合其自身特点的移动信息化解决方案。

3) 与其他技术的融合

移动电子商务并不只是单纯地使用移动技术,它还将一些其他领域的新技术融入其中,如定位技术、条码技术、语音技术等。这些技术大大地丰富了移动商务的内涵。例如,定位技术,可以在移动商务中为用户提供地图绘制、目录服务、路径搜索、地理编码、测算导航等多种服务。

移动电子商务具有个性化、自由化、共享协作和方便及时的特点。个性化主要体现在企业提供的服务更能满足客户的需求,更有针对性。自由化,一方面是指客户与企业、企业和合作伙伴之间相互选择的自由性,客户能够在移动商务这个不受时空限制的环境中自由地进行商务活动,这正是个性化服务的基础;另一方面是信息获取的自由度加大,信息要在移动的过程中被各个实体所共享,就需要各个实体相互协作,这又体现了共享协作的特点。而方便及时的特点克服了过去信息获取相对滞后的弊端,使企业能够更快、更及时地把握市场信息及企业内部信息,这是移动电子商务区别于传统电子商务模式的最大特点,也是移动商务的主要价值所在。

2. 移动电子商务的应用领域

移动电子商务的应用很广泛,但就目前的发展而言,企业供应链管理、客户关系管理和内部员工管理是移动电子商务应用的主要领域。

第一,在供应链管理中,移动技术对供应链管理的最大改进就是将 RFID 标签附着于产品上。RFID 标签由一个极小的计算机芯片与微型天线组装而成,它体积小、重量轻,与过去传统的产品条码不同的是,企业可以通过阅读器对产品的流通过程进行跟踪,及时掌握产品的运行情况。例如,对一个零售企业来说,产品入库和库存管理曾是非常烦琐的过程。在产品入库时,操作人员需要依照入库单将产品信息通过键盘或者扫描产品条码输入系统。应用 RFID 技术之后,操作人员只要将入库单据提交给计算机,计算机就会控制阅读器对传送来的入库产品进行扫描,自动录入产品的相关信息,这使得操作人员的工作量大大减少。再来看库存管理,借助 RFID 技术,仓库管理员可以定期拿 RFID 手持式终端到各个库区对现场实物进行扫描识别,实时生成实物信息,及时发现问题,并将其上报给管理人员。

第二,移动电子商务在客户关系管理中的应用主要体现在三个层面:拓宽与客户的沟通渠道,及时反馈客户信息,提升客户服务水平。

(1) 拓宽与客户的沟通渠道。这包含了两方面的拓宽过程,一方面,企业可以通过短信、电子邮件等将产品向更多的潜在客户进行宣传,让更多的人了解到产品的最新信息;另一方面,企业通过移动平台为客户提供了极富个性化的交易体验。例如,美国母婴零售商 Babies R Us 就为客户提供了个性化的购物体验,客户通过浏览展台就可以选择所需的商品,在经过无线网络与店内的中心数据库进行交互后,客户一到平台就能自行购买所需的商品。

(2) 及时反馈客户信息。企业过去往往通过调查的方式,用书面报告的形式收集客户的意见,这种调查形式慢,涉及的范围又小。现在客户在购买产品或接受服务之后就会收到一张电子意见卡,他们可以随时填写电子意见卡并通过移动平台将意见反馈给企业,这样企业就能及时而准确地获取和收集到客户的意见了。

(3) 提升客户服务水平。移动客户管理系统为客户服务人员提供了高速无线端口,以了解客户信息并及时响应客户、潜在客户和合作伙伴的需求。在客户服务人员处理客户要求时,它还能为其提供在线访问、监测以及服务事件更新等支持,使客户服务工作更高效。一旦某一服务事件经 Web、电子邮件或联络中心报告,该服务事件就能自动以短消息的形式发送到某个客户服务人员那里。这条短消息可以包括客户姓名、地址以及问题。如果客户最初是通过 Web 或联络中心填写的调查问卷表,客户服务人员就可以借助手机或笔记本电脑等移动设备直接访问以上信息。一旦事件进入处理状态,客户服务人员便能查看原始记录,更快、更好地处理相关问题,并更新服务记录。

移动消费者管理系统在医药服务方面的表现更是突出。例如,美国临床试验和药物安全性数据管理解决方案提供商 Phase Forward 对每个客户的相关信息进行采集,形成客户日志,以及时了解其服药后的身体状况及药物剂量引起的副作用,并通过跟踪患者进食与药物反应两者之间的交互影响,确定合理的服药过程并反馈给客户,真正达到了实时为客户服务的目的。

第三,移动电子商务不仅能使企业节省开支,提高其生产力和客户服务水平,还能使企业员工之间更方便地进行沟通并改变他们的工作方式。一旦企业能无障碍地汇集各类信息让员工能够随时随地掌握必需的信息,那么企业就会有巨大的发展优势。

移动电子商务系统的价值,在于其使企业员工、客户和合作伙伴能够通过手机等移动设备访问其所需的存储在企业内部和外部的个性化信息。移动电子商务系统对外是企业网站,对内则是企业管理和查询日常业务的公用平台。通过移动电子商务系统中的移动办公系统,员工可以快速访问企业的生产信息、销售信息、库存信息和客户信息等。

3. 移动电子商务下的企业信息化发展规划

移动电子商务能极大提升企业的信息化水平,但要将移动电子商务真正运用于企业的信息化建设,就必须根据移动商务发展和应用的特点,结合企业的实际情况,从移动战略、业务流程再造、网络规划、移动数据库、移动应用等多个方面进行考虑,选择和制定移动商务下的企业信息化发展规划。

1) 移动战略

首先,从企业自身的需求出发,明确企业应用移动技术提升信息化水平的发展目标以及各个关键部门的工作。要充分调查移动商务应用的外部环境,广泛征询消费者、合作伙伴、专家和企业内部各个层面的建议和意见;要了解移动技术在本行业的发展特点和发展方向,同时了解同行业企业使用移动技术的情况,包括应用范围、具体技术、实现功能、实施手段等方面;要了解企业当前的信息化程度和信息资源等。其次,选择和确定应用领域或者业务模式,设计移动商务的应用目标,同时根据企业的特点来制定移动战略规划,这个规划是分步骤进行的。例如,对于一个零售企业来说移动供应链是建设重点,但对于一个服务企业来说,移动客户服务则应该优先考虑。而且一个企业移动战略的制定要从自身的实力出发,跨阶段进行建设往往会适得其反,所以对于大多数企业来说,也必须将选择合适的技术提供商、系统集成商和移动应用提供商作为合作伙伴,选择适合的信息框架,权衡系统是自行开发还是外包等一系列问题列入战略规划。

2) 业务流程再造

对于一个企业来说,一种信息技术的引入,必然会改变其工作程序。移动商务作为个性化、自由化、共享协作和方便及时的全新商务模式,会在很大程度上改变企业的业务流程和员工的工作方式。人总是有惰性的,对变革有天然的抗拒。因此,企业一方面要分析现行系统,根据移动商务的特点修改或废除不合理和不符合需要的业务流程;另一方面要作好组织和思想上的准备,变革企业组织结构和工作方式,并作好对员工的培训和教育工作。

3) 网络规划

首先是无线网络的选择。要选择能够支持多种网络环境且安全性高的公用网络,并综合考虑覆盖率、费用、所使用的协议、兼容性等情况。

其次是网络架构的选择。网络架构主要有"浏览器—服务器"和"客户—服务器"两种。"浏览器—服务器"架构将系统功能实现的核心部分集中到服务器上,简化了系统的开发、维护和使用。"客户端—服务器"架构的业务逻辑主要集中在客户端,而主要由服务器提供基础的数据库服务。

最后是移动终端平台的选择。选择移动终端时固然要考虑企业现有的网络设施,使所选择的移动终端能与现有网络设施兼容,并符合企业当前的经济实力,但是随着移动终端的种类增多,以及功能的多样化,企业可以选择一种平台,该平台可以兼容多种无线网络标准,并支持多种移动终端和移动应用开发。

4) 移动数据库

在企业实施移动商务的过程中,如何发挥中央信息系统的作用,将信息在任何时间任何地点准确、及时地传递给任何需要它的用户,是一项关键的工作。这就需要移动数据库。相对于普通数据库,移动数据库有着不同的设计特点。首先是数据的一致性和同步性。因为移动终端与服务器之间的连接是一种弱连接,即低带宽、长时延、不稳定并会经常性地断开,所以通过复制和缓存技术保证数据的一致性和同步性就成为移动数据库的一个显著特点。其次是事务处理的高效性。移动事务处理必须设计和实现新的事务管理策略和算法,以保证事务处理顺利完成。

5) 移动应用

移动应用包括开发工具的选择和开发模式的选择两部分。

很多企业已经拥有规模庞大的应用系统,要将移动终端及移动商务系统与这些已有的应用系统进行对接,就需要对企业的业务流程和数据进行整合,因此要选择通用的工具和模式,如 Java 开发工具和 XML 来开发移动应用。Java 开发工具具有平台独立性和可移植性的特点。而 XML 则带来了一种完全可以移植的数据格式,它为异构信息系统间的信息交换带来了全新的解决方案。

企业开发移动应用可以采用两种模式:一种是增加接入模式,也就是在企业现有信息系统的基础上,增加与移动终端的接口,并利用移动终端快速、及时地采集信息。这种模式充分利用现有系统,使其信息触及的范围扩大,使用起来更加方便。这种模式适合企业原有的信息系统与外界联系广泛的情况,如移动客户关系管理系统。还有一种模式是全新改造模式,就是根据企业实际应用和发展的需求,开发出全新的移动应用系统。这种模式适合于企业现有业务流程与移动特点差距较大的情况,如移动供应链管理系统、移动办公管理系统。

## 本章小结

本章主要学习了电子商务系统的基础知识。通过本章的学习,学生对电子商务、企业与企业之间的电子商务、企业与消费者之间的电子商务、消费者与消费者之间的电子商务、其他类型的电子商务、电子商务应用框架、共享经济与社交电子商务模式、信息系统与移动电子商务模式等有了全面的了解,应当能够区分企业与企业之间的电子商务、企业与消费者之间的电子商务、消费者与消费者之间的电子商务等具体的电子商务模式。

## 本章重要概念

电子商务　企业与企业之间的电子商务　企业与消费者之间的电子商务　消费者与消费者之间的电子商务　C2B 电子商务　O2O 电子商务　B2G 电子商务　B2B2C 电子商务　电子商务应用框架　共享经济　社交电子商务　移动电子商务

## 本章练习

二维码 7-5
本章练习

二维码 7-6
本章练习
参考答案

# 第八章 决策支持与商务智能

- 内容提要
- 重点难点
- 学习目标
- 知识框架
- 思政育人
- 第一节 决策与信息系统
- 第二节 商务智能
- 第三节 商务智能与决策支持系统
- 本章小结
- 本章重要概念
- 本章练习

## 内容提要

本章主要介绍了决策概述、制定决策的过程、决策与信息系统的主要区别和联系、商务智能的定义、商务智能系统框架、商务智能的核心技术、商务智能的基础设施和分析能力、决策支持系统的类型和技术架构、商务智能与决策支持系统协作等。

## 重点难点

本章重点为决策与信息系统的主要区别和联系、商务智能系统框架和核心技术、决策支持系统的类型、技术框架;难点为商务智能的基础设施和分析能力、商务智能与决策支持系统。

## 学习目标

通过本章的学习,学生应了解决策的相关概念、制定决策的过程;理解决策与信息系统的主要区别和联系;了解商务智能的定义、商务智能系统框架;掌握商业智能的核心技术、商务智能的基础设施;具备使用商务智能工具进行分析的能力;掌握决策支持系统的类型和技术架构,能够使用商务智能和决策支持系统对案例进行分析研究。

## 知识框架

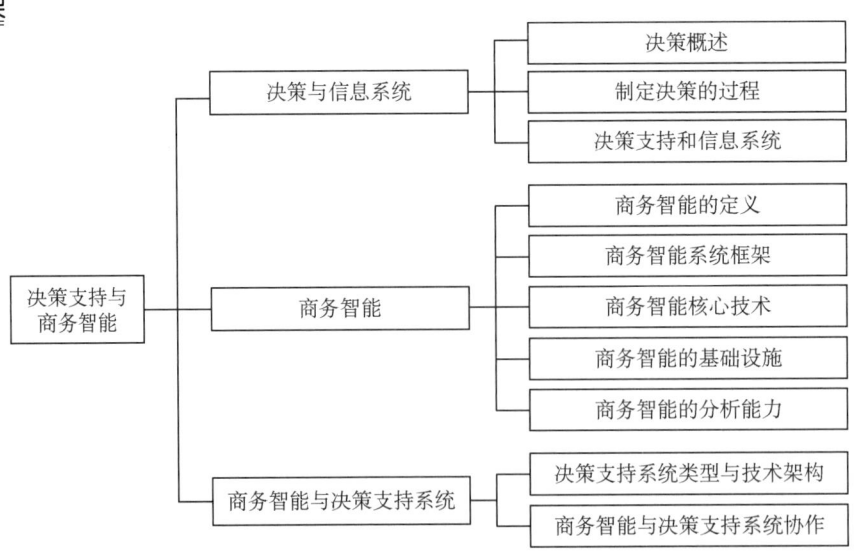

# 思政育人　智能决策支持系统在农业领域的应用与部署

随着科技的迅速发展,智能决策支持系统在农业领域的应用成为提高农业生产效益和可持续发展的重要手段。

农业是国家经济的基础,而传统农业决策过程通常依赖于经验和季节性变化。引入智能决策支持系统可以通过数据分析和模型预测,提高农业生产的智能化水平,降低农业生产中的不确定性。解决方案智能决策支持系统通过整合传感器、数据分析和机器学习等技术,为农民提供实时、精准的农业决策建议。

1. 农田水分管理系统

通过部署农田水分管理系统,实现对农田水分的智能监测和管理。系统利用土壤湿度传感器、气象站等设备采集数据,通过机器学习模型预测土壤水分状况,并提供灌溉建议。

在农田布设土壤湿度传感器和气象站,实时采集土壤湿度、温度、降水等数据;利用云计算平台对采集到的数据进行清理和预处理,确保数据的准确性;选择时间序列预测模型,通过历史数据进行训练,建立土壤水分预测模型;结合专家知识,制定灌溉规则,考虑土壤类型、植物需水量等因素,制定灌溉决策规则;开发移动端应用,显示实时的土壤水分监测图表,推送灌溉建议,提供历史数据查询功能。

2. 病虫害监测与预警系统

通过农田摄像头、图像识别技术等手段,建立病虫害监测与预警系统。系统能够实时监测农田中的病虫害情况,提供及时的防治建议。

在农田安装高清农田摄像头,通过图像识别技术识别病虫害情况;利用图像处理算法对采集到的图像进行处理,提取病虫害特征,减少误识别;选择卷积神经网络模型,通过大量标注过的图像进行训练,建立病虫害识别模型;利用专家知识,建立病虫害防治规则,考虑病虫害类型、发生阶段等因素,制定防治建议;开发 Web 界面,实时展示农田病虫害监测图像,推送防治建议,提供农民社区交流功能。

未来农业决策支持系统将更加依赖农业物联网,实现农田设备、传感器之间的信息互通。通过大规模部署物联网设备,实现对农业生产全过程的智能监测和管理。引入强化学习算法,使智能决策支持系统能够根据不同农场的实际情况,动态调整决策策略。强化学习将使系统能够在不断的实践中不断优化决策效果。区块链技术可以用于确保农业数据的安全性和可追溯性。未来的决策支持系统可以整合区块链技术,建立农业数据的去中心化、不可篡改的存储系统,提高数据的可信度。

【思政寄语】

智能决策支持系统在农业领域的应用已经取得了显著的成果,通过项目实例分析,我们深入了解了其部署过程和实际应用效果。未来,随着技术的不断创新和农业生产方式的转变,智能决策支持系统将发挥越来越重要的作用,为农业生产的智能化和可持续发展提供有力支持。

资料来源:数字扫地僧. 智能决策支持系统在农业领域的应用与部署[EB/OL]. (2024-01-17) [2024-09-30]. https://cloud.tencent.com/developer/article/2379659.

二维码 8-1
未来 20 年 12 大发展趋势

# 第一节　决策与信息系统

## 一、决策概述

### (一) 决策的定义

决策是一个管理学概念,是指在一定环境下,为实现某一确定的目标,从多种可供选择的方案中选取一个方案并付诸实施。从决策定义可以看出,进行决策是个复杂的行动过程,它包括问题的识别、获取资料、理解信息内容、重复选择、分析评估、作出决策和执行。每个

二维码 8-2
凯文·凯利 2024 上海外滩大会演讲:预言 AI 时代三大趋势

决策过程都会以产生最终决定、确定最终的行动为目标。决策者在作出决定之前，往往会面对不同的方案和选择，以及决定后果的不确定性。决策者需要对各种选择的利弊、风险作出权衡，以达到最优的决策结果。

管理就是决策。"决策是管理的同义语，用决策代替管理会更加方便。"这是诺贝尔奖获得者、管理学家赫伯特·亚历山大·西蒙的观点。一个企业中的各级管理者，上至经理，下至班长或组长，都有需要决策的问题。决策受决策者智慧、学识、经验和偏好的影响。传统凭直觉、凭经验的"拍脑袋"决策方式往往是主观的、片面的，风险大。任何管理者在面临决策时，特别是某些非常重要的决策时，都应寻求一种更好的科学决策方法。

综上所述，决策是指人们为达到一定目的而进行的有意识、有选择的活动。而决策过程是指在人力、设备、材料、技术、资金和时间等因素的制约下从两个或两个以上的策略中作出选择，以取得最优或较好效果的过程。

### （二）决策问题的分类

对于决策问题，一般使用"结构"这个概念来描述。结构化程度是指对某一过程的环境和规律，能否用明确的语言给予清晰的说明或描述，可以是数学的或逻辑学的，形式的或非形式的，定量的或推理的，如果能描述清楚的，则称为结构化问题；不能描述清楚而只能凭直觉或经验作出判断的，则称为非结构化问题；介于这两者之间的，则称为半结构化问题。因此，按照决策问题的性质分类，决策问题可以分为结构化决策问题、半结构化决策问题及非结构化决策问题三类。

结构化决策问题是可以利用一定的规则或公式来解决的决策问题，对于结构化决策问题，能定量计算其决策方案的代价与后果，或者能用明确的规则对其决策方案的优劣进行分析和比较。传统的管理信息系统所能解决的问题就是结构化决策问题。

半结构化决策问题是这样一类决策问题：虽然它们具有一定的决策规则，但其决策方案所使用的数据不精确或不全面，因此不可能通过决策方案得到最优解，只能得到次优解。

非结构化决策问题是没有适用的决策规则、无章可循的决策问题。这类决策问题的解决更多地依赖决策者对事物的洞察、判断，以及决策者的经验。决策者更倾向将解决非结构化决策问题视为一种"艺术"。

这三类决策问题的特点如表8-1所示。从表8-1中可知，结构化决策问题是确定的，能定量化表示；比较简单、直接，具有通用的定量分析模型；决策数据要来自系统内部；决策过程能够大部分或全部实现自动化。而半结构化或非结构化决策问题是不完全确定的，难以定量化表示；具有高度的随机性、动态性和非重现性，需要使用数学模型；决策过程难以实现自动化。

表 8-1　　　　　　　　　　　三类决策问题的特点

| 比较项目 | 结构化决策问题 | 半结构化决策问题和非结构化决策问题 |
| --- | --- | --- |
| 识别程序 | 问题是确定的，能定量化表示 | 问题是不完全确定或不确定的，难以定量化表示 |
| 复杂程度 | 问题较为简单、直接 | 问题具有高度的随机性、动态性和非重现性 |
| 模型难易 | 具有通用的定量分析模型 | 需要使用数学模型 |
| 决策数据 | 主要来自系统内部 | 有一部分数据来源于系统外部，故难以收集 |
| 决策过程 | 能大部分或全部实现自动化 | 不能实现决策自动化，需要以人机交互的方式进行 |

除此之外,按照决策目标分类,决策可以分为单目标决策和多目标决策。在决策过程中,如果所决策的问题要达到一个目标,那么这样的决策就是单目标决策。单目标决策的目标比较单一,因此较容易掌握,但是产生决策的片面性的可能性较大,如果需要决策的问题要达到两个及两个以上的目标,则称为多目标决策。多目标决策过程较为复杂,因为多个决策目标之间相互制约和相互影响。对多目标决策问题进行决策时需要使用系统的观点,从全局把握,从而实现多目标决策的整体最优。

如果按决策问题的重要性和影响分类,决策分为战略决策、战术决策和作业决策。战略决策往往是面向全局的,是重大问题的决策,如一个企业的发展规划、新产品的开发战略等。战术决策又称策略决策,其解决的问题往往是战略决策具体实施的局部问题,如产品的生产计划、企业资源利用计划等。作业决策往往是面向具体操作的决策问题,其解决的是一种经常性的决策问题,手段单一、方法明确,如生产工艺问题、产品配送问题等。

## 二、制定决策的过程

赫伯特·亚历山大·西蒙提出的组织中的决策制定包括,情报分析阶段、设计活动阶段、选择活动阶段和实施活动阶段四个不同阶段,如图 8-1 所示。

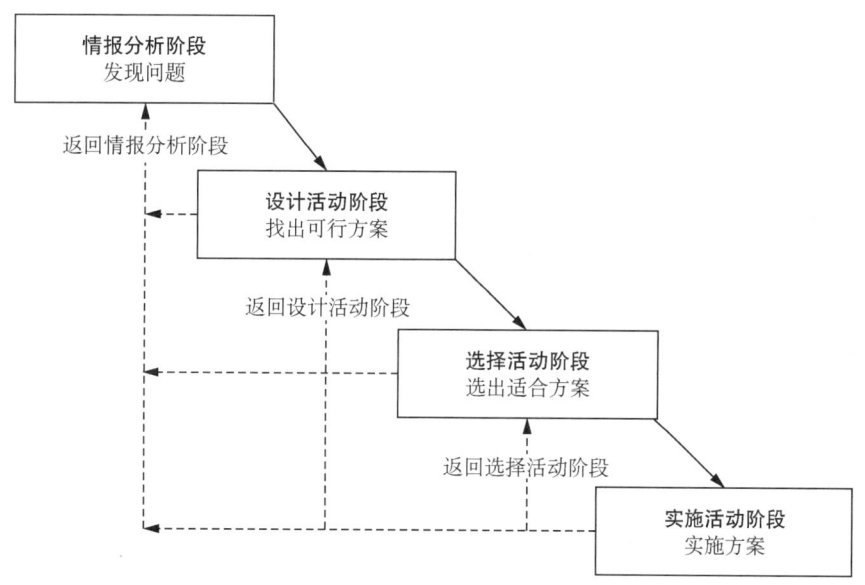

图 8-1　组织中决策制定的四个阶段

1. 情报分析阶段

此阶段主要是收集信息,找出差距,界定问题,确定决策目标。决策者需要探查环境,寻求要求决策的条件,明确问题的性质和根源。在这一阶段决策者要发现或识别问题、需求或机会,其中就包括发现和解释各种征兆,这些征兆往往代表了一些需要决策者关注的情况。这些征兆可能以各种形态出现,如顾客不断提出的新产品特性需求、新竞争对手带来的威胁、销售滑坡、成本猛涨、其他组织对自己分销商需求的满足等。"发现和解释征兆"主要通过各种分析工具来完成,分析工具能够收集各类信息并通过整合多种信息或基于数据仓库进行数据切片以实现商务智能。

### 2. 设计活动阶段

在明确问题后,决策者需要设计解决问题的方案。此阶段的任务是提出各种各样的决策备选方案,并对这些方案进行构思和评估,确定各种方案的实施步骤和所需的资源。在该阶段,要找出所有可能的解决方案并利用分析工具建立各种解决方案的模型,如盈亏平衡模型、回归分析模型等。通过这种方式,决策者可以在具体执行这些方案前分析它们能产生的结果。

### 3. 选择活动阶段

在设计出多个解决方案后,决策者需要从中选择一个最合适的方案。这个阶段包括对各个方案进行综合评价,比较各个方案的优缺点,根据决策目标选择一个最佳方案。评估每个方案的利弊,预测每个方案的实施结果并从中选择出一个最优方案。"最优"方案取决于多种因素,比如成本、实施的难易程度、对员工的要求以及方案实施的时间安排等。这是决策的指令阶段,一系列行动策略都将在该阶段作出。

### 4. 实施活动阶段

执行选中的方案,监测实施的结果并根据需要作出调整。简单地实施选中的方案显然是不够的,选中的方案永远需要进一步细化,特别是面对一些复杂问题和变化的环境时更是如此。

这四个阶段并不一定完全是按顺序执行的,在决策进行到某一阶段时,常常需要返回到前面的阶段。例如,在"选择活动阶段"选定了一个方案后,可能发现在"设计活动阶段"遗漏了另一个可选方案,于是需要返回到"设计活动阶段",将这个新发现的方案加入其中然后再回到"选择活动阶段",比较这个新方案与其他方案的优劣。在实施决策方案后,决策者需要对决策结果进行审查和评价。这个阶段主要是对决策效果进行监测和评估,如果发现决策结果不符合预期,需要及时调整方案或重新进行决策。这四个阶段构成了组织决策制定的完整流程,有助于确保决策的科学性、合理性和有效性。

## 三、决策支持和信息系统

决策支持是指利用计算机及相关软件技术实现对半结构化和非结构决策问题的决策,支持企业经理人的决策(但不能替代决策),改进决策效果,提高决策正确率。决策支持系统是决策的工具,而决策支持是决策支持系统的目标和结果。也有人将决策支持看作技术、决策过程和行为的结合。技术方面主要包括决策算法的效率、优化能力和数据通信能力;决策过程方面主要是高效率方法的应用对个人创造力和学习能力提高的支持;行为方面包括促进和激励群体决策的过程。

科学的决策需要坚实的信息基础,既需要及时得到当前的信息,也需要有较长时的对相关信息的积累,以便从大量的数据中发现事物之间的关联和变化规律。信息系统的一个重要使命就是辅助各级管理人员的决策活动,其任务就是随时收集与组织和目标有关的信息,并通过对这些信息的分析找出可能存在或可能出现的问题,发现可能存在或可能出现的市场机会。通过建立恰当的数学模型,进行必要的优化与仿真,形成各种决策方案,并对这些决策方案进行分析与评价,为决策者提供科学的、符合实际的参考依据。以往,信息系统多应用于处理结构化的业务控制和管理控制类的决策。随着联机分析处理、数据仓库、数据挖掘技术和知识管理等技术在信息系统中的应用,现在大多数信息系统出现在管理和战略领域,这些领域里的问题是半结构化的和非结构化的,如决策支持系统、智能信息系统、专家系统和模拟系统等。

每一类决策问题可以分为三个层次,即战略上的决策问题、战术上的决策问题和作业中的决策问题。不同类型的决策与信息系统的关系如表 8-2 所示。

表 8-2　　　　　　　　　　　不同决策类型与信息系统的关系

| 管理层次 | 决策层次 | 决策类型 | 信息系统 |
| --- | --- | --- | --- |
| 高层管理 | 战略级 | 半结构化、非结构化 | DSS |
| 中层管理 | 战术级 | 半结构化、结构化 | DSS、MIS |
| 底层管理 | 作业级 | 结构化 | MIS、TPS |

管理信息系统通过提供绩效数据来帮助企业管理者监视和控制企业。它们通常会生成格式固定、基于数据总结的规则调度报告,其数据来自事务处理系统。这些报告的格式是事先确定好的。由此可见,管理信息系统只是强调数据处理能力的提高,但其所收集、存储、处理和提供的信息,还远不能对管理工作,尤其是决策工作产生积极的影响。决策支持系统则面向决策,主要针对半结构化甚至非结构化的决策问题,它不仅重视数据管理,更强调模型管理对决策的支持作用。决策支持系统是在管理信息系统的基础上,根据企业由数据管理到模型管理的发展要求而发展起来的,是一种更高级形态的管理信息系统。

决策支持系统与管理信息系统的主要联系如下:

(1) 管理信息系统能够收集和存储组织机构所提供的大量基础信息,是决策支持系统工作的基础,而决策支持系统能使管理信息系统收集和存储的信息真正发挥作用。

(2) 管理信息系统需要承担起反馈信息的收集工作,以支持决策支持系统进行效果检验和评价。

(3) 决策支持系统可以对管理信息系统的工作进行检查和审计,为管理信息系统的改进及完善指出方向。

(4) 决策支持系统经过反复使用,所涉及的问题模式和数据模式会逐步明确并逐步结构化,这时可以将其并入管理信息系统的工作范围。

由于决策支持系统与管理信息系统存在上述联系,可以在完成管理信息系统功能部分的基础上,建立服务各种不同类型决策工作的、用于完成决策支持系统功能的若干分散的部分,以使系统能够有效地满足用户的各种信息需求。如果没有完成管理信息系统功能的部分,决策支持系统就会成为无源之水、无本之木。而且如果没有统一的数据基础决策支持系统就需要自己建立数据库,而且会出现不一致的现象。如果没有服务各种不同类型决策工作的、用于完成决策支持系统功能的部分,管理信息系统功能部分的工作就会流于形式,发挥不了应有的作用。所有这些都是相辅相成的,由于实际工作中会有各种复杂情况,决策支持系统和管理信息系统很难截然分开。

决策支持系统和管理信息系统的主要区别如下。

(1) 管理信息系统完成的是例行业务中的信息处理任务,而决策支持系统主要是支持决策活动,并为其提供决策所需的信息。

(2) 管理信息系统追求的是高效率,即设法将事情办得快一些,而决策支持系统追求的则是有效性,即尽可能把事情办得好一些,提高决策的效果。

(3) 管理信息系统的设计是数据驱动的,而决策支持系统的设计是模型驱动的,模型管理系统是决策支持系统的核心。同时,决策支持系统的设计也是用户驱动的,用户参与决策支持系统开发的全过程。

(4) 管理信息系统旨在实现一个相对稳定的工作系统,其设计强调系统的客观性,使系统尽可能符合实际情况。而决策支持系统旨在实现一个潜力巨大、适应性强的系统,其设计强调充分发挥人的经验、智慧、判断力和创造性,使决策尽可能正确。

(5) 管理信息系统趋向于信息的集中管理,而决策支持系统则趋向于信息的分散使用。

(6) 管理信息系统着重体现系统全局的、总体的信息需求,而决策支持系统着重体现决策者的信息需求。

从上述对比可以看出,管理信息系统与决策支持系统的主要区别是设计思想和工作对象不同,它们体现了人们对信息处理的认识逐步深入的过程,是信息技术应用于管理活动的两个不同的发展阶段。作为人类认识世界的工具,它们各有各的地位和作用。

## 第二节 商务智能

### 一、商务智能的定义

商务智能的概念起源于高德纳公司,由该公司的副总裁霍华德·德莱斯纳在20世纪八九十年代提出。他将"智能"定义为"对事物相互关系的一种理解能力,并依靠这种能力去指导决策,以达到预期的目标"。而"商业智能"则被其定义为"使用基于事实的决策支持系统,来改善业务决策的一套理论与方法"。

IBM则将商务智能视为一种利用技术来收集、整合、分析和呈现企业数据,以支持战略和业务决策的过程。商务智能在IBM的视角下,不仅关乎数据分析,更关乎如何将这些数据转化为实际可行的洞察和策略。

而Microsoft公司认为商务智能是通过各种应用程序和技术,收集、存储、分析、共享企业业务数据,并提供数据访问权限,从而帮助企业用户作出更好的业务决策。Microsoft公司的商务智能解决方案强调端到端的流程,包括数据收集、处理、分析和展示。

Oracle公司将其商务智能套件视为全面的企业BI产品,旨在满足企业从数据收集、处理、分析到决策支持的全方位需求。Oracle BI套件通过提供交互式控制面板、丰富的查询和分析功能、前瞻性智能和预警等功能,帮助企业用户快速获取洞察并作出明智决策。

SAP的商务智能解决方案强调将企业中现有的数据进行有效整合,快速准确地提供报表,并提出决策依据。SAP BI建立在SAP其他模块之上,整合了财务、销售、物料、生产等多个模块的数据,为企业决策层提供具有决策指导意义的报表和分析。SAP BI的目标是帮助企业作出明智的业务经营决策。

总结上述定义可以看到,商务智能是融合了先进信息技术与创新管理理念的结合体:它集成了企业内部和外部的数据,对其进行加工并从中提取能够创造商业价值的信息;它面向企业战略层,服务于企业的管理层、运营层,指导企业进行经营决策,提升企业竞争力;它涉及企业战略、管理思想、业务整合和技术体系等方面,促进从信息到知识再到利润的转变,促使企业提高绩效。事实上,商务智能应用的关键在于其对业务的优化。对于商务智能,IBM公司更强调数据集成和数据分析基础上的业务分析和优化。目前,商务智能的应用已经延伸到了非商业领域,政府和教育部门等也成为商务智能的应用领域。

 **相关思考 8-1**

**商务智能将数据转化为知识的过程**

商务智能是如何将数据转化为信息再转化为知识的?这一转化过程如图 8-2 所示。

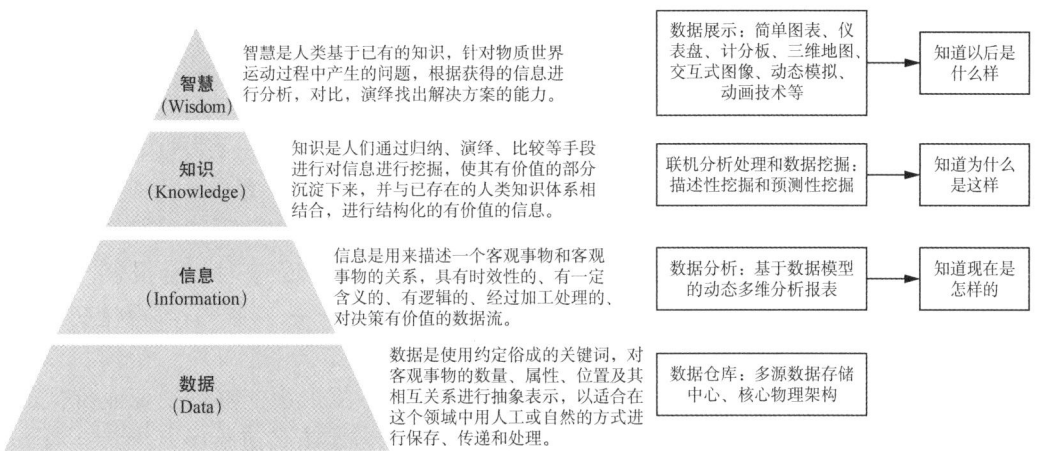

图 8-2 商务智能将数据转化为知识的过程

## 二、商务智能系统框架

商务智能涉及的领域广泛,它集数据的采集、存储、处理、分析和展现于一体,形成了一个完整的系统框架,包括数据抽取、转换、装载,数据仓库,数据查询和报告,联机分析处理,数据挖掘和可视化等工具,能够在线分析和挖掘知识,为管理者提供特定的决策解决方案。在这个框架中,企业首先需要构建数据仓库,将来自不同数据源的数据进行整合和清洗,以确保数据的准确性和一致性。其次,企业通过数据分析和挖掘技术,从海量数据中提取出有价值的信息和知识。这些信息不仅可以帮助企业了解市场趋势、客户需求和竞争态势,还可以指导企业进行产品优化、服务改进和决策制定。同时,商务智能系统还提供了强大的数据可视化功能,通过图表、仪表盘等形式将复杂的数据转化为直观易懂的图像,帮助企业决策者更快地洞察数据背后的故事。商务智能的系统框架通常由数据获取层、数据管理层、数据分析层和信息/知识展示层组成,每一层都扮演着不可或缺的角色。

1. 数据获取层

数据获取层负责从各种数据源中捕获数据,确保数据的全面性和实时性,它涵盖了数据采集、数据整理、数据转换和数据存储四个关键环节。数据采集是指从具体的业务数据库,以及客户关系管理系统、供应链管理系统、企业资源规划系统、遗留系统等信息系统或外部采集数据。数据整理主要是指对采集的数据进行准确性审核合法性校验,传输数据,制订数据抽取、转换、装载(ETL)策略等。数据转换是指按照 ETL 策略将数据转换为一定的格式。

数据存储是指将数据按照数据仓库的要求载入数据仓库服务器。

2. 数据管理层

数据管理主要负责数据仓库的维护和管理，它涵盖了数据组织、数据维护、数据分发、数据安全等内容，可以实现数据净化、过滤及数据标准化等功能。数据管理层专注于数据的整合、清洗和存储，为后续的分析工作奠定坚实的基础。

3. 数据分析层

数据分析是实现商务智能系统智能化的关键，它主要利用数据挖掘、联机分析处理和报表查询技术，按照用户的要求设计、生成数据分析主题，对从模型库、知识库和数据集市中提取的数据进行汇总统计和多维分析，运用各种算法和技术对数据进行深度挖掘，揭示数据之间的关联和规律，挖掘出数据背后隐藏的知识。

4. 信息/知识展示层

信息/知识展示是将数据分析所得到的信息/知识展示给决策人员、管理人员、分析人员和业务人员，支持他们进行管理和决策。信息/知识展示的方式主要有以下几种：

（1）查询。查询包括定义查询、动态查询、OLAP 查询与决策支持智能查询。

（2）报表。报表包括关系数据表格、复杂表格、OLAP 表格以及各种综合报表。

（3）可视化。可视化用易于人们理解的点线图、直方图、饼图、网状图、可视化交互式动态模拟、计算机动画等来表现复杂数据及其之间的关系。

可见，商务智能系统能够集成和加工大量数据，并从中提取出能够创造商业价值的信息，为企业的战略层、管理层与运营层提供服务，指导企业各类人员进行经营决策。商务智能系统是融合了数据仓库、联机分析处理、数据挖掘等先进的信息技术与创新的管理理念的结合体，它可以促进信息向知识乃至利润的转变，从而使企业实现更好的效益。

## 三、商务智能核心技术

商务智能是多种技术的综合应用，可以将数据转化为信息和知识，是一种辅助决策的手段。商务智能还是一套完整的解决方案，它可以将数据仓库、联机分析处理和数据挖掘等技术结合起来应用到商务活动中，即从不同的数据源收集数据，对收集到的数据进行抽取、转换，然后将它们装载到数据仓库中，并使用合适的数据挖掘工具、联机分析处理工具等对它们进行再处理，将所得到的信息转变成为用于辅助决策的知识，最后将知识呈现于用户面前，以达到技术为决策服务的目的。数据仓库、联机分析处理、数据挖掘是商务智能系统的三大支撑技术，其中数据仓库是商务智能系统的数据基础，联机分析处理和数据挖掘是商务智能系统的数据分析工具。数据仓库的作用是为联机分析处理和数据挖掘提供数据，联机分析处理和数据挖掘的作用是要把数据仓库中的数据变成信息和知识，为管理者提供决策依据以及解决方案，帮助其及时作出正确的决策。

1. 数据仓库

传统数据库作为传统数据管理的主要手段，主要用于操作型数据的处理。操作型数据通常比较分散，而传统数据库面向特定应用的特性使数据集成比较困难，因而难以满足决策支持的需要。

20 世纪 80 年代，IBM 公司巴里·德夫林和保罗·墨菲两位研究员提出了一个新的术语——数据仓库。从此之后，众多信息技术厂商开始构建实验性的数据仓库。1991 年，有

"数据仓库之父"之称的比尔·恩门出版了《建立数据仓库》一书,正式提出了"数据仓库"的概念并对其进行了全面的阐述,数据仓库开始得到广泛的应用。

数据仓库是决策支持系统和联机分析处理的结构化数据环境。数据仓库研究和解决如何从数据库中获取信息和知识的问题,其主要目的是从大量数据中找出对现实有指导意义的规律。比尔·恩门在《建立数据仓库》一书中提出的数据仓库的定义目前被业界广泛接受,具体如下:数据仓库是一个面向主题的、集成的、相对稳定的、时变的数据集合,用于决策支持。

数据仓库在处理历史数据的基础上,对整个系统中的数据进行分析和整理,以便进行联机分析处理、数据挖掘等工作,其最终目标是用得到的知识构建企业的商务智能。因此,数据仓库是在数据库中已经有大量业务数据的情况下,为了满足人们更深入地进行数据分析、知识发现和商务决策的需要而产生的。

从数据库到数据仓库,变化的不是数据量,而是数据应用场景,其数据处理方式也从以操作型数据处理为主转变为以分析型数据处理为主,即从数据库联机操作转变为面向主题的历史数据分析,以为企业提供智能分析和决策服务。

 拓展资料

### 数据预处理

数据预处理是依照一定的规则把数据从数据源装入数据仓库的过程,这个过程的实质是符合特定规则的数据流动过程,从异构数据源流向统一的目标数据库。其主要步骤有数据抽取、转换和装载,即ETL。数据预处理负责将分布式的、异构数据源中的数据抽取到临时中间层进行转换、集成等处理,最后将其装载到数据仓库中,为联机分析处理和数据挖掘提供基础。

在构建商务智能系统时,是否能有效地将分散在不同数据源中的数据整合起来是系统成败的关键,并将影响系统的运行效率和运行结果。ETL正是解决这一问题的有效方案。它包含三个方面的内容:一是数据抽取,指的是将数据从原来分散的企业业务子系统中抽取出来,这是所有工作的前提;二是数据转换,指的是按照预先设计好的规则对抽取出来的数据进行转换,使异构数据的格式统一起来;三是数据装载,将经过转换的数据导入数据仓库。

1) 数据抽取

数据抽取将数据从不同的数据源抽取到操作型数据存储中,在抽取的过程中需要使用不同的抽取方法,以尽可能地提高数据预处理的效率。在设计数据抽取部分时,需要了解数据来自企业的哪些业务子系统,各个业务子系统的数据库服务器所运行的数据库管理系统,是否存在手工数据,是否存在非结构化数据等信息。

2) 数据转换

数据转换利用数理统计、数据挖掘或预定义的数据转换规则,将原始数据转化成满足数据仓库要求的数据。在数据预处理中,花费时间最长的就是数据转换。

在大多数情况下,数据转换就是对数据进行合并、清理和整合,以使其更有益。此外,在数据转换过程中,要确保能将数据从传统的数据库同步到数据仓库中。

3) 数据装载

数据装载将转换后的数据装载到数据仓库中。数据装载策略包括数据装载周期和数据追加策略。其中,数据装载周期要综合考虑企业的经营分析需求和系统装载代价,对于不同业务子系统的数据采用不同的装载周期,但需要保持同一时间业务数据的完整性和一致性。数据追加策略有时标方法、DELTA文件方法、前后映像文件方法、日志文件方法等。

### 2. 联机分析处理

联机分析处理是数据仓库的主要应用,它针对某个特定的主题进行联机数据访问、处理和分析,并以直观的形式从多个维度、综合多种数据将系统的运营情况展现给用户。它有两个特点:一是在线的,表现为对用户请求的快速响应和交互式操作;二是多维分析,这是联机分析处理的核心所在。

> **相关思考 8-2**

**联机分析处理的相关概念**

联机分析处理的相关概念如表 8-3 所示。

表 8-3  联机分析处理的相关概念

| 概念名称 | 概念内涵 |
| --- | --- |
| 变量 | 变量是从现实系统中抽象出来的、用于描述数据的实际意义,即描述数据"是什么"的概念。一般情况下,变量是数据度量指标。例如,"人数""单价""销售量"等都是变量。 |
| 维 | 维是人们观察数据的特定角度。人们在考虑问题时会使用一类属性,一类属性就代表了一个维,如时间维、产品维等。 |
| 维的层次 | 人们观察数据的某个特定角度(即某个维)往往会有多个描述方面,这些描述方面称为维的层次。例如,在描述时间维时,可以从日期、月份、季度、年等不同方面来描述。 |
| 维成员 | 维的一个取值称为该维的一个维成员。如果一个维是多层次的,那么该维的维成员是不同维层次上的取值的组合。 |
| 多维数组 | 一个多维数组可以用维和变量的组合表示,表示为(维1,维2,……,维n,变量)。例如,多维数组(产品,地点,时间,销售量)表示销售量有产品维、地点维和时间维。 |
| 数据单元 | 多维数组的取值称为数据单元。当多维数组的每个维都选中了一个维成员时,这些维成员的组合就唯一确定了一个变量的值(如计算机,广州 2006 年 10 月,1 000 台)。 |

1) 联机分析处理提供的多维分析方法

联机分析处理提供的多维分析方法,包括切片、切块、旋转、上翻、下钻等分析操作:

(1) 切片:在多维数组的某一维上选定一个维成员,得到多维数组的一个子集。

(2) 切块:在多维数组的某一维上选定某一区间的维成员,得到多维数组的一个子集然后对这个子集进行统计分析。

(3) 旋转:改变一个报告或页面显示的维方向。例如,将行和列互换。

(4) 上翻:将比较细节的数据汇总成比较综合的数据,沿着维的概念分层向上攀升,是从特殊到一般的分析过程。

(5) 下钻:将比较综合的数据分解成比较细节的数据,沿着维的概念分层向下或引入新的维,是从一般到特殊的分析过程。

2) 联机分析处理与联机事务处理的区别

联机分析处理与联机事务处理有很大的不同。联机分析处理是指决策者利用数据库对数据进行分析和处理,以完成决策分析工作;而联机事务处理是指操作者利用计算机网络对传统数据库中的数据进行查询、增加、删除、修改等操作,以完成事务处理工作;联机分析处理是面向分析的,而联机事务处理是面向应用的;联机分析处理所使用的历史数据,以及经过综合与提炼的数据,均来自联机事务处理所依赖的底层数据库;联机分析处理对数据的操作比联机事务处理增加了数据的多维化和预处理等操作。另外,联机分析处理的前端产品的界面风格和数据访问方式也与联机事务处理不同,联机事务处理多以固定表格的形式显示,数据查询与输出有固定规范,而联机分析处理则采用易于用户理解的形式,如多维报表、统计图等显示,数据查询和输出比较灵活,用户可以方便地对每个维层次上的数据进行切片、旋转等操作。

3. 数据挖掘

在信息化时代,计算机与通信技术的发展显著地增强了人们生产和收集数据的能力,而物联网、云计算和大数据的出现,让人们沉浸在数据"海洋"之中。每时每刻,都有来自社会生产生活各方面的数据涌现出来,形成了数太字节甚至数拍字节的海量数据集,这些爆炸式增长的数据让人无暇查看,出现了"数据爆炸但知识贫乏"的现象,激起了人们对数据分析技术与工具的需求,也就是对将海量数据转换成有用的信息和知识的技术的需求,这种需求促使了数据挖掘的产生。

数据挖掘是一门涉及面很广的交叉学科,它融合了模式识别、数据库、统计学机器学习、粗糙集、模糊数学和神经网络等多个领域的理论,因此可以从多个角度来理解它。

从技术的角度看,数据挖掘是从大量的、不完全的、有噪声的、模糊的、随机的数据中,提取隐含在其中的、用户事先不知道但又是潜在有用的信息和知识的过程。这个定义有如下含义:原始数据是真实的、大量的,并且可能是有噪声的;发现的信息是用户感兴趣的;发现的知识是用户能够理解并使用的。在数据挖掘中,原始数据可以是结构化的,如关系数据库中的数据;也可以是半结构化的,如文本、图形和图像数据;甚至可以是分布在网络上的异构数据。挖掘出来的知识可用于进行查询优化、信息管理、决策支持和过程控制等,还可用于进行数据维护。

数据挖掘把人们对数据的应用从低层次的简单查询,提升到高层次的决策支持。从商业角度来看,数据挖掘就是企业按照既定的业务目标,对大量数据进行探索和分析,以揭示隐藏的、未知的规律并将其模式化,从而支持商业决策活动。数据挖掘是一种新的数据处理模式,它只有面向特定的领域才有应用价值,其主要特点是对数据库中的大量业务数据进行抽取、转换、分析和处理,从中提取出可以辅助决策的关键信息和知识。

 延伸阅读8-1

### 《噪声——人类判断的缺陷》

诺贝尔经济学奖得主丹尼尔·卡尼曼一直关注人类在决策中是如何犯错的,系统性的错误是偏差,无规律的错误则是噪声。没有人可以永远作出正确的抉择,总有噪声在影响判断力。噪声是不可消除的,但我们必须尽量将噪声的影响降到最低。《噪声——人类判断的缺陷》这本书深入地分析噪声的影响,并尝试告诉我们如何减少决策中的噪声。

基于上面的研究,丹尼尔指出所有判断都存在3类噪声。一类是水平噪声,指的是任何判断都会存在不同程度的水平误差,比如在进行绩效评估时,有些评委比其他人更宽容,有的则更严厉。水平噪声就是每个评委平均评判结果之间的变异性。一类是模式噪声,指的是人们对特定事件判断时会出现与自己平均水平差异的复杂状态,如在法官审理案件时,一贯审理严格的法官并非所有的案件都表现同样的严格,在有些案件上,他比自己平均量刑水平更严格;但在另一些案件上,又表现得更宽容。另外还有一类是情境噪声,是一种转瞬即逝的因素所导致的变异,是一种随机误差,而情绪是情境噪声的源头之一。随着情绪的变化,人的认知机制会改变,即便你认为你的判断没有受到情绪的影响,并且能够很自信的阐明自己判断的理由,但实际你依然被情绪所影响,但情境噪声并不是系统噪声的主要成因。水平噪声和模式噪声则构成了系统噪声,系统噪声与系统性偏差一样,是影响人们判断错误两大核心因素。

资料来源:量子.读书之《噪声——人类判断的缺陷》之一[EB/OL].(2023-12-23)[2024-09-30].https://zhuanlan.zhihu.com/p/673741754.

延伸阅读8-2

**数据科学最常用流程CRISP-DM,终于有人讲明白了**

CRISP-DM最初是由一个由领先的数据科学供应商、终端用户、咨询公司和研究人员组成的联盟开发的。CRISP-DM项目最初由欧盟委员会在ESPRIT项目中提供了部分资助,该流程在1999年的一次研讨会上被首次提出。从那时起,许多人尝试更新这个流程,但是最初的版本目前仍然广为使用。

CRISP-DM有一个专门的网站,但近年来这个网站已经废弃,有时用户可能会被IBM重定向到SPSS网站。IBM也是该项目的最初资助者之一。最初,联盟发布了一个详细的、可读性很高的指南(76页),可以在线免费获取该文档,其中的几页对该流程的结构和主要任务进行了摘要。CRISP-DM是一种常用的知识发现过程模型,用于大规模数据挖掘项目。CRISP-DN模型可以为一个知识发现过程提供完整的描述,它将一个知识发现过程分为6个不同且顺序也非固定不变的阶段。

(1)业务理解。在业务理解阶段,要先确定项目目标,进行项目可行性分析,然后确定数据挖掘目标,并在此基础上制订项目的初步计划评估。

确定数据挖掘目标:从技术的角度明确数据挖掘的目标和成功标准。

制订项目计划:为整个项目制订一个计划,并初步估计所要用到的技术和工具。

(2)数据理解。在数据理解阶段,要收集数据,描述数据探索数据,检查数据质量等。其具体步骤如下。

收集数据:收集项目所涉及的数据,必要时将数据导入数据处理工具进行初步的数据集成工作,并生成相应的报告。

数据描述:对数据进行大致的描述,描述的内容包括数据的记录数量、属性数量等,并给出相应的报告。

探索数据:对数据进行简单的统计分析。例如,对数据的统计特征、关键属性的分布等进行分析。

检查数据质量:检查数据是否完整、数据是否有错、数据是否有缺失值等。

(3)数据准备。在数据准备阶段,要进行数据选择、数据清洗、数据构建、数据集成和数据格式化等工作,以形成最终的数据集,其具体步骤如下。

数据选择:根据数据挖掘目标和数据质量选择合适的数据,包括记录选择和属性选择等。

数据清洗:主要包括数据纠错、删除重复项、去除噪声、填补缺失值等。数据清洗相当耗时,但如果没有数据清洗,项目就有可能会出现"垃圾进、垃圾出"的问题。

数据构建:在原有数据的基础上构建新的记录或属性。例如,根据人的身高和体重构建身体质量指数。

数据集成:将来自多个数据源的数据合并在一起,形成一个综合的数据集。

数据格式化:根据需要对数据进行格式化。例如,将字符型数据转换成数值型数据,以便执行数学运算。

(4)模型构建。在模型构建阶段,要选择建模方法,并确定模型的最佳参数。对于同一个数据挖掘问题通常可以采用多种建模方法。如果建模方法对数据格式有特殊要求,则往往需要返回数据准备阶段,对数据格式进行调整。

(5)模型评估。在模型评估阶段,要对所构建的模型进行可靠性评估和合理性解释。这时已经建立了一个或多个高质量的模型,但在部署模型之前,需要对其进行全面评估,并检查模型构建的各个步骤,以确保模型可以完成企业的业务目标。如果模型评估结果是不能有效达到业务目标,则需要返回业务理解阶段。该阶段结束后,项目各方应当就数据挖掘结果的使用达成一致的意见。

(6)模型部署。在模型部署阶段,要制定将经过评估的模型应用于实际工作的策略,并将数据挖掘的结果以及过程组织为可读文本的形式。根据不同的需求,模型部署既可以简单到只产生一份报告,也可以复杂到在企业中实施一个可重复的数据挖掘过程。由于在多数情况下由客户执行模型部署,为了正确部署已经构建好的模型,客户要预先了解需要执行哪些活动。

数据挖掘本身的循环特性决定了数据挖掘不是部署一次就能结束的,它可以不断地循环和优化,其后续过程可以从前面的过程中得到借鉴和启发。目前,在商业数据挖掘领域,CRISP-DM一直稳居各种行业调查第一名。CRISP-DM的主要优势,也是它被广泛使用的原因,其关键在于它被设计成独立于任何软件、供应商或数据分析技术。

资料来源:约翰·凯莱赫,布伦丹·蒂尔尼.数据科学最常用流程CRISP-DM,终于有人讲明白了[EB/OL].张世武,黄元勋,译.(2024-09-30)[2019-12-20]. https://cloud.tencent.com/developer/article/1557101.

## 四、商务智能的基础设施

以前大型企业当前的运营、趋势和变化等相关信息可能需要从相互分离的系统中获取,如销售、财务和制造系统,甚至包括一些外部的系统。现在商务智能的基础设施包括一系列的工具,这些工具主要用于从大量不同类型的半结构化和非结构化的商业数据中获取有价值的信息。这些工具包括数据仓库和数据集市、Hadoop、内存计算和分析平台。

### 1. 数据仓库和数据集市

数据仓库存储着对决策有价值的公司当前和以往的数据,这些数据来自很多关键的业务系统,如生产、销售和制造系统。数据仓库会从企业内的多个业务系统之中提取出当前和历史的数据。这些数据与来源于外部的数据相结合,通过修正不准确和不完整的数据,进一步重新组织和分析,进而加载到最终的数据仓库之中。数据仓库的数据可以被人们访问和查看,但是数据不能修改。同时数据仓库能够提供一系列标准化的查询工具、分析工具和图形报告工具。

数据集市是数据仓库的一个子集,里面有企业数据的汇总或高度聚集的部分企业数据,能够为特定的用户建立单独的数据库。

### 2. Hadoop

为了能够处理非结构化、半结构化的海量数据,很多组织会使用一种分布式系统基础架构。Hadoop是由Apache软件基金会开发的开放源代码的软件框架,用户可以在不了解分布式底层细节的情况下,开发分布式程序。充分利用集群的威力进行高速运算和存储。

Hadoop实现了一个分布式文件系统。HDFS有高容错性的特点,并且其是用来部署在低廉的硬件上,它提供高吞吐量来访问应用程序的数据,适合那些有着超大数据集的应用程序。HDFS放宽了POSIX的要求,可以以流的形式访问文件系统中的数据。Hadoop的框架之中最核心的设计就是HDFS和MapReduce。HDFS为海量的数据提供了存储,MapReduce为海量的数据提供了计算。

### 3. 内存计算

内存计算是一种依靠计算机的主存储器(内存)进行数据存储的方法。用户通过直接访问存储在主内存的数据,能够解决从传统的基于磁盘的数据库中检索和读取数据的问题,同时能缩短查询时间。内存处理使在整个内存中处理大量数据成为可能,数据的规模能够达到一个数据集市或者较小的数据仓库水平。原先处理大量数据需要花费数个小时甚至几天进行运算,现在通过使用内存计算技术能够在很短的时间内完成。

4. 分析平台

商业数据库提供商目前已经使用关系型和非关系型技术开发了特殊的高速分析平台,用来处理和分析大型数据集。例如,IBM 的 PureData System for Analyic 以紧密集成的数据库、存储器和服务器为特色,与传统系统相比,处理复杂查询快 10 倍至 100 倍。分析平台还包括内存系统和 NoSQL 非关系型数据库管理系统。

## 五、商务智能的分析能力

商务智能的分析工具能够为企业决策者提供实时、准确的信息,并帮助决策者快速理相关信息。为了实现上述目标,商务智能系统提供了以下的分析功能。

1. 预测分析

对未来的事件和行为进行建模并预测是商务智能分析的一个重要功能,例如,顾客对所购买产品的报价作出积极响应的概率预测。预测分析指使用历史数据、统计分析、数据发掘技术,以及有关未来情况的假设预测未来情况和行为模式的一种方法。在进行预测分析前,需要首先明确能够影响未来行为以及能够被测量的变量。比如,一家保险公司在制定汽车的保险政策时,需要使用性别、年龄和以往的驾驶记录等信息作为预测其驾驶安全性的变量。

目前,预测分析正在逐渐被纳入众多商务智能应用之中,例如,在财务、销售、营销医疗和欺诈识别上的应用,最知名的就是金融服务行业使用的信用评分。当人们申请一张新的信用卡的时候,该系统就会查询申请人的信用记录、贷款申请和购物数据,预测其信用卡未来按时还款的可能性。医疗保险公司多年来一直在进行相关的数据分析,以预测哪些患者最有可能产生昂贵的医疗费用并进行识别。此外,很多企业通过使用预测分析模型识别出那些不太可能响应营销活动的客户,然后把资源投放在那些更有可能响应营销活动的客户身上,进而降低企业的销售成本和营销成本。

2. 大数据分析

随着时代的发展,预测分析模型开始逐渐利用来自公共部门和私营公司的大数据,包括来自传感器、客户交易、社交媒体和其他机器产生的数据。在电子商务领域中,很多在线销售的零售商都能够向网站的访问者提供个性化的产品推荐,引导访客的购买行为。然而上述推荐的大部分算法都是基于类似客户群体的行为分析,例如,针对年龄 25 岁到 35 岁的客户群体、年收入低于 10 万元的客户群体等。目前,已有零售商开始收集大量的客户数据和社交媒体数据并进行分析,目的是让针对特定顾客的产品推荐更加个性化。上述零售商的种种努力提高了销售额和客户的忠诚度。

在公共事业方面,大数据的分析技术目前推动了全世界多个地区"智慧城市"的建设,通过深入和广泛地使用数字化技术,帮助管理者在市民服务和管理运行方面作出更好的决策。大量的公共数据库记录了税务记录、企业罚单、资产转移、环境合规性审计、公共交通评估、犯罪数据、卫生部门统计、公共教育记录等数据。市政部门能够使用传感器、定位应用和智能手机等采集更多数据。如今,预测分析系统的发展能够为交通运输、医疗服务、公共事业管理等提供决策支持。

3. 智能运营和分析

许多决策涉及的是如何管理企业的运营决策,对这类活动的监控称为智能运营。一个典型的例子是美国施耐德物流公司。美国施耐德物流公司是北美最大的物流、卡车和多式联运的服务提供商之一。该企业使用拖车、卡车和联运集装箱上内置的传感器生成的数据为运营提供服务。传感器能够采集驾驶员的驾驶行为、车辆位置、燃料剩余量以及拖车和集装箱是否载货的数据。通过使用卡车目的地及沿途燃油价格数据,以及来自油箱传感牌的数据,施耐德物流公司能够确定驾驶员最佳的加油地点。

目前,物联网正在创造海量的数据,包括来自智能手机、网络活动、传感器、仪表和监控设备的数据,上述数据可以用于组织内外部活动的智能运营分析。随着这些数据的产生,智能运营的分析软件能够实时分析这些大数据。公司可以对某项时间设置触发警报,或者将时间发送到实时的仪表盘上来帮助管理人员进行决策。

4. 地理位置分析

对某些企业来说,其决策需要地理位置相关的数据,而商务智能分析的功能中也包括地理位置分析的功能。对地理位置进行分析,相关的数据必不可少,基本来自传感器或者扫描设备的数据、移动电话的地理位置数据和地图数据等。比如,商务智能的地理位置分析能够分析移动广告对实体访客产生的影响,同时能帮助企业的营销人员确定适合向哪些人推送相关的移动广告等。

1992年"安德鲁"飓风袭击了美国的东海岸,在它扫荡过的几个州县留下了一片狼藉。受灾最重的地方之一是佛罗里达州的迈阿密,飓风登陆后摧毁了商业建筑物和家庭住房,造成十几亿美元的损失。《迈阿密先驱报》的记者们认为不应把所有的损失都归罪于"安德鲁"飓风。他们推测至少有一些损害是由1980年以后建造的伪劣房屋造成的。

在"安德鲁"飓风发生的4个月后,该报纸提出一系列的报告,并且使用了地理信息系统的地图来确定各个点。地理信息系统是一种专为使用空间信息而设计的决策支持系统。空间信息是可以用地图形式来表示的所有信息,如道路秃头鹰的数量分布、下水管道以及通信线路的分布等。

《迈阿密先驱报》的记者们绘制了一张地图,在图中标出了"安德鲁"飓风风力最强的到达点,并描绘了飓风在内陆的行进路线,在行进过程中,飓风的冲击力不断减损。接下来,记者们绘制了另一张地图,其中标出了受损的房屋,每个圆点代表10户人家。用不同的颜色填涂圆点来代表受损的程度——蓝色代表10栋可修复的房屋,橙色代表10栋被彻底毁坏的房屋。当把这两张地图重叠在一起的时候,可以很清晰地看到,飓风的强度与它所造成的损害并不吻合。换句话说,记者们的工作表明"安德鲁"飓风并不是建筑毁坏的罪魁祸首。最终,戴德县的建筑规范被修订得更为严格,建筑商们再盖房子时必须使用更多的钉子和安装更坚固的窗户、门及护窗板。《迈阿密先驱报》由于它的调查工作而荣获了"普利策奖"。

星巴克也是地理信息系统应用的一个典型案例。通过地理信息系统提供的相关工具,星巴克的决策者能够将遇到的问题图形化,并能从系统的地图中得到相关启发。地理信息系统的软件能够将各项资源分布的地理位置数据与地图上的区域联系起来,有些系统还有修正得到的数据以及修正业务场景的建模功能。

地理信息系统的其他应用包括帮助银行确定新的网点位置或者自动取款机的最佳安放位置,帮助警方确定犯罪率较高的地点等。企业大量地使用地理信息系统软件分析信息,产生商业智能和制定决策。地理信息系统由数据库和图形技术结合而成。事实上,地理信息系统绘制的信息类型没有什么限制,包括道路的位置、河流的流向、居民的收入水平、健康状况、地区的犯罪率等。当然,纸质的地图也可以描绘这些信息,但电子地理信息系统的优势在于只需单击一次鼠标就能得到多层次的信息。

## 第三节 商务智能与决策支持系统

### 一、决策支持系统类型与技术架构

20世纪70年代中期,Keen和Scott Morton首次提出了决策支持系统(Decision-making Support System,DSS)的概念,它标志着利用计算机与信息支持决策的研究与应用进入了一个新的阶段。20世纪70年代末,DSS一般被认为是结合与利用计算机强大的信息处理能力和人的灵活判断能力,以交互方式支持决策者解决半结构化和非结构化决策问题的系统。当时的DSS大多由模型库、数据库及人机交互系统等三个部件组成,被称为初级决策支持系统。20世纪80年代初,随着DSS理论和技术的发展,DSS系统结构增加了知识库、方法库、图形库、文本库和案例库等,构成了三库、四库、五库、六库甚至七库结构。知识库系统是有关规则、因果关系及经验等知识的获取、解释、表示、推理及管理与维护的系统;方法库系统是以程序方式管理和维护各种决策常用的方法与算法的系统。20世纪80年代后期,人工神经元网络及机器学习等技术的研究与应用为知识的学习与获取开辟了新的途径。专家系统与DSS相结合,充分利用专家系统定性分析与DSS定量分析的优点,形成了智能决策支持系统,提高了DSS支持非结构化决策问题的能力。近年来,DSS与计算机网络技术结合构成了新型的能供异地决策者共同参与进行决策的群体决策支持系统。DSS利用便捷的网络通信技术在多位决策者之间沟通信息,提供良好的协商与综合决策环境,以支持需要集体作出决定的重要决策。

**(一) 决策支持系统类型**

决策支持系统主要有三种基本类型:模型驱动、数据驱动和知识驱动。

1. 模型驱动的决策支持系统

模型驱动的决策支持系统一般独立于组织的信息系统,它基于历史数据和分析模型执行"what-if"分析和其他类型的分析。它的用户接口良好,易于使用。

2. 数据驱动的决策支持系统

数据驱动的决策支持系统集成了大量来自组织主要信息系统和用户网站的数据。它们使用户能够提取大量有用的信息以支持决策,而这些信息以前都被埋藏在大量的数据中。数据驱动的决策支持系统通常利用事务处理系统将数据收集至数据仓库,然后利用联机分析处理和数据挖掘进行数据分析。数据驱动的决策支持系统使组织既可以从自身的系统中挖掘数据,也可以从客户的网站中挖掘客户数据。

3. 知识驱动的决策支持系统

知识驱动的决策支持系统又称智能决策支持系统。这类决策支持系统是具有解决问题专门知识的人机系统,其中"专门知识"包括理解特定领域问题的知识以及解决这些问题的技能。

### (二)决策支持系统技术架构

决策支持系统由数据库子系统、模型库子系统和用户界面子系统这三个基本部分组成,其核心是用户界面。随着方法库子系统和知识库子系统被引入决策支持系统,决策支持系统日益朝着智能化的方向发展,并使之可以为组织的各种决策提供更好的支持。

1. 数据库子系统

数据库是一种现在和历史数据的集合,它是决策支持系统的重要数据资源,是模型库、方法库和用户界面子系统的基础。在决策支持系统中,数据库的作用不仅体现在数据支持上,在某种程度上它已成为决策支持系统内部管理的一种机制,起着简化决策支持系统实现和维护过程的作用。

数据库子系统往往由以下几个部分组成:

(1) 数据析取模块。数据析取模块为模型运行准备和组织数据,它实际上是各种源数据库与决策支持系统数据库的接口,其主要内容包括从源数据库集聚和形成子集,建立决策支持系统数据库,供模型和用户界面部分使用。

(2) 决策支持系统数据库。决策支持系统数据库通过数据析取模块析取数据。源数据库的数据不会全部进入决策支持系统数据库,而是根据需要对其进行析取。

(3) 数据库管理系统。数据库管理系统用于提供存取数据库中数据的功能。

(4) 数据字典。数据字典用于维护系统中的数据定义、类型描述和数据源描述。

(5) 数据查询模块。数据查询模块用于满足来自其他子系统的数据请求,它通过查阅数据字典确定如何满足这些请求,并向数据库管理系统详细阐述数据请求,最后将结果返回用户界面子系统。

2. 模型库子系统

模型库子系统是构建和管理模型的计算机软件系统,它是 DSS 中最复杂与最难实现的部分。DSS 用户是依靠模型库中的模型进行决策的,因此人们认为 DSS 是由"模型驱动的"。应用模型获得的输出结果有三种作用:①直接用于制定决策;②对决策的制定提出建议;③用来估计决策实施后可能产生的后果。

模型库子系统的主要功能:一是定义、建立、存储、查询、修改、删除、插入、重构模型库与模型字典;二是根据用户的要求,将简单的子模型通过串联或并联构造成一个更为复杂的模型;三是控制模型运行时的数据输入和输出,一个模型可能被另一个模型调用;四是提供模型运行时对数据库访问的标准接口,减少模型对数据库管理系统的依赖。

模型库子系统主要由模型库、模型库管理系统和模型字典等部分组成。模型库用于存储决策模型,是模型库子系统的核心部件。实际上模型库中主要存储的是能让各种决策问题共享或专门用于某特定决策问题的模型、基本模块或单元模型以及它们之间的关系。使用 DSS 支持决策时,根据具体问题构造或生成决策支持模型,这些决策支持模型如果有再用的可能,则也可存储于模型库。将模型库与成品库比较,则存放的是"成品的零部件和框架"。模型字典即对这些"零部件和框架"的描述,用于说明它们的功能、用途和使用事项等。理论上,模型库中的"元件"可以构造出任意形式的模型,解决任何所能表述的问题。

决策支持模型可分为模拟方法类、规划方法类、计量经济方法类、投入产出方法类等,其中每一类又可分为若干子类,如规划方法类又可分为线性规划、单目标规划或多目标规划。模型按照经济内容可分类为:预测类模型,如产量预测模型、消费预测模型等;综合平衡模型,如生产计划模型、投入产出模型等；结构优化模型，如能源结构优化模型、工业结构优化模型等；经济控制类模型，如财政税收、信贷、物价、工资、汇率等对国家经济的综合控制模型等。

模型库管理系统的主要功能是模型的利用与维护。模型的利用包括决策问题的定义和概念模型化，从模型库中选择恰当的模型或单元模型构造具体问题的决策支持模型以及运行模型。模型的维护包括模型的链接、修改与增删等。模型库子系统是在与DSS其他部件的交互过程中发挥作用的。与数据库子系统的交互可获得各种模型所需的数据、实现模型输入、输出和中间结果存取自动化。与方法库子系统的交互可实现目标搜索、灵敏度分析和仿真运行自动化等。与人机对话子系统之间的交互，可实现对模型的使用与维护的控制与操作。

3. 用户界面子系统

用户界面子系统是决策支持系统中用户和计算机的接口，又称人机对话、人机接口等，它负责接收和检验用户的请求，协调数据库系统、模型库系统和方法库系统之间的通信，为决策者提供信息收集、问题识别以及模型构造、适用、改进、分析和计算等功能，它在操作者、模型库、数据库和方法库之间起着传送命令和数据的重要作用。

用户界面子系统通过人机对话使决策者能够依据个人经验，主动地利用DSS的各种支持功能，反复学习、分析、再学习，以便选择一个最优决策方案。显然，对话决策方式充分重视和发挥了认识主体人的思维能动性，必然使管理决策质量大幅度提高。它的交互方式为决策者提供了进一步理解决策问题的过程。由于高层次管理决策错综复杂，决策者往往一开始不能全面深入地了解决策问题的每个侧面，决策支持的出发点只能是基于交互的人机合作过程，通过试探性和启发性的问题求解方法来帮助决策者逐步加深和调整对问题结构的认识。从本质上说，非结构化问题的求解和结构化过程实际上是一种人机交互的启发式过程。DSS通过交互向决策者展示问题的各个侧面并通过交互使问题逐步深化，使决策者对问题的结构认识逐步深入、细化和清晰，使决策问题得以求解。交互是一个启发用户思维的过程。

4. 方法库子系统

方法库子系统由方法库和方法库管理系统两大部分组成。方法是指基本算法，如数学方法、数理统计方法、经济数学方法等。建立方法库的目的是为决策支持系统提供一个合适的环境，使其能够从数据库中选择数据，从方法库中选择算法，然后将数据和算法结合起来进行计算，并通过一定的方法输出结果，供决策者使用。

方法库由方法程序库和方法字典构成。方法程序库是存储方法模块的工具，由各种通用性和灵活性较强、可用来构成各种数学模型的方法程序库组成。方法字典则用于对方法库中的程序进行索引。

方法库管理系统具有高性能的方法生成器，它能根据用户、管理者以及模型的要求在没有人工干预的情况下，自动生成能够解决某一类问题的方法程序，并执行之。这个特点是方法库子系统与其他程序包、软件包的本质区别。

5. 知识库子系统

知识库是组织合理的关于某个特定领域的陈述性知识和过程性知识的集合。它与传统数据库的区别在于，它不但包含大量的简单事实，而且包含规则和过程性知识。而知识库子系统是以知识库为核心的，包含人、硬件和软件等各种资源，用于实现知识共享的系统。

知识库子系统的体系中的人机交互模块使用户可以方便地查询知识库；知识获取模块用于接收、更新领域知识，并将获取的知识表示成知识库的内部形式。

在知识库子系统中,"人"包括分布在不同地点的直接用户、知识库子系统的开发者领域专家和知识工程师等。"机"指的是计算机系统,其分为硬件和软件,其中硬件包括计算机、大容量存储器和其他外围设备,软件包括系统软件(如操作系统)以及针对知识库子系统开发的应用软件,如人机界面模块、知识获取模块、问题求解模块、一致性维护模块和知识库管理系统应用程序等。总之,知识库子系统是一个完整的系统,它既可以作为决策支持系统的一个子系统,也可以成为一个独立的系统供知识管理者和决策者使用。

### 延伸阅读8-3

**什么是神经网络**

神经网络是一种机器学习程序或模型,它以类似人脑的方式作出决策,通过使用模仿生物神经元协同工作方式的过程来识别现象、权衡利弊并得出结论。

每个神经网络都由多个节点层或人工神经元——一个输入层、一个或多个隐藏层和一个输出层组成。每个节点都与其他节点相连,具有一个关联的权重和阈值。如果任何单个节点的输出高于指定的阈值,那么该节点将被激活,并将数据发送到网络的下一层。否则,不会将数据传递到网络的下一层。

神经网络依靠训练数据来学习并随着时间的推移提高其准确性。一旦对其准确性进行微调,它们就会成为计算机科学和人工智能领域的强大工具,使我们能够高速对数据进行分类和聚类。与人类专家的人工识别相比,人工智能进行语音识别或图像识别只需几分钟,而人工识别则需要几小时。神经网络最著名的例子之一就是Google的搜索算法。

神经网络有时被称为人工神经网络或模拟神经网络。它们是机器学习的一个子集,是深度学习模型的核心。

神经网络可分为不同类型,用于不同的目的。虽然这并不是一个全面的类型列表,但下面列出的是最常见的神经网络类型,您会在常见的使用案例中遇到:

感知器是最古老的神经网络,由Frank Rosenblatt在1958年创建。

前馈神经网络或多层感知器是本文的主要研究对象。它们由一个输入层、一个或多个隐藏层和一个输出层组成。虽然这些神经网络通常也被称为MLP,但重要的是,要注意它们实际上由sigmoid神经元而不是感知器组成,因为大多数现实世界的问题都是非线性的。数据通常被输入到这些模型中进行训练,它们是计算机视觉、自然语言处理和其他神经网络的基础。

卷积神经网络与前馈网络类似,但它们通常用于图像识别、模式识别和/或计算机视觉。这些网络利用线性代数,尤其是矩阵乘法的原理来识别图像中的模式。

循环神经网络可通过其反馈循环来识别。这些学习算法主要用于使用时间序列数据对未来结果进行预测。例如,股票市场预测或销售预测。

在日常对话中,"深度学习"和"神经网络"这两个术语往往会交替使用,这可能会造成混淆。因此,值得注意的是,深度学习中的"深度"仅指神经网络中层的深度。一个由超过三层(包括输入层和输出层)构成的神经网络可以被视为一个深度学习算法。只有两层或三层的神经网络只是一个基本的神经网络。

资料来源:IBM Data and AI Team. 什么是神经网络?[EB/OL].(2023-07-06)[2024-09-30]. https://www.ibm.com/cn-zh/topics/neural-networks.

二维码8-3 深度学习在大田种植中的应用及展望

## 二、商务智能与决策支持系统的协作

企业不同层级的人员进行决策需要不同的信息,而商务智能系统可以针对上述人员的需要进行决策支持。在商务智能用户中,大多数基层人员使用的功能较少,如主要依赖商务智能系统生成报告。高层管理人员使用商务智能系统中的可视化功能监控公司的业务活动,中层管理人员以及分析人员更多地是使用商务智能系统的数据和软件功能。

### (一) 群体决策支持系统

群体决策支持系统是相对个人决策而言的。把两个或两个以上的决策者召集在一起，讨论实质性问题，提出解决该问题的若干个方案（或设计解决该问题的策略），并评价这些方案或策略的优劣，最后作出决策的过程称为群体决策。

组织在进行重大事务决策时无一例外都会用到群体决策。在群体决策中，组织根据已有的信息以及组织成员的经验和智慧，通过一定的议程，根据多数人的意见作出决策。设计和开发群体决策支持系统以支持群体决策是一项复杂的任务，这是因为它是一个涉及不同的人、时间、地点、通信网络和其他技术的复杂组合，它的运行方式与组织制度及文化有着密切的关系，而且大多数群体决策问题都是非结构化决策问题，很难用结构化方法来解决。

群体决策支持系统具有单用户决策支持系统的所有特点，同时也融入了人工智能技术。此外，它还具有通信规则、群体决策规则、保密规则，以及支持群体决策的事件流控制、支持群体决策的特殊方法（如支持信息收集、创意产生、头脑风暴、方案选择的群体决策方法等）和模型。同时，它还要求有一定的硬件环境，如各种形式的决策室。决策室一般包括音频系统、视频系统、图表显示系统、计算中心等，是决策者收集信息的中心。

当前企业面对着形势复杂、变化快的决策环境，这种环境使群体决策变得更加重要。

### (二) 分布式决策支持系统

分布式决策支持系统是由多个物理上分离的信息处理节点构成的计算机网络，每个信息处理节点都至少有一个决策支持系统，或者具有若干个辅助决策的功能。分布式决策支持系统不仅仅是一套软件，而是软件和硬件的有机结合体。

它与一般决策支持系统的区别表现在以下几个方面：

(1) 分布式决策支持系统是一种专门设计的系统，支持处于不同信息处理节点的多层次的决策，包括个人决策、群体决策和组织决策。

(2) 分布式决策支持系统不仅支持问题结构不良的决策过程，还支持信息结构不良的决策过程。

(3) 分布式决策支持系统提供了信息处理节点之间的交流机制和交流手段，支持人机交互、机机交互和人人交互。

(4) 在分布式决策支持系统中，一个信息处理节点不仅可以向其他信息处理节点提供决策结果，还可以向其提供对决策结果的说明和解释。

(5) 分布式决策支持系统不仅能够对各信息处理节点的操作进行管理，还能够对信息处理节点间可能发生的冲突进行处理。

(6) 分布式决策支持系统是开放的，能够方便地扩展节点。

(7) 在分布式决策支持系统中，信息处理节点之间是平等的，每个信息处理节点都享有自治权。

### (三) 智能决策支持系统

智能决策支持系统是决策支持系统与人工智能相结合的产物，它将人工智能的知识推理技术和决策支持系统的基本功能模块有机结合起来，因而具有一定的智能。

在结构上，与一般的决策支持系统相比，智能决策支持系统增设了推理技术、问题处理系统和自然语言处理系统。

人工智能可以处理定性的、近似的或不精确的知识，这一特点也被融入决策支持系统。

智能决策支持系统在数值计算的基础上引入了启发式算法等人工智能求解方法,使传统决策支持系统中原来主要由人工完成的定性分析任务部分或大部分地转由计算机完成,而且计算机完成得更好、更稳定。

在人机交互方面,智能决策支持系统的人机接口采用自然语言处理技术形成智能人机接口。不能处理自然语言是传统决策支持系统应用的主要障碍之一。智能决策支持系统利用智能人机接口接收用户用自然语言提出的决策问题,利用自然语言处理系统将该决策问题转换成计算机能理解的表达方式,并利用问题处理系统进行问题求解。

基于上述结构,智能决策支持系统的执行过程如下:

(1) 决策者(用户)通过人机接口将有关决策问题的描述和要求输入系统。

(2) 自然语言处理系统对其进行识别和解释。

(3) 问题处理系统通过知识库管理系统和数据库管理系统收集与该决策问题有关的各种数据、信息和知识,并据此判定决策问题的性质;通过模型库管理系统构造求解问题所需的规则模型和数学模型,并对该模型进行分析和鉴定;利用方法库中的相关算法进行模型求解,并对所得到的结果进行分析和评价。

(4) 由自然语言处理系统对结果进行解释,并以具有实际含义且决策者可以理解的形式输出。

(5) 决策者可以根据需要与系统进行交互,经过多次求解,直到得到满意的结果为止。

由此可见,与一般的决策支持系统相比,智能决策支持系统能充分利用已有的知识,在决策问题输入、决策问题描述、决策过程推进、决策问题求解与决策结果输出等方面有显著的改进,很好地体现了人工智能的优越性。

## 本章小结

本章节学习的是决策支持和商务智能的基础知识。通过本章的学习,学生对决策的定义、决策问题的类型、制定决策的过程、决策与信息系统的主要区别和联系、商务智能的定义、商务智能系统框架、商务智能的核心技术、商务智能的基础设施和分析能力、决策支持系统的类型和技术架构、商务智能与决策支持系统等有了全面的了解,应当能够掌握商务智能系统框架和核心能力、决策支持系统的类型和技术架构。

## 本章重要概念

决策　决策问题　商务智能　结构化数据　非结构化数据　半结构化数据　数据库　数据仓库　数据库子系统　模型库子系统　用户界面子系统　决策支持系统

## 本章练习

二维码8-4
本章练习

二维码8-5
本章练习
参考答案

# 第九章　管理信息系统开发方法

- 内容提要
- 重点难点
- 学习目标
- 知识框架
- 思政育人
- 第一节　管理信息系统开发概述
- 第二节　管理信息系统开发方法概述
- 本章小结
- 本章重要概念
- 本章练习

**内容提要**

本章主要介绍了管理信息系统开发的任务和特点、系统开发的原则和方式及系统开发的组织与项目管理；结构化系统开发方法、原型化系统开发方法、面向对象系统开发方法的概念、基本思想、开发过程、优缺点及适用范围。

**重点难点**

本章重点为结构化系统开发方法、原型化系统开发方法、面向对象系统开发方法的基本思想、开发过程及优缺点；难点为面向对象系统开发方法的基本思想与开发过程。

**学习目标**

通过本章的学习，学生应了解管理信息系统开发的任务和特点；理解系统开发的原则、系统开发的方式、系统开发的组织与项目管理；掌握结构化系统开发方法、原型化系统开发方法、面向对象系统开发方法的基本思想、开发过程和各自的优缺点。

**知识框架**

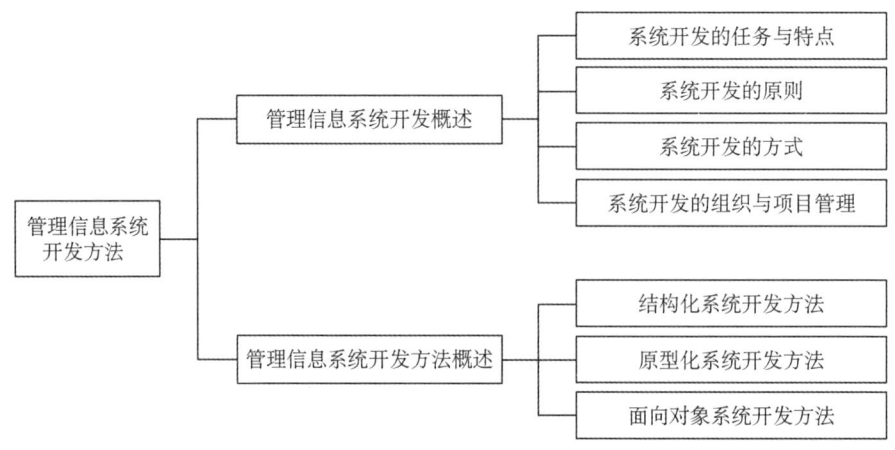

**思政育人　我国新一代智能高铁有望 2027 年落地**

2019 年 12 月 30 日,京张高铁开通运营,作为世界上首条智能高铁,取得了智能建造、智能装备、智能运营等多项技术创新。5 年来,世界高铁的智能化发展方向越来越明确,智能高铁竞争越来越激烈,但我国发展优势依然明显。京张高铁之后,智能化技术在京雄城际铁路、福厦高铁、印尼雅万高铁等多条线路进行了应用,智能建造技术应用到全国所有新建铁路。但要实现智能高铁持续领跑,需要加快技术迭代。

"这是一个'快鱼吃慢鱼'的时代,如果跑得不够快,优势可能很快会变成劣势。"国家卓越工程师、铁科院首席研究员李平说,进入人工智能 2.0 时代后,国铁集团率先提出新一代智能高铁发展目标,将在智能京张基础上实现更高水平、更大范围和更深层次的智能化技术应用。新一代智能高铁有望 2027 年落地。

智能高铁是一个复杂的系统工程,涉及专业多、主体多、层级多。不是每个单位、每个环节做到最优,最后就能确保大系统的整体最优。只有整个系统高度开放,横向融合、纵向贯通、内外协同,才最有可能在可控的条件下实现综合最优目标。智能高铁发展,需要技术、数据、标准三者协同发力。特别是数据,作为发展新质生产力的关键要素,在智能高铁中发挥着重要作用。过去几年,李平和团队摸清了铁路主要系统的基本编码情况和跨系统共享需求,研发了智能高铁大脑平台,并在国铁集团和多个铁路局应用,在打通数据壁垒、实现标准共享、发挥数据要素价值方面取得了较好成效。

这些年铁路不断打开门搞创新,将京张高铁的智能化方法论、体系架构、大脑平台等应用在重载铁路、城际轨道交通等路外单位。"115 年前,京张铁路打破了中国人不能自建铁路的断言,是一条'争气路'。今天,京张高铁开创世界智能高铁先河,为中国高铁技术领跑打下坚实基础,是一条'光荣路'。"李平说,过去十多年,铁路人抓住高铁智能化发展机遇,给出了无愧时代、无愧使命的答卷。未来,还要争分夺秒加油干,跑出创新"加速度",推动中国高铁持续高质量发展。

**【思政寄语】**

党的二十大报告指出,要坚持把发展经济的着力点放在实体经济上,推进新型工业化,加快建设制造强国、质量强国、航天强国、交通强国、网络强国、数字中国。习近平总书记深刻指出,加快数字中国建设,就是要适应我国发展新的历史方位,全面贯彻新发展理念,以信息化培育新动能,用新动能推动新发展,以新发展创造新辉煌。京张高铁开创世界智能高铁的先河,这不仅是技术的创新,更是团队协作的结果,正如党的二十大报告所说,团结就是力量,团结才能胜利。我们要以铁路建设者们为榜样,将个人理想融入国家发展大局,勇于创新,敢于担当,团结奋斗,为实现交通强国的梦想,为中华民族伟大复兴的中国梦贡献更多的智慧与力量!

资料来源:丁静. 新华每日电讯:我国新一代智能高铁有望 2027 年落地[EB/OL]. (2024-12-30)[2024-12-31]. http://www.china-railway.com.cn/xwzx/mtjj/xhs/xinhuanet/202412/t20241230_140255.html.

## 第一节　管理信息系统开发概述

许多企业在早期开发和运用管理信息系统时由于对开发任务艰巨性的认识不足、领导层的忽视、组织混乱、开发方式和方法不当、需求界定不准确以及开发人员之间沟通不畅等原因遭遇了失败。人们逐渐意识到系统的建立对一个企业或组织来说是复杂的。正确的指导思想、必要的开发条件、科学的组织管理以及合理的开发方式和方法,才能成功地开发系统。

### 一、系统开发的任务与特点

#### (一)系统开发的任务

系统开发的任务就是根据企业发展战略目标以及企业的具体情况,从系统论的观点出

二维码 9-1
管理信息系统开发

发,运用系统工程的方法,遵循系统开发原则,采用合适的工具和方法,为企业建立一个以计算机为基础、软硬件结合的、适应现代管理需要的、集成化的计算机信息系统。例如,某图书馆需要建立图书出入库管理、书目查询、读者借阅服务管理系统等;某产品制造企业需要根据市场的订货需求安排生产和作业计划,管理企业的设备、物料、库存和人员,组织产品销售等;某商业企业需要管理商品的进销存过程,包括前台收付款、后台进货、供应商结账等一系列相关活动;某咨询企业需要对自己的客户资料进行组织和整理,建立客户档案及信息查询系统。

以计算机为基础建立的管理信息系统,有的是在已有计算机网络或数据库的基础上开发的,其主要任务是应用软件的开发;有的还包括信息基础设施的建设,如基本硬件设备和操作工具的选择和配置、计算机网络的建设、底层数据库的建立、基本管理环境和配套设施的改善等。显然,应用软件的开发始终处于管理信息系统开发的中心地位。实际情况表明,管理信息系统开发工作要取得成功并不是一件容易的事情,特别是一些投资大、技术先进、结构复杂的管理信息系统项目。

**(二)系统开发的特点**

管理信息系统开发主要具有以下四个特点。

1. 复杂性

企业作为市场经济的基本单元,其组织结构、内部流程、人员配置和控制环节均存在一定的灵活性和不确定性,为了适应外部环境的变化,企业往往具有复杂的内部调节机制。企业规模越大,环境越复杂,组织结构和行为机制越复杂,相应的管理信息系统也就越复杂。因此,系统开发过程往往涉及人员较多、周期较长,多人合作也常常出现协调上的困难。另外,系统开发本身又是一项综合性技术,涉及计算机科学、通信技术、应用经济学、管理科学等多个学科,具有知识密集的特点。基于以上原因,管理信息系统开发是一个复杂的问题。

2. 创造性

由于系统开发较为复杂,所以人们需要具有创造性思维,才能找到最优的开发方案。新系统不仅仅是实现旧系统的功能,最主要的还是通过系统开发和应用提升企业管理水平,给企业带来新的活力、新的功能和新的面貌,这里面有着无数的创新,如业务流程再造等,只有这样开发出来的系统才会有生命力。同时,系统开发也是一个集体合作的过程,需要集中系统分析人员、系统设计人员、程序设计人员等多方面人员的智慧,共同完成。

3. 无形产品

管理信息系统是一种软件产品。软件产品不像机械设备等有形产品的生产那样,加工过程可以观察、度量、检测,便于控制质量。软件产品是存储在计算机系统中的程序和数据,它们是无形的。由于软件生产的主要过程都是开发人员的智力活动,即使具有相同的设计目标,不同的人开发出的软件产品也不会完全相同。除了开发者,其他人不容易很快理解与掌握。尤其是用户,往往是在系统投入使用后才真正了解系统的实际运行过程,确认自己的需求是否得到满足。

4. 高质量

系统功能必须准确满足企业业务需求,任何功能上的偏差都可能导致业务流程混乱。例如,财务核算功能若出现计算错误,会直接影响企业的财务报表准确性和决策依据。系统还需保证能长时间稳定运行,尤其是对于一些关键业务系统,如银行的核心交易系统、航空公司的订票系统等,系统故障可能给企业带来巨大经济损失和声誉损害。如果新系统在性能、质量、经济效果等方面未能切实满足用户的需要,人们会很快退回原系统,恢复原来的工作方式。

 **延伸阅读**

**软件危机**

20世纪60年代以前,计算机刚刚投入实际使用,软件设计往往只是为了一个特定的应用而在指定的计算机上进行,采用高度依赖计算机的机器代码或汇编语言,软件的规模比较小,文档资料通常也不存在,很少使用系统化的开发方法,设计软件往往等同于编制程序,基本上是个人设计、个人使用、个人操作、自给自足的私人化的软件生产方式。

60年代中期,大容量、高速度计算机的出现,使计算机的应用范围迅速扩大,软件开发急剧增长。高级语言开始出现;操作系统的发展引起了计算机应用方式的变化;大量数据处理导致第一代数据库管理系统的诞生。软件系统的规模越来越大,复杂程度越来越高,软件可靠性问题也越来越突出。原来的个人设计、个人使用的方式不再能满足要求,迫切需要改变软件生产方式,提高软件生产率,因此爆发了软件危机。

有人将软件危机视为"生产率悖论",甚至认为企业信息化投资陷入了"IT黑洞"。人们这才意识到需要一套科学的、工程化的方法来指导信息系统的开发。

资料来源:米勒君 i. 软件危机[EB/OL].(2022-02-01)[2024-12-01]. https://baike.baidu.com/item/%E8%BD%AF%E4%BB%B6%E5%8D%B1%E6%9C%BA.

## 二、系统开发的原则

管理信息系统开发需要遵循以下六项原则。

### (一)领导参与原则

管理信息系统的开发是一项庞大的系统工程,它涉及组织日常管理工作的各个方面,所以领导必须亲自参与系统建设,确保系统开发所需的物质条件,协调各方面的关系,切实支持项目组的工作。领导的积极参与有助于快速解决问题、提高团队士气,并确保项目按计划顺利进行。

### (二)面向用户原则

系统开发成功与否取决于其是否能满足用户需求,用户满意度是衡量系统开发质量的首要标准。但是用户需求在系统开发初期往往难以被确切表述,只能随着开发工作的进展而不断明确和具体化。因此在系统开发过程中,开发人员应始终与用户保持密切联系,不断地、及时地了解用户的需求和反馈意见,这是开发工作取得成功的必要条件之一。

### (三)整体性原则

管理信息系统由多个子系统组成,各个子系统又由若干个功能模块组成。为了使开发的管理信息系统符合用户需求,需要运用系统的方法,先进行整体规划,将其划分为若干个子系统,再分别对每个子系统进行设计。系统开发工作应遵循先确定逻辑模型、后设计物理模型的开发思路,在从整体的角度对系统的功能和结构进行分析的基础上,对功能模块及其彼此之间的关系进行合理构建,然后再进行具体设计。如果不遵循整体性原则,系统开发就很容易陷入无穷尽的修改和调整中,不仅会造成大量浪费,还会使最终开发的系统无法运行。

#### （四）相关性原则

管理信息系统的各个子系统和功能模块既有独立的功能，又相互联系和相互作用，通过信息流把它们的功能联系起来。只要一个子系统或功能模块发生变化，就要对其他子系统和功能模块进行相应的改变和调整，因此，设计某一子系统时不能不考虑其他子系统。系统、子系统均有自身的目标、界限、输入、输出和处理内容，但它们不应该被孤立地看待和处理。

#### （五）适应性原则

企业自身条件及其外界环境是不断发展变化的，系统必须具有良好的可扩展性和易维护性，才能够适应环境的变化。能够与外界环境保持最佳适应状态的系统才是理想的系统，不能适应环境变化的系统是没有生命力的。开发管理信息系统必须具有开放性、超前性的眼光，系统的结构要清晰，易于理解、改正错误、改进性能、扩充功能，使系统具备较强的动态适应性。

#### （六）规范化原则

系统的开发走过很长一段弯路，就是在开发过程管理中随意性太强造成的。规范化原则要求按照标准化、工程化的方法和技术进行系统开发与管理，即科学划分工作阶段，制定阶段性考核标准，分步组织实施，同时所有文档和工作成果要按标准存档。这样做的好处一是在系统开发时便于人们沟通，成文的东西不容易产生"二义性"；二是系统的开发阶段性成果明显，可以在此基础上继续前进，目的明确；三是未来系统的修改、维护和扩充比较容易，因为有案可查。

### 三、系统开发的方式

管理信息系统的开发方式是指企业获得信息系统服务的方式，用于解决由谁来承担系统开发任务的问题，主要有自行开发、委托开发、合作开发和购买商品化软件四种方式。企业可以根据自身的条件和能力以及开发需求选择其中的一种或多种方式的综合。

#### （一）自行开发

自行开发完全依靠用户企业自己的力量进行系统的开发。对于拥有系统开发所需人才和技术的企业来说，自行开发是一种较好的选择。自行开发能够满足企业的个性化需求，且开发费用少，系统维护方便。但由于自行开发的队伍不是专业的开发队伍，系统开发周期往往较长，且成功率低，系统的技术水平和规范程度往往也不高。自行开发的方式适合有较强的信息系统分析与设计队伍和软件开发人员、系统维护人员的组织和单位，如高等院校、研究所、计算机公司等单位。

#### （二）委托开发

企业将开发项目完全委托给一个开发单位，系统建成后再交付企业使用，对企业而言比较省时、省事，且系统的技术水平较高。但这种方式费用较高，且系统维护比较困难。因为管理信息系统开发项目与其他技术改造等项目不同，它与企业管理密切联系，需求经常变化，而开发单位往往由于沟通障碍存在对用户需求理解不透的问题，所开发的软件不能完全满足企业的需求，系统维护也比较困难，且需要开发单位的长期支持。委托开发的方式适合无信息系统分析、设计及软件开发人员或开发队伍力量较弱但资金较为充足的组织和单位。

## （三）合作开发

合作开发即企业与外部的开发单位合作，组成系统开发小组，由开发单位负责，针对企业具体情况和要求，合作完成系统开发任务。企业需要选择合适的开发伙伴，它应该有技术实力，有类似企业的开发经验，熟悉行业特点，必要时可采取招标的方式选择开发伙伴。在开发过程中要注意分工明确，责任明确，注意双方工作人员之间的协调与配合。这种方式相对于委托开发方式比较节约资金，也有利于培养、增强企业的技术力量，便于企业人员维护系统，系统的技术水平也较高。但双方在合作中沟通易出现问题，需要双方及时达成共识，进行协调和检查。合作开发适合有一定的信息系统分析、设计及软件开发人员，但开发队伍力量较弱，希望通过信息系统的开发建立、完善和提高自己的技术队伍以便于后期系统维护工作的组织和单位。

## （四）购买商品化软件

购买商品化软件是当前许多中小企业建立MIS采用的方式。其优点是节省时间，软件质量有保障。其缺点是有时难以满足企业的特殊需求，往往需要进行二次开发。在这种情况下如果企业自己不具备二次开发能力，也可以采取外包工程的方式，将系统的建设交由专业软件公司完成。值得注意的是，MIS软件不同于普通商品，一旦采用并投入使用，企业对其即产生长期的依赖性，而且更换系统或重置成本巨大，一旦选型错误，对企业所造成的负面影响难以估计。在实际工作中，许多企业面对市场上众多的商品化MIS软件或信息化解决方案，往往难以选择，需要经过多方详尽的考察，综合考虑软件的技术先进性、企业自身的需求和供应商的声誉等之后再做决定。

# 四、系统开发的组织与项目管理

管理信息系统的开发是一项周期长、耗资大、涉及人员多的系统工程，因此开发过程中的组织与项目管理是确保开发项目保质保量完成的必要手段。

## （一）系统开发的组织

任何系统的开发都不是一个人能够完成的，需要各种角色的人员群策群力。因涉及的人员较多，为便于领导协调工作，人员分工与职责明确，需要建立相应的组织机构，通常的做法是成立两个小组——系统开发领导小组和系统开发工作小组。

### 1. 系统开发领导小组

系统开发领导小组，也称系统开发委员会，是系统开发的最高决策机构，其主要任务是制定管理信息系统规划，在开发过程中，根据客观发展情况进行决策，协调各方面的关系，控制开发进度。小组成员应包括企业高层领导、项目主管、系统开发技术人员代表、各有关部门的负责人、各有关部门今后使用系统的代表（一般一个部门一人）、外聘的企业信息化专家等。系统开发领导小组的职责具体如下：

（1）提出建立新系统的规划和总策略。

（2）保证满足企业不同部门对新系统的需求。

（3）对开发工作进行监督与控制。对项目的目标、预算、进度、工作质量进行监督与控制；检查每个阶段和步骤的工作报告；组织阶段验收；提出继续开发或暂停开发的建议。

（4）协调系统开发中各项有关工作。

（5）向上级组织报告系统开发工作的进展情况。

(6)委任新的组织机构的主要工作人员,规定他们的职责范围。

2. 系统开发工作小组

系统开发工作小组也称系统开发部,是系统开发的具体工作机构,主要由负责开发的人员组成,即若干系统分析和设计人员等。成员中还应有一个通晓全局的管理者参加,负责具体的联络和沟通。小组具体任务是根据系统目标和系统开发领导小组的指导开展具体工作。这些工作包括:开发方法的选择;各类调查的设计和实施;调查结果的分析;撰写可行性报告;系统的逻辑设计;系统的物理设计;系统的具体编程和实施;制定新旧系统的交接方案;监控新系统的运行等。小组的生命周期应该是从系统的设想提出之日起至系统正式交付运行。

> **相关思考9-1**

**系统开发的有关人员及分工**

系统开发涉及各级各类的企业管理人员和开发人员。直接参加系统开发的人员主要包括企业高层领导、企业管理人员、项目主管、系统分析员、程序设计员五类,他们的具体分工是怎样的呢?

1. 企业高层领导

一个企业要开发信息系统,高层领导重视是关键,因为系统的开发必然要涉及企业中组织结构的变动,而对于组织结构的变动,实际上就是对人的权力和职责的再分配。另外,组织战略目标与系统目标的结合只有高层领导能把握。所以企业高层领导必须是系统开发小组的领导成员,并且要在把握大方向时切实投入精力。

2. 企业管理人员

参与系统开发的管理人员必须是业务骨干,要了解自己的部门,能把自己部门的需求非常准确和全面地提供给系统分析员,能够对未来信息系统的构成和添加哪些新功能有自己的看法。

3. 项目主管

项目主管是实际系统开发的业务领导者与组织者。项目主管在系统开发中起着举足轻重的作用,要主持整个系统开发,确定工作目标以及确定实现目标的具体方案。

4. 系统分析员

系统分析员的主要任务是研究用户对系统的需求;进行可行性研究;进行系统分析与设计;负责新系统的安装、测试与技术文档的编写。

5. 程序设计员

程序设计员的主要任务是按照系统分析员所提出的设计方案编写程序、调试程序、修改程序,直到新系统投入运行。后续还需要承担系统维护工作。

**(二)系统开发的项目管理**

管理信息系统的建立是一项耗费时间、金钱及人力资源均较多,涉及企业多个部门和多个岗位的复杂系统工程。没有科学的项目管理,可能导致开发工作的混乱和失败。为此,需要对系统开发过程的人、财、物、时间等进行合理的计划与调控,以保证开发过程有条不紊地进行。一般而言,系统开发项目管理的内容包括以下四个方面。

1. 资源管理

人、财、物等方面的资源是完成系统开发计划的基础,因此进行资源管理是系统开发组织和管理的首要任务。资源管理的主要工作内容为:

(1)人员管理。制订各类专业人员需求计划,对人员进行合理组织和调用,进行人员

二维码9-2
信息部门人员的工作内容

培训。

(2) 软件资源管理。明确软件需求和软件来源,合理使用软件,重视软件的日常维护。

(3) 硬件资源管理。熟悉系统运行环境和硬件系统配置,制定硬件安全使用制度,重视硬件维护保养,加强对辅助设备的管理。

(4) 资金管理。严格执行投资概算,包括硬件软件投资、系统开发费、运行和维护费,做到资金使用平衡,定期编制资金使用报表。

2. 计划管理

计划管理的主要工作内容为:

(1) 制订总体计划,确定系统开发范围,估算开发所需资源,划分系统开发阶段,分步实施。同时要明确系统开发重点。

(2) 制订阶段计划,分解阶段任务,估算阶段工作量,规划阶段工作进度。

(3) 工程计划执行情况检查,找出无法按计划完成的原因并提出相应建议,以对计划作出相应调整。

3. 技术管理

技术管理的主要工作内容为:

(1) 标准化管理。确定所依据的标准,确定自定标准范围。

(2) 安全管理。制定安全保密制度,排除不安全因素,进行安全保密教育。

4. 质量管理

质量管理的主要工作内容为:

(1) 贯彻系统开发过程质量管理原则。

(2) 确定系统质量管理指标体系。

(3) 保证系统的可使用性、正确性、适用性、可维护性以及文档完整性。

(4) 系统开发周期内的质量管理,分阶段确认工程质量指标,实行质量责任制,对各项任务进行质量检查;分阶段质量评审,分析影响阶段质量的原因。

## 第二节 管理信息系统开发方法概述

管理信息系统的开发是一个复杂且系统化的过程,涉及需求分析、系统设计、实施部署以及后期维护等多个环节,需要根据系统开发过程的不同特点选择合适的开发方法。管理信息系统开发方法是指导开发者按照科学规范的思想、方式和步骤,开发管理信息系统的有效手段和工具。本节将详细介绍几种常见的管理信息系统开发方法,包括结构化系统开发方法、原型化系统开发方法和面向对象系统开发方法。

### 一、结构化系统开发方法

#### (一) 概念

结构化系统开发方法(Structured System Analysis And Design,SSA&D),又称结构化生命周期法,是管理信息系统开发中最早且应用最广泛的一种方法。1974 年,L. Constantine、W. Stevens 和 G. Myers 等人发表了一篇具有里程碑意义的论文《结构化设计》,提出了"结构化设计"的概念,这一概念奠定了结构化系统开发方法的基础,后来发展成结构化系统开发方法的核心组成部分。

结构化系统开发方法是系统分析员、软件工程师、程序员以及最终用户按照用户至上的原则,自顶向下分析与设计和自底向上逐步实施的建立管理信息系统的一个过程,是组织、管理和控制管理信息系统开发过程的一种基本框架。它由管理策略和开发策略两个部分组成,管理策略部分强调系统开发的规划、进程安排、评估、监控和反馈;开发策略部分由任务分解结构、WBS优先级结构、开发经验、开发标准组成。

**(二)基本思想**

结构化系统开发方法的基本思想简单来说是采用系统工程的思想和工程化的方法,按用户至上的原则,结构化、模块化、自顶向下地对系统进行分析与设计。具体来说,结构化系统开发方法的基本思想主要体现在以下几个方面。

1. 严格区分开发阶段

把整个开发过程划分为若干相对独立的开发阶段(系统规划、系统分析、系统设计、系统实施、系统管理),每一个阶段有明确的任务和目标、预期达到的工作成效。前一阶段的工作成果是后一阶段的工作依据。这有助于避免造成浪费和混乱,并确保项目的顺利进行。

2. 结构化和模块化

结构化强调将开发过程分解为有序、逻辑上连贯的阶段,确保每一步都严格遵循规范,以全局视角自顶向下推进;而模块化则是将系统细分为独立、功能明确的模块,每个模块负责特定的任务,以降低复杂度,提高系统的可维护性和开发效率。结构化与模块化相辅相成,共同构建出既规范又灵活的管理信息系统开发框架。

3. 用户至上原则

用户至上原则强调在整个开发过程中,要面向用户,充分了解用户的需求与愿望。这是影响系统开发成败的关键因素之一。通过深入实际,详细地调查研究,努力弄清实际业务处理过程的每一个细节,从而制定出科学合理的目标系统设计方案。

4. 自顶向下的分析与设计

结构化系统开发方法遵循自顶向下的分析与设计原则。在系统开发初期,从整体上对系统进行规划和设计,明确系统的目标和功能。然后,逐层分解系统功能,形成模块化的结构。这种自顶向下的方式有助于确保系统的整体性和一致性,避免在开发过程中出现混乱和重复工作。

5. 自底向上的逐步实施

在系统实施阶段,则根据设计的要求,先编制一个个具体的功能模块,然后自底向上逐步实现整个系统。这种实施方式有助于确保每个模块都能正常运行,并最终集成为一个完整的系统。

6. 文档资料规范化

结构化系统开发方法强调文档的重要性,包括需求规格说明书、设计文档、用户手册等,确保开发过程的每一步都有详细的记录和规范。在每一阶段中,都需要形成符合标准的文档资料。这些文档资料不仅是本阶段工作成果的体现,也是后续阶段工作的依据。

**(三)开发过程**

结构化系统开发过程分为系统规划、系统分析、系统设计、系统实施、系统管理五个阶段。这五个阶段通常是首尾相接的,形成一个生命周期,如图 9-1 所示。

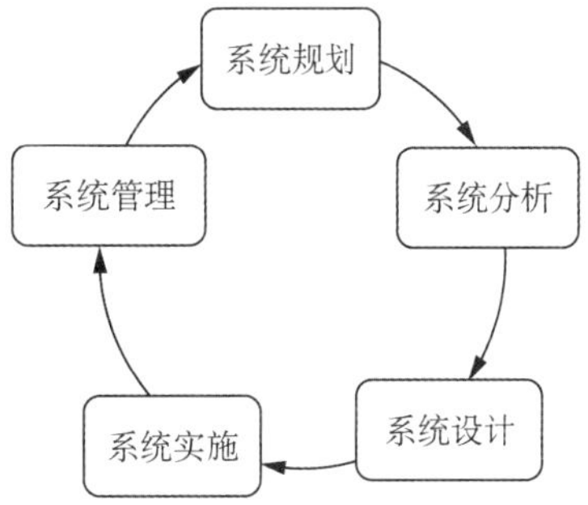

1. 系统规划阶段

系统规划阶段是结构化系统开发方法的起始阶段,其核心任务是确定系统开发目标、组织结构和可行性,评估潜在风险,规划所需资源,并制订详细的项目计划,为后续的开发工作奠定基础。系统规划阶段是确保系统开发方向正确和成功的关键步骤。

2. 系统分析阶段

系统分析阶段是结构化系统开发方法中的关键环节,其主要任务是深入收集和分析用户的具体需求,识别业务流程和操作中存在的问题,明确系统的功能和性能要求,以及设计系统的逻辑模型,为下一阶段的系统设计提供详尽的需求规格说明书和业务流程图,确保开发出的系统能够满足用户的实际业务需求和预期目标。

图 9-1 结构化系统开发生命周期

3. 系统设计阶段

在系统设计阶段,开发者将分析阶段得到的逻辑模型转化为具体的技术解决方案。这包括数据库设计、用户界面设计、系统架构设计以及详细的代码设计等。设计阶段的目标是创建一个清晰、高效且可维护的系统蓝图,为后续的系统实施阶段提供指导。

4. 系统实施阶段

系统实施阶段是将设计阶段的蓝图转化为现实的过程。在这个阶段,开发者进行编码、测试和部署。这包括编写程序、创建数据库、开发用户界面以及集成所有组件。在系统实施阶段还需要进行彻底的测试,以确保系统按预期工作,并且满足用户的需求。

5. 系统管理阶段

系统管理阶段也称为系统运行和维护阶段,是结构化系统开发生命周期的最后阶段。其重点在于确保系统稳定运行,包括监控系统性能、处理用户反馈、定期进行系统维护和升级、优化系统功能以及解决运行中出现的问题,以保持系统的长期有效性和适应性,同时为未来的系统改进或新一代系统的开发提供经验和数据支持。在出现不可调和的大问题时,进一步提出开发新系统的请求,老系统生命周期结束,新系统诞生,构成系统的一个生命周期。

### (四) 优点和缺点

结构化系统开发方法是一种传统的系统开发方法,它将系统开发分解为一系列相互关联的步骤,以确保系统开发过程的有序性和可控性。这种方法的优点主要包括如下几个。

1. 开发阶段的顺序性和依赖性

因为该方法将整个系统开发过程划分为若干个阶段,前一个阶段的成果是后一个阶段工作的前提和依据,而后一阶段的工作往往又使前一个阶段的成果得以实现,这样每个阶段均有明确的目的,使得系统开发工作稳步推进。

2. 自顶向下的整体性分析

在系统分析和设计时,要从整体、全局的角度考虑自顶向下进行工作,制定总体方案,根据企业目标确定信息系统目标,围绕系统目标大体划分子系统,确定各子系统间要共享和传递的信息及其类型。

3. 逻辑设计与物理设计分开

结构化系统开发方法先进行系统分析,即进行系统的逻辑设计,然后进行系统设计,即进行物理设计。逻辑设计注重系统要解决的问题,以及问题的解决过程,而物理设计则注重如何解决问题,以及解决问题所采用的技术路线。将两者分开有利于集中精力解决问题,从而大大提高系统的正确性、可靠性和可维护性。

4. 质量保障措施完备

这种方法注重对每个阶段的任务完成情况进行审查,及时解决出现的错误或问题,使它们不会进入下一个阶段;也就是对本阶段的工作成果进行评定,避免将本阶段出现的错误传递到下一阶段。错误解决得越早,造成的损失就越小,系统的质量就越能得到保证。

然而,结构化系统开发方法也存在一些缺点。

1. 难以适应变化

在实际项目中,需求和技术都可能随时发生变化,而结构化系统开发方法较为僵化,且开发周期较长,难以快速响应变化,可能导致项目进度延误和成本增加。

2. 缺乏灵活性

结构化系统开发方法要求严格遵循一定的开发流程和规范,对开发人员的能力和经验要求较高,缺乏灵活性且开发周期长,不太适用于一些需要快速迭代和试错的项目。

3. 文档编写的工作量大

采用结构化系统开发方法,每个阶段均需要编写大量文档,而且这些文档需要经常更新,加大了开发人员的工作量。

**(五)适用范围**

结构化系统开发方法适用于需求明确且在一定时期内不会发生很大变化、组织结构稳定、业务处理过程规范的大型管理信息系统的开发。其模块化和结构化的特点,能够确保开发过程的有序性和最终产品的质量。

## 二、原型化系统开发方法

二维码9-3
原型化系统
开发方法

**(一)概念**

结构化系统开发方法的前提是用户在系统开发之前就能明确其需求,但在系统开发初期,用户的需求一般难以明确,一是因为用户可能无法清楚地表达自己的需求,二是因为即使用户能够清楚表达自己的需求,但系统开发人员如果缺乏相应的业务知识或与用户沟通不充分,则很难在系统开发之前将需求准确、完整地反映出来,系统开发就难以顺利进行。另外,结构化系统开发方法的开发过程烦琐复杂、缺乏灵活性且开发周期较长,系统难以适应内外环境变化;其次,结构化系统开发方法需要组织结构相对稳定、业务处理过程规范化、数据资料规范化,很难用于管理基础薄弱的单位。基于以上原因,人们设想是否存在一种方法,使系统开发人员能够以迭代的方式逐步明确用户的需求,最终开发出满足用户需求的信息系统。

原型化系统开发方法简称原型法(Prototyping Approach,PA),是20世纪80年代随着计算机软件技术的发展,特别是在关系数据库系统、第四代程序设计语言和各种功能强大的辅助系统开发工具产生的基础上,提出的一种具有全新设计思想、开发工具的系统开发方法。它摒弃了那种一步步周密细致的调查分析,然后逐步整理出文字档案,最后才能让用户看到结果的烦琐做法。

具体来说,原型法是指在获取一组基本的需求定义后,利用高级软件工具可视化的开发环境,快速地建立一个目标系统的最初版本,并把它交给用户试用,然后用户提出补充和修改建议,系统开发人员再进行新的版本开发。反复进行这个过程,直到得出系统的"精确解",即用户满意为止。

### (二) 基本思想

原型法的基本思想是在系统开发的初期,在投入大量人力、物力之前,在限定的时间内,通过最经济的方法快速构建一个简易、不完善但可运行的实验性的系统模型(即原型),来帮助用户和开发者明确和理解需求。这个原型在用户的实际使用和反馈中不断被修改和完善,直到最终形成满足用户需求的系统。

### (三) 开发过程

原型法强调用户与开发人员合作,其开发过程如图 9-2 所示。

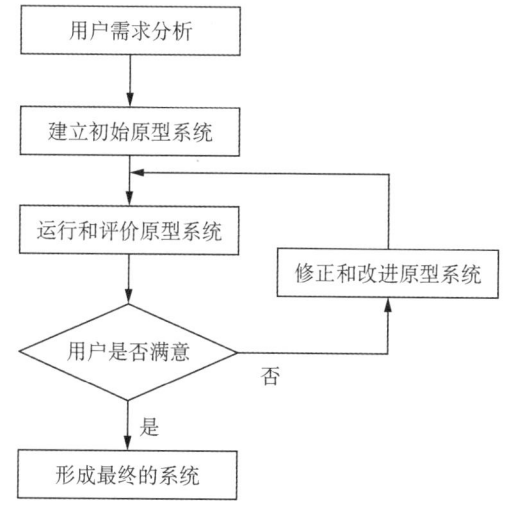

图 9-2 原型法开发过程

1. 用户需求分析

用户提出基本需求,即对新系统的基本要求,如系统的基本功能、界面的基本形式、所需数据的来源、应用范围、运行环境等。系统开发人员识别、归纳和分析用户需求,并根据原型所要体现的特性(如功能、界面形式等)描述基本规格说明,最后估算开发该系统所需的费用。

2. 建立初始原型系统

系统开发人员在明确了用户基本需求的基础上,使用一些软件工具和原型制造工具快速构造并实现一个可运行的初始原型系统。初始原型系统功能并不完善,但可以满足用户的基本需求,一般只有少量的用户界面和测试数据,且只是单机系统。

3. 运行和评价原型系统

快速建立初始原型系统后,就要交给用户立即投入试运行并评价。由于构造初始原型系统时强调的是快速,省略了许多细节,系统并不成熟,存在着很多问题。在试运行过程中,用户检查并找出隐含的问题,以及不正确或遗漏的功能,向系统开发人员提出新的需求和进一步的修改建议。

### 4. 修正和改进原型系统

系统开发人员要根据用户试运行过程中提出的新需求和修改建议,对初始原型系统进行认真细致的修正与改进。但如果发现初始原型系统的大部分功能都不符合用户的要求,或其他原因导致该初始原型系统不能成为继续迭代的内核,则应当立即放弃该初始原型系统而不再凑合使用。当然,大多数情况下是对初始原型系统做进一步的改进。

### 5. 形成最终的系统

经过修正和改进的系统,再次交给用户运行并评价,对用户提出的不满意的地方继续修正和改进,直至满足用户的需求,用户满意,形成最终的管理信息系统。

## (四) 其他类型原型法

上述原型法称为基本原型法,还有一些系统开发方法是由基本原型法演变而来。根据开发项目的不同和运用原型法的目的不同,其他类型原型法主要有丢弃式原型法、演化式原型法、递增式原型法三种。

### 1. 丢弃式原型法

丢弃式原型法是在开发初期,为了迅速验证和明确用户需求,而构建一个快速且不追求细节的原型系统,用户通过运行此原型系统确定需求,系统开发人员则可以验证系统开发方案的方法。一旦原型达到了探索和验证需求的目的,它就会被"丢弃",真正的系统开发则从头开始。

丢弃式原型法适用场景包括:当项目需求不明确或存在模糊性时,可以使用丢弃式原型法来探索和明确需求;需要快速获取用户反馈,以便系统开发人员对系统进行迭代和优化时,可以采用此方法;在需要快速验证某个想法或假设是否可行时,丢弃式原型法也是一个不错的选择。

### 2. 演化式原型法

演化式原型法是一种迭代的方法。在最初原型建立后,用户再提出新的目标,通过不断对原型进行有针对性的改进,使之最大限度地满足用户需求。这种方法实际上把原型的建立到最终系统的完成分成若干开发周期,每个周期分为三个阶段:设计、实现和演化。后一周期使前一周期已有的原型更接近于最终系统。它是三种原型法中最重要、最常用的方法。

演化式原型法适用于需求逐渐明确,且需要不断迭代优化系统的场景。

### 3. 递增式原型法

递增式原型法与演化式原型法类似,但它是以最初设计为核心,系统的开发是递增的,每次增加一些新内容,使原型向前推进一步,直至发展成最终系统。递增式原型法以初始设计为基础,逐步增加新的功能和模块,最终形成一个完整的系统。

递增式原型法适用于有明确的初始设计,且需要逐步扩展和完善系统的场景。

## (五) 优点和缺点

原型法通过快速构建一个可交互的初始原型系统来帮助用户和系统开发人员更好地理解和沟通需求,从而提高开发效率和用户满意度。其主要具有以下几个方面的优点。

### 1. 用户与系统开发人员易于沟通

用户直接参与开发过程,与系统开发人员更易沟通,系统开发人员可以准确的获取用户需求,更好地把握系统需求,避免因沟通不畅而导致的失败。

2. 开发循序渐进，系统应变能力强

原型法符合人们认识事物的规律，系统开发循序渐进。系统开发人员通过快速构建一个初始原型系统，缩短了用户和系统开发人员之间的距离，所有问题的讨论都是围绕某一个确定原型而进行的。经过反复运行、评价、修正和改进，循序渐进地形成最终的系统。在此过程中，能够及早地暴露出系统实现后存在的一些问题，促使人们在系统实现之前就加以解决。

3. 开发周期短，成本较低

原型法一般不需要大量的系统开发人员，而且使用最新的软件工具，摆脱传统工作方法，使系统开发的时间和费用大大减少，效率得以提升。

4. 用户易学易用

由于用户直接参与，系统更加贴近实际，所以用户易学易用，减少用户的培训时间。

然而，原型法也存在一定的局限性，主要表现在以下几个方面。

1. 大型系统不易构建初始原型系统

大型系统结构复杂、功能多样，且存在大量计算，逻辑性也较强，如果企业不经过系统分析来进行整体性划分，而是直接构建初始原型系统是非常困难的。

2. 开发过程的管理要求高

整个开发过程要经过"修改—评价—再修改"的多次反复，这对开发过程的管理要求较高，要求管理者灵活应变，快速响应需求变化，同时面临资源调度和时间管理的挑战，易导致计划不确定性增加，团队压力大，故需强化管理以确保项目高效推进。

3. 缺乏规范的文档资料

原型法的开发过程强调快速迭代和用户反馈，可能会导致文档记录不足或不够规范。这可能会给后期的系统维护、升级以及团队之间的协作带来困难。

### （六）适用场景

原型法适用于开发简单、处理过程明确、运算和逻辑处理过程少以及涉及面窄的小型系统。对于大型、复杂系统，难以模拟的系统；存在大量运算、逻辑性强的系统；管理基础工作不完善、处理过程不规范的系统以及大量批处理系统，原型法并不适用。

## 三、面向对象系统开发方法

### （一）概念

面向对象（Object-Oriented，OO）系统开发方法是从面向对象编程语言（Object-Oriented Programming Language，OOPL）逐步发展起来的。面向对象编程语言被认为起源于 20 世纪 60 年代的 Simula 语言，Simula 语言第一次引入了类的概念。但第一个真正的面向对象编程语言是 20 世纪 70 年代产生的 Smalltalk 语言。Smalltalk 语言由 Xerox 公司的研究人员开发，它从 Simula 中继承了构成自身的核心概念——类，并首次使用了"面向对象"这个术语，采用了新的编程方法，奠定了面向对象编程的基础。直至目前，它仍被认为是最纯的面向对象编程语言，它也带动了面向对象的研究热潮。继 Smalltalk 之后，出现了一大批面向对象语言，如 C++、Eiffel、Pascal 等。

二维码 9-4
面向对象

从 20 世纪 80 年代中期开始，面向对象的概念已经从单纯的面向对象编程（Object-Oriented Programming，OOP）扩展到系统开发的全过程，包括面向对象设计（Object-Oriented Design，OOD）和面向对象分析（Object-Oriented Analysis，OOA）。因此，就像传统的结构化系统开发方法一样，面向对象系统开发方法已不仅仅是一种编程方法，而是一种包括系统分析、系统设计方法和理论的技术。面向对象系统开发方法把客观世界分解成一个个小单元，再依据事先设计的接口把它们组装到一起，就好像把汽车分解成许多标准零件分步制造一样。部件之间是独立的，更换部件可以制造出不同的产品满足各种现实需求。这种方法被证明更适合用来构建复杂、多变的系统，它在应对系统复杂性、降低开发成本和保证系统稳定性方面比传统开发方法更加有优势。

面向对象系统开发方法的出发点和基本原则是尽可能模拟人类习惯的思维方式，使开发方法与过程尽可能接近人类认识世界、解决问题的方法与过程。它将现实世界中的任何事物都视为"对象"，不同对象之间的相互联系和相互作用即构成了完整的客观世界。

面向对象系统开发方法将面向对象的思想应用于系统开发过程中，指导开发活动，是建立在"对象"概念基础上的方法学。它按照人类习惯的思维方式建立问题模型和构造系统，力图用更自然的方法反映客观世界事物的运动和相互作用，使信息系统更易于理解和维护，因此，采用面向对象方法开发的系统具有较强的应变能力和较好的重用性。

面向对象系统开发方法涉及一些基本概念，包括对象、类、消息、关联、继承、封装、多态等，了解这些基本概念是掌握面向对象系统开发方法的基本前提。

1. 对象

客观世界由各种事物组成，任何事物都是对象，对象是对事物进行抽象的结果。任何复杂的事物都可以看作对象的某种组合。对象由属性和方法组成，属性反映了对象的信息特征或者静态特征，方法则是用来定义或改变属性状态的各种操作。为了实现从客观世界中对象到目标系统中对象的转换，我们将对象表示为一个封装了数据和操作的整体。数据用于表述对象的状态或特征、属性；操作完成对自身封装数据的处理和对象内部数据同外界的交互，从而改变对象的状态。

例如，企业中的员工是一个对象，这个对象的属性包括员工号、姓名、性别、年龄、所属部门、职务等。这个对象可以执行两项操作——日常工作、领取工资。

2. 类

把众多的事物归纳成一些类是我们在认识客观世界时经常采用的思维方法，就像我们常说的"物以类聚，人以群分"。分类依据的原则是抽象，即忽略事物的非本质特征，依据事物的本质找出其共性，把具有共同性质的事物划分为一类，得出一个抽象的概念。类是在对象之上的，对象就是类的具体化或局部化。类可以有子类，也可以有父类。

例如，企业员工包括管理人员、技术人员、普通员工等，管理人员又包括行政管理人员、技术管理人员，技术管理人员又包括某项技术的管理人员，管理人员可看成是行政管理人员的父类，行政管理人员是管理人员的子类，某项技术的管理人员则是对象。

3. 消息

消息是用于对象之间通信的一种动态信息。当一个对象要求另一个对象执行某些处理或回答某些信息时，该对象就发出一个消息。在面向对象的系统中，程序的执行就是靠在对象间传递消息来完成的。例如，如果想使你所在的房间变得安全，门必须执行以下行为：关闭和锁上。因此，如果你（一个对象）想让房间安全，你必须发送一条消息给门，请求它执行关闭和锁上的行为。发送消息的对象并不需要知道接收消息的对象内部是如何组织的或者行为是如何实现的，只要知道它响应正确定义的消息请求即可。

4. 关联

关联是指对象及类之间的各种相互关系,包括类属关系、语义关系等静态关系以及相互作用或相互通信的动态关系。

5. 继承

继承是父类和子类之间共享数据和方法的机制,子类可以继承父类的属性和操作,一个子类既有自己定义的属性和操作,又有继承下来的属性和操作。当这个子类又被更下层的子类继承时,它通过继承获得的和自己定义的属性和操作又被下一层的子类继承下去。因此继承是可以传递的。若子类只从一个父类得到继承,则称为"单重继承";若一个子类从多个父类那里得到继承,则称为"多重继承"。在继承机制下,要修改或增加某一属性和操作,只需要在相应的类中进行修改,而它派生的所有子类都将自动地完成相应的改动。因此,继承有助于实现软件模块的可重用性、独立性、可扩充性,缩短了开发周期,提高了软件开发的效率,同时使软件易于维护和修改。

例如,电话、电视机、计算机等都是电子产品,它们具有电子产品的公共特性,当定义电话类(telephone)、电视机类(television)、计算机类(computer)时,为避免它们公共特性的重复编码,可将这些电子产品的公共特性部分定义为电子产品类,将 telephone、television、computer 定义为它的子类,子类继承了父类的所有属性和操作,而且子类自己还可扩充定义自己的属性和操作,如电子产品类具有型号、价格、颜色等属性,computer 则继承了这些属性,并扩充自己的属性,如内存大小等属性。

6. 封装

封装是将一个对象的属性和操作集成一个对象整体,对外隐蔽对象的内部细节,只留下接口以便于与外界联系,接收外界的消息。封装机制保证了对象的相对独立性,使对象的设计者和使用者分开,使用者不必知道对象行为实现的细节,只需要按照设计者提供的外部接口来对对象进行操作。

7. 多态

对象之间的相互操作、调用和应答都是通过发送消息到对象的外部接口来实施的,在收到消息时,对象要予以响应,不同的对象收到同一消息可能产生完全不同的结果,这一现象叫作多态。例如,给整数对象和复数对象定义不同的数据结构,但可以给它们发送相同的消息"做加法运算",整数对象接收此消息后做整数加法运算,复数对象则做复数加法运算,产生不同的结果。

**(二) 基本思想**

面向对象系统开发方法认为客观世界是由各种各样的对象组成的,任何事物都是对象,复杂的对象能由比较简单的对象按照某种方式组成,每种对象都有各自的内部状态和运动规律,不同对象之间的相互作用和联系就构成了各种不同的系统。对象是客观世界中的各种事物或人们头脑中的各种概念在计算机程序中的抽象表示,是面向对象编程的基本元素。当设计和实现一个信息系统时,如能在满足需求的条件下,把系统设计成由一些不可变的(相对固定)部分组成的最小集合,这个设计就是最好的。它把握了事物的本质,因而不再会被周围环境的变化以及用户的需求变化所左右。这些不可变的部分就是所谓的对象。

面向对象系统开发方法的核心是数据抽象,即用知识分类方法描述客观世界,将客观事物抽象为若干相互联系的对象和类并组成系统。这种类属关系是事物之间最本质的关系,因此面向对象系统开发方法能够揭示系统内部结构及其基本规律。

**(三) 开发过程**

面向对象系统开发方法的开发过程通常包括以下五个阶段。

1. 系统调查和需求分析

本阶段对系统将要面临的具体管理问题以及用户对系统开发的需求进行调查研究,也就是先弄清楚要干什么。本阶段要明确系统的业务需求、功能需求、性能需求、应用环境及假设条件等;与用户进行深入交流,确保准确理解需求。

2. 面向对象分析

从繁杂的问题域中抽象出对象及其行为、结构、属性和方法等,这一阶段称为面向对象分析(Object-Oriented Analysis,OOA)。其目的是识别出系统中存在的所有对象、属性与操作,以及对象之间的各种关系,在此基础上构建系统的分析模型,包括对象模型、动态模型和功能模型。

OOA强调直接针对问题域中客观存在的各种事物来设立模型中的对象,用对象的属性和服务分别描述事物的静态特征和行为。问题域有哪些值得考虑的事物,OOA模型中就有哪些对象,而且对象及其服务的命名都强调与客观事物的一致。另外,OOA模型也保留了问题域中事物之间关系的原貌,包括把具有相同属性和相同服务的对象归结为类;用"一般—特殊"结构描述一般类和特殊类之间的关系(即继承关系);用整体—部分结构描述事物间的组成关系;用实例连接和消息连接表示事物之间的静态联系(一个对象的属性与另一个对象有关)和动态联系(一个对象的行为与另一个对象的行为有关)。可以看到,无论是对问题域中的单个事物还是对各个事物之间的关系,OOA模型都保留着它们的原貌,没有加以转换和扭曲,也没有打破原有的界限而重新组合。OOA模型能够很好地映射问题域。

3. 面向对象设计

将面向对象分析的结果进一步的抽象、归类、整理,并最终以范式的形式将它们确定下来,这一阶段称为面向对象设计(Object-Oriented Design,OOD)。OOD与OOA采用一致的表示法,这使从OOA到OOD不存在转换,而是只有局部的修改或调整,并增加了几个与实现有关的独立部分。因此OOA与OOD之间不存在传统开发方法中分析与设计之间的鸿沟,两者能够紧密衔接,大大降低了从OOA过渡到OOD的难度、工作量,同时也减少了出错的可能性。

OOD可以分为以下两个阶段:

(1) 系统设计阶段。系统设计阶段负责软件系统构造的高级策略,包括子系统的划分、问题处理策略的确定以及资源的初步配置等。

(2) 对象设计阶段。对象设计阶段负责设计每一个对象的外部接口形式、操作的实现算法,以及优化类结构等。

4. 面向对象编程

采用面向对象程序设计语言将上一阶段整理的范式直接映射(即直接用程序设计语言来取代)为应用软件,这一阶段称为面向对象编程(Object-Oriented Programming,OOP),或称为面向对象程序设计。采用面向对象程序设计语言,一方面是由于面向对象技术日趋成熟,而且这种编码语言已成为程序设计语言的主流;另一方面,能够更容易、安全和有效地利用面向对象机制,更好地实现映射。

理想的面向对象开发规范,应要求在OOA和OOD阶段就对系统需要设立的每个对象类及其内部构成(属性和服务)与外部关系(静态和动态联系)都形成透彻的认识和清晰的描述，而不是把许多问题遗留给程序员去重新思考。程序员所做的事情就是：用具体的数据结构来定义对象的属性，用具体的语句来实现服务流程图所表示的算法。OOP 阶段产生的程序能够紧密地对应 OOD 模型；OOD 模型中一部分对象类对应 OOA 模型，其余部分的对象类对应与实现有关的因素；OOA 模型中全部类及对象都对应问题域中的事物。这样的映射关系不但提高了开发的效率和质量，也对以后的维护十分有帮助。

5. 面向对象测试与维护

运用面向对象技术，进行以对象为中心的系统测试，称为面向对象测试(Object-Oriented Test，OOT)。对于用面向对象分析和面向对象设计建立模型并由面向对象编程的系统，OOT 能够更准确地发现程序错误并提高测试效率。OOT 以对象的类作为基本测试单位，差错范围主要是类定义之内的属性和服务以及有限的对外接口(消息)所涉及的部分。此外，由于继承性的存在，OOT 完成对父类的测试后，子类的测试重点只是那些新定义的属性和服务。

最后，对运行中的系统进行持续维护，以确保其能够适应不断变化的需求、修复发现的问题，并优化性能。在整个开发过程中，OOT 方法通过保持程序与问题域的高度一致性，以及在各个开发阶段使用统一的表示方法，极大地降低了理解系统的难度。这种一致性意味着无论是从程序中发现错误而逆向追溯到问题域，还是需求发生变化而从问题域正向跟踪到程序，整个过程都相对直接和清晰。面向对象方法的这种特性为系统维护提供了从问题域到模型再到程序的良好对应，大大降低了维护的难度。

### (四) 优点和缺点

面向对象系统开发方法将数据和过程包装成对象，以对象为基础对系统进行分析和设计，为人们认识事物提供了一种全新的思路和办法。其主要具有以下几个方面的优点。

1. 效率高

面向对象系统开发方法在系统开发时，从现实世界中客观存在的事物(对象)出发来认识问题域和构造系统，运用人类日常的思维方法和原则进行系统开发，接近于日常生活和自然的思考方式，有利于发挥人类的思维能力，也能够有效地控制系统的复杂性，势必提高系统开发的效率。

2. 质量高

面向对象系统开发方法在设计时可重用现有的或在以前的项目领域中已被测试过的类，它们能使系统满足业务需求并具有较高的质量。

3. 易维护

面向对象系统开发方法始终将对象的概念贯穿于开发全过程，使各个开发阶段的系统成分具有良好的对应关系，系统出现问题易于溯源，并且由于继承的存在，即使改变需求，维护也只是在局部模块，维护起来非常方便且成本较低。

4. 易扩展

由于封装、继承和多态等特性的存在，系统结构呈现高内聚、低耦合的特点，可以方便地添加新功能或修改现有功能，而无需对整个系统进行大规模的重构，使得系统更灵活、更易扩展。

面向对象系统开发方法也存在一定的局限性，主要表现在以下几个方面。

1. 初期学习成本较高

面向对象系统开发方法需要开发人员具备一定的抽象思维和面向对象编程经验，对于初学者来说可能较难理解和掌握,初期学习和实践成本较高。

2. 对开发环境和工具的要求较高

面向对象系统开发方法需要依赖特定的编程语言和开发工具,这些环境和工具的选择和配置也可能增加开发成本。

3. 自下向上开发易致系统架构混乱

在大型的信息系统开发中,如果不经过自上向下的整体系统设计划分,而是一开始就自下向上地采用面向对象方法开发系统,很难得出系统的全貌,易造成系统结构不合理、各部分关系失调等问题。因此,面向对象系统开发方法必须与其他方法(如结构化系统开发方法)综合运用才能充分发挥其优势。

### 相关思考9-2

#### 系统开发方法的选择

本节介绍了三种常用的管理信息系统开发方法,系统开发工作中应该如何选择呢?

从本节所讨论的三种常用的管理信息系统开发方法可以看出,每一种方法都有其局限性。实践证明,对于开发信息系统这样大型而复杂的系统,完善的信息系统开发方法目前尚不存在,严格按照某一种开发方法是不可取的,真正有效实用的开发方法是众多开发方法的结合应用,这要根据所开发系统的规模、系统的复杂程度、系统开发方法的特点、所能使用的计算机软件开发工具等诸多因素综合考虑后决定。因此,应该在充分分析应用领域的本质特征和开发规律的基础上,综合各种开发方法的特点,在长期的工程实践中灵活应用,逐步加以完善和改进。

## 本 章 小 结

本章主要学习了管理信息系统开发方法的基础知识。通过本章的学习,学生对系统开发、结构化系统开发方法、原型化系统开发方法、面向对象系统开发方法等有了全面的了解,应当能够根据开发系统的规模、系统的复杂程度等选择合适的系统开发方法并提出项目组织实施的合理化建议。

## 本 章 重 要 概 念

面向用户　项目管理　结构化系统开发　生命周期　自顶向下　自底向上　原型　原型化系统开发　面向对象　面向对象系统开发　对象　类　消息　关联　封装　继承　多态

## 本 章 练 习

二维码9-5　　二维码9-6
本章练习　　本章练习
　　　　　　参考答案

# 第十章　管理信息系统开发过程

- ➤ 内容提要
- ➤ 重点难点
- ➤ 学习目标
- ➤ 知识框架
- ➤ 思政育人
- ➤ 第一节　管理信息系统规划
- ➤ 第二节　管理信息系统分析
- ➤ 第三节　管理信息系统设计
- ➤ 第四节　管理信息系统实施
- ➤ 第五节　管理信息系统运行与维护
- ➤ 本章小结
- ➤ 本章重要概念
- ➤ 本章练习

## 内容提要

本章主要介绍了管理信息系统规划的主要内容、常见的三种系统规划方法及管理信息系统的可行性研究；管理信息系统分析的主要内容、组织结构与功能分析、业务流程分析、数据流程分析、新系统逻辑模型及系统分析报告的内容；管理信息系统设计的主要内容、系统总体设计、系统详细设计及系统设计报告的主要内容；管理信息系统实施的主要阶段、程序设计、系统测试、系统切换；管理信息系统维护与评价、运行管理等。

## 重点难点

本章重点为企业系统规划法的应用，业务流程图和数据流程图的绘制，功能模块的设计；难点为全面理解管理信息系统开发过程中各阶段的目标、内容、方法与工具。

## 学习目标

通过本章的学习，学生应了解管理信息系统规划的主要内容和管理信息系统的可行性研究，管理信息系统分析的主要内容，管理信息系统设计的主要内容，管理信息系统实施的主要阶段，管理信息系统运行与维护；理解管理信息系统规划方法，组织结构与功能分析，系统总体设计和系统详细设计，系统测试与系统切换；掌握企业系统规划法的应用，业务流程图和数据流程图的绘制，功能模块的设计。

## 知识框架

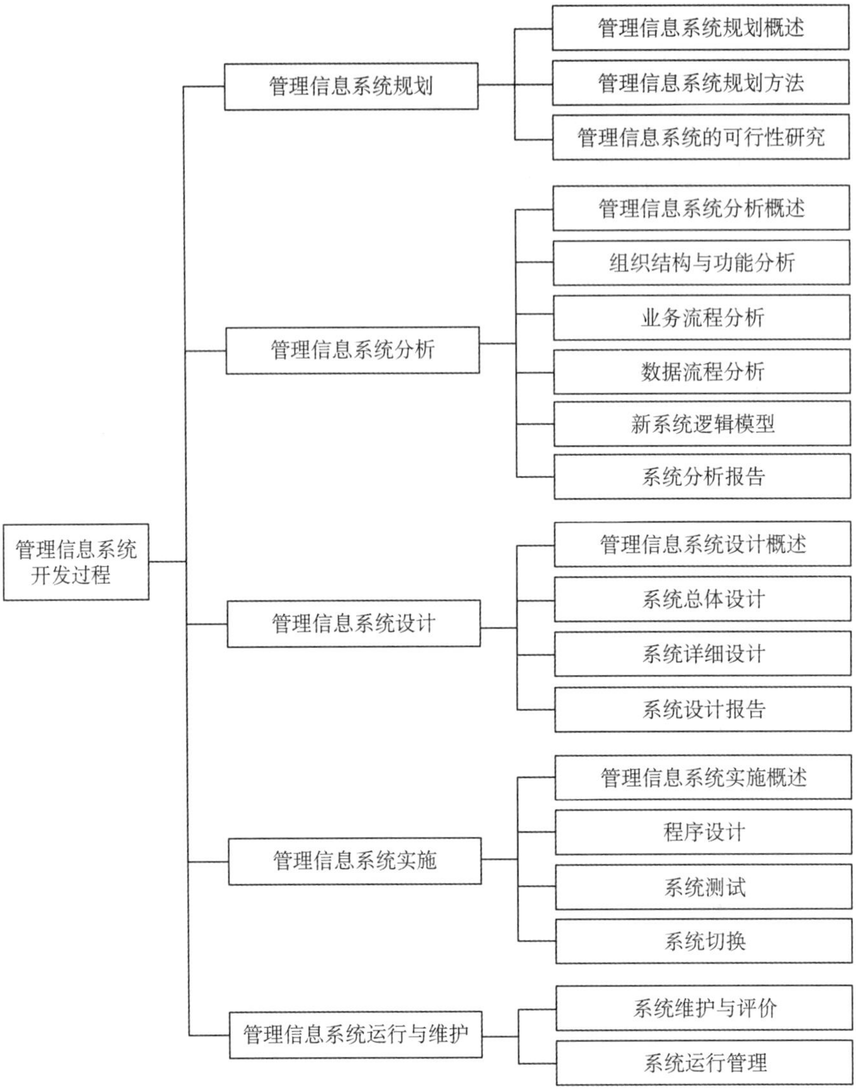

```
管理信息系统开发过程
├── 管理信息系统规划
│   ├── 管理信息系统规划概述
│   ├── 管理信息系统规划方法
│   └── 管理信息系统的可行性研究
├── 管理信息系统分析
│   ├── 管理信息系统分析概述
│   ├── 组织结构与功能分析
│   ├── 业务流程分析
│   ├── 数据流程分析
│   ├── 新系统逻辑模型
│   └── 系统分析报告
├── 管理信息系统设计
│   ├── 管理信息系统设计概述
│   ├── 系统总体设计
│   ├── 系统详细设计
│   └── 系统设计报告
├── 管理信息系统实施
│   ├── 管理信息系统实施概述
│   ├── 程序设计
│   ├── 系统测试
│   └── 系统切换
└── 管理信息系统运行与维护
    ├── 系统维护与评价
    └── 系统运行管理
```

### 思政育人　12306终成大器,变身"全球最大票务系统"

12306在中国是一个很特殊的存在,每年大型节假日特别是春运期间,都会受到各种批评——"难买""难退""奇葩验证码""付不了款"。过去春运购票是很多中国人心中最大的"痛",虽然大家对这个能实现春运买票的神器有着诸多不满,但不得不说12306这十年来闷不吭声,终于迎来了不一样的"春天"。

2020年1月11日,12306站点日点击量达1495亿次,售票约30亿张。如果把这些票首尾相接,可以绕地球7圈。也正因为这个成绩,12306稳坐"全球交易量最大票务系统",这个名号绝对算得上实至名归。虽被骂十年,但其终于练就了一身深厚内功,创造了三大奇迹。

**第一大奇迹:扛住全球最大流量**

千万不要拿电商双十一流量与12306对比,因为两者压根没有可比性。超10亿人口、40天、30亿以上出行的数据,相当于欧洲、美洲、非洲、大洋洲总人口集体搬迁,不得不说中国人口及出行数量确实是一个极大的压力。

**第二大奇迹:庞大而复杂的票务工作被线上操作所取代**

第二大奇迹可以简单概括为将不可能的任务变成了可能。用于传统的分布式数据、缓存、负载均衡技术是不能满足12306的需求的。不同于电商平台的购物结算,12306相当于全站所有商品都在秒杀,站点所有标准产品单位(SKU)是在库存动态变换中存在的,复杂程度难以想象。

**第三大奇迹:杜绝"黄牛党"**

曾经有一段时间,网友吐槽12306的奇葩验证码等一系列怪异行为,但这些都是为了防止"黄牛党"囤票的操作。12306并没有因为被误解而放弃最初的宗旨,铁腕推行"实名制"的操作真正让黄牛党一夜绝迹。

12306系统上线运行之初,没有赢得预期的好评,而是遭到了众多批评,究其原因在于铁路部门低估了网站的访问量,没有做好完善的网站性能方案,导致12306系统频频超过负载能力,旅客经常在高峰期买不到票,甚至挤不进去网站。面对旅客的反馈和质疑,铁路部门开始对原有的12306系统进行改良升级。2018年,12306系统全新改版,系统功能更加完善,并增加了扫码登录功能,让旅客的购票速度更方便快捷。无论是移动端还是PC端的12306系统,旅客都能看到在经历过几次技术的更迭之后,12306系统实现完美蜕变。随着信息技术的更新换代,原有系统将逐渐被新系统替代,不断扩展系统功能,实现界面优化及系统性能提升,提升用户体验,确保系统效益和长远效益达到最优。

【思政寄语】

在回顾12306从饱受争议到成为全球最大票务系统的非凡历程中,我们深刻体会到技术创新与坚韧不拔的精神力量。党的二十大报告强调,要"坚持创新在我国现代化建设全局中的核心地位",12306的蜕变,正是这一理念的生动实践。我们应当从12306的奋斗历程中汲取力量,学习其不畏艰难、持续创新的精神,将个人理想融入国家发展大局,以实际行动践行党的二十大精神。让我们携手并进,在科技创新的浪潮中勇立潮头,为实现中华民族伟大复兴的中国梦贡献青春力量!

资料来源:胡笑梅,张子振.管理信息系统[M].北京:机械工业出版社,2024.

# 第一节 管理信息系统规划

管理信息系统规划是系统开发的第一个阶段,是对管理信息系统开发的必要性和可行性的论证,它指明了系统开发的方向、目标、结构、规模以及计划,是关于管理信息系统长远发展的规划,从系统整体的高度,勾画出管理信息系统的开发和建设的战略蓝图,是一个组织战略计划的重要组成部分,是企业信息化建设的重要环节。

## 一、管理信息系统规划概述

### (一)管理信息系统规划的主要内容

管理信息系统规划的内容主要包括制定管理信息系统的总体方案,分析当前的资源状况,进行系统的可行性研究和具体开发规划。具体来说有以下几个方面的内容:

(1)制定管理信息系统的总体方案。管理信息系统的总体方案包括确定系统目标、系统结构、约束条件、技术路线、实施方案所需的资金预算及时间安排等。其关键是使管理信息系统的战略与整个企业的战略和目标协调一致,并能够支持企业战略目标的实现。根据企业的战略目标、内外部环境、内部约束条件等确定管理信息系统的开发目标、约束条件和结构。

（2）分析当前的资源状况。即了解企业能够为管理信息系统开发提供的各种资源的状况，包括硬件与软件状况、应用系统及人员状况、制度状况和费用使用状况等。

（3）进行系统的可行性研究。系统规划的后期要对项目进行可行性研究，即分析新系统的开发是否具有必要性及是否具备必要的条件。可行性研究是任何一个大型工程正式启动建设之前必须进行的一项工作。

（4）具体开发规划。系统规划的时间跨度比较长，应该对近期的系统开发工作作出具体的安排，一般要有至少两年的详细规划，包括设备和软件的购置安排、应用项目的开发计划，软件维护和更新安排、人力资源需求及人员培训安排、资金需求计划等。

### （二）管理信息系统规划的基本步骤

管理信息系统的规划可以按照以下步骤进行：

（1）确定规划的基本问题。确定规划的基本问题包括确定规划的年限，规划方法选择、规划方式（集中或分散）的选择以及是采取进取型还是保守型的规划等。

（2）收集初始信息。在收集初始信息前应进行初步调查，调查内容包括企业现状、组织机构和管理状况、企业现行信息系统建设水平、管理水平和信息技术现状。

（3）评价现状、识别计划约束。评价现状、识别计划约束包括分析系统的目标，对现行系统存在的设备、软件及其质量进行分析和评价，对系统的人员、资金、运行控制等进行计划和安排。

（4）设置规划目标。设置规划目标是指由组织的领导和系统开发负责人依据组织整体目标来确定信息系统的目标，包括系统的服务质量和范围，人员、组织以及需要采取的措施等。

（5）选择开发方案。由于受到资源的限制，各项活动和项目不可能同时进行，因此应选择企业最为需要的项目先行开发。在确定优先开发的项目后，还要确定总体开发次序、开发策略和开发方法。

（6）信息系统总体架构设计。信息系统总体架构设计是指给出信息系统总体框架技术路线以及各子系统的划分等。

（7）编制项目的实施进度计划。编制项目的实施进度计划是指预估项目成本和人员需求，依次编制项目的实施进度计划。

（8）编制系统规划文档。编制系统规划文档是指将信息系统开发的内容整理成系统规划报告，在成文过程，与用户、系统信息的开发人员及各级领导要不断协商，交换意见。

（9）报送批准。即将系统规划报告提交领导审批，如果系统规划报告通过审批，则系统规划阶段结束，进入系统分析阶段；否则将返回到上述某个步骤，重新进行系统规划。

### （三）管理信息系统规划的作用

制定系统规划的主要目的是保证系统的科学性、经济性、先进性和适用性，其作用主要体现在以下几个方面。

#### 1. 系统开发的前提条件

管理信息系统的开发是一项极其复杂的系统工程，它涉及从高层战略管理到低层业务操作、从整体到局部、从决策到执行等各个层次及多个管理部门，以及人、财、物等各种资源的配置。如果在系统开发时没有一个总体规划来统筹安排和协调，盲目地进行开发则必将造成资源的浪费和系统开发失败。系统规划作为建立管理信息系统的先行工程，是管理信息系统开发的前提条件。

2. 系统开发的纲领

系统规划涉及的内容有系统开发的任务、方法与步骤,系统开发的原则,系统开发人员与系统管理人员共同遵守的准则,以及系统开发过程的管理和控制手段。这些都是指导系统开发的纲领性文件。

3. 系统开发成功的保证

系统规划可以对企业的远期目标和近期目标、外部环境和内部环境、整体效益和局部效益、自动业务处理和手工业务处理等之间的关系进行统筹和协调,使系统开发严格地按照计划进行;同时可以对系统开发过程中出现的各种偏差进行调控,及时修正、完善计划,从而有效地避免由系统开发中出现的错误造成的巨大损失。

4. 系统评价和验收的标准

新系统建成后,需要对系统的开发与运行情况,以及系统的目标、功能与特点进行评价和验收。这些工作应以系统规划报告的内容为标准,符合规划的系统开发是成功的,否则就是失败的。

**(四) 管理信息系统规划的时机**

虽然关于组织进行管理信息系统规划的时机并没有统一的标准,但可以大致引用美国学者理查德·诺兰所提出的诺兰模型,来说明组织进行管理信息系统规划的时机。

诺兰模型是西方国家进行信息系统规划的指导性理论之一。西方发达国家的信息系统发展经验表明:一个企业或地区信息系统的发展具有一定的规律性,一般要经历从初级到成熟的成长过程。理查德·诺兰(Richard Nolan)总结了这一规律,他于1973年首次提出了信息系统发展的阶段理论,被称为诺兰模型。到1980年,诺兰进一步完善该模型,把信息系统的成长过程划分为六个不同阶段,这六个阶段分别是初装阶段、普及阶段、控制阶段、整合阶段、数据管理阶段和成熟阶段,如图10-1所示。

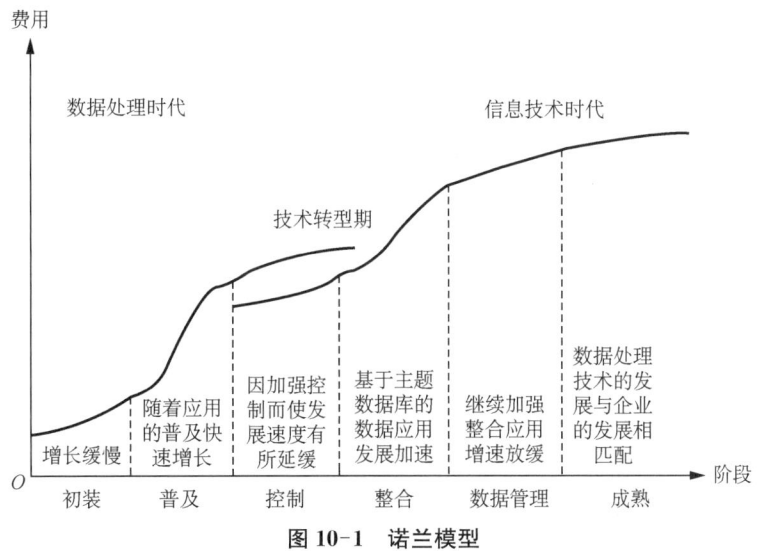

图10-1 诺兰模型

1. 初装阶段

初装阶段是指企业购置第一台计算机并初步开发管理应用程序的阶段。该阶段计算机的作用被初步认识,少数专业技术人员初步具备使用计算机的能力。计算机是分散控制的,没有统一的计划。一般初装阶段大多发生在单位的财务部门。

2. 普及阶段

随着计算机的应用初见成效,信息系统(管理应用程序)从少数部门扩散到多数部门,使单位的事务处理效率得以提高,但对信息系统的管理和费用方面都造成了影响。此阶段计算机的处理能力得到飞速发展,然而在组织内部又会出现许多有待解决的问题,如数据冗余、数据不一致以及难以共享等。这个阶段需要大量的投资。

3. 控制阶段

当管理部门了解到计算机数量超出控制,计算机预算每年增长比例过高,而投资的回收却不理想时,组织开始制定管理方法,对整个企业的系统建设进行统筹规划,特别是利用数据库技术解决数据共享问题。这时,严格的控制阶段便代替了普及阶段。控制阶段是实现从以计算机管理为主到以数据管理为主转换的关键,一般发展较慢。

4. 整合阶段

整合阶段就是在控制的基础上,对子系统中的硬件进行重新连接,建立集中式的数据库及能够充分利用和管理各种信息的系统。由于需要重新安装大量设备,此阶段的预算费用又一次迅速增长。

5. 数据管理阶段

在整合阶段之后才会真正进入数据管理阶段,实现数据共享,这时数据真正成为企业的重要资源。

6. 成熟阶段

信息系统的成熟表现在它与组织的目标完全一致,可以满足组织中各管理层的要求,能适应任何管理和技术的新变化,从而真正实现信息资源的管理。

诺兰模型总结了管理信息系统发展的经验和规律。诺兰模型理论在管理信息系统规划中有两方面的重要应用:一是诊断管理信息系统当前所处的阶段,有利于选择管理信息系统开发的时机;二是对系统的规划作出安排,控制系统发展的方向,对处于不同阶段上的系统提出限制条件和制定针对性的发展策略。虽然系统成长现象是连续的,但各阶段则是离散的,在系统规划过程中,可以根据各阶段之间的转换和随之而来的各种特性的逐渐出现,运用诺兰模型辅助制定规划,因此将它作为信息系统规划的指南是十分有益的。

## 二、管理信息系统规划方法

系统规划本身就是一种比较宏观、抽象的工作,因此系统规划方法也是一种宏观的指导思想,应根据企业的具体情况灵活运用。

目前,管理信息系统规划方法有很多,如企业系统规划法(Business System Planning,BSP)、关键成功因素法(Critical Success Factors,CSF)、战略目标集转化法(Strategy Set Transformation,SST)、企业信息分析与集成技术(Business Information Analysis and Integration Technology,BIAIT)、投资回收法(Return on Investment,ROI)等,这里主要介绍企业系统规划法、关键成功因素法和战略目标集转化法。

### (一) 企业系统规划法

1. 企业系统规划法的基本思想

企业系统规划法(BSP)是美国IBM公司在20世纪70年代初提出的、对企业信息系统进行规划和设计的结构化方法。企业系统规划法从企业目标入手,逐步将企业目标转化为管理信息系统的目标和结构,从而更好地支持企业目标的实现。它的基本思想是:先自上而下地识别企业目标,识别业务流程和数据,再对数据进行分析和处理,然后自下而上地设计管理信息系统。其所设计的管理信息系统能够支持企业目标的实现,表达企业管理活动所有层次的需求,为整个企业提供一致的信息,对其组织机构的变动具有适应性。企业系统规划法的基本思路和过程如图10-2所示。

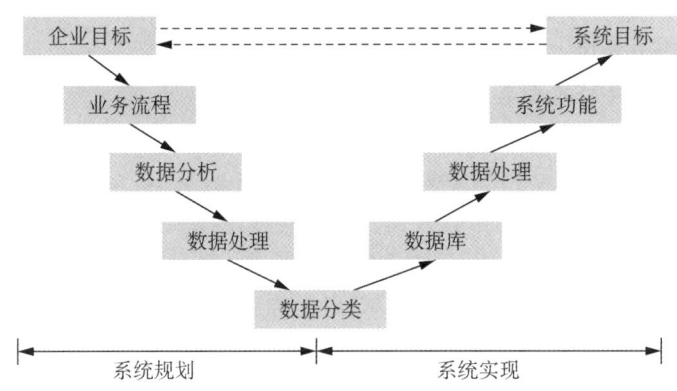

图 10-2  企业系统规划法的基本思路和过程

2. 企业系统规划法的作用

企业系统规划法的作用主要为:①确定未来管理信息系统的总体结构,明确整个系统的子系统组成以及开发这些子系统的先后顺序;②对数据进行统一规划、管理和控制,明确各子系统之间的数据交换关系,保证信息的一致性。

企业系统规划法的优点在于利用它能够保证管理信息系统独立于企业的组织结构,使其具有对环境变更的适应性。即使将来企业的组织机构或管理体制发生变化,管理信息系统的结构体系也不会受到太大的冲击,保证了系统的稳健性。

3. 企业系统规划法的主要步骤

用企业系统规划法制定系统规划是一项系统工程,其主要步骤如下:

(1) 准备工作。成立由企业最高管理者牵头的系统规划委员会,该委员会下设系统规划工作小组,并提出工作计划。

(2) 调研。系统规划工作小组通过查阅资料,深入企业的各个管理层次,了解企业的决策过程、职能部门及其主要活动,以及存在的主要问题,从而更好地理解企业目标。

(3) 定义业务流程。业务流程是指企业管理中必要且逻辑上相关的、能够完成某种管理功能的一组活动,如产品预测、物料库存控制等业务处理活动或决策活动。业务流程是企业系统规划法的核心。

(4) 业务流程再造。业务流程再造是指在定义业务流程的基础上,找出哪些业务流程是高效的;哪些业务流程是低效的,需要在管理信息系统的支持下进行优化;还有哪些业务流程不适合使用计算机进行处理,应当将其去除。

(5) 定义数据类。数据类是指支持业务流程的具有逻辑相关性的数据。数据被按照业务流程进行分类,即从业务流程的角度,将与一个业务流程有关的输入数据和输出数据按照逻辑相关性整理出来并归纳成一个数据类。

(6) 定义系统总体结构。其目的是刻画目标系统的架构和相应的数据类,因此其主要工作是划分子系统,具体可以利用 U/C 矩阵实现。U/C 矩阵中的行表示数据类,列表示业务流程,并用字母 U(use)和 C(create)来表示创建业务流程和产生相应的数据类。U/C 矩阵是一张表格,在表中各业务流程与数据类的交叉处,填写业务流程与数据类之间的关系。

(7) 确定各子系统开发的优先次序。即确定管理信息系统中各子系统开发的优先次序,并给出开发计划。

(8) 撰写系统规划书。完成系统规划书,给出系统开发计划。

### (二) 关键成功因素法

**1. 关键成功因素法的基本思想**

1970 年,哈佛大学威廉·泽尼(Wiliam Zani)在管理信息系统模型中使用了关键成功因素,这些因素是决定管理信息系统成败的主要因素。1980 年,麻省理工学院的约翰·罗卡特(John Rockar)把这种方法应用于管理信息系统战略规划。关键成功因素法(CSF)的主要思想是"抓主要矛盾",即先通过分析并找出使企业获得成功的关键因素,然后再围绕这些关键因素来确定系统需求,并进行系统规划。它可以弥补通过全面调查难以获得主要信息的不足。

在现行系统中,存在多个因素影响企业目标的实现,其中若干个因素是主要的,这些因素即关键成功因素。

识别关键成功因素,就是要分析与企业目标相关的信息及其之间的关系,找出实现企业目标所需要的关键信息集合。不同企业的关键成功因素不同,同一个企业不同时期的关键成功因素也不相同。在识别并处理了企业一个时期的关键成功因素后,又要识别新的关键成功因素。例如,某企业当前阶段的关键成功因素是降低成本、增加产量,在企业成本降低、产量增加之后,开拓市场、稳定客户便成为关键成功因素。

**2. 关键成功因素法的主要步骤**

关键成功因素法通过对关键成功因素的识别,找出实现目标所需的关键信息集合,从而确定系统开发的优先次序。以数据库的分析和建立为例,关键成功因素法的具体步骤如图 10-3 表示。

(1) 确定企业或管理信息系统的目标。

(2) 识别所有关键成功因素。使用逐层分解的方法,分析影响企业或管理信息系统目标的各种因素以及影响这些因素的子因素。在这一步骤中需要使用因果图进行分析。

(3) 识别关键成功因素的性能指标和评估标准。

(4) 识别用于评估关键成功因素性能的数据。

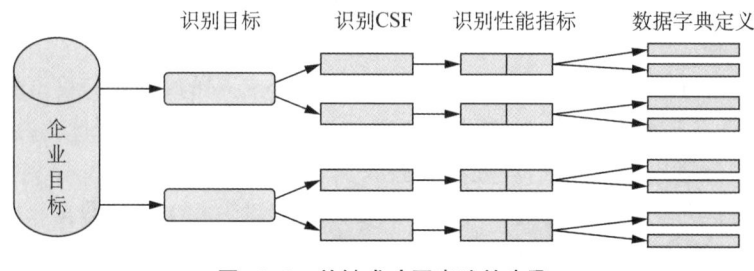

图 10-3 关键成功因素法的步骤

3. 关键成功因素法的主要工具

关键成功因素法就是识别联系系统目标的主要数据类型及其关系,识别关键成功因素常用的工具是树枝因果图(又称鱼骨图)。图10-4所示的是为提高产品竞争力,对关键成功因素进行识别的因果示例图。

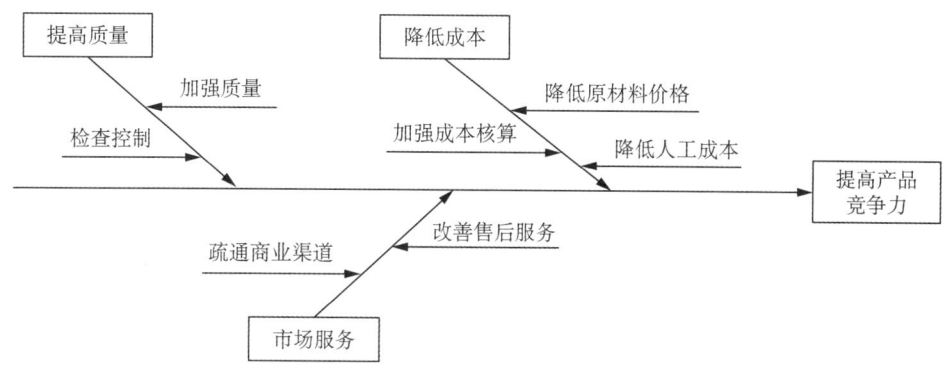

图 10-4　识别关键成功因素的因果示例图

虽然可以使用树枝因果图找出影响企业目标的所有因素,但是如何评价这些因素中哪些是关键成功因素,对于不同的企业使用的方法不同。对于一个习惯依照高层个人决策的企业,主要由高层管理者在此图中选择。对于习惯于群体决策的企业,可以用德尔斐法或其他方法把不同人的关键因素综合起来。关键成功因素法主要应用于企业的高层,因为每个高层人员日常总在考虑什么是关键因素,对中层来说则不太适用,因为中层领导所面临的决策大多是结构化的,其自由度较小。

关键成功因素法的优点是它能使目标的识别突出重点,集中于获取高层领导的信息需求,并且进行信息需求调查所需的时间较少。它的不足在于数据的汇总过程和数据分析都是一种随意的方式,缺乏将诸多关键成功因素进行汇总的严格方法。另外,也难以解决个人和组织的关键成功因素不一致的问题。

(三) 战略目标集转化法

1. 战略目标集转化法的基本思想

1978年,威廉·金(Wiliam King)提出了战略目标集转化法(SST)。该方法将组织的战略目标看作是一个"信息集合",该集合包括使命、目标、战略以及其他战略变量(如管理的复杂性、计算机应用经验,以及主要的环境约束等)。管理信息系统战略规划就是要把组织的这种战略集合转化为管理信息系统的战略集合。战略目标集合转化法的基本思想如图10-5所示。

图 10-5　战略目标集转化法的基本思想

## 2. 战略目标集转化法的主要步骤

### 1) 识别企业的战略集

这种方法的第一步是识别企业的战略集,先考察该企业是否有成熟的战略或长期计划,如果没有就要构造这种战略集合,可以采用以下步骤:

(1) 描绘出企业相关的各类人员结构,如管理者、员工、供应商、客户、贷款者、地区社团及竞争者等。

(2) 识别各类人员的需求。

(3) 对于各类人员识别其使命及战略。

(4) 解释和验证企业的战略集合。

### 2) 将组织的战略集合转化为管理信息系统战略

第二步是将组织的战略集合转化成管理信息系统战略。管理信息系统战略包括管理信息系统的战略目标、约束以及设计原则等。这一转化过程包括为企业战略集合中的每个元素识别其对应的管理信息系统战略约束,确定设计原则,然后提出管理信息系统的总体结构。

战略集合的转化不能通过算法来完成,因为不同组织的战略集合的内容差别很大。

> **相关思考 10-1**
>
> **三种系统规划方法的比较**
>
> 通过以上对三种系统规划方法的介绍,你认为这三种系统规划方法各自的特点是什么?
>
> 关键成功因素法能抓住主要矛盾,使目标的识别突出重点。由于经理们比较熟悉这种方法,使用这种方法所确定的目标,经理们乐于努力去实现。该方法最有利于确定企业的管理目标。
>
> 战略目标集转化法从组织的各类管理者的角度识别管理目标,它反映了各种人的要求,能保证目标比较全面,疏漏较少,但它在突出重点方面不如前者。
>
> 企业系统规划法的最大特点就是具有比较强大的数据结构规划功能,它全面展示了组织状况、系统或数据应用情况及其差距,可以帮助众多管理者和数据用户形成组织的一致性意见,并通过对管理者们的信息需求调查,来帮助组织找出在信息处理方面应该做些什么。该方法比较适用于刚启动或可能产生重大变化的企业组织。该方法的缺点是收集数据的成本较高,数据分析难度大,实施起来耗时、费资。

## 三、管理信息系统的可行性研究

任何一个管理信息系统都需要一定的时间与资源条件。因此,企业在启动管理信息系统项目之前,必须根据用户所能提供的时间和资源条件对其进行可行性研究。可行性研究是指用最小的代价在尽可能短的时间内确定系统开发的必要性和可能性,以避免人力、物力和财力的浪费。可行性研究是系统规划不可或缺的组成部分。

管理信息系统的可行性研究要从系统初步调查入手,再进一步从技术上、经济上和社会效益等方面论证其可行性,最后提交一份可行性研究报告。

### (一) 信息系统的初步调查

用户提出管理信息系统的开发要求后,必须对用户的要求以及当前系统进行初步调查,确定用户的开发要求是否可行。初步调查工作为可行性研究提供依据,调查的主要内容有以下几点:

1. 新系统的目的和要求

初步调查的第一步就是从用户对新系统的要求和提出新系统开发缘由入手,调查用户对新系统的需求以及新系统预期要达到的目的,包括对新系统的功能、性能的要求以及新系统的运行环境、限制条件等。

2. 组织机构概况

它包括组织机构的性质、内部的组织结构、办公楼或生产车间等的布局、上级主管部门、横向协作部门、下属部门等。这些与系统开发可行性研究、系统开发初步建议方案以及进行详细调查直接相关,应该在初步调查中弄清。

3. 现行系统的运行情况

在决定是否开发新系统之前,一定要了解现行系统的运行状况、特点、存在的问题、可利用的资源、可利用的技术力量以及可利用的信息处理设备等。现行系统可以是计算机管理信息系统,也可以是手工处理信息的系统。

初步调查工作为可行性研究提供依据,在此阶段对系统的业务流程等不可能进行很详细的调查,只是对系统的当前状况、系统结构等进行初步了解。在确定系统具有可行性并正式立项后,将投入大量的人力和物力展开大规模的、全面的系统业务调查工作。

(二) 可行性分析

可行性分析是在系统初步调查的基础上,对新系统是否能够实现和值得实现等问题进行判断,避免在花费了大量的人力和物力之后才发现系统不能或新系统投入使用后没有任何实际意义而造成浪费。对新系统可行性分析,要求用最小的代价在尽量短的时间内确定系统是否可行。管理信息系统的可行性分析应从以下三个方面考虑。

1. 技术可行性

技术可行性是指从设备条件、现有技术条件和技术人员等方面分析实现新系统的可行性,即现有的信息技术是否可以满足信息系统的需求。

2. 经济可行性

经济可行性是指对项目的成本和效益进行分析,确定项目经济上是否合理。如果不能提供开发系统所需的经费,或者不能提高企业利润、一定时期内不能收回投资,就不应该开发该项目。经济可行性要解决两个问题:目标系统成本和目标系统的经济效益。

(1) 目标系统成本主要包括系统开发的估算成本(包括硬件设备费用)、系统运行和维护的估算成本、组织进行变革所需要的成本等。

(2) 目标系统的经济效益分为直接经济效益和间接经济效益两种,直接经济效益是指系统投入运行后,对利润的直接影响,这些效益可直接折合成货币形式;间接经济效益是难以用货币形式表现出来的社会利益。例如,系统运行后,可以及时得到更准确的信息,为管理者的决策提供有力的支持,改善企业形象,增强企业竞争力等。

3. 社会可行性

社会可行性是指所建立的信息系统能否在该企业实现,在当前环境下能否良好运行,即组织内外是否具备接受和使用新系统的条件。从组织内部讲,要考虑新系统是否适合组织的习俗、文化、规章的要求,因为管理信息系统的建立有可能导致某些制度,甚至体制的变动,对于这些变动,组织是否具有相应的承受能力,会影响到新系统的使用。对于涉及社会经济现象的系统,还应考虑原始数据的来源有无保证等。

### (三) 可行性研究报告

系统规划的最后阶段是撰写可行性研究报告。可行性研究报告包括总体方案和可行性论证两个方面,一般内容有以下几点:

(1) 引言。这部分要说明系统的名称、系统目标和系统功能、项目的由来。

(2) 系统建设的背景、必要性和意义。报告要用较大的篇幅说明总体规划调查、汇总的全过程,要使人信服调查是真实的,汇总是有根据的,规划是可信的。

(3) 拟建系统的候选方案。这部分要提出计算机的逻辑配置方案,可以提出一个主要方案及几个辅助方案。

(4) 可行性论证。从技术、经济、社会三个方面对规划进行论证。

(5) 几个方案的比较。若结论是可行的,则给出系统开发的计划,包括各阶段人力、资金、设备的需求及开发进度。

## 第二节 管理信息系统分析

管理信息系统规划对系统开发提出了总体设想,并对现行系统进行了初步的调查,但是这种初步的调查只是从宏观上对现行系统的现状进行调查。要想真正弄清楚现行系统"做什么",还需要从上而下、从粗到细、由表及里地对现行系统进行详细调查,并在此基础上进行分析,提出新的管理信息系统的逻辑模型,为系统设计提供依据。

### 一、管理信息系统分析概述

#### (一) 管理信息系统分析的主要任务

管理信息系统分析是系统开发的关键阶段,它的任务是通过对企业组织的详细调查,充分分析用户要求,设计出将要建立的信息系统(简称"新系统")的逻辑模型。逻辑模型描述了新系统应该具有的功能,而不涉及具体的物理细节。换句话说,系统分析只解决新系统"做什么","怎么做"的问题则在系统设计阶段解决。

要解决系统"做什么"的问题,系统分析人员必须与用户密切协商,从现行系统入手,调查系统的组织结构和各机构间的内在联系,分析组织的职能,详细了解每个业务过程和业务活动的工作流程及信息处理流程,理解用户对信息系统的需求,包括对系统功能、性能方面的需求,对硬件配置、开发周期、开发方式等方面的意向及打算。在详细调查的基础上,系统分析员运用系统开发理论、开发方法和开发技术,确定系统应具有的逻辑功能,经过与用户反复讨论、分析和修改后产生一个用户比较满意的总体设计,再用一系列图表和文字表示出来,形成符合用户需求的系统逻辑模型,为下一阶段的系统设计提供依据。

#### (二) 管理信息系统分析的主要内容

系统分析员在系统分析阶段进行的主要工作是从详细调查开始到设计出新系统逻辑模型为止。这个阶段工作的主要内容包括如下几个方面。

1. 现行系统的详细调查

现行系统的详细调查是通过各种方式和方法对现行系统做详细、充分和全面的调查,弄清现行系统的边界、组织结构、人员分工、业务流程、各种计划、单据和报表的格式、处理过程、企业资源及约束情况等,使系统开发人员对现行系统有一个比较深刻的认识,为新系统开发做好原始资料的准备工作。

2. 组织结构与业务流程分析

组织结构与业务流程分析是指在详细调查的基础上，用图表和文字对现行系统进行描述，详细了解各级组织的职能和有关人员的工作职责、决策内容对系统的要求，业务流程各环节的处理业务及信息的来龙去脉。其目的是把系统的内在关系分析清楚，以便确定形成新系统的逻辑模型。

3. 系统数据流程分析

系统数据流程分析是在对业务流程分析的基础上，分析数据的流动、传递、处理与存储过程，用数据流程图进行描述，建立数据字典。

4. 建立新系统的逻辑模型

建立新系统的逻辑模型是在详细调查和系统化分析的基础上，采用一组图表工具来表达和描述新系统的逻辑模型，使新系统的概貌清晰地呈现在用户面前。用户可以通过逻辑模型了解未来的目标系统并进行讨论和改进，使新系统的逻辑模型得到完善。

5. 编制系统分析报告

编制系统分析报告是对前面的分析结果进行总结，编制系统分析阶段的成果文档，完成系统分析报告。系统分析报告是系统分析阶段的成果和总结，是向开发单位有关领导提交的正式书面报告，也是下一工作阶段系统设计的工作依据。

**(三) 管理信息系统分析的主要方法**

目前，对于管理信息系统分析主要采用结构化的系统分析方法。

1. 结构化系统分析的基本思想

结构化系统分析是一种适用于分析大型数据处理系统的方法，其基本思想是用系统的思想，系统工程的方法，按用户至上的原则，结构化、模块化、自顶向下对信息系统进行分析，并用结构化分析的图表作为系统逻辑模型描述的主要手段。结构化系统分析的图表工具主要由数据流程图、数据字典和数据处理说明组成。

结构化系统分析与设计的方法强调将整个系统的开发过程划分为若干阶段，每个阶段都有明确的任务。

2. 结构化系统分析的一般过程

结构化系统分析采用的基本方法是"分解"和"抽象"，分析过程体现为"自顶向下逐层分解"。

"分解"就是把一个复杂的问题"化整为零，各个击破"，即把一个复杂庞大的系统分解成为容易理解、容易实现的子系统、小系统。但是分解并不是等分，而是要根据系统的逻辑特性和系统内部各成分之间的逻辑关系进行分解。在分解中要充分体现"抽象"的原则，逐层分解中的上一层就是下一层的抽象，系统的抽象模型应该按照一定的层次关系组织而成。下层是上层的分解，上层是下层的抽象。

## 二、组织结构与功能分析

组织机构与功能分析是系统分析工作中的一个环节，这个环节的工作内容是通过调查了解企业各机构间的内在联系，绘出企业的组织结构图；对机构的职能进行分析，分析各机构设置是否合理，是否真正发挥其应有的职能作用，找出存在的问题；根据计算机管理的要求，提出调整机构设置的意见。

### (一)组织结构图

组织结构图是一种传统的、非结构化的图形工具,可以清晰地描述组织的总体结构以及组织内部各部分之间的关系。其把企业组织分成若干部分,按级别、分层次地以树状结构呈现,表示了各组成部分之间的隶属关系或管理与被管理的关系,如图 10-6 所示。

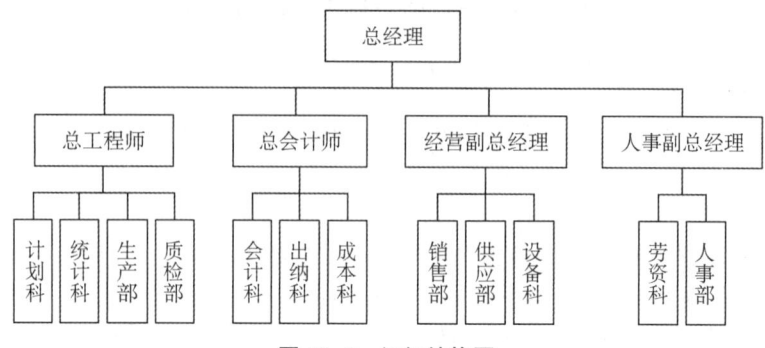

图 10-6　组织结构图

### (二)组织/功能分析

组织结构图反映了组织内部的上下级关系,但是对于组织内部各部分之间的联系程度、组织各部分的主要业务职能和它们在业务过程中所承担的工作等却不能反映出来,这将给后续的业务、数据流程分析和过程/数据分析等带来困难。为了弥补这方面的不足,通常需要用组织/业务联系表来反映组织各部分在承担业务时的关系,如表 10-1 所示。

表 10-1　　　　　　　　某企业的组织/业务联系表

| 序号 | 业务功能 | 组织联系程度 ||||||||||
| --- | --- | --- | --- | --- | --- | --- | --- | --- | --- | --- | --- | --- |
| | | 计划科 | 总工室 | 技术科 | 生产部 | 供应部 | 设备科 | 销售部 | 质检部 | 人事部 | 研究所 | 仓库 | …… |
| 1 | 计划 | ○ | √ | △ | △ | △ | △ | | | | | △ | |
| 2 | 销售 | | | | | | | ○ | √ | | | △ | |
| 3 | 供应 | √ | | | △ | ○ | | | | | | √ | |
| 4 | 人事 | | √ | | | | | | | ○ | | | |
| 5 | 生产 | √ | ○ | △ | ○ | △ | △ | √ | △ | | | √ | |
| 6 | 设备更新 | | √ | △ | | ○ | | | | | √ | | |
| …… | | | | | | | | | | | | | |

注:"○"表示该业务是对应组织的主要业务(即主持工作的单位);
"△"表示该单位是参加协调该业务的辅助部门;
"√"表示该单位是该业务的相关单位。

运用组织/业务联系表可以对组织/业务进行调整和分析。分析的内容有:

(1) 现行系统中的组织结构是否合理,不合理的地方在哪里?

(2) 不合理的部分对组织整体目标的影响有哪些?表现在哪些方面?

(3) 不合理现象产生的历史原因是什么?

(4) 哪些部门需要整改?改进措施是什么?

(5) 对整改涉及的部门和有关人员的利益产生哪些影响?

### (三) 功能结构图

功能是指完成某项业务工作的能力。为了实现组织目标,系统必须具有一定的功能。每个组织机构都有自己特定的功能,因此,系统功能是以组织结构为背景进行识别和分析的。分析了各部门的功能后,要分层次将其归纳整理,形成以系统目标为核心的整个系统的功能结构图。图 10-7 为某企业销售管理功能结构图。

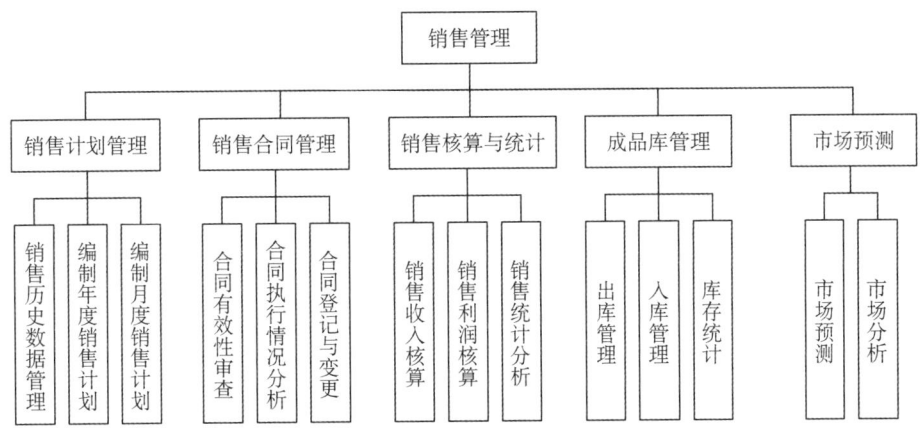

图 10-7 某企业销售管理功能结构图

## 三、业务流程分析

### (一) 业务流程分析概述

在对系统的组织结构和功能进行分析时,必须从一个实际业务流程的角度将系统调查中有关该业务的资料串起来作进一步分析。对业务流程进行分析的目的是发现现行系统中存在的问题和不合理的地方,优化业务处理过程,以便在新系统建设中予以克服或改进。在对业务流程进行分析的时候,不仅要找出原业务流程不合理的地方,还要充分考虑信息系统的建设为业务流程的优化带来的可能性,在对现有业务流程进行认真、细致分析的基础上进行业务流程重组,产生新的更为合理的业务流程。因此,业务流程分析是为掌握现行系统状况,确立新系统逻辑模型不可缺少的一个重要环节。

### (二) 业务流程图

在管理功能分析的基础上,利用系统详细调查的资料,将系统中各环节的管理业务活动,管理业务的内容、作用及信息的输入、输出,数据存储和信息的处理方法及过程等研究清楚,然后把业务处理过程中的每一个步骤用图形的形式将其连接起来,就形成了业务流程图。

1. 业务流程图的定义及符号

业务流程图(Transition Flow Diagram,TFD)是一种描述管理系统内各单位、人员之间业务关系、作业顺序和管理信息流动的流程图。其用一些规定的符号及连线表示某个具体业务的处理过程,可以帮助分析人员找出业务流程中的不合理流向。

现行系统的业务流程图是分析和描述现行系统的重要工具,是业务流程调查结果的图形化表示。它反映现行系统各机构的业务处理过程和它们之间的业务分工与联系,以及连接各机构的物流、信息流的传递和流动关系,体现现行系统的界限、环境、输入、输出和数据存储等内容。TFD是一种用尽可能少、尽可能简单的方式,描述业务处理过程的方法。TFD的符号简单明了,所以非常易于阅读和理解业务流程;不足之处在于它对一些专业性较强的业务处理细节缺乏足够的表现手段,比较适用于反映事务处理类型的业务过程。

2. 业务流程图的基本符号

业务流程图的基本符号如图10-8所示。

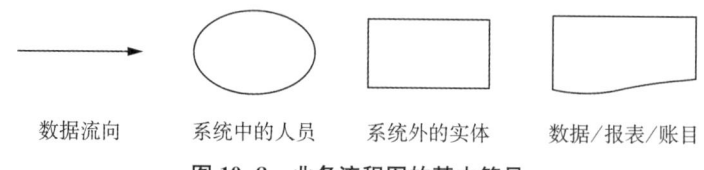

图10-8 业务流程图的基本符号

3. 业务流程图的绘制

业务流程图基本上按照业务的实际处理步骤和过程绘制,是一种用图形方式反映实际业务处理过程的"流水账"。绘制这个"流水账"对于开发者理顺和优化业务过程是很有帮助的。业务流程图的绘制并无严格的规则,只需简明扼要地如实反映实际业务过程即可。

某企业领料业务的具体业务过程如下:车间填写领料单给仓库要求领料,库长根据用料计划审批领料单,不合格的领料单不予批准,未批准的领料单退回车间,已批准的领料单转到仓库保管员处,由他查阅库存账,若账上显示有货则通知车间前来领料,并修改库存账;否则生成缺货通知单交给采购人员。这个业务过程的业务流程图如图10-9所示。

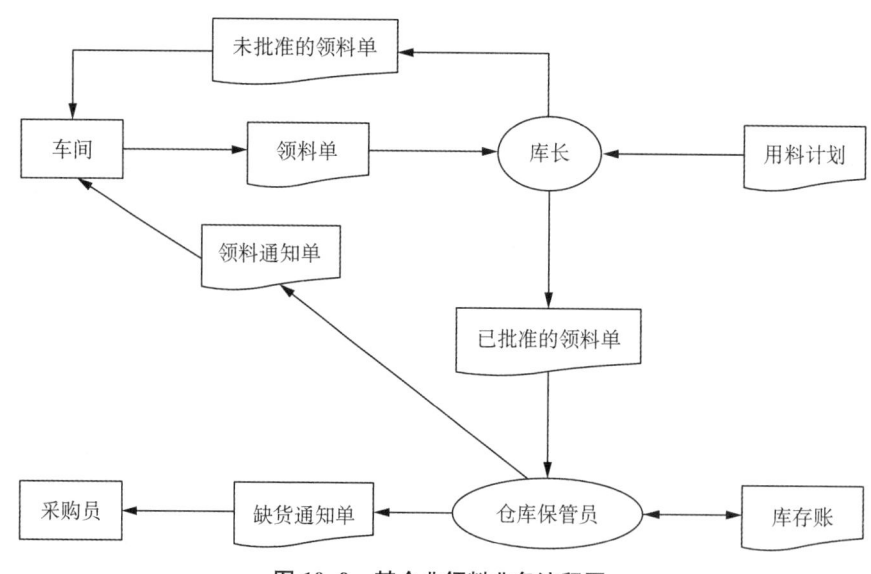

图10-9 某企业领料业务流程图

## 四、数据流程分析

### (一)数据流程图

1. 数据流程图概述

数据流程是指数据在系统中产生、传输、加工处理、使用和存储的过程。数据流程分析主要包括对信息的流动、传递、处理、存储等的分析,其目的是要发现和解决数据流通过程中的数据流程不畅、前后数据不匹配、数据处理过程不合理等问题,以期在新系统中加以改进。

现有的数据流程分析多是通过分层的数据流程图(Data Flow Diagram,DFD)来实现的。数据流程图能够反映信息在系统中流动和处理的情况,它是描述系统逻辑模型的工具之一,是便于用户理解系统数据流程的图形表示。它能精确地在逻辑上描述系统的功能、输入、输出和数据存储等,而摆脱了其物理内容。数据流程图是系统逻辑模型的重要组成部分。

数据流程图具有抽象性和概括性的特征:抽象性表现在它完全舍去了具体的物质,如具体的组织机构、工作场所、物质流等都已经去掉,只剩下数据的流动、加工处理和存储;概括性表现在它把系统对各种业务的处理过程联系起来考虑,形成一个整体,可以反映数据流之间的概括情况。

2. 数据流程图的基本符号

数据流程图由4种基本符号组成,如图10-10所示。

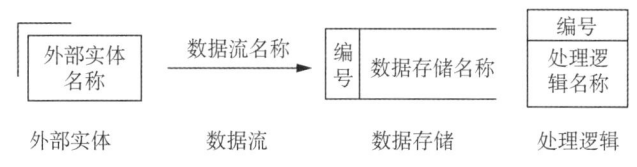

图10-10 数据流程图的基本符号

(1) 外部实体。外部实体是指在所研究的系统之外,独立于系统而存在,但又与系统有联系的实体,可以是为系统提供数据或获得数据的组织机构、个人、某一信息系统或某种事物等,表明了数据的外部来源和去向。确定了系统的外部实体,实际上就明确了系统与外部环境之间的界限,从而确定了系统的范围。

(2) 数据流。数据流表示流动着的数据,可以是一项数据,也可以是一组数据。数据流用带有名字的箭头表示,名字表示流经的数据,箭头则表示数据流的流动方向。

(3) 数据存储。数据存储是指逻辑意义上的数据存储文件,即系统信息处理功能需要的、不考虑存储的物理介质和技术手段的数据存储环节,如数据文件、文件夹或账本等。用一个右边开口的长方形条表示,图形右部填写存储的数据和数据集的名字,左边填入该数据存储的标识,标识号通常用"D"开头。文件和加工之间的箭头可以有指向文件、背离文件和双向三种,指向文件的箭头表示数据流要写入文件;背离文件的箭头表示加工要从文件中读取数据;双向箭头表示加工既要从文件中读取数据,也要将加工后的数据再写入文件中。

(4) 处理逻辑。处理逻辑是对数据进行加工处理。处理逻辑主要包括两方面的内容:一是变换数据的组成,即改变数据结构;二是在原有的数据内容基础上增加新的内容,形成新的数据。处理逻辑用上下相连的两个矩形表示,上部为标识号,通常用"P"开头,下部为功能描述、执行部门或程序名,逻辑处理名称要用动宾词组,动词表示加工处理的功能,名词表示加工处理的对象。

3. 数据流程图的绘制

数据流程图的绘制一般按照以下步骤进行:

(1) 确定与本系统有关的外部实体,即确定与本系统有关的单位、部门和人员。

(2) 确定系统的处理逻辑。

(3) 确定系统的存储单元,即确定系统中需要存储的文件和数据。

(4) 绘制顶层的数据流程图。在顶层图中,将系统视为由一个处理功能构成的系统,它描述了系统总的处理功能及外部环境,即向系统提供数据的外部实体和输入数据流、接收系统输出数据流的外部实体和输出数据流。顶层数据流程图是概要性的,不涉及细节,不考虑特殊情况。

(5) 绘制低层的数据流程图。将顶层的数据流程图中的处理单元展开,扩展成多个子处理单元,进行详细描述,并加入特殊情况的处理,形成一级细化图。其他更低层的数据流程图的绘制方法与此相似,这样逐层细化,直到对处理过程进行足够详细的描述为止,从而得到多个分层的数据流程图。

(6) 组织用户领导、管理人员和业务人员等各方面代表反复讨论、分析、比较,直到得到一个用户和开发人员都能理解的、满意的数据流程图。

下面根据图 10-9 给出的业务流程图进行数据分析,画出的顶层数据流程图如图 10-11 所示。

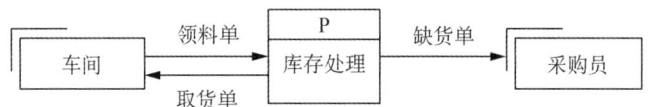

图 10-11　某企业领料业务的顶层数据流程图

对顶层数据流程图的分解从"领料处理"开始,将"领料处理"分解为三个主要的处理逻辑,分别是:

(1) 审批领料单 P1。该处理逻辑的功能是将不符合用料计划的领料单退回车间,将合格的领料单送到下一步处理逻辑"库存处理"。

(2) 库存处理 P2。该处理逻辑的功能是查阅库存账,如果库存账上有货,则给车间送领料通知单,并修改库存账,否则进入下一步处理逻辑"填写缺货通知单"。

(3) 填写缺货通知单 P3。开出缺货通知单给采购员。

分解后的下一级数据流程图如图 10-12 所示。

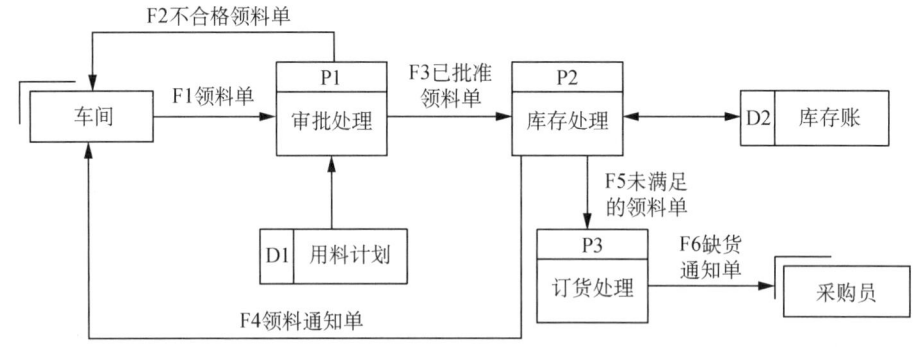

图 10-12　某企业领料业务的数据流程图

**相关思考 10-2**

业务流程图与数据流程图的关系

通过以上分析,你认为业务流程图与数据流程图有什么关系?

业务流程图主要是描述业务走向,比如"看病"这一过程,病人首先要挂号,然后再到医生那里看病开药,之后交款,再到药房领取药物,最后回家。而数据流程图则是描述数据的走向。再以"看病"为例,这个时候主要了解的是病人挂号系统需要哪些表,数据如何存储,医生看病用到哪些表,数据如何存储等。

业务流程图描述的是完整的业务流程,以业务处理为中心,一般没有数据的概念。数据流程图描述的是处理和数据,不强调流程的先后,以处理、数据流、数据存储为核心。

从业务流程图到数据流程图的本质是抽象;其主要的工作是抽象出业务流程中的内部人员的管理工作;数据流程图是在业务流程图的基础上形成的。

### (二) 数据字典

1. 数据字典的定义

数据流程图从数据流向的角度描述了系统的组成和各部分之间的联系,却没有具体说明各个组成部分和数据流的具体含义。因此,还需要其他工具对数据流程图加以补充说明,数据字典就是这样的工具。

数据字典(Data Dictionary,DD)是以特定格式记录下来的、对数据流程图中各个基本要素(数据流、加工、存储和外部实体)的内容和特征进行的完整定义和说明。它是结构化系统分析的重要工具之一,是对数据流程图的重要补充和说明,能弥补数据流程图对数据的具体内容不能详细说明的不足。数据字典的建立能帮助系统分析师全面确定用户的要求,为以后的软件分析和设计提供有关的数据描述信息。

2. 数据字典的内容

数据字典的内容包括以下六个方面:数据项、数据结构、数据流、数据存储、处理逻辑和外部实体,下面分别说明它们的含义和定义的方法。

1) 数据项

数据项也称数据元素,是具有独立逻辑含义的、不可再分的最小单位。表10-2是数据项描述的一个实例。

**表 10-2　　　　　　　　　　数据项描述实例**

数据项编号:A03
数据项名称:库存量
别　　　名:存量
简　　　述:某种物料的库存数量
长　　　度:6个字节
取值范围:0—999 999

2) 数据结构

数据结构是由若干数据项构成的数据组合,描述了某些数据项之间的关系。一个数据结构可以包括若干数据项或(和)数据结构(可以递归)。表10-3是数据结构描述的一个实例。

**表 10-3　　　　　　　　　　数据结构描述实例**

数据结构编号:F01
数据结构名称:领料单
简　　　述:车间填写的所需物料要求等信息
数据结构组成:日期+材料编号+材料名称+单价+数量

### 3) 数据流

数据流表明了系统中传输的数据及其逻辑流向,可以是数据项,也可以是数据结构。表 10-4 是数据流描述的一个实例。

表 10-4　　　　　　　　　　　数据流描述实例

数据流编号:F06
数据流名称:缺货通知单
简　　　述:仓库保管员为采购员开出的缺货单
数据流来源:填写缺货通知单
数据流组成:缺货单数据结构
流　通　量:60 份/月
高峰流通量:20 份/每天上午 8:00～10:00

### 4) 数据存储

数据存储是数据结构停留或保存的地方,也是数据流的来源和去向之一。在数据字典中只描述数据存储的逻辑结构,而不涉及它的物理结构。表 10-5 是数据存储描述的一个实例。

表 10-5　　　　　　　　　　　数据存储描述实例

数据存储编号:D02
数据存储名称:库存账
简　　　述:存放物料的历年库存和单价
数据存储组成:时间＋材料编号＋材料名称＋单价＋库存量＋主要供应商＋备注
关　键　字:物料编号
相关联的处理:P2("库存处理")

### 5) 处理逻辑

处理逻辑描述数据流程图中数据的基本处理过程,比较复杂,在数据字典中仅对数据流程图中最底层的处理逻辑加以说明。表 10-6 是处理逻辑描述的一个实例。

表 10-6　　　　　　　　　　　处理逻辑描述实例

处理逻辑编号:P01
处理逻辑名称:审批领料单
简　　　述:审批车间填写的领料单是否符合用料计划
输入的数据流:领料单,来源是外部实体"车间"
处　　　理:审批领料单,看是否符合用料计划
输出的数据流:合格的领料单,去向是处理逻辑"库存处理";不合格的领料单,去向是外部实体"车间"
处　理　频　率:80 次/天

### 6) 外部实体

外部实体是数据的来源和去向。在数据字典中主要说明外部实体产生的数据流和传给该外部实体的数据流,以及该外部实体的数量。表 10-7 是外部实体描述的一个实例。

表 10-7　　　　　　　　　　　外部实体描述实例

外部实体编号:S01
外部实体名称:车间
简　　　述:使用库存货物的用户
输入的数据流:F1("领料单")
输出的数据流:F2("不合格的领料单"),F4("领料通知单")

数据字典实际上是"关于系统数据的数据库"。在整个信息系统开发过程中以及运行和维护阶段,数据字典都是必不可少的工具,是所有人员工作的依据和统一的标准。数据字典必须由数据管理员专人管理,在数据字典的建立、修改和补充过程中,始终要注意保证数据的一致性和完整性。

### (三)处理逻辑的描述工具

数据流程图中的处理逻辑已在数据字典中进行了简要定义,但对一些比较复杂的处理逻辑,还有必要利用其他工具来进行更详细的说明。对处理逻辑加以说明,只需针对数据流程图中最底层的处理逻辑进行即可,而不必去描述各上层数据流程图中的处理逻辑,因为上层处理逻辑仅是底层处理逻辑的概括。

为了简洁地表达处理逻辑中的一些难以说明的逻辑判断功能,可以采用结构化语言、决策树、决策表等工具。

结构化语言是受结构化程序设计思想启发而来的,是介于形式语言和自然语言之间的一种语言,主要作用是解决自然语言描述不准确的问题。结构化程序设计只有三种基本结构,即顺序结构、分支结构和循环结构。

决策树又称判断树,是以树型结构来描述逻辑判断问题的一种图形工具。它适用于描述逻辑处理中具有多种策略,且策略的确定必须依据多种条件的判定才能选出的场合。决策树的优点是直观、形象;缺点是当判定条件较多且互相组合时,难以表达判断过程。

决策表也称为判断表,是一种表达逻辑判断的工具,以表格的形式给出各种条件的全部组合以及在各种组合下应采取的行动。当条件的个数较多,每一条件的取值有若干个、相应的动作也很多的情况下,使用决策表比决策树更加有效和清晰。

## 五、新系统逻辑模型

### (一)新系统逻辑模型概述

新系统逻辑模型是指经过分析和优化,新系统拟采用的管理模型和信息处理方法,它因不同于计算机配置方案和软件结构方案等实体结构方案,故又称为逻辑方案。

新系统逻辑模型是系统分析阶段的最终成果,它是下一步系统设计和实施的基础。详细调查情况、进行系统分析都是为最终确立新系统的逻辑模型做准备。

建立新系统逻辑模型的主要依据有:对系统业务流程分析和整理的结果;对数据及数据流程分析和整理的结果;子系统划分的结果;各个具体的业务处理过程以及根据实际情况建立的管理模型和采用的管理方法。新系统的逻辑模型是系统分析人员和用户共同确认的新系统处理模式。

### (二)确定新系统逻辑模型的步骤

在对现行系统进行了大量的分析工作后,所得到的结果就是新系统拟采用的逻辑模型。确定新系统逻辑模型的步骤如下。

1. 确定合理的业务处理流程

(1)删去或者合并多余或重复的业务处理流程。

(2)对有关业务处理过程进行优化和改动,并阐明优化和改动业务流程的原因,以及所带来的好处。

(3)给出最后确定的业务流程图。

（4）指出在业务流程图中哪些部分需要由新系统（主要指计算机系统）完成，哪些部分需要由用户完成（或者需要用户配合新系统来完成）。

2．确定合理的数据和数据流程

（1）由用户确认最终的数据流程和数据字典。确认的内容主要包括数据流程是否全面合理；数据项是否满足需求并可以达到所需的精度等。

（2）对有关数据流程进行优化和改动，并阐明优化和改动数据流程的原因，以及所带来的好处。

（3）给出最后确定（即优化后）的数据流程图。

（4）指出数据流程图中的人机界面。

3．确定新系统的逻辑结构方案和数据分布方案

（1）确定新系统的逻辑结构方案（即子系统的划分方案）。

（2）确定新系统的数据分布方案，如哪些数据存储在本系统的设备上，哪些数据存储在网络服务器或主机上。

## 六、系统分析报告

### （一）系统分析报告概述

系统分析报告是系统分析阶段的主要成果，它是系统分析工作的概括总结。系统分析报告中的核心部分新系统逻辑模型是系统设计工作的依据。系统分析报告产生后必须组织有关人员仔细推敲、认真论证，务必在系统设计工作之前发现逻辑方案中可能存在的问题。否则，一旦将失误隐患传递到后续工作中，其后果是严重的，甚至可能前功尽弃，使开发工作从零重新开始。

### （二）系统分析报告的主要内容

系统分析报告应包括的主要内容如下。

1．原系统概述

原系统概述的主要内容包括现行系统的目标、范围、主要功能、业务处理流程、用户信息需求（特别是关键需求）、现行系统存在的主要问题及其系统环境等。对原系统概述的目的是形成对项目背景的基本认识，以便开展对新系统逻辑模型的分析和论证。

2．新系统的目标与开发可行性

经历了详细调查之后，在创建新系统逻辑模型的过程中经过反复推敲、讨论、协商、调整所确定的系统目标。系统分析报告中应对实现最终目标重新从技术、经济、系统环境等诸方面进行可行性分析，并在此基础上拟定开发战略和开发方法等。

3．新系统的逻辑模型

新系统的逻辑模型是系统分析报告的核心部分，其主要内容包括新系统的目标、功能（数据流图及数据字典、决策树、决策表等）、逻辑结构（子系统划分与子系统的目标等）、数据存储要求（数据库、数据表的概念结构及逻辑结构、信息需求及存储容量估计等）、输入输出要求（输入、输出界面及报表格式等）等。

4．系统实施规划

系统实施规划的主要内容包括各项任务的实施顺序、进度（网络规划图、作业表）及质量检查标准、软硬件系统配置初步方案、投资预算、分阶段投资计划及投资效益初步评估；系统

环境的整改方案与措施等。

系统分析报告一旦经主管部门或开发单位领导论证、审核并批准，系统设计工作则以此为据开展后续工作。

## 第三节 管理信息系统设计

系统分析阶段是为解决系统"做什么"，建立新系统的逻辑模型，从具体到抽象的过程。而系统设计是为解决系统"怎么做"，建立目标系统的物理模型，从抽象到具体的过程。系统设计是在系统分析的基础上，按逻辑模型的要求，科学合理地进行系统的总体设计和详细设计。

### 一、管理信息系统设计概述

#### （一）管理信息系统设计的目标和任务

管理信息系统设计阶段的主要目标，是在系统分析阶段提出的逻辑模型的基础上，进行系统物理模型的设计，得到能满足用户信息需求的基于计算机与通信系统的物理实现方案。这一阶段的主要任务是从信息系统的总体目标出发，根据系统分析阶段对新系统逻辑功能的要求并考虑到经济、技术和运行环境等方面的条件，确定系统的总体结构和系统各组成部分的技术方案，合理选择计算机和通信的软件和硬件设备，提出系统的实施计划。

二维码 10-2
系统设计

#### （二）管理信息系统设计的内容

系统设计的内容可以分为总体设计和详细设计两部分。

1. 总体设计

系统的总体设计又称结构设计或概要设计，是根据系统分析阶段所提出的逻辑模型和需求说明书，把系统功能划分为若干个子系统，再将子系统分解成功能单一、彼此相对独立的模块，形成有层次关系的模块结构，即总体设计完成系统的模块结构设计。它说明了系统模块的组成，即需要明确模块的功能和模块间的相互关系，另外还包括系统的物理配置设计、系统流程图设计等。总体设计是系统设计中十分重要的一步，总体设计的好坏将直接影响系统的质量和整体特性，系统越大，影响就越大。

2. 详细设计

系统的详细设计是指在总体设计的基础上，将设计方案进一步详细化、条理化和规范化，对总体设计中每个具体任务选择适当的技术手段和处理方法。详细设计主要包括代码设计、数据库设计、输入/输出设计、用户界面设计、处理流程设计等。

#### （三）管理信息系统设计的原则

系统设计的优劣直接影响着新系统的质量和所获得的经济收益，因此，系统设计过程应遵循一定的原则。

1. 系统性原则

系统是一个有机的整体，因此，在系统设计中，要从整个系统的角度进行考虑，要求系统的代码要统一，设计规范要标准，传递语言要尽可能保持一致，对系统的数据采集要做到数出一处、全局共享，使一处输入得到多次使用。

2. 可靠性原则

系统的可靠性是指系统在运行中，抵御外界干扰的能力及受外界干扰的恢复能力。因此，系统设计中应采取各种措施提高系统的可靠性，如安全保密能力、病毒防御能力、检错及纠错能力等，避免因人为或自然的原因造成系统瘫痪。

3. 适应性原则

系统环境是不断变化的，这要求系统具有很强的环境适应性。对于一个复杂的大系统，在系统总体设计时，首先应该考虑它的层次特征。最好的办法就是把系统分解成若干个模块，把这些模块组织在自顶向下扩展的、具有层次关系的系统结构中，且尽可能使每一个模块具有最大的独立性，减少模块间的数据耦合，以使整个系统易于调试、易于实现、易于维护、易于扩充，这就能增加系统的灵活性和应变能力，比较容易适应系统环境的变化。

4. 经济性原则

系统的经济性指在满足系统需求的前提下，尽可能减小系统的开销。一方面，在硬件投资上不能盲目追求技术上的先进，而应以满足应用需要为前提；另一方面，在系统设计中应尽量避免不必要的复杂化，各模块应尽量简洁，以便缩短处理流程，减少处理费用。

## 二、系统总体设计

### （一）功能模块设计

一个大的管理信息系统往往可以划分成若干个子系统。把系统划分为若干个子系统，可以大大简化设计工作。子系统的初步划分一般在系统分析阶段完成，将系统划分为若干个子系统后，还需要对这些子系统进行再分解，得到彼此相对独立、功能单一且有层次联系的功能模块结构，这就是功能模块设计。

1. 结构化设计方法

结构化设计方法是 1974 年由美国 IBM 公司的 W. Stevens 等人首先提出的，是应用最为广泛的一种设计方法。结构化系统设计的思想是以系统的逻辑功能和数据流关系为基础，根据数据流程图和数据字典，"自顶向下、逐步求精"，以逐层分解的方法把系统划分为若干子系统，又将子系统划分为若干功能模块，再将模块划分为子模块，层层划分直到每一个模块是相对独立、功能单一的独立程序为止，最后构造出模块结构图。

结构化设计方法具有以下特点：

（1）对于复杂的系统，按照"自顶向下、逐步求精"的方法分解。

（2）采用图表表达工具。

（3）有一组基本的设计原则与设计策略。

（4）有一组模块结构评价标准及优化的方法。

2. 模块

模块（module）是指可以分解、组合及更换的单元，是组成系统、易于处理的基本单位。可以将系统中的任何一个处理看成一个模块，也可以将其理解为用一个名称就可以调用的一段程序语句。

模块具有输入和输出、逻辑功能、运行程序和内部数据 4 种属性。模块的输入和输出是模块与其外部环境的信息交换；逻辑功能是指它将具体的输入转换成输出的功效；运行程序是模块逻辑功能的计算机实现；内部数据是指模块内部产生和引用的数据。输入、逻辑功能、输出构成模块的外部特性，运行程序和内部数据则是模块的内部特性。系统结构设计主要关心模块的外部特性，模块的内部特性是程序设计阶段要解决的问题。

模块的大小是一个相对的概念,因为模块的分解、组合要视具体的状态环境而定。一个复杂的大系统可以分解为几个大模块,每个大模块又可以分解为多个小模块。在一个系统中,模块都是以层次结构组成的,从逻辑上说,上层模块包括下层模块,最下层的工作模块执行具体功能。层次结构的优点是严密,管辖范围明确,通信渠道简单,便于管理,不会产生混乱现象。

系统的各个模块功能明确,且具有一定的独立性,因此模块可以独立设计和修改,当把一个模块增加到系统中或从系统中去掉时,只是使系统增加或减少了这一模块所具有的功能,而对其他模块没有影响或影响较小。模块正是由于这种独立性,才能确保系统具有较好的可修改性和可维护性。

3. 模块结构图

模块结构图是用一组特殊的图形符号按一定的规则描述系统整体结构的图形,它是系统设计中反映系统功能模块层次分解关系、调用关系、数据流和控制信息流传递关系的一种重要工具。模块结构图由模块、调用、数据和控制信息4种基本符号组成,如图10-13所示。图10-14所示的是一个工资系统的模块结构图。

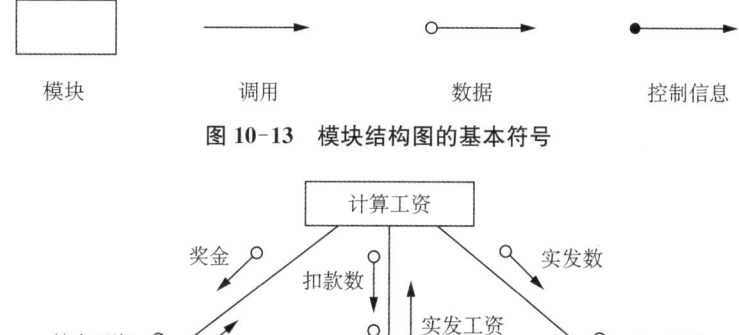

图 10-13 模块结构图的基本符号

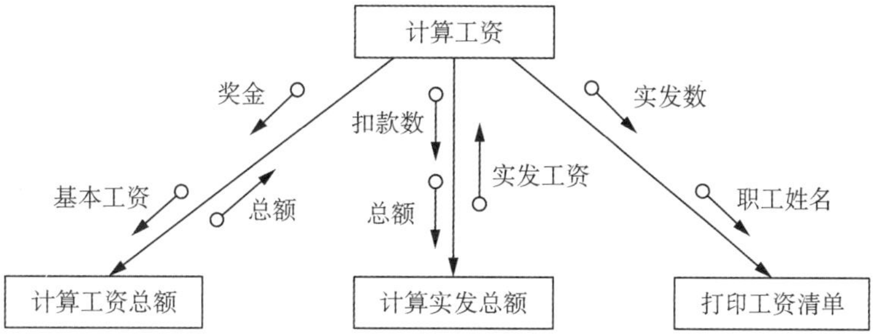

图 10-14 工资系统的模块结构图

在模块结构图中,用连接两个模块的箭头线表示调用。箭头线总是由调用模块指向被调用模块。如果一个模块是否调用一个从属模块取决于其内部的判断条件,则该调用称为"模块间的判断调用",用菱形符号表示。如果一个模块通过其内部的循环功能循环调用一个或多个从属模块,则该调用称为"循环调用",用椭圆形符号表示。模块的调用、判断调用和循环调用的示意图如图10-15所示。

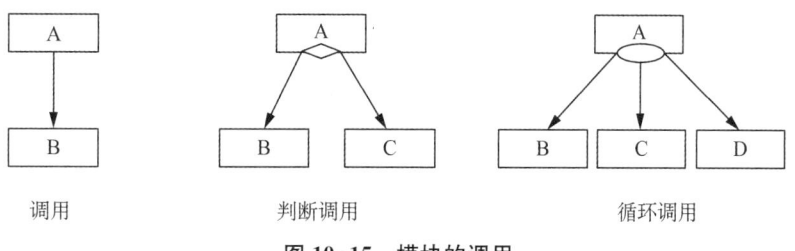

图 10-15 模块的调用

当一个模块调用另一个模块时,调用模块可以将数据传送给被调用模块进行处理,而被调用模块又可以将处理的结果传送回调用模块。在模块之间传送数据,用与调用箭头线平行的带空心圆的箭头线表示,并在旁边标上数据名称,如图10-16(a)所示。在图10-16(a)中,模块A调用模块B,模块A将数据X、Y传送给模块B,然后模块B将处理结果Z返回给模块A。

为了指导程序的运行,模块间有时还需要传送某些控制信息,如表示数据输入完成的结束符、表示文件读到末尾的文件结束符等。控制信息只反映数据的某种状态,不对数据进行处理。在模块结构图中,用带实心圆的箭头线表示控制信息的传送。图10-16(b)表示,模块B除了"简历数据"之外还传送给模块A"无此职工"的控制信息。

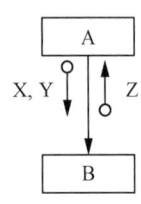   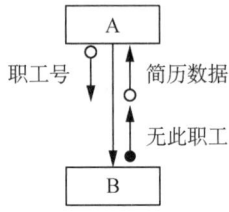

(a) 模块之间的数据传递　　　　　　(b) 模块之间的数据传递与控制信息传递

**图 10-16　模块之间的数据传递与控制信息传递**

 延伸阅读

**模块聚合与耦合**

当把一个信息系统设计为具有层次的模块结构时,尽量使模块之间彼此相对独立,模块间的联系越少越好。一般来说,模块间的联系越多越复杂,它们之间的相互依赖程度就越高,从而模块的独立性就越低,模块就越不容易维护。在结构化程序设计中,模块的聚合与耦合就是用来衡量模块间独立性的两个指标,是用于判断模块结构设计是否合理的两个重要标准。

1. 模块聚合

模块聚合是衡量一个模块内部各组成部分间整体统一性的指标,它描述了一个模块功能专一性的程度。简单地说,理想的模块聚合只完成一件事情。根据模块内部构成的可能性,模块聚合可划分为7个等级,这7个等级的模块聚合程度具有由弱到强变化的特点。

(1) 偶然聚合。一个模块是由若干个毫无关系或无实质性关系的功能偶然地组合在一起构成的,这种模块聚合方式称为偶然聚合。为了缩短程序长度而将具有部分相同语句段的无关功能组合在一起,则会形成偶然聚合。偶然聚合模块内部结构的规律性最差,无法确定其特定功能,因此聚合程度最低。

(2) 逻辑聚合。由若干个结构不同但具有逻辑相似关系的功能(如各种类型的数据输入)组合在一起合用部分程序代码而构成的模块,称为逻辑聚合模块。一个逻辑组合模块通常包括若干个逻辑相似的处理动作,对各处理动作的调用,常常需要有一个功能控制开关,根据控制信号,在多个逻辑相似的功能中选择执行某一个功能。逻辑聚合模块的聚合程度较差,个别功能的修改很可能影响整个模块的变动,因此可修改性差。

(3) 时间聚合。将若干个几乎在相同时间内执行,但彼此关系不大的功能放在一起构成的模块,称为时间聚合模块。如系统的初始化功能是在系统运行之初所做的多项相互关系不大的工作(如数据库清空等),因此它属于时间聚合。在系统运行时,时间聚合模块的各个处理动作,必须在特定的时间限制之内执行完成,其聚合程度中等偏下,可修改性较差。

(4) 过程聚合。将受同一控制流支配,并由其决定执行次序的若干个彼此没有什么关系的功能组合在一起构成的模块,称为过程聚合模块。过程聚合模块的处理动作彼此无关,只是因受同一控制流支配而聚集在一个模块中,它可能是一个循环体,也可能是一个判断过程,还可能是一个线性的顺序执行步骤。其聚合程度中等,可修改性不高。

(5) 数据聚合。将使用相同输入数据或产生相同输出数据的若干个功能组合在一起构成的模块,称为数据聚合模块。数据聚合模块的缺点是容易产生重复的连接或重复的功能,维护不方便。但它能更合理地定义模块功能,结构比较清楚,聚合程度为中上。

(6) 顺序聚合。模块内部各个处理功能密切相关,顺序执行,前一个处理功能所产生的数据直接作为下一个处理功能的输入数据,这种模块称为顺序聚合模块。顺序聚合模块包含了一个线性的、有序的数据转换链。其聚合程度较高,但维护仍很不容易。

(7) 功能聚合。为执行同一个功能并且只执行一个功能而将若干个处理功能聚合在一起构成的模块称为功能聚合模块。一般来说,功能聚合模块的名称只有一个动词和一个特定目标,如"打印库存月报表""输入职工档案"等。功能聚合是一种理想的聚合方式,具有"黑箱"的特征,独立性最强,复用性好,模块也便于修改。

以上 7 种模块聚合的性能比较如表 10-8 所示。

表 10-8 外部实体描述实例

| 聚合方式 | 联络形式 | 可修改性 | 可读性 | 通用性 | "黑箱"程序 | 聚合性 |
|---|---|---|---|---|---|---|
| 偶然聚合 | 最坏 | 最坏 | 最坏 | 最坏 | 透明 | 0 |
| 逻辑聚合 | 最坏 | 最坏 | 不好 | 最坏 | 透明 | 1 |
| 时间聚合 | 不好 | 不好 | 中 | 最坏 | 半透明 | 3 |
| 过程聚合 | 中 | 中 | 中 | 不好 | 半透明 | 5 |
| 数据聚合 | 中 | 中 | 中 | 不好 | 不完全黑 | 7 |
| 顺序聚合 | 好 | 好 | 好 | 中 | 不完全黑 | 9 |
| 功能聚合 | 好 | 好 | 好 | 好 | 黑箱 | 10 |

2. 模块耦合

是指模块间联系的紧密程度,又称为模块的联结。设计、评价模块结构的一个重要原则是:尽可能降低模块间的耦合度,从而提高模块的彼此独立性。模块间的耦合度越低,表明模块间联结越少,模块的独立性越好,模块间相互影响就越小,模块的运行就很少受其他模块运行的影响,模块的修改、维护工作也不会影响到其他模块。耦合度低的模块结构设计,使系统的复杂性降低,系统易于修改与维护。

模块耦合是衡量某个模块与其他模块在联结形式和接口复杂性方面相互作用关系的指标。如果两个模块中的每个模块无须另一模块的存在而能独立工作,则它们彼此没有联系和依赖,模块耦合程度为零。但是,一个系统中的所有模块间不可能都没有联系。模块耦合有以下 3 种类型。

(1) 数据耦合。两个模块之间的联系通过数据交换实现,这种耦合称为数据耦合。这是一种理想的耦合,耦合程度最低,模块的独立性强,模块的可修改性和可维护性高。

(2) 控制耦合。两个模块之间除了传递数据,还传递控制信息,模块间的这种联结关系称为控制耦合。这种耦合对系统的影响较大,因为它直接影响到接受控制信息的模块的内部运行过程,模块就不再是一个"黑箱"了。特别是来自下层模块的控制标志(根据下层模块的信息决定本模块的运行),较多地影响了模块的独立性,使系统维护工作更加复杂化。因此,在设计中应尽量减少或避免控制耦合。

(3)内容耦合。一个模块直接与另一个模块的内容发生联系,即一个模块在执行过程中,直接从该模块转移到另一模块中去运行,这种耦合称为内容耦合。内容耦合的两个模块是病态联结,修改其中一个模块将直接影响另一模块,产生波动现象,以致影响整个系统的性能。内容耦合模块的独立性、可修改性和可维护性最差。因此,在系统设计时,应完全避免这种模块耦合。

资料来源:庄玉良,贺超.管理信息系统[M].北京:机械工业出版社,2023.

**(二)系统物理配置方案设计**

1. 系统物理配置方案设计的含义

系统物理配置方案设计是在系统运行环境分析的基础上,从系统的目标出发,根据系统的环境情况、功能需要,同时考虑各方面的制约条件,确定合适的系统处理方式和体系结构,完成硬件设备的具体选型、系统平台和工具软件的具体选择。

2. 设计依据

随着信息技术的发展,各种计算机软、硬件产品也在不断更新,这为信息系统建设带来了极大的灵活性。因此,要想从众多产品中作出最明智的选择,需要从以下几个方面坚持系统物理配置方案的设计依据:

1) 系统的吞吐量

每秒钟执行的作业数称为系统的吞吐量。系统的吞吐量越大,则系统的处理能力就越强。系统的吞吐量与系统硬、软件的选择有着直接的关系,如果要求系统具有较大的吞吐量,就应当选择具有较高性能的计算机和网络系统。

2) 系统的响应时间

从用户向系统发出一个作业请求开始,经系统处理后给出应答结果的时间称为系统的响应时间。如果要求系统具有较短的响应时间,就应当选择运算速度较快的 CPU 及具有较高传递速率的通信线路,如实时应用系统。

3) 系统的可靠性

系统的可靠性是系统可以连续工作的时间。例如,对于每天需要 24 小时连续工作的系统,可以采用双机双工的结构方式。

4) 结构模式:集中式或分布式

如果一个系统采用集中式(Centralized Processing)的处理方式,则信息系统既可以是主机系统,也可以是网络系统,若系统的处理方式是分布式(Distributed Processing)的,则应采用微机网络将更能有效地发挥系统的性能。

5) 地域范围

对于分布式系统,要根据系统覆盖的范围决定采用广域网还是局域网。

3. 设计内容

系统物理配置方案设计的主要内容有以下四个方面:

1) 计算机硬件的选择

计算机硬件的选择取决于数据的处理方式和要运行的软件。在进行计算机硬件选择时,要注意硬件设备的成熟性、可靠性、实用性、兼容性、先进性。

2) 计算机网络的选择

计算机网络的选择包括网络拓扑结构设计、网络设备的选择和网络操作系统选择。

3）数据库管理系统的选择

管理信息系统都是以数据库为基础的，一个好的数据库管理系统对管理信息系统的应用有着举足轻重的影响。目前，比较流行的数据库管理系统有 Oracle、MySQL、SQL Server、Sybase 等。

4）应用软件的选择

在开发 MIS 时可选择目前市场上比较成熟的商品化软件，选择能满足用户需求、运行稳定、使用方便、在必要时能方便进行二次开发的应用软件。

### 三、系统详细设计

#### （一）代码设计

代码是代表系统中客观存在的事物的名称、属性或状态的一个或一段有序的、易于被计算机和人识别及处理的符号。代码由数字、字母或者两者的混合组成。代码设计是一个科学管理问题。设计一个好的代码方案对于系统的开发工作来说极为重要。它可以使很多机器处理（如统计、校对、查询等）变得十分方便，另外还能将一些难以处理的工作变得易于处理。

1. 代码设计的原则

1）唯一性

一个对象可以有多个名称，或者有多种描述方式，但只能被赋予一个唯一的代码；而一个代码也只能唯一地代表系统中的一个对象。例如，在进行人事档案管理时，很可能会出现员工重名的问题，解决这个问题的方法就是编制员工号。

2）标准化

设计代码时要尽量采用国际标准或国家标准，如果设计行业代码还应当遵循本行业的代码标准。采用标准的代码方案，不仅能减少代码设计的工作量，还能在一定程度上减少系统更新和维护的工作量，为今后的信息共享创造条件。

3）规范化

规范化和标准化是密切相关的。在一个代码体系中，代码的结构、类型和格式必须统一，同时要有一定的规律，以便于计算机进行处理。

4）合理性

代码设计必须与对象的分类体系相适应，以使代码对于对象的分类具有标识作用。

5）可扩展性

代码所表示的对象总是在不断地变化，因此代码体系本身应当留有充分的余地，如设置备用代码，以适应将来不断扩展的需要。当然，备用代码也不能预留得过多，否则会增加处理的难度。

6）简单性

代码的结构要尽可能简单，要尽量缩短代码的长度，以方便使用，提高处理效率，并减少各种差错。

7）实用性

代码应当尽可能地反映对象的特点，以便于人们记忆和书写。例如，数据库对象可以用其中文名称的拼音简写作为代码。

### 2. 代码的种类

代码一般分类两类，一类是有意义的代码，即赋予代码一定的实际意义，便于分类处理；一类是无意义代码，仅仅是赋予信息元素唯一的代号，便于对信息的操作。常用的代码类型有顺序码、区间码。

1) 顺序码

顺序码又称为系列码，它用一串连续的数字来代表系统的实体或实体属性。顺序码是一种无实际意义的代码，这种代码只是作为对象的唯一标识使用，而不提供对象的任何其他信息。顺序码的优点是短小简单，易于管理。其缺点是不能反映对象的特征，代码本身无任何含义。

2) 区间码

区间码把代码分成若干个区段，一个区段表示对象的一个类别。代码的位置和数值都有一定的意义。如身份证号码可分解为四个区间，前6位为籍贯信息，紧接着8位表示出生日期，接着3位表示性别，最后一位为校验位。

区间码的优点是对信息的处理比较可靠，排序、分类、检索等操作易于进行，但这种代码的长度与其属性的数量有关，有时可能会使代码较长。

### (二) 数据库设计

数据库设计是在数据库管理系统的基础上建立数据库的过程。数据库设计是软件开发过程中的关键环节，数据库设计的好坏直接影响着软件开发的质量，甚至决定软件产品的成败。数据库设计一般采用分步设计方法，即遵循自顶向下、逐步求精的原则，将数据库设计过程分解为若干相互独立又相互依存的阶段，每一阶段采用不同的技术与工具，解决不同的问题，从而将问题局部化，减少局部问题对整体设计的影响。数据库的设计步骤包括用户需求分析、概念结构设计、逻辑结构设计和物理结构设计四个阶段。

### 1. 用户需求分析

进行数据库设计首先必须准确了解与分析用户需求（包括数据与处理），它是整个数据库设计过程的基础。用户需求分析的目的是获得用户对计划建立的数据库的信息需求的全面描述，它通常使用数据流程图和数据字典的方法。

### 2. 概念结构设计

概念结构设计是指将客观世界的各种事物及其之间的联系转换为信息世界中的信息模型，即为数据库设计概念结构。实体-联系(E-R)图是描述数据库概念结构的有力工具。下面结合学校课程管理实例说明 E-R 图的构建。

学校课程管理结构如下：

1) 实体及其属性

(1) 学生：属性有学号、姓名、专业、年级、班级。
(2) 课程：属性有课程号、课程名、学分。
(3) 教师：属性有工号、姓名、职称、专业。
(4) 系：属性有系号、系名。
(5) 系主任：属性有工号、姓名、职称、专业。

2) 实体之间的联系

(1) 一名学生可以选修多门课程，一门课程也可以被多名学生选修，所以学生与课程之间是多对多的选修关系(选修课程后学生能够获得相应的成绩)。

(2) 一名教师可以讲授多门课程,一门课程可以由多名教师讲授,所以教师与课程之间是多对多的讲授关系(讲授课程后教师能够获得相应的课时费)。

(3) 一个系由多名学生组成,一名学生只属于一个系,所以系与学生之间是一对多的组成关系。

(4) 一个系只能有一位系主任,一名系主任只能领导一个系,所以系与系主任之间是一对一的领导关系。

通过以上分析,可以得到如图 10-17 所示的学校课程管理 E-R 图。

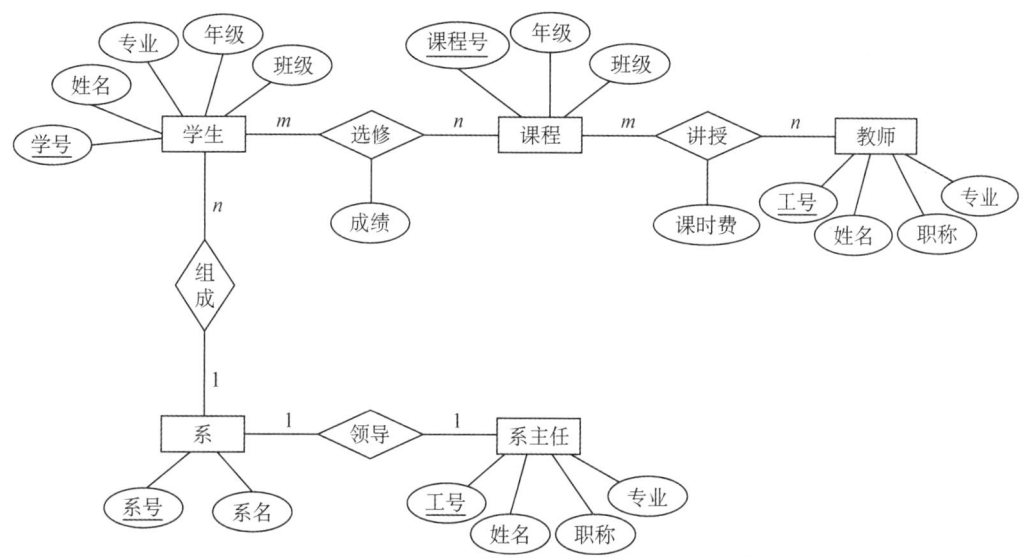

图 10-17 学校课程管理 E-R 图

3. 逻辑结构设计

逻辑结构设计是指将概念模型从 E-R 图转换成某种数据库管理系统支持的数据模型,一般是转换为关系数据模型。

E-R 图中每个实体相应地转换为一个关系,即一个二维表,该关系应包括对应实体的全部属性。逻辑结构设计要采取不同的方法将 E-R 图中不同的联系转换为不同的关系,具体的规则如下:

(1) 每一个实体都转换为一个关系模式,实体的名称作为关系的名称,实体的属性就是关系的属性。

(2) 将每一个多对多联系都转换为一个关系模式。联系的名称为关系的名称,联系的属性由相关联系的各实体中的关键属性和该联系所具有的属性组成。

(3) 将每一个一结多联系都转换为一个关系模式,也可以不单独转换为一个关系模式,只需在联系的"n"端实体所对应的关系模式中加入"1"端实体的关键属性即可。

(4) 两个实体集的一对一联系的转换,可按规则(2)进行,也可按规则(3)进行,视具体情况而定。

根据上述原则,图 10-17 所示的 E-R 图可以转换为如下关系模型:

学生(学号、姓名、专业、年级、班级)。

课程(<u>课程号</u>、课程名、学分)。
教师(<u>工号</u>、姓名、职称、专业)。
系(<u>系号</u>、系名)。
系主任(<u>工号</u>、姓名、职称、专业)。
选修(<u>学号</u>、<u>课程号</u>、成绩)。
讲授(<u>课程号</u>、<u>工号</u>、课时费)。
组成(<u>学号</u>、<u>系号</u>)。
领导(<u>系号</u>、<u>工号</u>)。

4. 物理结构设计

物理结构设计是为数据模型在可用的硬件设备上确定合适的存储结构和存取方式,并建立索引等。物理结构设计以逻辑结构设计结果作为输入项,结合具体的数据库管理系统功能、数据库管理系统所提供的物理环境和工具、应用环境和数据存储设备,进行数据存储组织和方法的设计。物理结构设计主要包括确定数据的存储结构、存取路径的选择和调整、确定数据存放位置和存储分配等。

数据库系统已经是一门独立的学科,因此,当把数据库设计原理应用到管理信息系统开发过程中时,数据库设计的几个步骤就与系统开发的各个阶段相对应且融为一体。数据库设计与系统开发阶段对照图如图10-18所示。

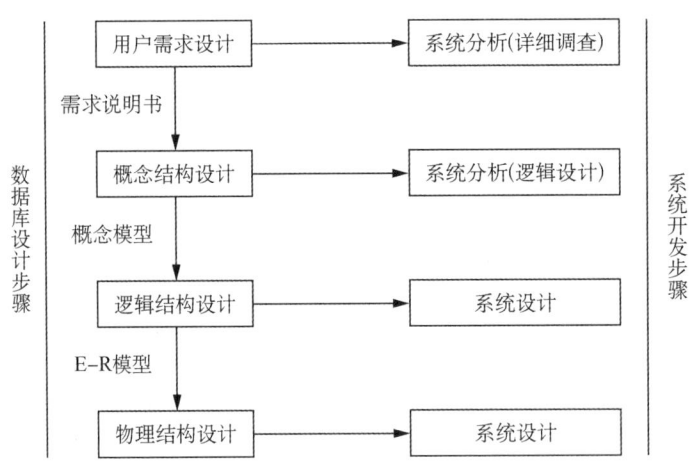

图 10-18 数据库设计与系统开发阶段对照图

### (三) 输入/输出与界面设计

用户界面是指软件系统与用户的接口,通常包括人机对话界面、输出和输入三个方面。用户界面设计的好坏是评价软件质量的重要指标,也是用户是否认可系统的重要因素。

1. 人机对话界面设计

人机对话界面是指系统运行过程中,操作人员通过屏幕等设备与系统进行对话的界面。对话界面设计的任务是确定系统与操作员对话的方式、内容及格式。人机对话界面设计应遵循以下原则。

(1) 操作简单、方便使用。最大限度地降低用户输入量。

（2）对话界面友好。系统提示准确、简洁、友好，给人轻松感。

（3）界面美观、大方。在系统资源允许的情况下，适当采用图形对象可以增强操作直观性，激发用户热情，但图形对象占用存储空间大，运行速度慢，应使用得当。

2．输出设计

原始数据经过系统加工处理后得到了有效信息，系统按照标准格式或用户需求的格式将有效信息输出到指定的介质上，以满足不同层次管理者的需求。输出是系统目标是否实现的集中体现，也是系统开发的一个主要指标。

输出设计主要包括三方面的内容：

（1）输出内容及格式的选择。输出内容及格式必须满足不同层次管理者的需求，必须方便各级管理者和业务人员使用，尽量不让使用人员二次加工，让使用人员能够各取所需。

（2）选定输出设备。根据用户需求，确定信息输出设备，如终端显示、打印机、绘图仪、多媒体设备等。

（3）确定输出介质。依据一次性使用的数据、长期有用的数据或用户使用数据的方式等确定信息输出介质，如纸张、磁盘等。

3．输入设计

数据输入方式有人机交互、设备现场采集、机器读入（如读卡）等多种形式。人机交互方式是最常用的方式，也是错误数据的主要来源。输入设计的任务之一是保证录入数据的正确性，只有输入计算机中的初始数据是正确的，保证输出结果才能是正确的。输入设计应遵循下列原则：

（1）保证输入数据的正确性。系统应该提供有效的校验数据正确性的手段，如提示人工核对，系统自动进行值域核查、总量平衡核查、批量汇总平衡核查、类型核查、逻辑核查（如月份越界）等。当然，保证输入数据的正确性不是绝对的。

（2）操作简便，尽量减少人工数据输入量，输入数据的内容以满足输出需求为准则。系统只有操作简便才能方便用户使用，减少数据输入量不仅可以减轻操作人员的负担，而且可以降低数据的出错概率。

（3）具有较强的查错、纠错和容错能力。系统违规操作是常有的，特别对不熟悉系统使用的用户更是如此。无论使用者是否违反操作流程，是否输入了非法数据等，系统均不允许出现"死机"现象，而应该对操作者给出友好提示，指导用户操作。系统友好的联机帮助功能使用户能在操作中熟悉系统使用。

（4）输入界面符合业务规范。输入界面设计应符合业务规范，使操作者不感到业务陌生。例如，账务管理中的凭证录入界面应与正规的凭证格式类同。

### （四）处理流程设计

处理流程设计是系统设计必不可少的内容，系统总体结构设计决定了整个系统的框架，代码设计和数据库设计是系统的基础设计，输入设计和输出设计是界面设计，要将这些设计构成一个完整的系统设计就需要处理流程设计。处理流程设计是模块级的设计，它需要在系统总体结构设计的指导下，综合应用代码设计、数据库设计和输入/输出设计的成果。

1. 处理流程设计的任务

处理流程设计的任务是设计系统的所有模块及它们之间的关系,并具体地设计每个模块的功能和处理过程,为程序设计人员提供详细的技术资料。

2. 处理流程设计的工具

处理流程设计的常用工具有程序流程图(Program Flow Chart)、问题分析图(Problen Analysis Diagram,PDA)、过程设计语言(Program Design Language,PDL)、HIPO 图(Hierarchy plus Input-Process-Output)等,它们在使用中各有自己的长处,也有不足之处。因此,至今还没有一种十全十美的理想工具为人们所普遍接受。以下介绍程序流程图的使用内容。

程序流程图是使用最早、应用最广泛的处理过程详细描述工具。程序流程图是指通过对输入输出数据和处理过程的详细分析,将计算机的主要运行步骤和内容用程序框图表示出来。程序流程图是进行程序设计的基本依据,因此它的质量直接关系到程序设计的质量。

为了规范绘制符号和绘制方法,程序流程图定义了很多基本的符号和结构。程序流程图包括三种基本成分:处理步骤,用方框表示;逻辑条件,用菱形框表示;控制流,用箭头表示。

此外,程序流程图还规定用结构化的程序设计方法,即用三种基本逻辑结构来绘制程序流程图,如图 10-19 所示。

(1)顺序结构。顺序结构是一种线性有序的结构,由一系列依次执行的语句或模块构成。

(2)循环结构。循环结构由一个或几个模块构成,在程序运行过程中重复执行,直到满足某一条件为止。

(3)选择结构。选择结构是根据条件成立与否选择执行路径的结构。

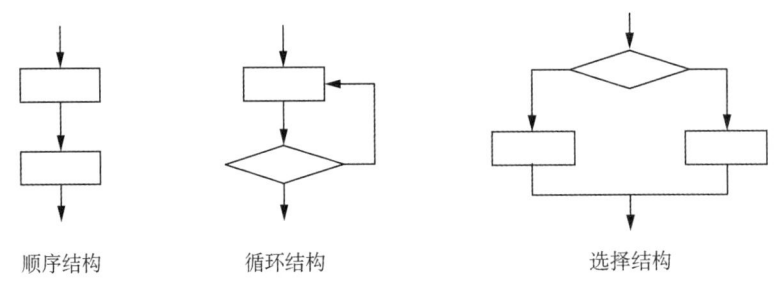

顺序结构　　　　　循环结构　　　　　　　选择结构

图 10-19　基本逻辑结构

## 四、系统设计报告

系统设计报告是系统设计阶段的成果,它从系统设计的主要方面说明系统设计的指导思想、采用的技术方法和设计成果,是新系统的物理模型,也是系统实施阶段工作的主要依据,其主要内容包括:

(1)子系统划分及子系统的功能、范围、内在联系等详细说明。

(2)系统功能结构图及其详细说明,包括主要模块的处理流程及说明。

(3)文件和数据库设计说明,包括文件名、数据项名、类型、长度、小数位数、记录类型等,应以表格形式详细列出并附以必要的注释性说明。

(4) 代码设计说明,包括各数据文件的代码名称、结构、功能、编码表及校验位的算法等。

(5) 用户界面设计的详细说明。输入与输出格式、报表清样,保证数据正确性的措施等。

(6) 系统及网络配置、系统实施投资费用计划等的详细说明。

(7) 系统实施方案说明。按层次分解系统实施阶段的具体任务,编制系统实施的详细网络规划图,逐项落实任务、工期、要求等计划。

系统设计报告编写完成后,必须组织用户、系统设计人员、业务骨干和有关专家进行评审,并将评审意见附在系统设计报告之后交由用户领导审批。

## 第四节 管理信息系统实施

在系统分析与系统设计工作完成以后,系统开发人员的工作重点就从系统分析和设计转入系统实施。在这一阶段,要把系统设计阶段得出的物理模型转换为能够实际运行的物理系统。一个好的系统设计方案,只有经过精心实施,才能为组织带来效益。因此,系统实施阶段的工作对系统的最终质量有着直接的影响。

### 一、管理信息系统实施概述

所谓系统实施,是将系统设计阶段的结果(即系统的物理模型)在计算机上实现,并将其应用于实际工作之中的过程。它的目标在于把系统设计所形成的物理模型转换成可实际运行的系统。在系统实施前,需要做好各项准备工作并且按系统设计方案中提出的设备清单进行购置,还要安装硬件、软件和网络。

系统实施可分为两个阶段:

(1) 第一阶段是系统技术实现的过程和对这个过程的管理,包括程序设计、系统测试等。这一阶段由开发团队完成,它着重于技术实现,完成的系统应完全覆盖需求规格,达到系统目标和指标,从技术角度实现系统,满足用户需要。交付物包括软件、数据、文档资料和用户手册等。

(2) 第二阶段是用户转化阶段,即系统发行后交付用户使用的过程,包括系统切换、维护与评价等。这一阶段的交付物主要是用户实施方案,包括培训方案、切换方案、运行和维护方案、维护记录与修改报告等。第二阶段着重于维护和管理,在用户端完成。

虽然两个阶段侧重点不同,但其目标都是成功实现新系统,并取得用户对新系统信任的关键阶段。

### 二、程序设计

在管理信息系统的开发过程中,程序设计是系统实现的主要内容。程序设计的主要任务是以用户需求为出发点,以系统分析与系统设计阶段的结构图、判断表、设计报告等为依据,选择适当的程序设计语言及软件开发环境和工具,编制程序和调试程序,检查运行结果是否符合设计要求。目前,程序设计主要采用的方法是结构化程序设计方法和面向对象的程序设计方法。

在进行程序设计时需要遵循的原则主要包括以下几项。

1. 可维护性

一个程序在其运行期间,总会逐步暴露出某些隐含的错误,因此需要对程序进行修改。此外,用户也可能提出一些新的要求,或者是由于计算机软件与硬件的更新换代,需要对应用程序进行相应的调整或移植。在系统生命期内,程序维护的工作量是相当大的,因此,可维护性是程序设计追求的主要目标,也是对程序设计的主要要求之一。

2. 可靠性

系统的可靠性在任何时候都是衡量系统质量的首要指标。一个程序不仅应该在正常情况下能够正确工作,而且在意外情况下,也要能够适当进行处理,以防造成严重的损失,这些都是程序可靠性的范畴。尽管不能指望一个程序达到零缺陷,但它应当是可靠的。特别是管理信息系统中的应用程序可能要对大量的市场信息、企业内部信息等极其重要的管理数据进行加工处理,如果操作结果不可靠或不正确,那么,这样的程序是绝对不能使用的。

3. 可理解性

程序不仅要逻辑正确、计算机能够执行,而且应当层次清楚、简洁明了,便于人们阅读。这是因为程序的维护工作量很大,程序维护人员经常要维护他人编写的程序,如果一个程序不便于阅读,那么将会给程序检查与维护工作带来极大的困难。要使所编写的程序易于理解,就必须有一个结构清晰的程序框架。实际上,结构清晰是保证程序正确、提高程序的可读性与可维护性的基础。

4. 效率

程序效率是指计算机资源(如时间和空间)能否有效地使用,即系统运行时应该尽量占用较少的空间,却能用较快的速度完成规定的功能。需要指出的是,效率与可维护性和可理解性通常是矛盾的,片面追求程序的运行效率不利于程序设计质量的全面提高。在实际编写程序的过程中,往往宁可牺牲一定的时间和空间,也要尽量换取程序的可维护性、可理解性的提高。

5. 健壮性

健壮性是指系统对错误操作、错误数据输入予以识别与禁止的能力,不会因错误操作、错误数据输入及硬件故障造成系统崩溃。健壮性即系统的容错能力,这是系统长期平稳运行的基本前提,所以一定要做好容错处理。

## 三、系统测试

管理信息系统开发周期的各个阶段都不可避免地会出现差错,发现这些错误的方法就是系统测试。系统测试是对软件计划、软件设计、软件编码进行纠错的活动。测试的目的是找出软件开发过程中各个阶段的错误,以便分析错误的性质和确定错误的位置,并纠正错误。所以,对系统进行测试是必要的,是保证系统质量的关键步骤。统计资料表明,在系统开发过程中,系统测试的工作量往往占据系统开发总工作量的 40%~50%。

但是,系统测试的意义不仅在于发现系统内部的错误,人们还通过某些系统测试了解系统的响应时间、事务处理吞吐量、载荷能力、失效恢复能力以及系统实用性等指标,以对整个系统作出综合评价。所以说,系统测试是保证系统开发成功的重要一环。

### (一)系统测试的方法

以具体实现算法细节和系统内部结构的相关情况为根据,系统测试分为黑盒测试、白盒测试和灰盒测试三种方法。

#### 1. 黑盒测试

黑盒测试是将被测系统看成一个无法打开的黑盒,测试人员在不考虑任何程序内部结构和特性的条件下,根据程序设计说明书设计测试实例,并检查程序的功能是否能够按照规范准确无误地运行。黑盒测试主要是对系统界面和功能模块进行测试。

#### 2. 白盒测试

白盒测试需要借助程序内部的逻辑和相关信息,通过检测内部动作是否按照程序设计说明书的设定进行,检查每一条通路是否正常工作。白盒测试是从程序结构方面出发对测试用例进行设计,主要用于检查各个逻辑结构是否合理,对应的模块独立路径是否正常以及内部结构是否有效。

#### 3. 灰盒测试

灰盒测试介于黑盒测试和白盒测试之间。灰盒测试除了重视输出、输入的正确性,也看重其内部表现,但是它不可能像白盒测试那样详细和完整。它只是简单地靠一些象征性的现象或标志来判断新系统内部的运行情况,因此在内部结果出现错误,但输出结果正确的情况下可以采取灰盒测试方法。

### (二)系统测试的类别

按照系统测试的规模和内容的不同,系统测试一般分为模块测试(单调)、子系统测试(分调)、系统测试(总调)。

#### 1. 模块测试

模块测试是对系统功能模块进行的测试。模块测试的目的是找出程序中的错误,着重发现任何导致程序失效的可能性。

#### 2. 子系统测试

子系统测试是在模块测试的基础上,解决各功能模块之间相互调用的测试,主要测试各功能模块的外部功能以及各模块之间的接口和调用关系。

#### 3. 系统测试

在所有子系统均测试通过后,就进入系统测试环节。系统测试主要解决各子系统之间的数据通信和数据共享的问题。系统测试通过后,开发人员即可进入系统的切换和试运行。

## 四、系统切换

系统经过充分的测试和修改后,由原来的系统转换为新系统的过程称为系统切换。系统切换需要做好系统开发文档资料的移交、数据准备与录入、人员培训、系统试运行等环节。系统切换存在很大的风险,因此不能将其认为是一个简单的系统替换过程,应根据实际情况选择正确的转换策略,减少风险,保证新旧系统切换过程的平稳进行。

二维码 10-3
华为 ERP 的切换

### (一)系统切换的基本条件

(1)系统设备。系统设备需要在系统实施前购置、安装和测试完毕。

(2)系统人员。需要在系统切换前配齐各个岗位的系统人员,同时还要对他们进行相关培训。

(3) 系统数据。将系统切换所需要的各种数据按照要求的格式输入系统。

(4) 系统文件资料。系统文件资料包括用户手册、系统操作规程、系统结构与性能介绍手册。

### (二) 系统切换的方式

企业的管理工作是连续进行的,所以系统切换是现行系统逐渐退出,并被一个新的管理信息系统逐步替代的过程。系统切换的方式有三种,分别是直接切换、并行切换和逐步切换,如图 10-20 所示。

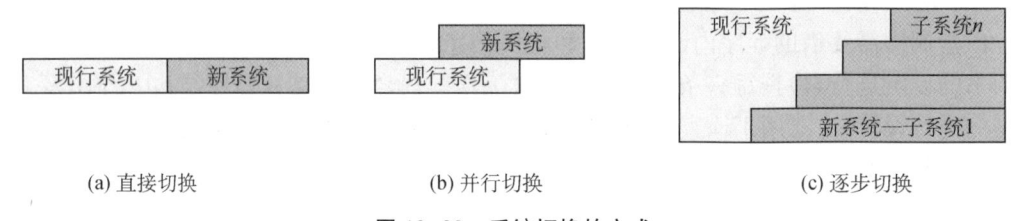

图 10-20　系统切换的方式

1. 直接切换

直接切换就是在新系统开发完成之后,在某一时刻停止使用现行系统,同时启用新的管理信息系统,如图 10-20(a)所示。使用这种系统切换方式的人力、物力和财力支出最低,当新系统不太复杂或现行系统完全不能使用时,可以选择这种方式。但新系统在启用之前必须经过严格的测试。这种切换方式简单,但风险大。一旦新系统发生问题就会造成重大损失。因此,该切换方式适合于处理过程不太复杂的小型系统。

2. 并行切换

并行切换就是新的管理信息系统和现行系统并行工作一段时间,经过一段时间的试运行,再用新系统正式取代现行系统,如图 10-20(b)所示。在并行工作期间,现行系统和新系统并存,一旦新系统有问题就可以暂时停止运行而不会影响现行系统的正常工作。这种切换方式的安全性较好,但其人力、物力和财力支出较大,这就需要进行周密的考虑,做好计划并加强管理。

3. 逐步切换

逐步切换是指分时段用新的管理信息系统的各个子系统逐个替代现行系统,是直接切换和并行切换的结合,如图 10-20(c)所示。这种切换方式既保证了系统切换的可靠性,又不至于使人力、物力和财力支出过高。但是这种分段逐步切换对系统的设计和实现都有较高的要求,已经替换的新系统的子系统与未替换的现行系统的子系统之间无法交换运行数据,这一点在系统切换之前就应该考虑到。由于逐步切换的优点较多,因此一般采用这种方法进行系统切换,它能保证系统切换的平稳性,在管理上也是可行的。

总之,系统切换的工作量很大,情况复杂。直接切换简单,但风险大,万一新系统运行不起来,就会给组织的工作造成混乱,这种方式只是在系统规模小且不重要或对应用要求不高的情况下才采用。并行切换无论是对工作顺利进行来说还是对安全性来说都是较好的,但缺点是当系统规模较大时人力、物力和财力支出较大。逐步切换是前两种系统切换方式的结合,因而更适合在较大规模的系统中使用。

## 第五节 管理信息系统运行与维护

管理信息系统在完成系统实施、投入正常运行之后,就进入了系统运行与维护阶段。一般信息系统的使用寿命短则4~5年,长则可达10年以上,在信息系统的整个使用寿命中,都将伴随系统维护工作。

### 一、系统维护与评价

管理信息系统经过测试和切换,便进入了正常的运行状态。用户只要按照系统使用说明书的要求进行操作,及时输入准确数据,系统即可输出正确的结果,达到系统设计的目标。但这并不意味着系统从此不会有任何问题和错误出现,对系统无须做任何改动。管理信息系统是复杂的大系统,测试和切换过程中,改正了大多数的错误,但仍有一些问题可能在系统切换完成后的较长时间内才会出现,因此系统仍需修改;再者,系统的建立依赖于当时企业的内外部环境,随着时间的推移,环境条件可能会发生一些变化,用户对系统的要求将随之而改变,为满足用户的新要求,就必须完善系统。这种对系统的修改和完善也就是系统维护。系统正常运行一段时间以后,需要将其与预期目标做比较,并对系统进行全面评价,写出系统评价报告。

系统的维护和评价是系统实施过程中的重要环节,是系统生命周期中的最后一个重要阶段,系统是否具有长久的生命力在很大程度上取决于此阶段的工作。

**(一)系统维护**

系统维护是指为了应付管理信息系统的环境和其他因素的各种变化,保证系统正常工作而采取的一切活动,它包括改善系统功能以及解决系统运行期间发生的一切问题和错误两个方面。其实,无论在新系统交付使用前还是交付使用后,系统维护工作都在进行。系统维护是管理信息系统运行管理的重要内容。

1. 系统维护的内容

系统维护是面向系统中各个构成因素的。按照维护对象不同,系统维护的内容可分为以下几类。

1)应用程序维护

应用程序维护是系统维护最主要的内容。它是指对相应的应用程序及有关文档进行的修改和完善。系统的业务处理过程是通过应用程序的运行而实现的,一旦程序发生问题或业务发生变化,就必然会引起程序的修改和调整,因此系统维护的主要活动是对程序进行维护。当然程序维护不一定在发生错误或条件发生改变时才会进行,效率不高的程序和规则太大的程序也应不断地加以改进。

2)数据库维护

数据库是支撑业务运作的基础平台,需要定期检查其运行状态。数据库维护包括对数据库中存储数据的维护以及数据库安全和结构的维护。由于数据变化或发生错误,数据库中的数据应得到及时的更新。为保证系统数据的安全,重要的信息系统必须具备数据备份的功能。当系统出现故障造成系统崩溃时,能利用备份的数据进行数据的恢复。对于数据库安全的维护包括对用户的管理和维护,增加、删除用户,修改用户密码或权限等。另外,由于环境和需求的变化,可能需要修改数据库的逻辑结构,需增加或删除数据表、数据项,改变数据项的类型等。

3）代码维护

代码维护是指对原有的代码进行的扩充、添加或删除等维护工作。随着系统应用范围的扩大,应用环境的变化,系统中的各种代码都需要进行一定程度的增加、修改、删除,甚至要重新设置。

4）硬件设备维护

硬件设备维护主要指计算机及网络系统设备的维护、管理、维修、更换及升级等。保持计算机及外部设备的良好运行状态是信息系统正常运行的基础。因此,系统运行管理应建立相应的规章制度,定期对设备进行检查、保养和杀病毒工作,还应设立专门的设备故障登记表和检修登记表,以便设备维护工作的进行。

5）机构和人员的变动

信息系统是人机系统,人工处理也占有重要甚至主导地位。为了使信息系统的流程更加合理,有时涉及机构和人员的变动。这种变化往往也会影响对设备和程序的维护工作。

2. 系统维护的类型

对信息系统的维护可以分为以下四种类型。

1）改正性维护

系统测试不可能揭露系统存在的所有错误,系统的实际应用过程中还有可能暴露出系统内隐藏的错误。识别和纠正系统中遗留的错误,就是改正性维护。改正性维护是在系统运行中发生异常或故障时进行的,这种错误往往是系统遇到了从未用过的输入数据组合或是在与其他部分的接口处产生的,因此只是在某些特定的情况下发生。有些系统运行多年以后才暴露出在系统开发中遗留的问题,这不足为奇。

2）适应性维护

适应性维护是为使系统适应环境的变化而进行的维护工作。进行适应性维护的原因主要有两方面:一是管理体制的改变、机构的调整等带来系统服务环境的变化;二是计算机技术的迅速发展,使得系统的外部环境（新的硬件、系统配置）、数据环境（数据库、数据格式、数据输入输出方式、数据存储介质）可能发生变化,从而导致系统运行环境的变化。

3）完善性维护

在系统的使用过程中,由于业务处理方式和人们对信息系统功能需求的提高,用户往往会对系统提出新的功能与性能要求,还可能要求对处理效率和编写程序进行修改。例如,修改输入格式,调整数据结构使操作更简单、界面更漂亮,将几个小程序合并成一个单一的运行良好的程序、从而提高处理效率等。为了满足这些要求,需要修改或再开发系统,以扩充系统功能、增强系统性能、改进加工效率、提高系统的可维护性。这种情况下进行的系统维护工作就是完善性维护。

4）预防性维护

预防性维护是指采用先进的系统工程方法对需要维护的系统或系统中的某一部分重新进行设计、编制和测试。预防性维护的目的是提高系统的可维护性和可靠性等,为以后进一步改进系统打下良好基础。例如,将目前能应用的报表功能改为通用报表生成功能,以应对今后报表内容和格式可能发生的变化。

从系统维护的类型可知，系统维护不仅仅限于纠正系统运行过程中发现的错误。相关统计数据表明，系统维护工作量的一半左右是完善性维护。各类系统维护的工作量分布如图 10-21 所示。

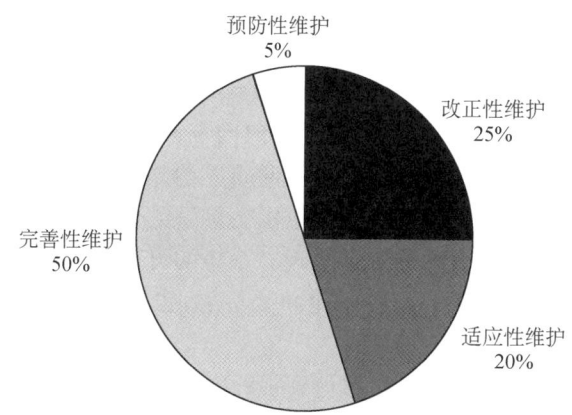

图 10-21　系统维护的工作量分布

### （二）系统评价

信息系统正常运行一段时间以后，需要对系统进行全面评价，考察和评估新系统是否达到了预期目标，技术性能是否达到设计要求，系统的各种资源是否得到充分利用，经济效益是否理想。该过程是为了检验系统是否达到规划的目标而进行的全面评价和分析。系统评价是系统开发不可缺少的环节，是系统开发效果的评价和总结，也是未来新系统开发的基本依据。系统评价应由系统开发人员、用户领导和操作人员共同参加。系统评价主要从目标、系统性能和经济效益等三个方面进行。

1. 目标评价

目标评价的主要工作是按照系统规划总体方案提出的目标要求，从系统实现功能的角度检查是否完全达到了目标。目标评价的内容主要包括：

（1）开发目标是否实现。
（2）系统功能是否完备，功能设置与分组是否合理，用户对系统功能的满意程度如何。
（3）系统是否实现了不同层次管理人员和业务人员对信息的需求。
（4）输出信息的格式是否符合标准，用户对数据精确度、使用方便程度等是否满意。
（5）用户对输入数据的正确性校验与控制是否满意。

2. 系统性能评价

系统性能评价是指对于管理信息系统质量的综合评价，但侧重评价软件的质量和性能。通常从以下几个方面对系统性能进行评价：

（1）系统的完整性。系统的完整性包括评价系统功能是否完整；是否达到了设计任务书的要求；设计规范是否标准；文档资料是否齐全等内容。

（2）系统的可靠性。系统的可靠性是指系统在运行过程中，抗干扰（包括人为的和机器的）和保证正常工作的能力。这种能力体现在工作的连续性和工作的正确性。系统的可靠性的评价内容包括：系统是否具有较强的检错、纠错能力；在错误的干扰下，系统是否会发生崩溃性瘫痪；重新恢复及重新启动的能力如何；系统对于非法窃取或更改数据的抵制能力如何等。

（3）系统的效率。即系统与旧系统相比，减轻了多少重复的烦琐的劳动和手工的计算量、抄写量，效率提高了多少。系统的效率可通过系统处理业务的速度，或单位时间内处理的业务量来衡量。例如，财务管理系统中，每小时可输入多少笔凭单数据，每日账务处理需要多少时间等。

（4）系统的工作质量。系统的工作质量包括系统提供数据的精确度；输出结果的易读性；使用是否方便；终端输入输出时间、数据通信时间及计算机处理时间等分配是否合理等。

（5）系统的可维护性。系统的可维护性又称灵活性或适应性，它是指系统被修改和维护难易程度。系统的环境是不断变化的，系统本身也需要不断修改和完善。系统的扩充能力与修改的难易程度如何是系统生命力的表现。系统的可维护性要结合系统设计方法来评价。它是系统开发人员技术水平高低的一个重要标志，也是用户能否长期独立维护该系统的重要条件。

（6）系统的通用性。系统是否可以移植到别的部门，其适应程度如何。

（7）系统的实用性。系统操作使用是否方便，系统工作人员对本系统的满意程度如何。

（8）系统的安全保密性。系统运行期间是否发生了数据丢失、泄密、被非法使用等现象；在出现软硬件故障时系统是否受到破坏，是否能及时恢复；设计的安全保密措施是否有效；用户是否还有进一步的安全保密性要求。

（9）系统的资源利用率。依据运行记录，检查硬件、数据及软件资源的利用情况。要计算各种外部设备和主机的利用率，考察存入系统的数据是否得到了充分的利用，是否还能在更多方面提供对管理和决策的支持。检查各程序模块的调用频度并分析原因，是否可进一步改进软件的设计。

（10）系统存在的问题及改进意见。

**3. 系统经济效益评价**

经济效益评价是评价管理信息系统优劣的一个重要指标。由于系统取得的效益往往是综合效益，因此要对其作出准确的评价具有一定的难度和复杂性。一般认为，管理信息系统的应用可以促使企业提高管理水平和管理效率，其部分经济效益可以直接定量计算，有些则很难准确测算。因此，管理信息系统的经济效益可以分为直接效益和间接效益两大类。

1）直接效益

直接效益是指直接取得的可以定量计算的效益。管理信息系统的应用增加了投资和一些费用，但可以减少管理人员，减少相应的工资及劳务费用。通过先进的信息处理系统所带来的管理现代化可以节约物资消耗、降低成本消耗、减少库存资金、节约管理费用。直接经济效益评价主要有以下几项：

（1）系统的投资额，包括系统硬件和软件的购置、安装，应用系统的开发等投入的资金、人力和材料等成本。

（2）系统运行费用，包括消耗性材料费、系统投资折旧费、硬件维护费及其他费用。

（3）系统运行所带来的效益，主要体现在成本降低、质量提高、库存积压减少、流动资金周转加快、资金占用额减少、人工费减少和企业利润增加等方面。

（4）投资回收期，为通过新增效益逐步收回投入资金所需的时间，也是反映系统经济效益好坏的重要指标。

2）间接效益

间接效益主要表现在企业管理水平和管理效率的提高程度上。间接效益是综合性的效益，可以通过许多方面体现，但很难用某一指标来反映间接效益，主要体现在以下几个方面：

（1）提高管理效率。用计算机代替人工处理信息，减轻了管理人员的劳动强度，使他们有更多时间从事调查研究和决策工作；各类数据集中处理使综合平衡容易实现；采用计算机网络等手段，加强了各部门之间的联系，提高了管理效率。

（2）提高管理水平。信息处理的效率提高使事后管理变为实时管理，使管理工作逐步走向定量化。

（3）提高企业对市场的适应能力。系统可用以了解市场行情变化，提供最优的辅助决策方案，使企业可及时进行相应决策以适应市场。

系统评价结束后应形成正式的书面文件，即系统评价报告。系统评价报告既是对新系统开发工作的评定和总结，也是今后进行系统维护的依据。

## 二、系统运行管理

### （一）系统运行管理的目标

系统在运行阶段将发挥作用，产生预期效益。但系统建成后，预定的目标并不一定能实现，开发与运行是影响系统质量与效果的两个同等重要的方面。系统运行管理工作的目的要求与开发阶段有着根本的区别，开发阶段要求经济地、保质地、按时地开发好系统，而运行管理的目的是使信息系统在一个预期内正常地发挥其应有的作用，产生其应有的经济效益。为使信息系统有一个良好的状态，必须有统一的管理。系统中的基本数据及信息是企业重要的资源，为充分利用这些资源，数据与信息的存储、维护以及安全保密也是运行中的重要工作。

### （二）系统运行管理的任务

围绕系统运行管理的目标，系统运行管理的任务一般包括以下三个方面。

1. 运行情况的记录

系统运行情况的记录是系统管理的基础，也是系统发生故障时对系统修复的线索。从用户每天打开计算机、进入应用系统，到选择与执行各个功能项，再到数据的备份、存档、关机等，都要将系统软硬件及数据等的运行情况按要求严格进行记录。系统运行情况有正常、不正常与无法运行等，当出现后两种情况时，应将出现的问题、发生的时间及可能的原因做尽量详细的记录。运行情况的记录对系统问题的分析与解决有重要的参考价值，无论是自动记录还是人工记录，都应作为基本的系统文档长期保存，以备系统维护时参考。

2. 文档的规范化管理

系统的开发以文档的描述为依据，系统的运行与维护更需要文档的支持。系统文档是相对稳定的，随系统的运行而做局部的修改与补充。系统文档的管理工作主要包括文档标准与规范的制定以及文档的收存与保管。文档的标准与规范要按国家规定，并结合具体系统的特点在开发前制定，用于指导系统开发人员及使用人员及时编写有关的文档资料。形成的文档要集中统一管理并由专人负责。

3. 系统的安全管理

在系统运行过程中会产生和积累大量的信息，这些信息是企业的重要资源。信息系的安全管理是指为预防意外或人为的破坏或非法使用信息资源,而对信息系统运行所采取的保护措施。与信息系统安全性相关的因素主要有以下7种:

(1) 自然及不可抗拒的因素。

自然及不可抗拒的因素有地震、火灾、水灾、风暴以及战争等,这些因素将直接危害管理信息系统实体的安全。

(2) 硬件及物理因素。

硬件及物理因素是指系统硬件及环境,包括机房设施、计算机主体、存储系统、辅助设备、数据通信设施以及信息存储介质等。

(3) 电磁波因素。

计算机系统及其控制的信息和数据传输通道在工作过程中都会产生电磁波辐射,在一定的地理范围内,人们很容易用无线电接收机检测并接收到这些电磁波,这就有可能造成信息泄露。另外,电磁波也可能对系统产生电磁干扰,影响系统正常运行。

(4) 软件因素。

软件被非法修改、复制和窃取,会使系统遭受损失,并可能造成泄密。

(5) 数据因素。

管理信息系统中的数据是计算机信息犯罪的主攻对象,因此要保证数据在存储和传递过程中的安全性。

(6) 人为因素。

人为因素涉及工作人员的素质、责任心,以及行政管理制度和法律法规等,要加强对人为因素的管理,以防范其对系统安全造成的威胁。

(7) 其他因素。

其他因素是指一旦系统安全出现问题,能将损失降到最小,把产生的影响限制在可接受的范围内,保证系统迅速恢复运行的一切因素。

为维护信息系统的安全,应做好以下工作:

(1) 根据国家法规及企业的具体情况,制定严密的信息系统安全制度。

(2) 制定信息系统损害恢复规程,明确在信息系统遇到自然或人为的破坏时而采取的各种恢复方案与具体步骤。

(3) 配备齐全的安全设备。

(4) 设置可靠的系统访问控制机制,包括权限的授予、用户身份的确认等。

(5) 完整地制作系统软件和应用软件的备份。

系统的运行管理是一项长期性的工作,其目标是对信息系统运行进行实时控制,记录其运行状态,使信息系统能真正满足用户的需求。

二维码 10-4 新业务一体化信息系统

二维码 10-5 采购信息管理系统

## 本 章 小 结

本章主要学习了管理信息系统开发过程的基础知识。通过本章的学习,学生了解了管理信息系统开发过程五个阶段即规划、分析、设计、实施、运行与维护的目标、内容、方法与工具;理解了管理信息系统规划的三种常用方法,组织结构与功能分析,系统总体设计和系统详细设计,系统测试与系统切换;掌握了企业系统规划法的应用,业务流程图和数据流程图的绘制,功能模块的设计等。

## 本章重要概念

企业系统规划法　关键成功因素法　战略目标集转化法　组织结构图　功能结构图　业务流程图　数据流程图　数据字典　逻辑模型　总体设计　详细设计　模块　模块结构图　程序设计　系统测试　系统切换　系统维护　系统评价

## 本章练习

二维码10-6　二维码10-7
本章练习　　本章练习
　　　　　　参考答案

# 参考文献

[1] 邱立新. 管理信息系统[M]. 北京:机械工业出版社,2023.

[2] 陈晓红,罗新星. 管理信息系统(第2版)[M]. 北京:高等教育出版社,2022.

[3] 刘伟. 管理信息系统(第二版)[M]. 大连:东北财经出版社,2023.

[4] 廖述梅,沈波,杨波,刘炜. 管理信息系统[M]. 北京:高等教育出版社,2023.

[5] 胡笑梅,张子振. 管理信息系统[M]. 北京:机械工业出版社,2024.

[6] 庄玉良,贺超. 管理信息系统[M]. 北京:机械工业出版社,2023.

[7] 李少颖,陈群. 管理信息系统原理与应用(第2版)[M]. 北京:清华大学出版社,2024.

[8] 刘伟. 管理信息系统(第3版)[M]. 北京:清华大学出版社,2024.

[9] 薛华成. 管理信息系统(第7版)[M]. 北京:清华大学出版社,2024.

[10] 窦万峰,吴怀岗. 管理信息系统及实践教程(微课视频版)[M]. 北京:清华大学出版社,2023.

[11] 易荣华. 管理信息系统(第五版)[M]. 北京:高等教育出版社,2022.

[12] 郭东强,傅冬绵. 现代管理信息系统(第3版)[M]. 北京:清华大学出版社,2021.

[13] 宫宇. 现代管理信息系统(第2版)[M]. 北京:北京理工大学出版社,2023.

[14] 肯尼斯 C. 劳顿,简 P. 劳顿. 管理信息系统 管理数字化企业(第16版)[M]. 黄丽华,译. 北京:清华大学出版社,2023.

[15] 薛华成. 管理信息系统(第7版简明版)[M]. 北京:清华大学出版社,2024.

[16] 张劲松,李超锋,毕达宇,杨单. 管理信息系统[M]. 北京:清华大学出版社,2024.

[17] 黄梯云,叶强. 管理信息系统(第7版)[M]. 北京:高等教育出版社,2019.

[18] 王道平,李明芳. 物流管理信息系统(第2版)[M]. 北京:机械工业出版社,2024.

[19] 耿佳,王伯航. 酒店管理信息系统[M]. 北京:机械工业出版社,2023.

[20] 陈文力. 酒店管理信息系统[M]. 北京:机械工业出版社,2022.

[21] 周玉清,刘伯莹,周强. ERP 原理与应用教程(第4版)[M]. 北京:清华大学出版社,2021.

[22] 韩家炜. 数据挖掘:概念与技术(第3版)[M]. 北京:机械工业出版社,2022.

[23] 高洪深. 决策支持系统——理论与方法[M]. 北京:清华大学出版社,2009.

[24] 万常选,廖国琼,吴京慧,刘喜平. 数据库系统原理与设计(第4版)[M]. 北京:清华大学出版社,2024.

[25] 张润彤,朱晓敏. 电子商务概论(第4版)[M]. 北京:中国人民大学出版社,2024.

[26] 王晓敏,崔国玺,李楠,邝孔武. 信息系统分析与设计(第5版)[M]. 北京:清华大学出版社,2021.

[27] 王忠,谢磊,汪卫星. 人工智能基础教程[M]. 北京:人民邮电出版社,2023.

[28] 华为区块链技术开发团队. 区块链技术及应用(第二版)[M]. 北京:清华大学出版社,

2021.

[29] 苏尼尔·乔普拉.供应链管理(第7版)[M].北京:中国人民大学出版社,2021.

[30] 苏朝晖.客户关系管理:客户关系的建立与维护[M].6版.北京:清华大学出版社,2024.